FU

LI

JI

伏枥集

沈 津 著

广西师范大学出版社
GUANGXI NORMAL UNIVERSITY PRESS

·桂林·

图书在版编目（CIP）数据

伏枥集 / 沈津著. —桂林：广西师范大学出版社，
2019.9
ISBN 978-7-5598-2140-9

Ⅰ．①伏… Ⅱ．①沈… Ⅲ．①版本目录学－文集
Ⅳ．①G256.2-53

中国版本图书馆 CIP 数据核字（2019）第 179807 号

广西师范大学出版社出版发行

（广西桂林市五里店路 9 号　邮政编码：541004）
（网址：http://www.bbtpress.com）
出版人：张艺兵
全国新华书店经销
桂林金山文化发展有限责任公司印刷
（广西桂林市中华路 22 号　邮政编码：541001）
开本：880 mm ×1 240 mm　1/32
印张：15.25　　　字数：300 千字
2019 年 9 月第 1 版　　2019 年 9 月第 1 次印刷
定价：88.00 元

如发现印装质量问题，影响阅读，请与出版社发行部门联系调换。

作　者

　　沈津，男，安徽合肥人，1945 年出生于天津。1966 年毕业于武汉大学图书馆学系。在上海图书馆任职时，曾追随顾廷龙馆长研习目录版本之学。1986 年 2 月至 1987 年 10 月在美国纽约州立大学石溪分校做图书馆学研究。1988 年获研究馆员职称，是当时中国图书馆学界最年轻的研究馆员。曾任中国图书馆学会第三届理事、学术委员会委员、古籍版本分委员会副主任，上海图书馆特藏部主任，上海市第七届政协委员。1990 年任职于香港中文大学中国文化研究所。1992 年 4 月再次赴美，为哈佛大学哈佛燕京学社访问学者。后在哈佛大学哈佛燕京图书馆工作，任善本室主任。2011 年 2 月从哈佛荣休后，曾先后担任中山大学图书馆特聘专家、复旦大学中华古籍保护研究院特聘教授。

　　著有《书城挹翠录》《美国哈佛大学哈佛燕京图书馆中文善本书志》（上海辞书版）、《翁方纲年谱》《顾廷龙年谱》《中国珍稀古籍善本书录》《书韵悠悠一脉香》《老蠹鱼读书随笔》《书丛老蠹鱼》《书林物语》《书海扬舲录》等。编有《翁方纲题跋手札集录》《美国哈佛大学哈佛燕京图书馆藏中文善本汇刊》《柳亚子磨剑室书跋》《顾廷龙书题留影》（和顾诵芬、高桥智合编）、《中国大陆古籍存藏概况》（和潘美月合编）、《日本汉籍图录》（和卞东波合编）等。主编《美国哈佛大学哈佛燕京图书馆藏中文善本书志》（广西师范大学出版社版，荣获 2013 年中国出版政府奖）。

序

又要为自己的小书写序了，这也是必须要做的事。记得上一次为《书海扬舲录》写序，是在波士顿澳特镇女儿的家，而现在女儿则搬至北卡纳罗那州的维克森林镇了。同样是季冬，然而地域的不同，飞机飞行时间仅一个小时三十分钟，维克森林镇却是阳光明媚，风和日丽，人们的穿着居然是T恤及衬衣，不似波士顿仍然滑雪衫罩身般的臃肿。

津自"哈佛燕京"退休之后，即接受广州中山大学图书馆馆长程焕文教授之聘，作为特聘专家在中大馆与特藏部的同事一起工作学习。这本集子中的文章大多是在其时所写，而又多刊发于《南方都市报》《藏书家》《藏书报》以及一些纪念文集上。

张菊老是超群绝伦、名扬天下的巨人大匠，在纪念老人诞辰一百五十周年之际，我应约写了这篇小文。之前，我已有写一篇

《顾廷龙与涵芬楼烬余书录》的计划，而且收集了不少材料，然而在一次和上图的黄显功兄闲聊时，说起此写作之事，他说张老先生的《烬余书录》稿本尚存上海图书馆，而且已列入和出版社合作的影印计划。我听后之所以惊讶，是因为"井蛙"如我，竟然不知涉及此文之最为重要的原稿居然近在咫尺。先师顾廷龙先生是在张老先生的诱掖提携下，为《书录》做了缜密精到的统筹兼顾工作，这不仅使《书录》成为后人从事版本目录学研究的必读参考之作，也是先师后来向笔者多次谈到的快事一件。

顾廷龙先生是我的恩师，从1960年3月始，我即追随杖履，直至我离开上海。我清楚地知道，驽顽似我之成长，离不开先师的教导，他的峭直刚正，不求闻达，克尽厥职，劳不矜功都深深影响于我。津去国后，先师也定居北京诵芬先生处，安享晚年生活。我总认为先师的一生是极为平凡的，他能逐步成为练达老到、功垂竹帛的重要的中国图书馆事业家、版本目录学家，自有他刻苦的细针密缕、呕心沥血的工作实践，然而把他放在一个中国图书馆事业的大环境下，我们可以发现，在四十年代经济竭蹶、物质艰困的战争环境下，先师费了许多心力和张元济、叶景葵诸先生一起为民族、为国家保存了许多先民的传统文化著作。当年的不少私立图书馆都先后销声匿影，唯独"合众"，包括了许多第一手的档案、会议记录等，这也在中国图书馆史上留下了重重的、浓浓的一笔丽彩。先师在世时，时时提到"合众"，盖其感情之深，就似从小带大的孩子般。"合众"是一本书，是非常值得研究图书馆史的学者进行探索的一个课题。

我在进入版本目录学这个领域后，就受到顾廷龙、潘景郑、瞿凤起三位先生的教诲，那个时候，三公正值半百茂齿之年，也是他们的功业处于巅峰时期，这种缘分是五十年来在中国图书馆学界中一些版本目录学家从来没有过的，不要说是三位，即使是其中的一位，也是百载难逢的，所以我特别珍惜这个机会，唯有奉命唯谨、临深履薄、刻苦学习而已。如今三位导师墓有宿草，然而他们的芝宇仪观却时有呈现。我过去曾写过顾、潘二师，但瞿公过去仅见谢正光兄发表在香港《明报月刊》上的一篇，国内知道的人不多，瞿公的最大贡献就在于他在晚年将清末四大藏书楼之一——瞿氏铁琴铜剑楼的藏书悉数捐献国家，这在当世功利第一的社会中绝对是一股清流，是值得大书而表彰的。

赵万里先生是当代版本目录学之前辈，我是非常敬重他的。他在"文革"浩劫中受到某些人的迫害，乃至含冤而死，实是令人难过。他编的《中国版刻图录》，是研流略者所必读的重要工具书，而他对北图的最大贡献，就在于他在解放前夕，和有关人士一起奋力保护了重要馆藏而没有流落台湾。林章松先生是极为低调的一位印谱收藏家，他对各种印谱的熟悉程度，真是了如指掌，烂于心胸，这不仅在于他的收藏数量大、品种全，稀见本触目皆是，更在于他笔勤多思，研究的成果首屈一指，在他这个领域中，他无疑就是魁首。

这本集子里的几篇序多是在广州时所写，且皆为朋友所托。前一阵子，又有几位朋友的大著即将付梓，承蒙他们的信任，嘱我作序，所以在不长的时间里连写了四篇。由此，将这些年来所写的序、前言、后记、绪论、代序等，作了一个统计，居然也有三十来篇，包括自己的书、朋友的著作、公家的影印本、丛刊等。

国内的重要的省市一级的公共图书馆和大学图书馆都有不少中文古籍善本的收藏，这是图书馆经过几代人的不懈搜集而达成的，多年来，图书馆在揭示馆藏方面做了大量的工作，尤其是十年前国家古籍保护中心推行古籍保护计划以来，各馆都更加予以重视，这中间包括培养古籍的修复力量、古籍版本的编目鉴定人员以及馆藏善本书志的写作等。我以为善本书志的写作不仅有助于使图书馆所藏鲜为人知、少见世面的珍本，广为众晓，而且也是训练有关专业人员多方面地接触图书，加强实践，强调潜移默化，心领神会，所谓"观千剑然后识器，操千曲然后晓声"。在掌握书志写作方法的同时，又可以熟练地使用工具书、参考书。所以写成的善本书志也给无缘见到善本书的人一种信息，乃至于传道、授业、解惑。津这二十年来写就四千余篇善本书志，凡四百万字，用的即是"哈佛模式"。而这种模式是从我和我的同事们大量的写作实践中总结出来的，并非在想象中脱颖而出。

五十多年来，津分别在上海图书馆、香港中文大学图书馆和美国哈佛大学哈佛燕京图书馆工作过，管理的都是这三馆的珍贵藏书，和古籍善本打了一辈子的交道，说实话，我也确实曾将这三馆的善本书全数翻过一遍，经眼的古籍达四万余部，善本书与普通古籍各半。很多年前，先师顾廷龙先生即告诉我：版本鉴定只是雕虫小技，你在图书馆古籍部门工作，必须要跳出这个框框，要选定一个题目做研究，而且大量的普通线装书中有许多乾嘉以后的学者著作，你绝对要重视。所以，我在"哈佛燕京"时，曾利用星期六、星期日休息的时间，费了数月，终于将库里的所有普通古籍全数翻了一遍。当然，辛勤的劳动，也换来了许多第一手的新知。书中的《古书的衬页》《金壶精萃》等即是其中的几篇。

说美国哈佛大学哈佛燕京图书馆是西方的汉学重镇，这话一点也不过分，中文的古籍善本四千部，普通古籍一万八千部，足可与美国国会图书馆抗衡，即在中国的大学图书馆中也仅次于北京大学图书馆。至于日本、韩国的古籍收藏，更是国内各大省市一级的公共图书馆莫能望其项背的。我在"燕京"时，曾将善本书库中的日本刻本二千四百部（不含明治、大正、昭和）全数翻阅一遍，发现涉及中国作者的著作在日本被翻刻的本子约在六百部之谱。这个数字不包括日本子部释家类的著作（一千二百部左右），究其原因，是我没有时间去区别查核中国僧人和日本的佛徒。而这些翻刻中国作者的本子有极少数为国内所未收藏，有的甚至湮灭不存。所以，我很想把我所见到的难得之本写出来，供研究者利用。先写的三十篇书志，就算是开个头，待觅得时间再写，或交有志者去续之吧。

"老骥伏枥，志在千里。烈士暮年，壮心不已。"这是中国的许多少年即知的成语。语出东汉曹操《龟虽寿》。春去秋来，烈日寒霜，时间在重复中缓缓流淌，我也从青丝到白发，年少到迟暮，这也是每位过来人必经之路。津这一生都在图书馆中度过，又始终在一线工作，每天面对各种线装古籍，尝试着与古人对话。说实话，春秋正富时确有志耕耘，且在工作中也奋发不已，然年岁一过花甲，记忆力明显衰退，精力体质大不如前，自强不息的进取精神，早已不见。俗话说"人生七十古来稀"，科学家们在经过大量的研究后，发现人的平均寿命是七十五年，但如今的社会，杖乡之年者多了去了。所以，虽是夕阳桑榆，暮岁余年，且对生命的自然规律已有清醒认识，但对于我来说，时时念到的是还需扬蹄奋进，尽早结束手头上两本书的写作，也好给自己的工作画上一个句号。

沈　津

2019年3月4日于

美国波士顿之慕维居

目 录

张元济与《涵芬楼烬余书录》

在中国的书志学、版本学的各种图书中，张元济的《涵芬楼烬余书录》及《宝礼堂宋本书录》是两部非常重要的不可忽视的著作。本文的写作，就《涵芬楼烬余书录》（以下简称《书录》）的来龙去脉作一概述，并以此来纪念张先生诞辰一百五十周年。

涵芬楼藏书之初期

清光绪二十三年（1897），商务印书馆创立于上海，数十年后，它已成为近代中国最为重要并具多方面影响力的出版机构，它对中国近代文化史上的贡献，是口碑载道，不容置疑的。

张元济，字筱斋，号菊生，浙江海盐人。清末为总理各国

张元济像

事务衙门章京，创办通艺学堂，参加维新运动。任上海南洋公学译书院院长。1902年入商务印书馆，任商务编译所所长、经理、监理、董事长，主持馆务达五十余年。1949年后，为第一、二届全国人大代表、上海市文史馆馆长。著有《校史随笔》《张元济诗文》《张元济书札》等。

1903年，张先生应邀出任"商务"编译所所长，次年即筹建编译所图书资料室。张先生《烬余书录序》云："乃于编译所前，宝山路左，置地十余亩，构筑层楼，而东方图书馆以成，聚所常用之书实之馆中，以供众览。区所收宋元明旧刊暨钞校本前人著述未刊之稿为善本，别辟数楹以贮之，颜曰'涵芬楼'。"有记载云：1909年张委托孙毓修为资料室命名，孙原拟名为"涉园"，但张以为不妥，此可见11月15日，张先生致孙毓修书，云："奉示敬悉。藏书室别定一名，并备异日印行古书之揭橥，用意甚善。惟以公众之物，而参以私家之号，究属不妥，还祈别选一名为宜。"后孙拟名为"涵芬"，这在孙毓修《起居记》（1909年12月29日）中即有"在涵芬楼所得之书为……"的记载，可见那时编译所图书室已用"涵芬楼"之名了。"涵芬"一词，不见前人所用，按涵有包容及沉浸之意，芬有香气及众多意。

自古无聚而不散之物，聚固我幸，散亦理之常。故自来收藏家鲜有百年长守之局，近代如咸丰、同治之时，犹止百数十年，而烟云幻灭。如陆心源（潜园）皕宋楼者，正已不少，胡朴安为《测海楼旧本书目》题词有云："图书聚散寻常事，楚得楚亡未足忧。最是伤心惟皕宋，大江混混向东流。"然而尽管如此，张元济却认为斯文未绝，吾道不孤，必且有尽发名山，以光盛世之一日。涵芬楼的早期藏书来源多为会稽徐氏熔经铸史斋、长洲蒋氏秦汉十印斋、太仓顾氏谀闻斋、宗室盛氏意园、丰顺丁氏持静斋、涭阳端方宝华斋、巴陵方功惠碧琳琅馆、南海孔广陶三十三万卷楼、江阴缪氏艺风堂等家。

张先生在中年时，每次去北京，必定捆载各种古籍而归，其中不乏善本。至于估人持书叩门求售，苟未有者，辄留之。《校史随笔》是张先生的古籍校勘学专著，由傅增湘作序，序云："招延同志，驰书四出，又复舟车远迈，周历江海大都，北上燕京，东抵日本，所至官私库藏，列肆冷摊，靡不恣意览阅。耳闻目见，籍记于册，海内故家，闻风景附，咸出箧藏，助成盛举。"这就是当年张先生搜集图书的真实写照。"商务"同人曹严冰也有回忆：1918—1936年间，几乎每天下午五时左右，总有两三个旧书店的外勤人员，带着大包小包的书，在商务发行所二楼美术柜前等候张先生阅看。对一些值得重视的本子，他都仔细翻阅，或带回家去精心查核。

费力多多，必有所获。涵芬楼所搜书籍中颇多重要藏书家的藏本，如宁波范氏天一阁、昆山徐乾学传是楼、常熟毛氏汲古阁、钱氏述古堂、张氏爱日精庐、秀水朱氏曝书亭、歙县鲍氏知不足斋、吴县黄氏士礼居、长洲汪氏艺芸书舍及泰兴延令季氏、乌程蒋氏传书堂等。

1927年3月21日，上海工人第三次武装起义爆发，"商务"工人纠察队400余人参加战斗，起义总指挥部先设在"商务"职工医院（疗病房）内。东方图书馆一度被军阀毕庶澄部某排占据，工人纠察队采用围攻和宣传攻势，次日守敌部分潜逃被俘，东方图书馆回到工人纠察队手中，此后成为上海总工会工人纠察队总指挥部。

所谓"秀才遇到兵，有理说不清"。在这样的紧张形势下，张先生非常担忧这些承载中国传统文化的古籍图书的命运，为了保护好这批费尽辛苦而搜集到的先民撰述，他在涵芬楼所藏众多善本中又遴选出五百余种"好书"，五千三百余册，存放于租界的金城银行地下保险库内。张先生序《书录》中又云"北伐军起，讹言日至。东方图书馆距车站才数百武，虑有不测，又简善本之精者，寄存于旧租界金城银行"。是年3月24日，张致傅增湘信中有"此次闸北极危险，幸无恙。所借三种及公司好书租放租界银行地库中"。4月23日，张致傅信又云："涵芬楼善本，多半已移存租界银行公库地库内，检寻甚不易，其存放工厂保险库者尤为混乱，需用影元本《陵川集》恐稍需时日，方能检寄。"

金城银行于1917年成立，历经北洋政府、南京政府及汪伪政权等不同时期，这家起步于天津的私营银行一直坚持"审慎之中力求急进"的经营方针，始终没有发生大的危机。在民国年间，居旧中国私营商业银行之首。"金城"之名出自《汉书·蒯通传》："金城汤池，不可攻也。"1924年，"金城"在上海江西路东侧上海公共租界工部局大厦对面兴建大楼，1936年后，此处成为金城银行总行。1956年，这座建筑改为上海市青年宫，后又为江西中路200号招待所，今为交通银行上海分行所在地。

涵芬楼藏书的被毁

"商务"涵芬楼的被毁，是在1932年1月28日，日本海军陆战队及武装侨民沿北四川路而进，在铁甲车引导下，企图越过北河南路底华界处大门。驻闸北我十九路军将士奋力抵抗。次日清晨，日军飞机多架由黄浦江中航空母舰起飞，向闸北空际盘旋示威。七时许天大明，实施轰炸。十时半，日机接连向宝山路"商

被毁前的商务印书馆

被毁后的商务印书馆

务"总馆投弹六枚，全厂皆火，焚余纸灰飞达十数里外。是日下午三时许，全厂尽毁。

2月1日，日本浪人又闯入东方图书馆纵火，"晨八时许，东方图书馆及编译所又复起火。顿时火势燎原，纸灰飞扬，烟火冲天，遥望可见。直至傍晚，此巍峨璀灿之五层大楼方焚毁一空"（《上海商务印书馆被毁记》，第16页）。至此，张先生精心收集庋藏的大批珍本古籍与其他中外图书计四十余万册，高栋连云，一夕化为灰烬。时纸片随大火冲天而起，飘满上海天空，有的被东北大风吹向沪西地区，飘落到极司菲尔路先生寓所花园。张先生面对满天纸灰，悲愤异常，对夫人叹曰："工厂机器、设备都可重修，唯独我数十年辛勤搜集所得的几十万册书籍，今日毁于敌人炮火，是无从复得，从此在地球上消失了。""这也可算是我的罪过。如果我不将这五十多万册搜购起来，集中保存在图书馆中，让它仍散存在全国各地，岂不可避免这场浩劫！"（张树年《我与商务印书馆》，载《商务印书馆九十五年》，第290页）

2月5日，"商务"编译所同人为东方图书馆被日寇炸毁发表宣言，云："夫东方图书馆已有三十五载之历史，其收藏之富，在远东尤为罕见，图书总额在六十万册以上。其中中国书籍，尤为珍秘难得，有中国最古之南北宋版本图书百余种，有木刻之重要著名书本二万余册，所藏中国省府县志，为中国最大之史地书库，至元明清之精刻书本重要者，更难屈指以数；又欧文书籍，历年亦设备甚多，足与著名之马利逊文库相匹敌，此包罗重要文献、珍贵无比之宝藏，今乃无故被毁于日机狂暴轰炸之下，此种

人类文化之损失，宁有恢复之可能？"（《张元济年谱长编》下册，第891页）

也是在这一天，张先生在复吴其昌信中述及东方图书馆被毁情况，云："事前运出者为数极少，中外图书约得五十万册，其他精校名抄，总有二三万册，全国方志约三千种，其中明志亦在百种以上。一刹那间化为灰烬，绛云之后，可为巨劫。蒙以重聚相勖，非特无此资材，即岁月亦不我与，其何以副我故人之望耶！"（《张元济年谱长编》下册，第893页）3月17日，张先生致傅增湘信又云："《太平御览》、《册府元龟》、黄善夫《史记》底片据报均已事前携出，然弟尚未见。至初印样本则已均化劫灰矣。《衲史》校本多存敝处，幸未失去，惟底版则尽已被焚。此固尚可重照，独蜀本《周书》涵芬楼存有黄、白纸各一部，白纸本仅缺五卷，两种印本精湛，与所谓邋遢本绝不相同，可谓海内孤本，正在照相，故尽被六丁摄去。日后重印此书，正不知如何着手，愿兄有以教之。"

昔人谓奇书秘籍，在处有神物护持。故不幸中之万幸的是存放于金城银行的善本书毫发无损，张先生《书录》序云：金城银行保管库中之书部署甫竟，而倭寇遽至。"一·二八闸北之役遂肇兴于此时，大难未临，余何幸乃能为思患之预防，不使此数十年辛勤所积之精华同归于尽，可不谓天之所佑乎！"

4月16日，张先生致刘宝书信云："东方图书馆成立数年，于社会教育不无裨益，今亦尽付劫灰。宋元旧本事前仅携出五千余册，即宋椠元刊两类，已毁去三千余册，恐此后不可复得，最为可惜。"6月22日，张先生复罗家伦信又云："商务被毁，固属可惜，最可痛者为东方图书馆，五十万本之图书及涵芬楼所藏之古本（原存三万五千余册，事前取出寄存银行者仅五千三百余册）。此恐无复兴之望，每一念及，为之心痛。"据当时张元济的记录，涵芬楼善本寄存金城银行库中及临时取出者，凡宋本九十二种，元本百零五种，明本同校本八十一种，抄本百四十七种，稿本十种，总共五千余册。

涵芬楼烬余之书拟编《书录》

事后，这批烬余典籍于"一·二八"后仍暂存金城银行保险库中，张先生痛心涵芬楼数十年苦心积虑的收藏在一夕之间的覆灭，深感于藏书"虑其聚久必散也"，即有将这些善本书编一烬存书目之念。但是，"编一目录"的念想，很快又被"撰写解题"的计划所代替。因为编一目录所能体现的仅是一书之书名、卷数、作者、版本等，并不能钩稽所遗善本之内涵。因此张先生乃有重写《书录》之计划，即将幸存善本逐书撰写解题，期借此留存各书详目，恐日后如仍遭难，尚可寻其始末。

此说可见1932年3月28日，张先生致赵万里信，云："四年之前，曾检取二三千册寄存金城银行库中，其余尽付一炬，言之痛心。现拟编一目录，留待后来纪念。"（《张元济年谱长编》

张元济签名

下册，第891页）次年4月18日张先生复丁英桂信，云："现编《涵芬楼烬余书录》，尚未完毕。""是月，续编《涵芬楼烬余书录》。"（《张元济年谱长编》下册，第920页）

此处所云"现编《涵芬楼烬余书录》，尚未完毕"，是指1933年4月时"尚未完毕"，仍在写作编撰中。其另一依据可见傅增湘跋《宋本周易要义》，云："菊生手检别储之书幸逭于烽火者，编为《烬余书录》，已成经部、史部各二册，因举以见示，朝夕相过，虚衷下问，商榷得失。"（《藏园群书题记》，上海古籍出版社，1989年，第7页）此跋写于癸酉五月朔，即1933年五月初一。可见其时仅完成了《书录》中的经、史两个部类。

顾廷龙《涵芬楼烬余书录》后序云："当先生初辟图书馆，以为只便阅览，未足以广流传，遂发愿辑印善本，博访周谘，采摭牉合，成《四部丛刊》《百衲本廿四史》等，皇皇巨编，嘉惠来学。先生尝言：景印之事早十年，诸事未备，不可也；迟廿年，物力维艰，不能也。此何幸于文化销沉之际，得网罗仅存之本为古人续命，而又何不幸于甄择既定之本，尚未版行，乃嬴火横飞，多成灰烬，是真可为长太息者也。馆中藏弄，毁者什七八，存者什二三。然犹幸宋、元精椠，名家钞校，大都留遗，先生因编次为《烬余书录》，考订详明，于流略之学多有裨助。所毁善本原有目录，犹可考见，其中稿本抄本，或竟未刊行，或刊传未广，或为祖本，或有名校。如目中所载金亦陶手钞元人诗，为吾家侠君先生选元诗时所据底本，一线之传，实赖于斯，今亦绝迹人间。披览存目，为之慨然。"

现存《书录》之稿本

大凡作者写一篇文章，都要经过起草、修改、定稿这一过程，甚至于数易其稿，更何况一部著作的完成，又倾注了作者多少心血。所以在写作过程中，必定有数种不同程度的修改稿本出现。稿本中有初稿，包括作者的原稿、草稿，此可视为作者亲笔写成的第一次稿子。笔者以为《书录》之写作，应该是在涵芬楼遭毁后不久的1932年4月始，即张先生致赵万里信后，其时张66岁，而完成初稿的时间当在五年后的1937年5月初，张已71岁了。

目前我们所能看到的形成于三十年代的《书录》稿本，藏于上海图书馆，计十册，毛装，纸捻订本。红格十行，为蓝色或黑色复写纸打字所印。也偶尔出现有黑格者，书口下印"涉园张氏钞本"，此应是张先生自己家中所制。封面用牛皮纸旧信封废物利用。内封之书名为顾廷龙所题，篆书，背面"上海商务印书馆藏版"，亦为顾书。第一册书口间有"涵芬楼烬余书录"并页码，审为张元济手书，钤有"上海市历史文献图书馆藏"印。

我以为此《书录》并非张先生的手稿本，即初稿，而是一部修改稿。此稿本作为修改稿的依据，是当年"商务"的办公室秘书用打字机在复写纸上打出来后，并由张先生及他人亲笔修改，这也与将原稿交由他人誊清后再由作者等人亲自修改的情况相同。当然，不可否认的是，当年用打字机在复写纸上打出来的蓝印（黑印）本，应该不止一份，但经张先生修改的当为此份。

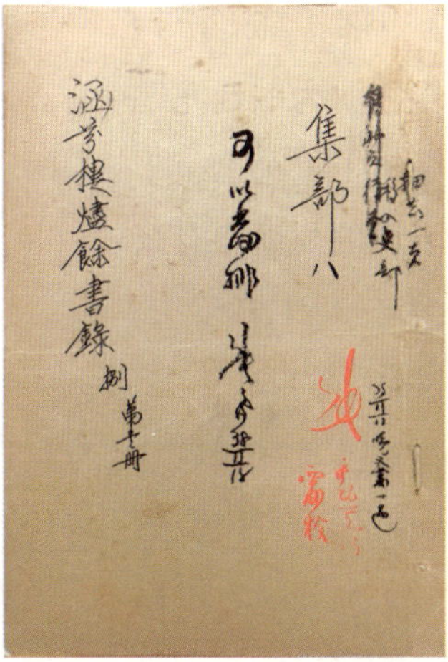
涵芬樓燼餘書錄
第十冊
集部
八

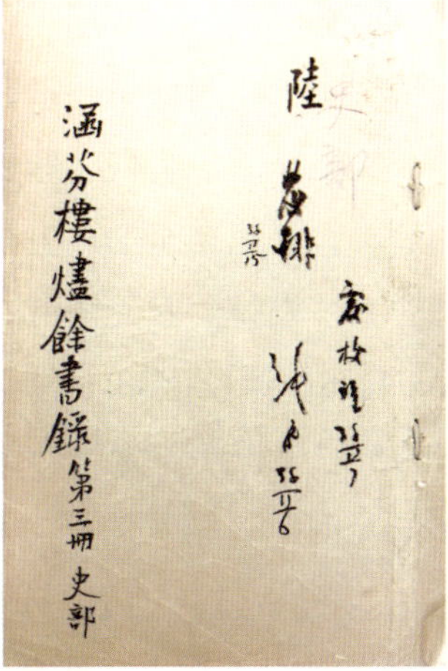
涵芬樓燼餘書錄
第三冊
史部

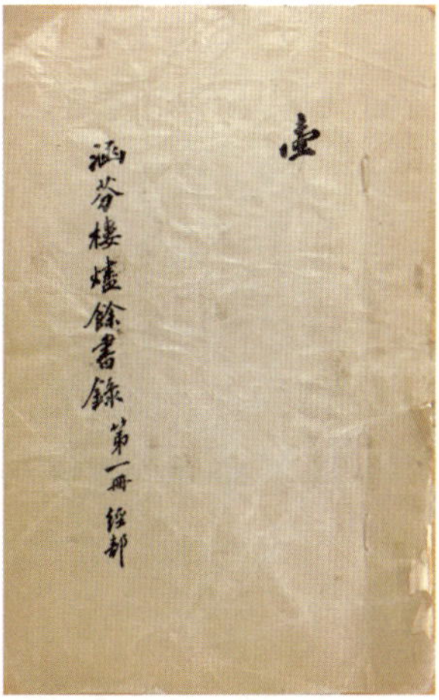
涵芬樓燼餘書錄
第一冊
經部

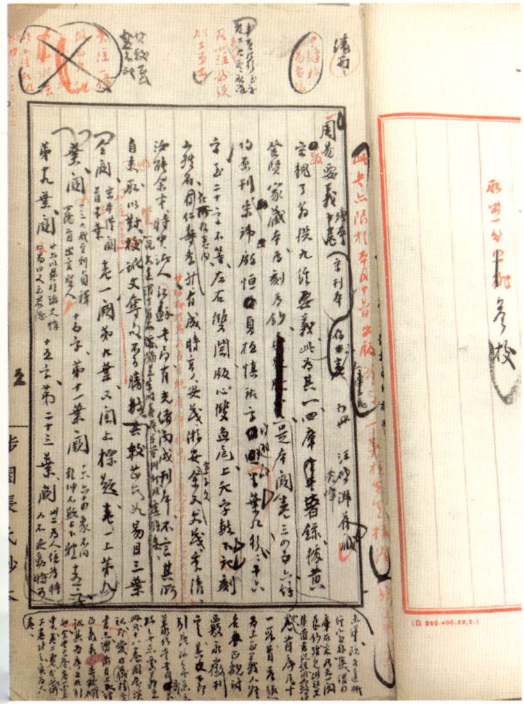

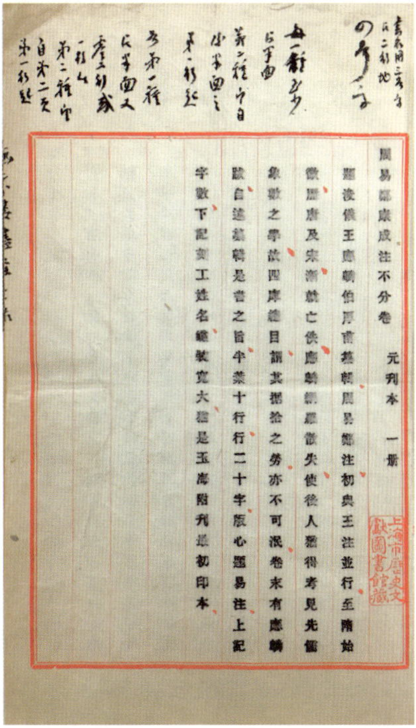
周易鄭康成注不分卷　元刊本　一册
題浚儀王應麟伯厚甫輯周易鄭注初與王注並行至隋始
微歷唐及宋漸就亡佚應麟鉤摭散失使後人猶得考見先儒
象數之學故四庫總目謂其捃拾之勞亦不可泯卷末有應麟
跋自述搜輯是書之旨半葉十行行二十字版心題易注上記
字數下記刻工姓名鐫較寬大是玉海附刊最初印本
上海市歷史文獻圖書館藏

　　此稿本第一至二册为经部，第三至四册为史部，第五至六册为子部，第七至十册为集部。封面第一、四至六册为顾廷龙题"涵芬楼烬余书录"，第二至三册为佚名题（毛笔），第七至十册为另一佚名题（钢笔）。又第二至三、七至十册的封面止有张先生书，分别为第二册书"发排。张元济 38/11/5。38/11/15"；第三册书"张元济 38/11/6。覆校讫38/11/7。发排 38/11/15"；第七册书"张元济 26/5/12覆校（朱笔）。38/11/11又覆一过。可以发排。38/11/16张元济"；第八册书"张元济 26/5/13覆校（朱笔）。38/11/13晚又覆一过。抽去一页，移入史部。可以发排。张元济 38/11/18"；第九册书"张元济 26/5/13覆阅一过（朱笔）。38/11/12又覆过，抽出三页。可以发排，38/11/18张元济"；第十册书"张元济覆校 26/5/13（朱笔）。可以发排，张元济 38/11/18"。

　　从张先生对稿本的审核覆校所写下的时间，我们可以知道最早当在1934年12月8日，那是在宋刊残本《周易要义》上批有"此书亦限于本月十六日出版，请与丁英桂先生接洽。张元济"。（这个时间只出现一次，此应指《四部丛刊续编》收入《周易要义》事）其他的时间是在1937年的5月12日至13日，也就是说，在三十年代，张先生对此稿本修改完成的时间，应该是在此时。以后则是在12年之后的1949年11月5日至18日。

　　初稿完成前，张先生即委托铁琴铜剑楼主人瞿启甲为《书录》撰序，瞿序完成于1937年5月。序云："海盐张菊生先生，手创涵芬楼附设于商务印书馆。……先生精于校雠，不愧家风，……其影印《四部丛刊》《续古逸丛书》《百衲本二十四史》，复宋元旧刊本之本来面目，尽泄天地间之秘藏，其嘉惠士林，有功文化，不在黄、顾之下，岂仅抱残守缺而已哉。壬申春，遭阳九百六之会，万缣灰烬，学者异惜之。昔江左图书厄于绛云一炬，此则更有甚也。幸有六百余种多孤行罕见之书，储于金城银行保管库，得免于难，希世之珍尚在人间，亦足以自慰矣。菊生先生睹旧物之仅存，幸斯文之未丧，惊叹之余，亟编《烬余书录》。详记宋讳阙笔以定年代，更考刻工姓名以断地域，付印于世。余遍览前人目录，未有若此之精且确者。"（仲伟行等编《铁琴铜剑楼研究文献集》，第144页）

《书录》中张元济等人的批改

稿本中张先生批改的手迹颇多，从字里行间可以窥见他用力颇勤。无论是用几号字体，还是钤印的著录格式，都是细致入微。

如第一册第一种为元刊本《〈周易〉郑康成注》不分卷，书眉上批有"书名用三号字，占二行地，四号字"。"每一种至少占半面，第二种即自后半面之第一行起。如第一种占半面，又零二行，或一行者，第二种即自第二页第一行起。"

宋抚州刊本《周易》十卷，书眉上批有"图章排六号，应否占二行地位，主排工友酌之"。"图章用五号、新五号、六号，就字之大小配合用之，如五号嫌大，全用亦可。"有的印章由于占位多出一行，张批"第三印可用六号字"。

元刊本《书集传》六卷，张批"木记各行文内不用直线"。

在内容上，张先生也有改动。如影宋钞本《春秋繁露》十七卷，书眉上张元济批"原稿有误，经鹤亭为之指正改定，此稿惟末节未用鹤亭之言。张元济 30/8/23"。（按：鹤亭，为冒广生）冒与张于1898年结识于北京，知交多年，相知有素，时冒氏校订诸子，于《春秋繁露》已考定为从宋本出，今日当推第一本。《春秋繁露》的另一部明刊本，张氏又批注云："要大改。以下抽去一页，随后补发。约留两面地位，可以够用。张元济 38/11/14。"

汲古阁刊本《说文解字》十五卷，张批云："提书看过，方能作定。"此乃针对《书录》第一句"吴县雷浚重刊顾广圻《说文辨疑叙》"而写。

宋刊元明递修本《宋书》一百卷，有"有嘉靖十年补版""此页何以不排，诧异之至。张元济 38/12/13"。

明嘉靖刊本《宋丞相崔清献公全录》十卷，张批有："应移入史部。""排在《皇明开国功臣略》后。""此移。集部第八册移来，故彼册缺去。"

明嘉靖刊本《水经注》四十卷，又一部明嘉靖重钞《大典》本。此篇书录，张元济重拟并补充四百字，可见后来之定本。

明刊本《洛阳伽蓝记》五卷，张元济添加"察其版刻，当在明代嘉隆之际，原缺卷二第四、第九、第十八等叶，均钞补，昔毛斧季获见是刻，即已言之，世间藏本，无不皆然，盖残佚久矣"。

金刊本《经史证类大观本草》，张批有"附字，用五号排在旁边"。附字为"附本草衍义"。"应查已（以）前排成各页，以归一律。张元济 38/12/12。"

明钞本《鹤山渠阳读书杂钞附经外杂钞》不分卷，张批有"附用五号排在旁边，附字或旁或中，应照以前排成者一律。张元济 38/12/12"。

明嘉靖钞本《永乐大典》，张批有"卷之一万一千一百二十七至一万一千一百三十四，凡八卷，为上声八贿韵中水字之《水经注》半部，已移入史部，余均不全本，仍列入子部。如下。王雨楼先生。张元济 38/11/21"。（按：王雨楼，为商务印书馆排字印刷部门的主管人）

除张先生外，又有佚名者以行书朱笔作批注，如明刊本《沈隐侯集》四卷，佚名批"与张溥刊本编次不同，所收文字视张本少十余首，然亦有为张本所无者"。佚名改为"前有万历乙酉云间张之象序，此已佚。沈氏昆季先刻《谢康乐集》，继刻此集。其后新安程荣据是本复刻，编次悉同，惟析四卷为五卷。闽漳张燮、太仓张溥、滇南阮元声递有刻本，所收文字，略有增益，然亦有诸本所无者"。

又如蒙古刊本《史记》一百三十卷，批有："目录后书名款式应查明。""要排得合式，请工友及校对诸君费些心。""打字人怎么程度低到如此？可叹！"

实际上，三四十年代"商务"出版的各种线装本字体多是整齐划一，《四部丛刊》《百衲本二十四史》《孤本元明杂剧》等大书即是如此。别小看《书录》的排印本，从版框、行线到字

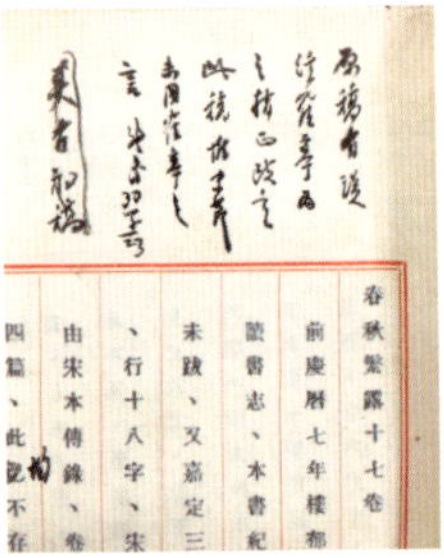
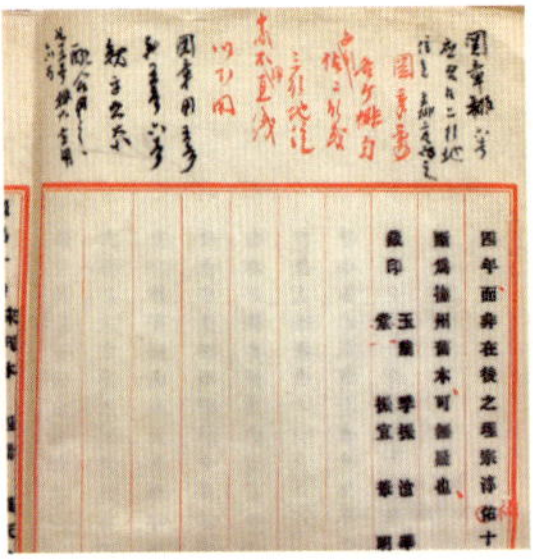
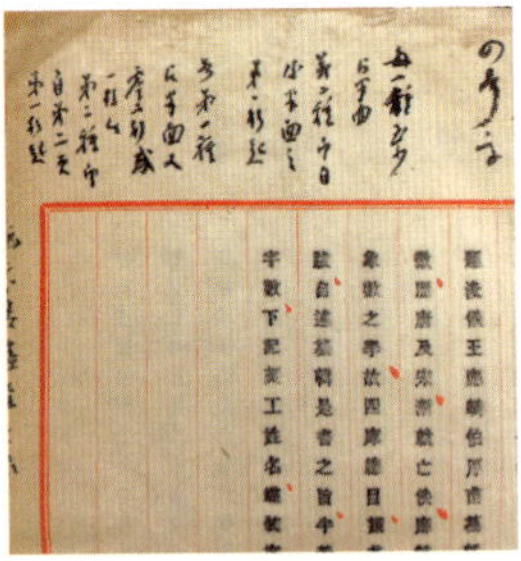
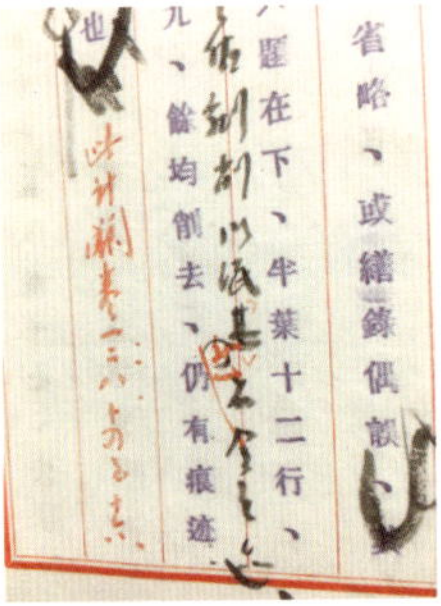
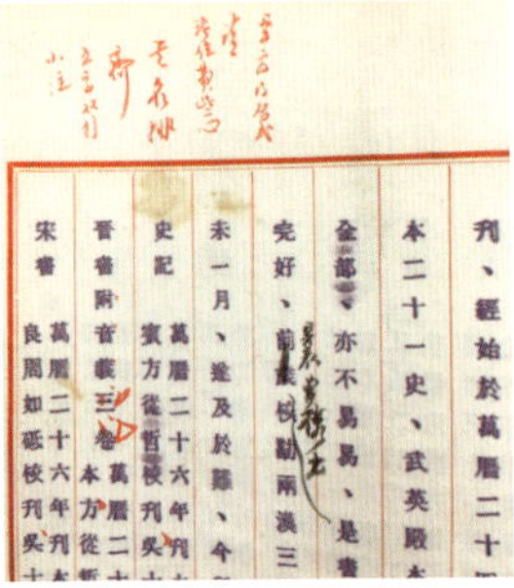
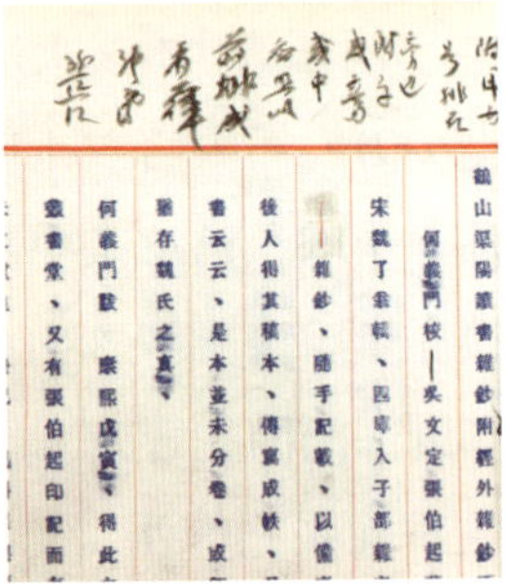
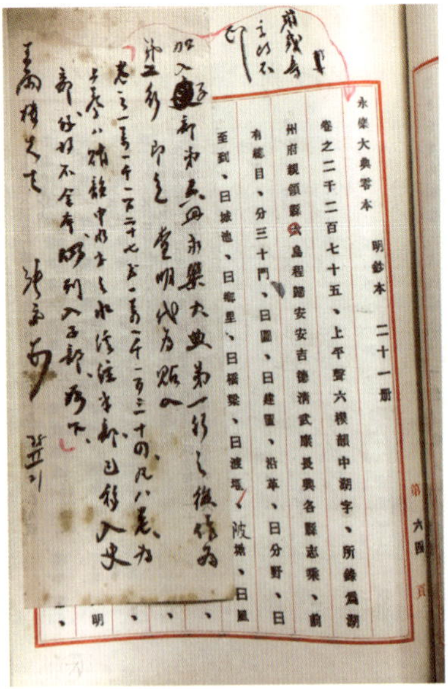
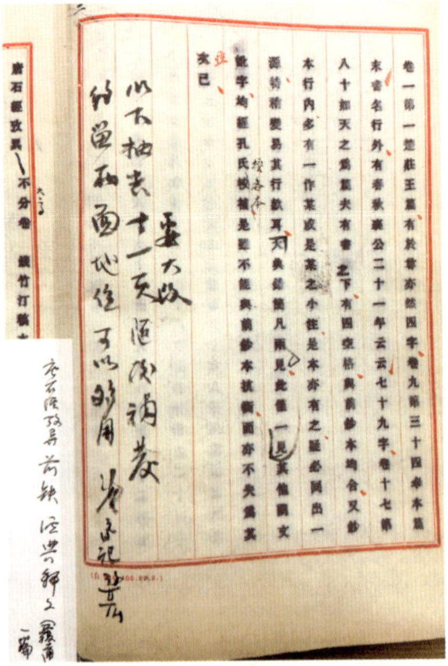

形的拼接、粗细宽窄、再到刷印墨色的浓淡，这种繁琐细微的工作，有人或以为无足轻重，但张先生却是严肃认真，于此也可见一斑。

《书录》初稿在1937年的5月张先生审阅完成后，一直存放箧中，这之后的四十年代初期，被利用过一次，那是因为顾廷龙和潘景郑为编《明代版本图录》，需向各私人收藏家及某些单位商借明代刊本以备摄影，涵芬楼烬余书也在借摄之列。如1940年1月4日，顾廷龙专访张先生，托借烬余书五种。1941年10月3日，张先生在《明代版本图录》原稿上改正数条后，并还之顾廷龙。是日，张又有信致顾，云："涵芬楼藏书洪武本却有数种，建文本已不见，想毁去矣。永乐、宣德本亦间有数种可用。《烬余书录》如需阅，候示检呈。"（《张元济年谱长编》下册，第1172页）

次日，张先生又致顾廷龙信，除见假《书录》书稿，又云："《涵芬楼烬余书录》稿本十册呈上，乞察阅。馆藏善本寄存金城银行，原在平地室中，近因潮汛高涨，已移楼上。因逼窄，只能将书箧层累，且转折亦无余地，故取书较难。异日借影，如其本适在下层，恐难从速，合先陈明。顾廷龙认为可借摄之本甚多，并托潘景郑先选一过。"（《张元济年谱长编》下册，第1172页）

在顾廷龙1941年10月5日的日记中，也有"阅《涵芬楼烬余书录》"。10月6日，又有"阅《书录》，选出二十种，拟借来摄影"的记载。

《书录》有借鉴《涵芬楼秘笈》提要之处

《涵芬楼秘笈》是"商务"出版的一部重要丛书。据孙毓修序，知皆为涵芬楼所蓄秘籍世无传本者，"以旧钞旧刻、零星小种、世所绝无者，别为《秘笈》。仿鲍氏《知不足斋丛书》之例，以八册为一集，月有所布，岁有所传，其用心亦勤矣。"此丛书从选书、校印、跋文乃至广告词，皆孙氏所为。以《秘笈》全书51种之跋文，孙氏撰有49篇，而第四集中的《敬业堂集补遗》、第九集中的《雪庵字要》二种之跋，则出于张元济之手。

孙毓修（1871—1923），江苏无锡人。肄业于南菁书院，1907年入商务印书馆，追随张元济十余年。曾受命管理涵芬楼藏书，为汉学名儒，淹贯中西。参与辑印《痛史》《涵芬楼秘笈》《四部丛刊》等丛书，后因积劳致疾病逝，年仅五十余岁。撰有《中国雕版源流考》《中国文学史论》《四部丛刊书录》《书目考》等。

《书录》在当年的撰写初期，曾参考了过去"商务"出版的一些图书，这也是很正常的。笔者曾将《涵芬楼秘笈》中孙氏所写提要读过一遍，对照《书录》，略有所同，兹以三例证之如下：

《涵芬楼秘笈》第二集孙毓修跋，作于1917年1月。（又见《孙毓修评传》，第394页）

右《山樵暇语》十卷，明俞弁撰。见《四库》附存目。《提要》不详始末，故列于明季诸家间。今按弁字子容，又号守约居士，正嘉时人，后序甚明。《四库》据天一阁本著录者，盖失其后序也。书中称吴文定公、王文恪公为乡人，则亦吴人也。卷五予一日访唐子畏于城西之桃花坞别业云云，又知其为六如之友。是书杂录古今琐事及词章典故，间加考证，亦有全录旧文者，体例在诗话、小说间，卷十引宋俞文豹《吹剑录》以自况，并效文蔚题诗二绝，可知其宗旨所在矣。然纪载翔实，不如文蔚之议论纰缪。四百年来，传本绝稀。涵芬楼得华亭朱象玄手钞本，有"朱象玄氏"朱文方印、"朱氏象玄"、"太史氏印"白文两方印。象玄快阁藏书久已散为云烟。昔年曾见大德本《汉书》，捺其藏印。此出手钞，弥可珍也。丙辰夏正十二月无锡孙毓修跋。

《涵芬楼烬余书录》（子部，第53页B面）

《山樵暇语》十卷明钞本二册朱文石旧藏

明俞弁撰。《四库》入杂家类存目，因未详始末，故列于明季诸家，是为明人钞本。卷末有作者后序，知弁字子容，又号守约居士，为正嘉时人。《四库》据天一阁本著录，盖失其后序也。书中称吴文定、王文恪为乡人，作者必为吴产。卷五云予一日访唐子畏于城西之桃花坞别业，是又为六如之友矣。是书杂录古今琐事及词章典故，间加考证，亦有全录旧文者，体例在诗话、小说间，卷十引俞文豹《吹剑录》以自况，并效文蔚题诗二绝，可知其宗旨所在矣。然纪载翔实，不如文蔚之议论纰缪。

《涵芬楼秘笈》第二集孙毓修跋，作于1916年1月。（又见《孙毓修评传》，第393页）

　　右《蓬窗类记》五类，明黄暐撰。字日昇，号东楼，吴县人。弘治庚戌进士，官至刑部郎中。明刻《烟霞小说》，有《蓬轩吴记·遗轩别记》一书，歧为二名，又误题杨循吉著。岂以传本出于君谦，致有此误耶？此明初钞帙，尚是足本，分二十八纪，皆不出乡里故实，亦《中吴纪闻》之流亚也。旧藏杨梦羽家，前三卷又经黄尧翁手校，愈足为此书引重，摆印时为分注当句之下，以存其真。钞本显然谬误，黄氏据别本改正者，不复引也。卷一至二，有隆庆间人海虞陶庵子手评，于本书不无瀹注之益，因仍存之。乙卯冬月无锡孙毓修小绿天识。

　　《涵芬楼烬余书录》（子部，第84页B面）
　　《蓬窗类记》五卷明钞本一册杨梦羽、黄尧圃校藏
　　题"黄暐日昇撰"。按：暐，吴县人。明弘治庚戌进士，官至刑部郎中。《四库》列小说类存目。前国朝典故中，亦有是书，但仅四卷。明刻《烟霞小说》，有《蓬轩吴记》《遗轩别记》，歧为二名，又误题杨循吉著。此为明人钞帙，尚是足本，分二十八纪，皆不出乡里故实，亦《中吴纪闻》之流亚也。旧藏杨梦羽家，前三卷经黄尧圃手校。

　　《涵芬楼秘笈》第五集孙毓修跋，作于1918年6月。（又见《孙毓修评传》，第403页）
　　《存复斋文集》十卷附录一卷，元朱德润撰。按泽民九世祖贯，为睢阳五老之一，其后世渡江为吴人。泽民延祐末以赵孟荐，授翰林应奉文字兼国史院编修官，寻授征东行省儒学提举，

后移疾归。至正间，起为江浙行中书省照磨官，参军事，官杭、湖二郡，摄守长兴。《四库》谓泽民惟长于书画，乃入其集于《存目》，以是传本甚少。然同时如俞午翁、虞劭庵、黄金华并为作序，一致推重。至德挥毫，柳林献赋，夫岂偶然？此本题"元征东儒学提举睢水朱德润泽民著；曾孙夏重编；赐进士湖广按察使东吴项璁彦辉校正"。惟卷一一见，犹存古意。旧为陆氏乐山书堂写本，有"陆时化印"白文方印、"渭南伯后"朱文方印、"静异堂"朱文方印，并"元本""甲"两小印。读《艺风堂藏书志》，尚有《续集》五卷，惜未能与此一校也。戊午重五无锡孙毓修。

《涵芬楼烬余书录》（集部，第90页A面）

《存复斋文集》十卷附录一卷影元钞本二册陆时化旧藏

卷第一题"元征东儒学提举睢水朱德润泽民著；曾孙夏重编；赐进士湖广按察使东吴项璁彦辉校正"。按泽民九世祖贯，为睢阳五老之一，其后世渡江为吴人。《四库》著录，谓泽民惟长于书画，故入其集于《存目》，以是传本甚少。然同时如俞午翁、虞道园、黄文献辈并为作序，一致推挹，其文实婉雅可诵。是本从元刻出，半叶十二行，行二十四字，摹写尤精。

顾廷龙参与《书录》的最后定稿工作

1939年，张先生已是七十三岁的老人了，他自己说"精力日衰，实有不逮"。1949年，他八十三岁，精力明显衰惫，又因足有轶瘰之疾，步履不便，再加上叶景葵因心脏病突发去世，颇为悲伤。在这种情况下，"商务"老友及合众图书馆董事李拔可催促张元济，希望将藏于书箧的《书录》交付出版，但年底张先生在宁波同乡会参加商务工会成立大会上发表演讲时，突发脑血栓跌倒，送医院抢救。出版之事终因病中辍。由于顾廷龙对版本目录学的造诣，又曾参阅过《书录》，故李拔可也商请顾廷龙赓续完成此事。张先生《书录》序云："稿成，储之箧中，未敢问世。馆友李拔可敦促再四，前岁始付制版。工仅及半，余以病阻，事遂中辍。拔可复约顾子起潜赓续为之。"

顾廷龙是张先生的晚辈，为现代中国图书馆事业家、古籍版本目录学家，也是书法家。三十年代毕业于上海持志大学，获文学士学位。再入北平燕京大学研究院国文系，获文学硕士学位。在燕京大学图书馆时，专司采购之职，并任美国哈佛大学哈佛燕京图书馆驻平采访处主任。1939年7月至上海，参与创办私立合众图书馆，任总干事、董事。1949年后，历任上海图书馆筹备委员会委员，上海市历史文献图书馆馆长，上海图书馆馆长，中国图书馆学会第一、二、三届副理事长，华东师范大学及复旦大学兼任教授。

为什么张先生要请顾廷龙帮忙"赓续为之"？那是因为二人之间的"缘"。

张先生最早知道顾廷龙这个名字，是从潘博山、潘景郑兄弟处了解到的，后来得到顾著《吴愙斋年谱》《章氏四当斋书目》，表示"尤钦渊雅"。没多久，又读到《燕京大学图书馆报》第130期中的《嘉靖本演繁露跋》，认为顾文"纠讹正谬，攻错攸资，且感且佩！"其时，叶景葵和张先生正筹划在沪办一图书馆事，所以他们认为顾在燕京大学图书馆"研究有年，驾轻就熟，无与伦比"。而且张的好友章钰、王同愈对顾的评价也极高，如王同愈对顾的评价是"内外孙辈中，惟足下与翼东最为老人所心折，学业、志趣、品行三者公备，恐千万人中不易一二觏也"。翼东，即顾翼东，无机化学家，中国科学院院士。所以，张对顾的学问、人品是很看重的，把《书录》交付于顾是明智的毅然之举。

1950年1月初，张先生由中美医院转至剑桥医院，住院治疗期间，顾廷龙多次去院探视。据顾的日记：

1月5日，先生及林宰平至医院探视张元济，张已稍愈。

1月7日，先生探视张元济，护士云：张思虑甚多，神经不能休息。

1月18日，仲木来言，父亲于神志清明时，忆及《涵芬楼烬余书录》始即未竣，属请先生料理之。津按：仲木即张树年，张元济哲嗣。

1月19日，仲木出《书录》书稿至顾处。

1月21日，张元济嘱树年约顾往见。树年即访顾告知。

1月22日，顾视张元济疾，一晤，即以《书录》事相托，"已印若干，几处需查，均尚省记。询及瞿、王、潘藏书情形，神志甚清，谅可带病延年矣"。

自一月下旬始，至三月，张元济的身体时好时坏，有几次顾去探张，张都"未见""视张元济疾，见其神迷不省，可虑也"。直至6月13日，张元济才"招顾廷龙来谈"。6月13日，顾访张，"畅谈"。

据张树年的回忆，顾廷龙"几乎天天下午三四点钟来我家，坐在先父病榻之侧，讨论书稿，他们将书稿重加核对后定稿"。（张树年《怀念起潜兄》，载《顾廷龙先生纪念文集》，第26页）此外，张树年在另一篇回忆中，也说"父亲为这批善本曾编目录初稿，但一直没有付梓，经李拔可先生一再催促并约请顾廷龙（起潜）先生协助。起潜兄几乎每天来我家，在父亲病榻旁研讨如何整理、定稿"。

自1月19日，顾廷龙收到张树年送到的《书录》后，次日即开始阅读并校补。之后，时阅时停，直至八月及十月时间较为集中，10月12日这一天，顾除重校《书录》校样外，又访张先生，以《经典释文》提要请正。张并嘱顾要为封面题署，并讨论了"序文如何载笔，须斟酌"。10月16日午后，顾又访张先生，商《书录》中宋元明递修本诸史行款。次日，顾即酌改宋元明递修本诸史行款并重拟《敬轩薛先生文集》《庄渠遗书》提要。这一年，顾廷龙除主持合众图书馆的工作外，基本上都在襄理张元济整理《书录》。

对于顾先生的工作，张先生是非常清楚的，所以在审校工作基本结束后，他在《书录》序中写道："起潜邃于流略之学，悉心雠对，多所匡正，不数月遂观厥成，滋可感也。"这体现出张先生对顾倚重之深，也是对顾最好的评价。

顾先生在《书录》中的修改，可见宋刊本《资治通鉴纲

目》，在陆应扬跋后，顾添加
"按：陆应扬，字伯生，青浦
人，为县学生，被斥，绝意仕
进，顾名籍甚。诗宗大历，好
游，著游稿二十三种，又有
《樵史》《太平山房诗选》行
世"。此在后来的定本上已全
部印入。

　　明覆宋本《新序》十卷，
顾有朱笔在顾千里跋"此康熙
庚寅义阳何氏"句，批有"阳"，"当是门字之误。龙"。

　　《管子》又一部，明成化刊本。此篇书录，为顾修改，原作
"明刊本"，顾加"成化"二字，又在"四库"后添加"提要，
绩字用熙，号芦泉，江夏人，弘治庚戌进士，官至镇江府知府。
《皕宋楼藏书志》有此，称成化刊本"。

　　明万历刊本《敬轩薛先生文集》二十四卷。此篇原仅有"卷
首有弘治己酉张鼎序，书名次行题门人关西张鼎校正编辑；乡后
学沁水张铨重校梓"。张元济批："查看原书序跋，加详。"
又有佚名批："此稿不排，另有原稿。"后为顾廷龙所重撰，
计300余字。顾批有"集部第三册（总册第九）第四十九页。换
此篇"。

　　明嘉靖刊本《庄渠遗书》十六卷，张元济批"查看原书各
序，再续定"。又有佚名批"此篇不排，另有原稿"。后为顾廷

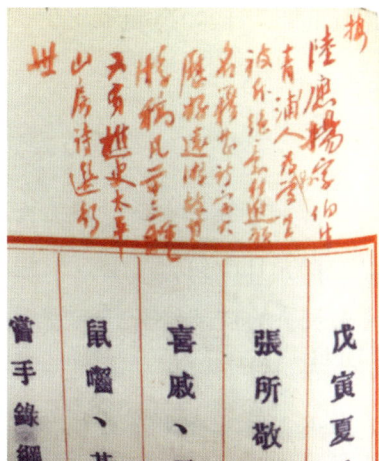

龙所重撰，计200余字。

《书录》出版前的校样本

校补《书录》的工作一直延续到1951年，那一年顾廷龙49岁。自元月中旬，《书录》基本上修改完毕，中旬即转入校订《书录》的目录，至2月初始竣。据记载，2月3日，"商务"的工作人员叶安定再和顾商《书录》的具体排印之事。这之后，《书录》就进入了紧锣密鼓的后续阶段，2月20日，顾访张元济，又校《书录》。4月18日，王雨楼、叶安定与顾再次商印《书录》的出版事。

笔者珍藏的《书录》是正式出版之前的校样本，那是1962年7月，顾先生在上海图书馆长乐路书库（原合众图书馆的所在地，解放后改名为历史文献图书馆，顾先生每个星期日的上午必定到此阅书，或看稿，我也在此和顾先生面对面坐，时时聆听他的教诲）的办公室送给笔者保存的。顾先生当时即告我，此《书录》中有张先生在病床上的校改，也有胡文楷的校笔。

这部校样本共五册，第一册经部，其第一页为元刊本《周易郑康成注》，在右边装订线处，张先生有"以后初校、再校、三校，均应注明。张元济 38/11/23"。第二册史部，其宋刊本《资治通鉴考异》又一部上批"依前。见《汉书》排样，书名二行不应加线。元济"。宋刊本《编年通载》上之"光绪五年乙卯冬十月十三日新建勒方锜……集吴氏听枫山馆同观志喜"等七人观款批"此何意，不解"。稿本《兔床日记》上对"起二月十六日，终三月十二日"，批"不应断句。元济"。此外，还有一些。于此，可证张先生当时审看此校样本的时间是在1949年11月23日，而在此前不到一个星期，即1949年11月5日至18日先审阅了稿本（打字印本）。

在元刊本《金史》"字体与前书相类"句，顾廷龙批"本书所排'相'字在'木'旁下脚每个字均有毛病，请注意"。在宋刊本《资治通鉴考异》又一部上批"看经部页卅五，又一部仅占单行，则此又一部亦只要占一行，照普通格式，惟用三号字耳"。在宋刊本《资治通鉴纲目》上批"'亦'字上面往往看不出，是否字有毛病"，"注意：排得不匀，下'钤秦印'排得松，'嘉楫休'排得挤，不好看"。在吴梅村手稿《虞渊沉》上批"十一月廿日晚送到，廿一日下午三时半毕"。

在第一册还有数十处署"何继曾"者的朱笔签名以及蓝色仿宋体名章，朱笔签名下均注明日期，每页上均如此，时间上分别为10/17、10/25、10/26、10/28、11/2、11/26、11/29。这一年当为1949年。又何偶有朱笔加注，如在宋抚州刊本《周易》上写有"似应加点，乞指正"。在宋刊本《纂图互注礼记》上写有"是否照下例同改五号字，乞指正"。何当为"商务"排字部门的负责人，著有《排字浅说》。

这部校样本中，可以看出校改者几乎是每个字都认真过滤了一下，特别是用词，尤其是涉及政治问题者，如"洪杨之乱"改为"太平军兴"，"咸丰匪乱"更为"咸丰兵乱"。其他包括字句行段，如版本项之改动、字体之型号大小、线条之歪斜、铅字之着墨不匀处、标点、讹字、漏排、倒置等都有标出，至于鲁鱼

璋字 王旁 之弟 一筆 壞 巳

亥豕、讹夺之外不可胜纪，审校者之认真慎重，足为今日出版社年轻编辑参阅的"范式"。

关于《书录》的出版

1951年4月底，张先生对《书录》的定稿认可后，即于5月初撰有《书录序》，此序写竣，张即致陈叔通信，并附呈《书录序》及顾先生之后记。张云："余乐睹此幸存之书，而又虑其聚久必散也。爰于暇日，各撰解题，成此四卷，总计所存凡宋刊九十三部、元刊八十九部、明刊一百五十六部、钞校本一百九十二部、稿本十七部。……丹黄错杂，析疑正谬。前贤手泽，历久如新，是则至可宝贵也。""而善本之存，亦仅此数十箧焉。题曰烬余，所以志痛也。"以上数字总计547部5000余册。据涵芬楼原藏善本的统计为3745种35083册，据此则烬余之数尚不足原藏之15%，其余85%有余均不幸在轰炸中灰飞烟灭。

直至5月18日，叶安定送《书录后序》校样给顾先生审阅。顾此日日记载有"即校付印，今日可竣事矣。据言，张元济约二十一日须看样书。自始工至毕工，亦十阅月"，顾先生乃有"如释重负"之感。顾在《书录》的后序中云："此录付印，命为校字，每有商榷，备承诏示，今获告成，不仅烬余之书有一详细之记载，亦且示举世毋忘日寇之暴行，更惕厉后人作勿替之爱护也。"在顾编《涉园序跋集录》后记中，也有一段协助张元济整理《书录》的记述："先生秉赋特厚，神明强固。曩岁承命佐理《涵芬楼烬余书录》时，病偏左未久，偃仰床笫，每忆旧作，辄口授指画，如某篇某句有误，应如何修正；又如某书某刻优劣所在，历历如绘。盖其博闻强识，虽数十年如一日，此岂常人所能企及，谓非耄耋期颐之征而何？"

顾廷龙在《张元济与合众图书馆》一文中对于此事有这样的叙述："张先生编著的《涵芬楼烬余书录》，校印时嘱我相助，在此时期先生几日有便条给我，我亦一二日必往一谈。先生病后，记忆力仍很强，某字某句要查，而且要查原书，这种校勘工作，在'合众'做最为适宜。""廷龙辱招编摩，主馆有年，杖履亲承，益我良多。"

《书录》卷末附有《涵芬楼原存善本书目》，均按四部排列，计经部146种、史部483种、子部495种、集部620种，总共1744种。1951年2月3日张先生有送校《涵芬楼善本书目》给顾先生，此即为请顾参考并按部分类排比。张先生序《书录》提及了此事："涵芬善本，原有簿录。未毁之前，外人有借出录副者。起潜语余：北京图书馆有传抄本，盍借归并印，以见全豹。余韪其言。移书假得，审系草目，凌躐无序。就余记忆所及，遗漏甚夥。蒋、何二氏之书尤多未刊。然所记书名，汰其已见是录者，犹千有七百余种。异日史家纂辑艺文，或可稍资采择。"

张先生所云"蒋、何二氏之书"，是指蒋汝藻密韵楼及何氏悔余斋藏书。购买蒋氏之书是通过叶景葵先生介绍给张先生的，乌程蒋氏是藏书世家，1926年1月，因经商失败，将书典押给浙江兴业银行，因期限将至而无力赎回，而叶时任兴业银行董事长。蒋氏所藏有宋本563册、元本2097册、明本6753册、抄本3808册，又《永乐大典》10册，价值颇高。当时蒋氏开价20万两银子，后"商务"以16万两购入，从而成为涵芬楼历年来搜集最为珍贵的一批藏书。1925年1月，张先生赴扬州购置何氏悔余斋藏书，四万余册，三万元。盖因何秋辇逝后，其子邕威亦相继下世，其家不能守，尽举所有归于涵芬楼。但这些书尚未整理，即悉数毁于日寇轰炸中。

《书录》的样本一套五册，终于在1951年5月22日装成，扉页上"涵芬楼烬余书录"七字，即为顾先生以篆书为之。《书录》正式由上海商务印书馆出版后，张先生即分送共和国主席毛泽东、政务院总理周恩来、人大副委员长陈叔通、上海市长陈毅等领导人。据《张元济年谱长编》，5月26日，张先生致毛泽东信，并附呈《书录》一部。毛泽东收到书后则于7月30日有回复，"三次惠书并附大作及书一函，均收到了，谨谢厚意"。6月12日，张先生致陈叔通书，"《书录》已印成，属馆中寄呈一部，不知已递到否？"6月13日，陈毅复张先生书，"惠书及《烬余录》收阅，甚佩长者保存古籍之美意。今者，人民政府明令收集古代文物，设部专司其事。先生之志，继起恢宏，诚可庆也"。10月4日，张先生致周恩来书，"附呈元济所撰《涵芬楼烬余书录》一部，亮登签掌。脱

稿有年，近始出版，纰缪甚多，务祈教正"。

《书录》出版后的5月29日，"商务"即赠顾先生《书录》样本四部，并校费旧币150万元。顾即汇40万至苏州并走访顾颉刚先生，赠送《书录》一部。

《书录》原来的稿本十册，即由顾先生移至合众图书馆收藏，后来"合众"改为"上海市历史文献图书馆"后，即钤上了"上海市历史文献图书馆藏"的印章。不过，这应该是1954年3月以后的事了。而校样本则由顾先生于1962年7月，赠予笔者保存。

《书录》之余话

涵芬楼烬余之善本，在送往北京图书馆之前，"商务"的胡文楷先生曾将原书从金城银行中调出，并核之于已出版之《书录》，发现当年《书录》在编写时，有些漏去之跋文、印记以及原书卷数在著录时的讹误等，他都一一予以补全。如今，六十余年过去，胡氏增补之本已不见踪迹，然而令人欣喜的是，日本友人高桥智先生处存有一份顾先生据胡氏增补的过录本。

高桥智先生是顾先生在复旦大学做兼职教授时的日籍学生，今为日本庆应大学斯道文库库长。二十世纪九十年代中，他去北京探望顾先生时，获顾赠"商务"印本《书录》。后高桥智将之发表于日本庆应大学《斯道文库论集》第45辑，文章名为《顾廷龙批注〈涵芬楼烬余书录〉》。内中高桥将顾写有"蒋"字的目录及书录中所漏写部分如题跋、印章乃至手民排错之误字及增补

顾廷龍批注『涵芬楼燼余書録』
——中国版本学資料研究——

高橋　智

一、『涵芬楼燼余書録』について

本書は中国目録学・版本学を学ぶ上で最も典型的な価値を持つ善本目録・解題である。二〇〇三年北京・商務印書館より『張元済古籍書目序跋彙編』として三冊のうち一冊を占め、懇切な標点が施された。著者張元済（一八六七～一九五九）の孫張人鳳の編纂に係る。近年（二〇〇九）また『張元済全集』の第八集にも同様の標点本が収載された。

上海にあった涵芬楼は商務印書館の図書館である。一九〇二年（清光緒二十八年）商務印書館に編輯所が設けられ（所長張元済）、張元済は編訳所に図書館を創設、蔡元培の紹介で、紹興の徐友蘭（一八四□～一九〇五）の蔵書を一批購入してより、もともと編輯の参考資料として蒐集を開始。清宗室の

二妙集八巻　金段成己段克巳撰　明成化刊本　二冊

蔣　國朝風雅七巻雄化編　三巻　黄義□編　元刊本　四冊　黄義□　汪□譚旧蔵

蔣　皇元風雅前集六巻后集六巻　元傅習編　后集元孫存吾編　元刊本　六冊　朱竹君旧蔵

蔣　草堂雅集不分巻　元顧瑛編　鈔本　二冊　宋賓王校蔵

蔣　元音十二巻　元孫原理編　鈔本　一冊　朱臥庵　黄義□蔵　知不足齋旧蔵

蔣　金蘭集稿四巻　明徐達左編　鈔本　一冊　天一閣旧蔵

蔣　錫山遺響十巻　明莫息編　明正德刊本　二十冊　汪□源旧蔵

蔣　唐詩二十六家五十巻　明馮惟訥撰　明嘉靖刊本　四十冊　天一閣旧蔵

蔣　詩紀一百五十六巻　明馮惟訥撰　明嘉靖刊本　二十冊

蔣　四家詩會一百巻　清陳惊編　明嘉靖刊本　二十四冊　四冊

蔣　宋元詩會一百巻　清陳惊編　二十四冊　法梧門旧蔵

蔣　蒼巗先生金石例十巻　明潘昂霄撰　元刊本　四冊

蔣　花草粹編十二巻　明楊慎編　元刊本　三冊　朱臥庵　黄義□旧蔵

蔣　朝野新聲太平樂府九巻　元楊朝英集　元刊本　三冊　朱臥庵　黄義□旧蔵

［各目所注書字、均為得自高五巓所蔵、穰梨館文楷先生所校傳録。一九三二年十二月顧廷龍記］

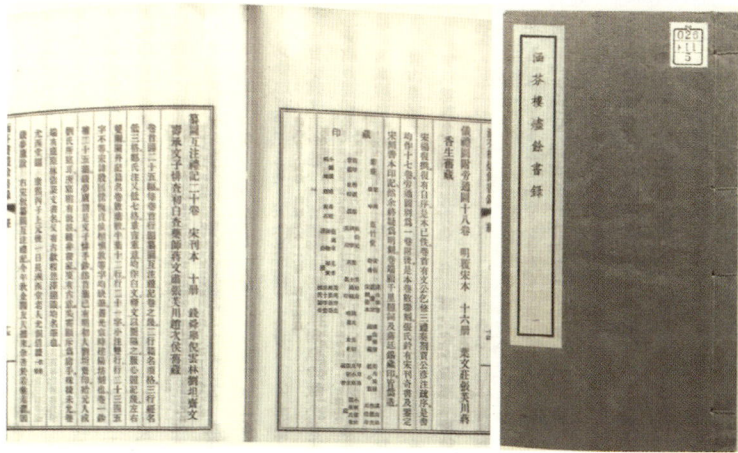

处均有录出。

这部《书录》的"总目"上有顾的亲笔校注，包括凡是认定蒋氏藏书者均写有"蒋"字，并过录胡文楷的校记。顾在"总目"下写有一段识语："涵芬楼烬余书归北京图书馆时，经胡文楷君检理，见跋文印记有脱误随手记之。余请其录存副本，兹复迻录一过，以便省览。当余编校《书录》，以书存银行，未能一一提阅为憾耳。龙记。"又在宋刊元明递修本《史记》中，有顾先生的另一段文字，云："日本东方文化学院藏有此本残本，存卷二、卷三、索隐后序，为狩谷望之旧物。见史记研究的资料和论文索引。龙记。一九七三年四月二十四日。"

顾先生另又抄有凡蒋氏旧藏之书名，共八纸，凡140处，为顾先生所书，"蒋"指蒋汝藻孟蘋祖孙三代的密韵楼藏书。蒋汝藻，浙江湖州南浔人，辛亥革命后，任浙江省军政府盐政局长、浙江铁道会社理事。清末民初间，杭州汪鸣銮、贵阳陈田、宁波天一阁所藏善本散出，蒋氏所获甚多，其中有宋本88部、元刊本105部、黄丕烈校抄本44部。纸末顾有题识，云："右目所注'蒋'字，均为得自蒋孟蘋所藏，据胡文楷先生所校传录。一九九三年十二月顾廷龙记。"这一年，顾先生九十岁。

胡文楷（1901—1988），字世范，江苏昆山人。1924年入商务印书馆，1966年从中华书局上海编辑所退休。胡与顾的关系甚好，最初获识于合众图书馆，当年顾曾邀胡在馆协助编目，胡之《历代妇女著作考》，也曾获顾的帮助。

此虽为胡氏"随手记之"之本，却让我们了解到许多人所不知的材料。

如明嘉靖刊本《周礼郑氏注》十二卷，此本黄丕烈跋有十四则，但《书录》收了七则，另七则为："十一月十七日，亦取纂图互注本参校一过，未知与钱所校本同否？所校字时有出入（卷一后眉）。""案此本最佳，钱云尚多误谬，此惑于他本也（卷一后眉）。""某家得此时，见有校宋本在上，已出重赏，故此时购之，必索重直，且经估人之手，宜增至十番也（卷一后眉）。""此嘉靖本《三礼》中之《周礼》也，昔以青蚨六百余文购一塾师读本，已点污矣，久而失之。兹复置此，污损更甚，卷中红笔是也。荛夫记（卷六后）。""丁丑孟夏，又用海宁吴查客藏重言重意宋本校《夏官》，下卷损之（卷八后）。""丙子十月，借钮非石手校顾抱冲藏余仁仲本校（卷十二后）。""此本卷一末有钱听默跋，云得京本校注《秋官》，又多蜀本校字。余兹校德舆董学士宅集古堂本于汲古注疏本上，复以董本参钱所校者，但就钱校处参校董本。经注与此本异同字，不复校上者，以有全校本在毛刻上也。董本有钞补卷，故宋本标曰董本缺卷，标曰钞补云。复翁（卷十二后）。"

如宋景祐刊本配元大德、延祐、元统、明正统本《汉书》一百十八卷，此本有李兆洛、钱天树、无名氏三跋，又程恩泽、顾兰厓、莫友芝观款。但孙云鸿题识及贯唯居士跋却佚去。孙之题识及贯唯居士跋云："道光庚戌九月中浣观于味经书屋，生平所见宋椠书，此为甲观。复生孙云鸿志。（下钤'云'字白文、'鸿'字朱文二方印）""右目为荛圃先生手笔，先生好古本书，平日得不完本，必多方补缉，汲汲不暇他作，观此可以想其嗜好之笃矣。今人求田问舍，其勤苦不异于先生，及身殁，则产属他姓，更有何人道及之。此数页虽字迹不工，而芙川犹以其人可重，不忍弃置，列之卷首，后世苟知重是书，此数页亦不湮没，洵非俗士可同语哉！既以见示，属为跋语，漫书页末，时道光丁酉夏四月也。贯唯居士尔旦。（下钤'贯唯'白文古印）"

钞本《国朝名臣事略》十五卷，此本有黄丕烈跋，但另二则黄跋却未被收入。跋为"道光癸未照校元刻本，每半叶十三行，行二十四字。此第一卷，计脱一百五十七行，以元刻行款核之，为六叶多一行，兹校补手录之。荛夫自二十迄二十四毕工校补（校补十一卷后）"。"道光癸未照校元刻，每半叶十三行，行二十四字。此第九卷，计脱廿六行，以元刻行款核之，适脱一叶，兹校补手录之。荛夫。"

吴枚庵校本《吴越备史》四卷，此本原有吴翌凤三跋，但吴翌凤录钱曾跋却被删去。钱跋为"今本《吴越备史》，武肃十九世孙德洪所刊，序称：忠懿事止于戊辰，因命门马荩臣续第六卷为补遗。予暇日以家藏旧本阅之，知其刻之非也。是书为范坰、林禹所撰，称忠懿为今元帅吴越国王，自乾祐戊申至端拱戊子，纪王事终始历然。新刻则于乾德四年后，序次紊乱，脱误宏多，翻以开宝二年后事为补遗。他如王因衣锦城被寇，命同玄先生间丘方远建下元金箓醮于东府龙瑞宫，其夕大雪，惟醮坛上星斗灿然，一黑虎蹲宫门外，罢醮而去。罗隐师事方远，执弟子礼甚恭，及迎释迦、建浮图以供之，其制度皆出王之心匠，诸事皆失载，其字句纰缪处又不知几何也。盖德洪当日所见，乃零断残本，实非完书，以王家故事，急付剞劂，未遑细心参考耳。也是翁钱曾遵王。"

如钞本《徂徕文集》二十卷，此本有嘉庆间仲卿氏题，内中有云："既楷书谢山先生跋语卷端。"但全祖望的跋已被删去。全跋为："徂徕先生，严气正性，允为泰山第一高座，独其析理有未精者。其论学统，则曰不作符命，自投于阁，以美扬雄，而不难改窜《汉书》之言，以讳其丑，是一怪也。其论治统，则曰五代大坏，瀛王救之，以美冯道，而竟忘其长乐老人之谬，是一怪也。涑水亦不非扬雄，然犹为之周旋其辞，谓其鉴何、鲍之锢，而委蛇为之，即南丰以为合箕子之明夷，虽其言亦失春秋之意，要未若徂徕之武断。夫欲崇节谊，而乃有取于二人者，一言以为不知，其斯之谓欤？谢山全祖望（卷首）。"

除了漏去某些跋文外，还有一些藏本的钤印也未录入，如贵徵钞本《五代会要》三十卷，此本卷末有贵徵跋，并钤有"贵徵仲符"等印二十四方，然《书录》全数不录。又如钞本《绛云楼书目》二卷之"吴翌凤枚庵氏珍藏"等九印；钞本《宝刻丛编》二十卷之"韩履卿藏经籍金石书画之印"等八印；宋刊本《古今合璧事类备要》之"曹淇文汉"等八印；明钞本《剧谈录》二卷之"汪氏启淑"等四印；钞本《宁极斋稿附慎独斋稿》不分卷之"劳权"等五印；元至顺刊本《静修先生文集》二十二卷之"黄印丕烈"等七印；钞本《宋元诗会》一百卷之"法印式善"等五印，不知什么原因，均未收入。

也有一些善本书记录了部分钤印，但也遗漏了其他一些重要印章，如钞本《唐宋诸贤绝妙词选》三卷，仅收"毛晋之印""子晋书印""汪士钟读书"等七印，但却佚去"毛晋私印""汲古阁""汲古主人""汲古得修绠""汪士钟藏"等十二方印记。究其原因，或是当年参与撰写的助理选择性地选了一些，而不及其余。

涵芬楼烬余之最后归宿

涵芬楼烬余之书，所存凡宋刊93部、元刊89部、明刊156部、钞校本192部、稿本17部。总计547部5000余册，其中《永乐大典》就有21册。张先生在1932年3月17日致傅增湘信中认为烬余之书的数量与质量，"窃以为尚在海源阁之上，不审吾兄信以然否？有暇当将书目录出呈览，请法家一评定之"。那么，这么好的珍本在《书录》出版之后，还能让它继续保存在金城银行吗？它的出路又在何处呢？是捐献还是出让？是全部一次解决还是慢慢消化？最后又由谁来保存呢？

实际上，在《书录》出版前，即有有识之士在思考此一问题了。1951年5月6日，张先生有致陈叔通信，告以"商务"常务董事徐善祥提议将涵芬楼所藏21册《永乐大典》捐献国家之事。四天后的11日，陈叔通即有复函，赞同徐的提议，并建议"要须通过董事会"作最后决定。

据"商务"《董事会记录簿》提案云："本公司旧日涵芬楼及东方图书馆藏书名闻世界，自经'一·二八'兵燹以后，烬余之数不逮百一，至为可痛。兹查有《永乐大典》为十四世纪吾国有名之官书，在文化上极有价值，频经劫乱，毁佚殆尽。本公司前经搜得二十一册，幸尚保存，谨按二十一册之中，所录有《湖州亲领各县志乘》，有《冀州疆域沿革》，有《元一统志》，有

《周易兑卦诸家解说》，有《孟子诸家注》，有《骨蒸证治》，有《寿亲养老书》。尤以《水经注》前八卷之四册，卷次联贯，最为难得。清代《四库·水经注》即从此出，亦即武英殿聚珍版《水经注》之底本。其后七卷现由北京大学收藏，可以完全配齐。我公司本努力文化之旨，似宜将此珍籍捐献政府典藏，以昭郑重。兹特向贵会建议，敬请公决。如蒙通过，再由公司具呈，献与中央人民政府，恳其收纳。"

6月2日，在"商务"第505次董事会上，通过了张先生等董事署名的善本书保管委员会拟将"商务"所藏《大典》捐献国家的提案。数天后，张先生即起草呈文，并委托袁翰青代递致政务院周恩来总理。此事可见6月12日张致陈叔通书，有云："捐献《永乐大典》已由董事会通过，同人之意，拟具呈文，径呈政务院，并托袁翰青君代递，大约不久即可运出。其呈文系弟起草，当属伊见思先呈台阅。如有不妥，务祈指示。"袁翰青（1905—1994），江苏通州人，有机化学家，化学史家和化学教育家。1955年当选为中国科学院院士。1944年加入民主科学座谈会（九三学社前身），为九三学社第三、四、六、七届中央委员会常委，是当年与储安平、顾执中等并列的九三学社著名五大"右派"。

周恩来总理在百忙之中，于8月24日复信张先生，表示感谢张代表"商务"向国家捐献《大典》之事。10月4日，张先生再致周恩来书，谈及《大典》的捐献问题："商务印书馆旧藏《永乐大典》二十一册，本系国家之典籍，前清不知宝重，散入民间。元济为东方图书馆收存，幸未毁于兵燹，实不敢据为私有。

公议捐献，亦聊尽人民之责，乃蒙赐函齿及，弥深荣感。"为了捐献《大典》，居然要一再写信给总理，这又是怎么一回事呢？

《永乐大典》是在中国明代永乐年间（1402—1424）明成祖朱棣命太子少师姚广孝和翰林学士解缙主持的一部中国古代规模最大的类书。《大典》永乐时的抄本早已不存，现今所存为明嘉靖间抄的副本，六百年中，《大典》历经沧桑，兵燹、自然灾害及偷盗，致使《大典》目前所知仅存四百余册。《大典》即使残缺不全，仍受到近代藏书家的重视，以有入藏为幸。这二十一册《大典》是张先生在1929年之前为涵芬楼收得的，其中有十多册得自蒋氏密韵楼，之所以极为珍贵，不仅是稀少之因，更重要的因为后来的武英殿聚珍本《水经注》所自出的前半部，即在其中。书上除其他私家藏印外，都钤有"涵芬楼""海盐张元济经收"印。自辛亥革命始，至1949年止，国内藏有《大典》的不多，因此，这在当时是一笔很大的文化财富。即以当时的北平图书馆来说，在1937年日本侵华，局势进一步恶化时，中国方面通过驻美使馆与美方联系，从北平馆存放在上海租界的珍贵图书中选取善本三千种，两万余册，其中《大典》62册，分装102箱，转移到美国华盛顿（今存台北"故宫"）。这之后，即1937至1951年，北图又入藏了三十二册《大典》，所以此时涵芬楼烬余之《大典》二十一册庋藏北图，无疑是锦上添花、如虎添翼了。

张先生将《大典》捐赠之事，当作嫁女一样地看重，他在捐赠之前又做了一些额外的准备工作。正因为《大典》的珍贵，在流传过程中，都是有函套的，但时间久远，有的布函已经开制，所以张先生在看到函面卷签底样殊未合式后，决定重做。他在1951年6月6日至10日，连续五天每天皆有信吩咐丁英桂，要求有关人员"查明高宽尺寸实数，用牛皮纸裁一实样见示，并记明英尺尺寸"。"费先生所写一纸'永乐大典'四字，似尚嫌小。卷册八行，似占地过宽，如改四行，则不致有患矣。又下脚余地似属过空，可再伸长一寸，将'永乐大典'四字放大，则下余空纸亦不致太多。此朱笺应衬托白宣纸，四旁各伸出约二分之谱，粘在函面当中，其上端应离边缘约半寸地。是否合式，请公司核定。布套何时可制成？一切手续完毕后，乞将全书送下一阅。"由于别鹤孤鸾，相离在即，张先生又有"此生不能再与此书相见，临别不无余恋也"之感慨。

《中国国家图书馆百年记事》曾记载了1951年7月23日"商务印书馆董事会将所藏21册《永乐大典》捐给中央人民政府"之事，该馆馆藏档案存文化部文物局1951年8月13日通知："商务印书馆将《永乐大典》廿一本捐献国家，即拨交你馆庋藏，特此通知。"除通知外，另有同年8月6日交接清单，因此，转入北图的日期当为8月6日。

《大典》捐赠完成后，其余涵芬楼烬余之五百多部善本，则均由中央文化部收购。1952年12月24日，张先生致郑振铎信云："近日，贵同僚王冶秋君莅沪过访，谈次知涵芬楼烬余各书甚蒙垂注，至深感荷。此等书籍断非私人机构所能永保，同人久有贡诸中央之意，只因有种种关系，未即实行。敝同人史久芸君亦曾传达雅意。前日，本馆经理沈季湘、襄理张雄飞二君往谒王冶秋君，面陈一切，想经转达聪听，兹不赘陈。"

要做成一件事并不容易，张先生所说的"此等书籍断非私人机构所能永保，同人久有贡诸中央之意，只因有种种关系，未即实行"。很清楚，张先生考虑的是这些"涵芬楼烬余各书"必须交给中央，而不是私人机构。在当时，也许有人会想，为什么张先生没有将这批烬余之珍本留在上海，甚或捐给与他非常熟悉的而且又是董事会董事的合众图书馆呢？而且张曾将数十年来所收集的浙江海盐乡邦文献也都捐给了"合众"。

实际上，在二十世纪四十年代末，上海地区的图书馆重要者不多，据新中国成立初期的1950年，上海市文物管理委员会对全市的各类公私图书馆做过的调查，大大小小共有117所。即使是公共馆的上海市立图书馆，成立于1945年10月，藏书仅十一万册，规模甚小。而三十年代末成立的合众图书馆在解放前的上海滩上都没有正式挂牌，仅仅是一个小小的私立图书馆，即使是新中国成立后的1953年6月，"合众"才被上海市文化局接办，1954年3月又变身为上海市历史文献图书馆。

所以，早在1912年8月正式开馆的京师图书馆，是在1928年7月改名为国立北平图书馆，直至1949年才改为北京图书馆，那时的北图，已经是以典藏丰富而著称的综合性研究图书馆，已有了国家图书馆的雏形。因此，张先生当年的决策是绝对正确的。

沈季湘经理和张雄飞襄理是专门为涵芬楼烬余之书去京办理此事的，也是代表张先生和"商务"去打前站的。沈季湘，曾任职词源组，后为经理，又任"商务"驻沪办事处副主任。由于材料不足，我们无法知道沈、张这次在北京与文化部社会文化事业管理局副局长王冶秋见面之详情。

但是没过多少时候，在次年的1月12日，"商务"的史久芸即约戴孝侯同往北海团城，见社会文化事业管理局局长郑振铎、副局长王冶秋，谈涵芬楼烬余善本书由政府价购之事。（此事见《史久芸日记》）史久芸（1897—1961），浙江余姚人，十八岁时考入商务印书馆商业补习学校，后长期在馆从事财务和管理工作，先后担任哈尔滨分馆会计主任、"商务"驻京办事处主任、总馆人事股股长。相信这一次的会见，初步达成了价购的数字以及其他事。

涵芬楼烬余善本藏书移交北京图书馆保管之事是很顺利的，1953年2月9日，由沈季湘、丁英桂、穆华生护送这批藏书乘火车运抵北京。北京图书馆派员至车站迎接，并将全部藏书转至北京图书馆善本部。次日，沈、丁及史久芸往文化部访郑振铎局长及北图善本部主任赵万里等，汇报与北图有关人员点交善本书事。（史久芸日记，见《张元济年谱长编》下册1386页）丁英桂（1901—1986），平湖乍浦镇人，高小毕业后即考入商务印书馆商业补习学校，学成后留馆工作。先后在出版部、图书馆、总务处、业务科任职。东方图书馆被毁后，董事会设立善本书保管委员会，丁为助管员。在他的严密防范保管下，珍贵典籍完整无缺，多年来，他为张元济辑印古籍的助手。解放后，曾主持影印《古本戏曲丛刊》，后任高等教育出版社上海办事处副主任、商务驻上海办事处副主任、中华书局上海编辑部影印组组长。穆华生，应为商务印书馆职员。

2月12日的上午，史久芸又与沈季湘、丁英桂再去见郑振铎，谈至九时半。直至2月21日晚，郑振铎、王冶秋邀请史久芸、戴孝侯、丁英桂在西四同和居晚饭。这之后的4月6日，张先生有致郑振铎信，云："涵芬楼烬余善本仰荷玉成，俾能得所，衔感无极。比想交割都已竣事矣。"（《张元济年谱长编》下册1389页）至此，涵芬楼烬余善本全部移至北图善本部保管，张元济去年所希望的"商务""同人久有贡诸中央之意"得到了具体落实，他本人晚年最大的夙愿也得以满足。

结语

张先生一生著作等身，其作为版本目录学之大家，功底深邃。他的《书录》不仅揭示了涵芬楼烬余之书的内涵，而且也为后人撰写善本书志立下了一种模式。"涵芬模式"的格式是先录每书之书名、卷数、版本、册数、旧藏者。次为书序、行款、著者、刻工、讳字及刊书题识及牌记，至于与他本之异同、版本之特点、流传之罕见等也皆在文字中显现。次录各家（学者、藏书家及时人之跋文、题识）。最后录之以藏家之印记。使人读之大有裨益，直感其书体例之善，考订之精，条理清楚，一目了然。

顾先生所编《涉园序跋集录》是张先生著作中的一种，顾的后记里说道：张先生耆年硕德，经济文章，并为世重，先生"专精毕力于丹黄楮墨间，积累蕴蓄，倾吐心得于题跋文辞中，往往发前人所未发。方诸前贤如义门、抱经、荛圃、千里无以过之。抑且访书南北，留珍海外，过眼琳琅，会神应手，允谊征引众说，拾遗补缺，洞中要窍，此更前贤所未逮"。当非过誉之词。

《书录》中尤其是叙述版本之异同及特点，往往发前人所未发，如无高深之学养，以及对版本目录之深知者，绝难写出如此高质量之专著。民国间一些重要收藏家兼学者，如叶德辉之《郋园藏书志》、傅增湘之《藏园群书题记》等，虽各有特色，但皆没有张先生之《书录》那样系统及规则。

无独有偶，1937至1939年，张先生为潘明训宝礼堂所藏宋本、元本专门撰写了《宝礼堂宋本书录》，9月此书出版。所收潘氏藏宋本99种（经部19种、史部23种、子部21种、集部36种），附元本6种。此《书录》之每篇书录也有一定模式，即每书著录书名、作者、版本、册数，继叙其缘由，再录各家题跋，次版式、刻工姓名、讳字、藏印等。其避宋讳缺笔者，乃在考订年代。又录刻工姓名，则为判断刊刻地域。藏印当可溯其藏书流传之有序。此与《书录》之撰写，有异曲同工、殊途同归之妙。

如今，《书录》稿本及校样本、过录本仍保藏良好，津抚其书，思昔今，叹张、顾、孙、胡诸先生墓有宿草，不胜人逝物在之感。然展卷摩挲，细读张先生等人之批注，但见眉端行间，朱墨纷披，丹黄并见，又如与前辈大师相对，聆听教诲，他们之风范与神采，又令人有弥深敬仰之忱。至于张先生之书法老到，顾先生之朱书细字，极其精致，在不胜浩叹之下，岂不又给《书录》增重。

涵芬楼，作为一家出版机构的藏书楼，在战争年代，风雨飘摇之际，数十年来为国家、为民族保存了如此之多的先民所遗存的珍贵典籍，是真正的不易。解放之后，涵芬楼烬余之书走入了北京图书馆，进入了历史，作为国家的财产而永久保存。张先生的愿望也终于得以实现。

2017年12月2日深夜
于美国波士顿之慕维居

顾廷龙与合众图书馆

　　顾廷龙先生是中国图书馆事业家，也是一位版本目录学家、文献学家，他从1934年7月起进入北平燕京大学图书馆工作，五年后，又于1939年7月应叶景葵先生之招，抵沪创办合众图书馆，直至捐献国家，改名为上海市历史文献图书馆，1958年再并入上海图书馆，几十年来，他一直在图书馆工作。然而最令顾先生耿耿于怀的是某些学者对"合众图书馆"的评价了。

　　那是缘于《中国大百科全书·图书馆学卷》出版后，内里的"上海合众图书馆"条目下注云"见上海图书馆"六字。先生见后，大不满意。他曾对来访的时在苏州大学任教的潘树广先生说："（这）不免太简单了。合众十五年经历，最为艰难之日，开办时在空无一物、空无一人的情况下进行，到捐献市人民政府时聚书三十万册，捐献后改名历史文献图书馆。我们编印了一册

顾廷龙先生

《中国现代革命史料目录初稿》，解放初中宣部同志说，你们有远见。此原公立图书馆不能做的事，十四年的时间不短，而且经历了困难时期。'见上海图书馆'一语，太简单了，太轻松了。"先生希望潘先生暇时写一篇对"合众"评价公正的文章。可惜的是，潘先生也于2003年去世了。

当然，不仅仅是《中国大百科全书·图书馆学卷》，即使是《中国图书馆事业史》（刘少泉著）、《中国图书馆史》（李朝先、段克强编著）、《中国图书馆发展史》（王酉梅著）也都没有"合众"的一席之地，至于《20世纪以来中国的图书馆事业》（张树华、张久珍编著），仅有私立东方图书馆、私立上海鸿英图书馆、私立松坡图书馆、南开大学木斋图书馆、私立北京木斋图书馆、申报流通图书馆、中国科学社明复图书馆、中央地质调查所图书馆之介绍，而无一字涉及"合众"。

"合众"实际上是中国近代以来私立图书馆的典范，自二十世纪三十年代在日寇侵华，上海沦为孤岛后，叶景葵、张元济、顾廷龙等先生高扬"众擎易举"的大旗，为国家、为民族保存了大量文献，做了力所能及的工作，起到了私人收藏家、公家图书馆不能起到的作用，它的存在及发展应该得到正确的评价。

合众图书馆

本文的写作，基于当年编著《顾廷龙年谱》时收集的以及近年中新发现的材料，来叙述顾廷龙先生是如何进入图书馆领域、因何回到上海参与创办"合众"，"合众"在"空无一人、空无一物"的情况下，其创业之艰难及图书之来源，"合众"的成长、成果与归宿。

顾廷龙和图书馆之缘

顾先生是如何和图书馆发生关系的呢？1918年夏，顾先生闻江苏省立第二图书馆在沧浪亭创办，以存古学堂藏书，移转入馆，似增收新书。"我曾一游其地，入门买票，似为铜元两枚。看书多少不计，索阅一书，久闻其名，尚不能读懂，即以还管理而归。"这是顾先生初进图书馆之门。后入草桥中学，"草桥"的正式校名为江苏省立第二中学校，校内有图书馆。又有王废基公园，中建图书馆，为吴县县立图书馆，先生亦时往翻阅。这是先生对图书馆产生好感的开始。

1927年岁末，先生被外叔祖王同愈邀至南翔为家庭教师，"夜则听外叔祖讲故事，有时观其写字作画。一日，余欲学画，外叔祖为作树石，命临摹数日，余见桌上有《简明目录标注》，好之，即携至卧室，与莫氏所印略一校对，并非同本，遂向外叔祖请教。公曰：曩任职翰林院，与叶菊裳先生同寓，因向其借录一通。公曰：此本叶氏传自朱氏结一庐，主人名学勤，字修伯，仁和人，咸丰三年进士，官至大理寺卿。当年三家定期，各出所得，交流一次，互相补充。莫氏邵亭批注本均已一再刊印，独朱氏未有传播"。（见顾廷龙存笔记本）

1931年6月，顾廷龙在上海持志大学国文系毕业，7月即考入北平燕京大学研究院国文系，并申请到美国哈佛燕京学社的奖学金。

对顾先生终身服务于图书馆事业，从事目录版本之学有深刻影响的还在于1931年9月的一次不经意的碰撞，其时，北平图书馆文津街新馆落成开幕，并举办展览会，先生前往参观后，

顾廷龙在合众图书馆前留影

即有"洋洋大观，美不胜收"之感。新馆其址与北海为邻，藏书丰富，美轮美奂。这之后，先生时往阅览图书，先后得识王庸、胡鸣盛、向达、赵万里、谢国桢、刘节、贺昌群、王重民、孙楷第诸先生。这些学者学识渊博，于目录版本、金石文字、舆图水利等各有专长，先生时与请益切磋，获益良多。

顾先生正式进入图书馆工作，是在1932年6月后，那时，先生在燕京大学研究院修业期满，被授予文学硕士学位。暑假期间，一日，顾颉刚归，告先生，燕京大学图书馆的中文采访部的房兆楹、杜联喆夫妇去美国，所以馆长洪业邀请他担任燕大馆采购古书的工作。先生非常高兴，因为他"可以多看书了"。1933年7月，先生被任命为中文采访主任，并兼任美国哈佛大学哈佛燕京图书馆驻北平采访处主任，前后做了六年的图书采购工作。

在燕大馆期间，顾先生的工作就是采购古书，并特别看重抄校稿本。采访部原有规定，在北平的琉璃厂各书店每周一、三、五送样书三次，馆里一、二月开采购委员会一次。但先生去后，不限书店，也不限送书日期，可以多见难得之本。此外，顾先生在馆期间，完成了《古匋文舂录》《章氏四当斋藏书目》，并为禹贡学会发起辑印《边疆丛书》数种。尤其是《章氏四当斋藏书目》，采取前人藏书志编例，凡章钰题跋、友人识语及章氏移录前人题记不经见者全部备录，以资读者参考。此外，凡校证之本有章氏假自前人者，还在各题识之后加以按语，就见闻所及，记其姓氏、爵里、行谊之概略，以详渊源。这在当时可作析疑之助，在后来可充文献之征。顾先生如此之作，乃认为编制各类书目之前提，为强调实用与著录的严谨，而编制书目又应因书制宜，能充分反映出藏书家的收藏意图、特点及其读书治学的倾向。顾先生此目特别引起了在上海的叶景葵先生的注意，叶在收到书目后，即有致先生信，云："体例极善，是以表章式老岫学之里面，吾兄可谓能不负所托矣。"

离开燕大去上海筹办"合众"

顾先生离开燕大而去上海，其中最大的原因是当时的时代背景。

在抗日战争中，国家损失之大罄竹难书，而文化事业也多遭日寇破坏，对于图书馆来说，损失尤大。据1939年国民政府教育部《教育年鉴》的统计，截至1938年12月，大学及本科以上学校，全国共118所。十八个月来，十四校受极大之破坏，十八校无法续办。……在各大学之损失，当以图书馆为最甚。以国立学校言，图书则损失1191447册；省立学校，104950册；私立学校，1533989册。总计达2830386册之多。……全部损失至少当在1000万册以上。这实在是一场浩劫。

据战时全民通讯社调查，卢沟桥事变后，公共图书为日寇掠运者，北平约20万册，上海约40万册，天津、济南、杭州等处约10万余册。南京市立图书馆则与夫子庙同毁于火。"八一三"沪战发生，上海市中心区图书馆又毁于日寇炸弹之下，南市文庙市立图书馆、鸿英图书馆等图书馆，亦散佚甚多。国府文官处、教育部、内政部、外交部及其他机关学校图书馆被敌寇掠走不下60万册。

1943年前，美籍人士实地考察，估计中国损失书籍在1500万册以上（韩启桐《中国对日战事损失之估计（1937—1943）》，中华书局1949年版）。而据国民政府教育部1938年底的统计，中国抗战以来图书馆图书损失至少在1000万册以上。又据1939年度的统计，沦陷区专科以上院校运出图书1190748册；而留置沦陷区者为1923380册。

侵华日军在南京不但掠夺国家图书馆藏书，而且搜掠私家藏书，多达88万册。在上海松江，姚石子收藏中国典籍甚富，沦陷后，被敌全部运去。那时江浙藏家如上元宗氏咫园、虞山丁氏淑照堂、吴兴刘氏嘉业堂、平湖葛氏传朴堂、扬州王氏信芳阁、杭州王氏九峰旧庐，先后遭乱，损失重大。北方如天津郭氏汲浭楼等，亦廉价求售。一般图书，论斤出卖，用作包裹食物。较好的书，也充塞坊肆。民间百姓初经战事，心绪不定，经济尚多困难，所以很少有人问津。

面对日寇的侵略，在中华传统文化沦丧之际，上海的一些文化志士，也在硝烟弥漫的正面战场之外，悄悄地进行着另一场保护图书文献的大业。郑振铎、徐森玉、张寿镛等人组织的"文献保存同志会"也在差不多的时间里，利用"庚款"的基金，在上海为在重庆的中央图书馆抢购了大量善本。而叶景葵等先生却在策划着全新的名山宏业。

叶景葵，字揆初，号卷盦，别称存晦居士。浙江杭州人，生于清同治十三年（1874），卒于1949年4月，年七十六。光绪二十年（1894）中乡试第二名举人，时年20岁，二十九年（1903）应会试中第七名进士，时29岁。为奉天总督赵尔巽所

叶景葵先生

赏识，随官于山西、湖南、盛京、湖北等地，辛亥（1911）二月调部署造币厂监督，实授大清银行正监督。以"维持币制，活动金融"改革体制，制定银行管理规章制度。后任浙江兴业银行上海总行董事长、中兴煤矿公司董事长等。盛年抱经世之志，尤醉心新学，受实业救国之影响甚深。年逾五十，始致力于珍本之搜集，每得异本，必手为整比，详加考定，或记所闻，或述往事，或作评骘，或抒心得，而以鉴别各家之笔迹，眼明心细，不爽毫黍。所撰跋语，精义蕴蓄，有如津逮宝筏，裨益后学者甚巨。

那么顾先生又是怎么和叶景葵认识的呢？于此，又涉及居住在北平的吴中名宿、长于金石目录及乙部掌故之学的长者章钰。1931年秋，顾始识章钰。章为清光绪二十九年（1903）进士，于顾先生甚为垂爱，每次见面，"或示以孤拓珍本、名书法绘，相与赏鉴；或备述乡邦掌故、前朝旧闻，昭示愚昧"。顾曾云："辛未季秋，龙来燕京大学肄业，时先生亦方自津步就养旧都，始克以年家后进，登堂展谒，获聆绪论。"章氏也云："年家子顾子起潜，修业燕京大学，时过余织女桥僦舍，讨论金石文字及乡邦掌故，至相得也。"（《顾廷龙年谱》，第23页）

早在1935年的6月30日，先生首次和叶先生通信，云："每从式之先生处备闻风谊，深为仰慕。比见景印《谐声谱》全稿，发潜阐幽，令人钦敬。是书为研究古声韵学必读之籍，自来学人咸苦学海堂所刻之不足，今乃以全璧行世，嘉惠士林，岂浅鲜哉！龙欲得已久，遍访市肆，无一代售，用敢冒昧仰恳慨赐一部，倘蒙俯允，感激无既。附上《吴窓斋先生年谱》一册，冀为引玉之资，敬请教正。"这之后，叶先生有致先生札多通，内容涉及《读史方舆纪要》诸事。

10月中旬，叶先生到北京，这是他和顾的第一次见面，地点在章钰先生家里，两人讨论版本目录之学，很投契。叶先生返沪后，即于10月25日致顾信，有"到京邂近，渥承宠台，纵论古今，益我神智，并荷道观燕校各部，作竟日之欢，感篆曷极"之语。

然而，自日寇侵华，卢沟桥事变发生，叶先生又因夫人病故，心绪恶劣，陡患失眠，乃至莫干山静养，因战事不能下山，又因去汉皋料理银行事务，一住三月，共计八月之久。所以叶顾之间的音信隔绝了半年，叶先生由汉江辗转归上海，重念故人，作书相询，从此书札往来互述经过，及兵燹后的南北藏家流散情形。

叶先生有办私立图书馆之想法，可见1937年11月5日他致张元济信，为张元济去其寓所整理藏书称谢，并透露欲将个人收藏创办私人图书馆之意愿，云："以近来物力之艰，得此已觉匪易，今岁室人物故，私计不再购书，并拟将难得之本，一为整比，捐入可以共信之图书馆。"（《张元济友朋书札》，第260页）但当时所想仅为"物力之艰"。

全面抗战进行到第三年，也即1939年3月中旬，沪郊全部沦陷，在日寇侵略势炽之时，叶先生深怕奴化教育的长期侵蚀，又目睹江南藏书纷纷流散，文化遗产之沦胥，奭焉心伤，其深忧图籍的散亡，遂有"发起私家图书馆之宏愿，誓当为死友保存之"的念想，这也是他想尽私人力量，捐书捐赀，毅然有创办私立图书馆之志。

叶先生办图书馆的宏愿，还可见他1939年7月撰《抱朴子跋》，云："壬申至今不到七周，而宗氏之书尽散。沈校鲁藩本《抱朴子》已入余书库。自战事以后，公私书藏，流转散佚，惨不忍言。余于是有发起私家图书馆之宏愿，誓当为死友保存之。己卯夏日，揆初题。"（《卷盦书跋》，第84页）

叶先生也深知做任何事业，最重要的是得人，办图书馆，首先是人员的选定。1939年1月30日，叶先生致顾信即有探询之意，云："燕京图书馆经费尚充足否？吾兄在校是否兼教员，每年收入若何？有契约否？暇乞见示。"

2月8日，先生复信叶先生，云："龙佣书燕馆，专任采访，因校例所限，不能兼任教课，既无聘书，亦无合同。月薪百廿五元，循资而上，暑后学校无恙，当可增加十五元，所幸此间生活程度较低（以房租而论，不过上海十之一耳），勉能维持。"（《顾廷龙文集》，第747页）

2月13日，叶又有信致先生，云："弟所得之书，将来必为谋永久保存之法，或可以对故友于地下也。"（《叶景葵致顾廷龙论书尺牍》）

叶先生正式向顾先生发出至沪办图书馆的邀请，是3月15日的信，云："上海方面如有图书馆组织（私人事业，性质在公益方面），需要编纂校勘人才，吾兄愿意图南否？每月须有若干金方可敷用？移家需费用若干？幸斟酌示我。"（《叶景葵致顾廷龙论书尺牍》）

3月27日，先生复叶信，云："承询一节，编纂校勘之事乃龙凤好，此间所为虽近乎此，但杂务丛沓，不能专注，不能从容，故龙既服务图书馆而又司采访之职，人金以为可多读书，岂知不然。一书把手，序跋尚不及全阅，走马看花，虽多奚益，欲求横通而不能，终成吴谚'挨米囤饿煞'之诮。倘有稍可安心校读之机会，求之不得；且自亲朋星散，感切莼鲈，言旋海上，既可时聆教益，而与至亲亦可相会矣。至月用一层，现在此间百廿余元，出入差抵。然日来物价腾贵，终虑不敷，暑后即增，恐仍拮据。南北日用，想必相仿，惟房租一项，高下甚大，若租四五间，恐即须五六十元（至少有四间，须得一间以安砚席，而残书亦有寄焉）。他若小孩学费，似亦较昂，兹就目下所用，益以房租估价，即须有二百余元方可敷用，非敢有过分之望，移家须费约四百余元（四人川资及行李书籍运费）。素蒙关垂，倾其腑肺，尚祈相机图之，无任感祷。"（《顾廷龙文集》，第752页）

叶先生礼聘招贤，急于事功，在3月15日之后，又连发二信敦请，3月30日之信云："以前尚有一函询兄，如沪上有类似燕大图书馆机会，兄能否屈就，所需报酬如何，希即示复。此为绝对有望之公共事业，与弟有深切之关系。故弟负有养贤之责任也。"（《叶景葵致顾廷龙论书尺牍》）

4月1日，又详告顾创设合众图书馆之计划。云："奉廿八日所发复示，欣悉一切。弟因鉴于古籍沦亡，国内公立图书馆基本薄弱，政潮暗淡，将来必致有图书而无馆，私人更无论矣。是以发愿建一合众图书馆，弟自捐财产十万（已足），加募十万（已足）。（此二十万为常年费，动息不动本）又得租界中心地二亩，惟尚建筑基金，拟先租屋一所，作筹备处。弟之书籍即捐入馆中。蒋抑卮君书籍亦捐入之。发起人现只张菊生与弟二人，所以不多招徕，因恐名声太大，求事者纷纷，无以应之也。惟弟与菊生均垂暮之年，欲得一青年而有志节，对于此事有兴趣者，任以永久之责。故弟属意于兄，菊生亦极赞许。今得来示，有意南还，可谓天假之缘。所示待遇一节，克己之至，必可在此范围内定一标准。弟意尊眷现在南来，虽出五六十元亦无屋可住，弟所拟租之屋，可以作馆员寄宿及住眷之用。在新馆未成以前有屋可住，则除去租费，酌定月薪若干（大约为一百五六十元）；新馆成则须自租屋住，届时再酌量加薪较为两便。至迁移费则可照尊示另送。现在所拟租之屋尚有纠葛，不能定准何日可以起租，一有起租把握，即行飞布，特以密闻，乞先秘之。"（《叶景葵致顾廷龙论书尺牍》）

顾先生得信后，非常兴奋，在经过慎重思考后，决定南下，4月10日致叶先生信中，告知南下大致日期。云："叠奉三谕，拜悉种切。玄黄易位，典籍沦胥，有识之士，孰不慨叹，一旦承平，文献何征，及今罗搜于劫后，方得保存于将来。长者深谋远虑，创建伟业，风雨鸡鸣，钦佩奚似。龙自毕业之后，自顾空疏，力持孟子之戒，不为人好为之患，遂托迹佣书，浏览适性，劳形终日，浮沉六年。茫茫前程，生也有涯，心有所怀，无以自试。尝一助舍侄经营《禹贡》，方具规模，遭变而辍，殊深惋惜。窃谓人不能自有所表现，或能助成人之盛举，亦可不负其平生。兹蒙青垂，折简相招，穷寂之中得一知己，感何可言。菊老素所仰慕，曩在外叔祖王胜老斋次曾瞻丰采，忽忽已十年矣，倘得托庇骈幪，时承两公之诲，幸何如之。柴愚之质，一无所长，惟以勤慎忠实、严自惕厉，生计可维，身心有寄，他日以馆为家，有所归宿矣。不识筹备已能就绪否？规模当由小入大，发起人外别有主任者否？他日趋前亦有名义否？甚念。龙在此间经手之事，须六月底可结束，儿辈读书亦其时期终，故南渡至早须七月中。尊处定夺后，拟早向馆中告辞，俾可聘人。虽学校视职员不重，而馆中主者与龙尚厚，不愿其骤不得替也。"（《顾廷龙文集》，第753页）

4月18日，叶先生又有致顾先生信，进一步谈及图书馆发起人、总编纂及租屋事，云："奉示，知于鄙人所拟图书馆事极荷嘉许，且许他山之助，感如挟纩矣。鄙意组织愈简愈好，大约即以弟与菊老及陈陶遗（彼在江苏，声望极隆）三人为发起人，即为委员，委员中或推菊老为主任。其下设总编纂一人，请吾兄作任之，不再设其他名义。总编纂下须用助手（总编纂或称总务），招学生为之。会计收支之类，委托敝行信托部为之，扫除一切向来习气，使基础得以巩固，则可久而可大。大略如此，以后或有更改，亦不致过于歧异也。至何时可以设筹备处，则全视所欲租之屋何时可以起租（有无其他变局，尚不可知，因上海租屋，难于尘天）。屋能租定，则可以电请吾兄南来，否则来无住处，亦无办事之处，徒唤奈何！故现在请兄秘密，俟租屋有成议，当即电闻，彼时再与校中说明，至何时可离校，则全视兄之便利而定。"（《叶景葵致顾廷龙论书尺牍》）

5月4日，叶先生正式租定上海辣斐德路（今复兴中路）614号房屋为合众图书馆筹备处。即日并致顾先生电报，告以"屋已租定"。（《合众图书馆小史》，1939年5月5日致顾廷龙函）此外，叶先生又于5月23日，致顾信，告以合众租屋情形。云："奉函敬悉，此间筹备处已租定辣斐德路六百十四号……惟一切事宜全仗执事到后布置，尚望迅速料理，务于暑假开始即行南下。盼切盼切。立盼立复。"（《叶景葵致顾廷龙论书尺牍》）

5月25日，张元济亦有致先生信，云："敝友叶君揆初，雅嗜藏书，堪称美富，以沪上迭遭兵燹，图书馆被毁者多，思补其乏，愿出所藏，供众观览。以弟略知一二，招令襄助，事正权舆，亟须得人而理。阁下在燕京研究有年，驾轻就熟，无与伦比。揆兄驰书奉约，亟盼惠临。闻燕馆挽留甚切，桑下三宿，阁下自难恝焉舍去。惟燕馆为已成之局，规随不难，此间开创伊始，倘乏导师，便难措手。务望婉商当局，速谋替人。一俟交代停妥，即请移驾南来，俾弟等得早聆教益。异日馆舍宏开，恣众浏览，受惠者正不知凡几也。"（《张元济书札》，第167页）

6月10日，先生妇弟潘景郑亦有信致先生，云："昨揆丈邀谈，欣悉吾兄有南归之讯，阔别经年，聚首在迩，得罄积愫，何幸如之。揆丈旷怀迈古，其嘉惠后学之志，成兹宏业，为不可及。而吾兄能综理规画其事，他日首屈沪上，可预卜也。何日启程，拟搭何轮，务恳先行示及，当到埠恭迎也。至莅沪后，可暂

下榻敝寓，尽可从容料理后再行商迁耳，万勿客气也。"（潘景郑原信）

顾先生在燕京大学从读书到服务图书馆，整整八年，我以为当时顾先生在抗战初期的心态是：北平沦陷后，敌伪气焰嚣张，所有具爱国心的中国人都怒形于色，义愤填膺，先生在那样的环境下也同样如此，此其一。其二是时值美国哈佛大学哈佛燕京图书馆通过燕京大学图书馆大力收书，先生眼看古籍外流，内心有所不甘，有脱身之念。其三是如若换至上海，上海作为孤岛，托庇租界，还可以吸呼自由空气。后来，顾先生也感受到仰外人之鼻息，也是不好受的。

所以，顾先生为了保存我国固有文化，愿意贡献自己的一切力量，既有新办图书馆见邀，又因叶先生素所知己，办事必多便利，易收成效，所以欣然应命，向"燕大馆"坚决辞职，欣然回沪，以助叶先生之事业，尤其这是一件并不为大家注意的工作。顾先生于7月13日离开北平，至塘沽登"盛京号"前去上海，而于7月17日抵达上海太古码头。从此，"合众"在中国图书馆事业史上开辟了私立图书馆的新篇章，在图书馆史上也掀开了新的一页。

关于"合众"

"合众"是在1939年7月，随着顾先生辞去北平燕京大学图书馆的工作，举家南下，抵达上海后才开始筹备成立并运作的。它的创办人除叶先生外，还有张元济（商务印书馆董事长，新中国成立后任华东行政委员会委员、全国政协委员、上海文史馆馆长），以及陈陶遗（同盟会会员，北洋时代江苏省省长、戊通公司经理），也即发起人。他们因身受民族压迫，并激发了爱护祖国文化的热情，而走到了一起。在初期的筹备阶段，都是三人在见面时商量并决定事情。

"合众"的发起人会，是1941年8月1日成立的，随即又于8月6日成立了董事会。根据当时国民政府所设私立之图书馆规程，推选了陈叔通（商务印书馆董事，解放后任全国政协副主席、全国人大常委会副委员长）、李宣龚（清末举人，商务印书馆经理、华丰搪瓷公司董事）两先生为董事，组织了董事会。选举陈陶遗为董事长，叶景葵为常务董事。并公推陈叔通先生起草订立组织大纲，经过修正，在向上海市政府立案时，又曾被指令修改了一次。

1946年，陈陶遗去世，选举张元济为董事长，补选徐森玉（曾任中央博物院理事、故宫博物院古物馆馆长，新中国成立后任上海博物馆馆长、上海市文物保管委员会主任委员）为董事。1946年3月，在市教育局促迫之下，进行了立案，并于"私立"上，冠"上海市"三字。为专门问题咨询起见，聘请顾问三人，为顾颉刚（曾任国民参政员，历史学家、民俗学家、古史辨学派创始人）、钱锺书（曾为暨南大学、复旦大学教授，后任中国社会科学院文学研究所研究员）、潘景郑（藏书家，版本目录学家），以便业务上的咨询。1949年，叶景葵去世，补选陈朵如（浙江实业银行经理，解放后任公私合营银行副主任）为董事，选举徐森玉为常务董事。同年，扩充董事名额，增选谢仁冰（商务印书馆经理，解放后任华东行政委员会委员）、裴延九（中兴煤矿董事）、胡惠春（中南银行经理，解放后任上海市文物保管委员会委员）、顾廷龙为董事。1952年，谢仁冰、李宣龚去世，补选陈次青（留学英国，学炼钢，解放后任矿冶局局长）、唐弢（作家，后任上海市文化局副局长、中国作家协会上海分会书记处书记）为董事。

叶景葵等人创办"合众"，自知非一人之力所能举办，特邀张元济、陈陶遗共同发起，关于"合众图书馆"之名，"合众"者，乃取"众擎易举"之义。盖出于明张岱《募修岳鄂王祠姆疏》，云："盖众擎易举，独力难支。"而定名为"私立合众图书馆"。

顾先生早在1939年5月即写有《创办合众图书馆缘起》一文，这是为张元济、叶景葵、陈陶遗代笔的文献，文曰："中国文化之渊鍙，传数千年而探索无穷，东西学者近亦竞相研求，矧吾国人益当奋起继承先民所遗之宏业。惟图录典籍，实文化之源，兵燹已还，公私藏家摧毁甚剧，后之学者取资綦难，心窃忧之。爰邀同志，各出私人之藏，聚沙集腋，荟萃一所，命名曰合众图书馆，取众擎易举之意焉。同人平素所嗜皆为旧学，故以国故为范围，俾志一而心专，庶免汗漫无归之苦，乃得分工合作之效，精抄名校，旧椠新刊，与夫金文石墨，皆在搜罗。而古今名贤之原稿，尤所注重，专供研究高深国学者参考，并拟仿晁陈书志、欧赵集录，撰列解题，以便寻览。风雨如晦，鸡鸣不已。不求近效，暗然日章。世有同情，惠而好我，斯厚幸已。张元济、叶景葵、陈陶遗同启。民国二八年五月日。"

　　1939年7月18日，顾先生抵沪的第二天，也顾不上舟车劳顿，即草拟了《创办合众图书馆意见书》，请叶、张两先生审阅。

　　意见书大略如下："抗战以来，全国图书馆能照常进行者，仅燕京大学图书馆一处，其他或呈停顿，或已分散，或罹劫灰，私家藏书亦多流亡。而日、美等国乘其时会，力事搜罗，致数千年固有之文化，坐视其流散，岂不大可惜哉！本馆创办于此时，即应负起保存固有文化之责任。为保存固有文化而办之图书馆，当以专门为范围，集中力量，成效易著。且叶揆初先生首捐之书及蒋抑卮先生拟捐之书，多属于人文科学，故可即从此基础，而建设一专门国粹之图书馆，凡新出羽翼国粹之图书附属之。至近代科学书籍以及西文书籍，则均别存，以清眉目。否则各种书籍兼收并蓄，成普通图书馆，卒至汗漫无归。观于目前国内情形，此种图书馆虽甚需要，但在上海区域之中，普通者有东方图书馆，专于近代史料者有鸿英图书馆，专于自然科学者有明复图书馆，专于经济问题者有海关图书馆，至于中学程度所需要参考者有市立图书馆。他地亦各有普通图书馆在焉，本馆自当别树一帜。"同时，另就图书采购、分类编目、读者对象、编印稿本等事宜也表达了意见。

　　意见书经叶、张提出看法，并有粘签贴于眉端，张元济并有批示，意见书大旨照先生所拟办理。8月1日，张元济有复叶先生函，送还《合众意见书》，云："前日奉手示，并顾君《意见书》均谨悉。《意见书》展诵数过，已就管见所及签出粘呈，敬祈核定。顾君曾晤数面，持论名通，为馆得人，前途可贺。"（《张元济全集》第1卷，第312页）

同日，叶景葵持张元济批注赴"合众筹备处"，与顾先生商定，《意见书》大致按顾所拟办法。

"合众"的建馆之事，一直是叶先生为之操心之大事。顾先生到沪之日，也即日本侵略军进入租界、币制贬值、物价开始高涨之时。叶先生曾对顾说：现在物价飞涨，我们的图书馆，只好徐图发展，先是因陋就简地筹备起来罢。顾先生后来也回忆说：先是租的房子，后来房东赶搬场了，他们委托了律师，一次一次的来催逼，我们考虑到为长久计，还是勉力自建馆舍，那时已经物价一日数涨，只能先造一半，将来再造一半，可以连接。房子造好，加以每年的支出，我们的基金已去了一半，于是人员不能增加，日常开支尽可能节省。

1938年8月"合众"开始筹备，并租屋在复兴中路（辣斐德路）614号。1941年1月开始，自建馆屋，馆屋之基地是由叶先生购置的，又由陈莱青等人热心捐助，并委托华盖建筑事务所设计，设计师为陈植，投标招工承保，由久大营造厂承造，建筑为钢筋水泥。委请浙江兴业银行信托部监工。1941年2月3日正式动工，9月1日新馆竣工，地址在蒲石路（今长乐路）、富民路口。计三层十八间，书库七间，普通阅览室、阅报室、参考室、办公室各一间，储藏室二间，厨房一间，宿舍四间。建好后5日，即开始迁移。搬运图书是一件繁重的工作，幸得商务印书馆的友爱协助，借以汽车，既便捷又安全。迁入新屋之后，书籍上架费时甚多，内部整理编目，崇尚实事求是，不稍铺张。当时，馆屋虽属租界，但也在日寇控制之下，日人于我国文化遗产，向极注意，叶先生、顾先生恐为所忌，因此门上不挂牌子，使它跟一般住宅无二。为了不受敌伪的干扰，"合众"没有开过正门，来客都是从富民路上的后门进去的。

1941年9月26日，叶先生正式入住馆屋旁边之新屋。先生等贺之。叶氏记云："新居在蒲石路七百五十二号。余捐入合众图书馆十五万元，以其半为馆置地二亩，今年建新馆已告成，余租得馆地九分，营一新宅，订期二十五年，期满以后送馆。余与馆为比邻，可以朝夕往来，为计良得。昔日我为主，而书为客，今书为馆所有，地亦馆所有，我租馆地，而阅馆书，书为主，而我为客，无异寄生于书，故以后别号书寄生。"（《札记》，《叶景葵杂著》，第221页）

"合众"的搜罗范围及收书情况。其馆宗旨以搜集历史文献图书为主，所以凡各时代、各地方以及与历史有关的各科学类，都在搜罗之列，包括图书、期刊、报纸、书画、书札、拓片、古器、服物、照片、照相底片，及书版、纸型等，务使与考史有关之物，不致遭无人问津而毁弃。建馆之初，既得各家之捐赠，然各家多为有专门之藏，所以顾先生确是从两个方面来补充。一在原有各专门基础上补充，另一方面，把各家所缺乏而必须参考的图书尽力采购。故在1939至1940年收书方针是，凡属工具书类型的，如索引、辞典之类，便于参考的极力购置。其次各种总集，尤其是地方一姓的，可资地志、传记考订的，均大力收购。那时暨南大学大收总集，"合众"则改收清人文集、诗集。同时也收过一阵丛书，搜罗的目的，盖因"合众"以日本东方文化学院东方文化研究所所收丛书为目标，力谋多多采购，总想胜过他。

考古工艺方面的书籍，为研究古史最重要的学科，出版物的价格最昂贵，印品又最少，买得迟一些，可能就要向隅。水利、盐务、地质以及近代史料，多是经常注意零星收集的。包括搜集到的万余册乡会试朱卷，是传记中很重要的资料。进步书籍及革命文献，也在搜集范围，"合众"所藏相当不易而得以保存。金石拓片，于考史关系最大，"合众"自定分类法，完成编目共计一万五千余种。

由于研究历史，需要不同形式的资料参考，"合众"也注意收集保存，如书画，侧重于图咏。此外如书札，是反映当时生活实况的，再如清末巨宦的服饰，也可考据一种制度的变迁。还有一部分零星古物，是用于标本的，以备阅读考古者的参考。往时的各种照片，可资纪念。至于日人所著关于各地社会调查报告以及有关少数民族资料，也都在搜集之范围。

顾先生在"合众"不多久，时北平图书馆馆长袁同礼来访，顾先生告以"合众"创办之目的，是在搜集各时代、各地方的文献材料，供研究中国及东方历史者之参考。在收购上所拟标准是工具书、丛书、地方志、地方总集、稿本、批校本等。以私人力量办一专门性图书馆，前所未有。袁先生大为赞赏。

顾先生曾作了一次统计，从1940年7月至1941年6月，"合众"一年中抄书竟有170余万字，完成草片4442张，书志703篇约52万字，撰跋20余篇。一个馆仅有三四个人，但工作量之大，实令现今之图书馆专业人员汗颜。

据1944年3月31日顾先生写有"合众"职员工人及其他使用人名单，包括每人之职别、姓名、年龄、籍贯、住址、出身、月收及生活程度、备注等。其中干事潘景郑，41岁，私塾出身，曾任太炎文学院图书馆职员，工资四百元。干事朱子毅，37岁，浙江人，东吴大学法科毕业，曾任宁绍公司职员，又为叶先生司银钱多年，工资一百六十元。书记黄筼（女），18岁，江苏川沙人，曾在中华铁工厂任职，工资四十元。勤务陆财生，36岁，浙江人，私塾出身，工资三十元。

顾先生在翻阅《大公图书馆目录》后，颇有感慨，他在1940年元月2日的日记里写下了一段话，云："吾国私人设立图书馆（学校附属者）在外，甚属寥寥，大公实为最先，次则木斋，他无所闻。而两馆皆阑珊无所进展，吾馆倔起此时，任重道远，当弘毅行事，大公之目，他山之石也。"

《合众图书馆缘起》是顾先生于1941年5月14日起草的，文辞并不长，先生云："惟余不欲为大文章，不发宏论，力求平庸，庶免招忌，一意以暗然日章为吾鹄的。"一个月后，《缘起》脱稿，同时完成的还有《合众图书馆章程》。这二篇文稿当时送呈叶先生审阅，叶先生仅易数字。然而，为了慎重起见，顾先生又于5月21日，用语体文重撰《缘起》，完成后再送叶先生，并转请张元济着人译成法文，付上海印务局排版。

在社会上，"合众"被第一次公开报道，是在北平的《燕京学报》第26期，标题为《上海合众图书馆筹备近况》，云："江南藏书，古今称富。历兹浩劫，摧毁殆尽。沪滨一隅，仅获保其万一，可胜痛惜。张菊生（元济）、陈陶遗、叶揆初（景葵）三先生，有感于是，乃即在沪有图书馆之组织。搜孑遗于乱离，征文献于来日，冀集众力，以成斯业，因命名曰'合众图书馆'，亦众擎易举之意也……现已设立筹备处，以利进行。拟一面编纂目录，分卡片、书本两种，以资在馆内外检阅之便。一面校印前贤未刊之稿，嘉惠后学，以广其传。所谓风雨如晦，鸡鸣不已也。"

图书馆之经费来源，永远是图书馆发展的生命线，对于"合众"来说，大宗者如叶先生捐款法币15万元，指为永久基金。陈莱青捐法币5万元，一半作新馆之建筑费，一半作永久基金。蒋抑卮捐出明庶农业公司股票5万元，指定作购书基金。而叶先生另又募集法币45万元，又法发英金善后公债票面英金6700镑，成本作法币10万元。"合众"当年虽曾筹集了一些资金，原来核定用息不用本，但后来物价上涨，币制贬值，只得用"本"了。那是因为抗战时，法币变中储券，抗战胜利后，中储券变法币，又变关金券、金圆券，两作一、两百作一，还夹着军票、美钞、大头、小头，换来换去，处于空前绝后的经济混乱之局。"合众"这样的小单位，如何经得起如此的大风大浪？所以所筹基金用光，反靠临时的捐募，但是叶先生、顾先生等人坚决不接受敌伪以及国民政府当局的任何津贴，因此经济一直在拮据之中。

据顾先生后来的回忆，经费之窘，捉襟见肘，更反映在买书上。当时"合众"买书，一方面补充必备的普通书，点名捉将地访求；一方面对各家随时流散出来的好书争取选购。每月虽有一定的购书经费，但高价的书，有时一部也不够买的。遇到好书，买不起时，有的借抄一部，有的校勘一遍，有的由叶先生买了送来，有时由几个熟人合买了捐赠，新出版的书就找人去索取，总之为了求书，各种方法已经到了淋漓尽致的地步。顾先生记得要买一部必备的宋朝大类书《册府元龟》，此书收录历代人物事迹甚详，一千卷，二百册，先则上海没有书，留心了一二年，有了一部，而书品不好，但是没有第二部，定价很高，不买恐错过机会不易碰到，要买又没有这笔钱。后来由叶先生的亲友知道了，就由好几人合买了送给"合众"。"合众"在无钱时，连买普通书也困难，甚至把自行车和寄书的木板箱都卖掉来补充图书，所以像宋元善本，根本无法问津。

"合众"藏书的来源，在于叶先生的倡议，旨在保存国粹，联合气谊相投之友，各出所藏，以期集腋。叶先生不仅自己身体力行，而且动员他的友朋及社会各界将藏书捐出。1939年7月23日叶先生即将自藏精本第一批先行送来，计书架28只、图书84箱。叶氏当时所藏有2800余部，30000余册，有唐写本2种，宋元本9种，稿本、抄本、校本600余种，明刻善本400余种。其中最为重要者为清惠栋手稿本《周易本义辨证》、清钱大昕手稿本《演易》、清张惠言父子手稿《谐声谱》、清钱仪吉稿本《南朝会要》，尤以清顾祖禹稿本《读史方舆纪要》百十余册、清严可均辑《全上古三代秦汉三国六朝文》底本为最珍贵。

张元济于1941年春，以历年收藏的嘉兴一府前哲遗著476部1822册，赠予"合众"，并以海盐先哲遗征355部1115册，又张氏先世著述及刊印评校之书104部856册及石墨图卷各一，事先作寄存，冀日后宗祠书楼恢复或海盐有地方图书馆之设，领回移贮，后经抗日战争，鉴于祠屋半毁，修复无力，本地之图书馆之建设更属无望，遂改为永远捐助。

蒋抑卮为浙江兴业银行董事，1941年赠书为32800余册。连旧有之书60000余册，合当可得十万之数。顾先生当时曾云：

"全国图书馆满十万册者有几哉！"

后来叶恭绰捐赠山水、书院、庙宇等志书一批。李宣龚、陈叔通诸先生均将大批藏书送来。日本投降后，顾颉刚、潘景郑两先生藏书也陆续送来，数量也不少。1947至1949年中，吴兴章氏任缺斋、泾县胡氏朴学斋也大批地送来。鄞县张氏、无锡裘氏、慈溪冯氏均以先人校读之本相送，其他各家捐赠书日多。当时大批图书涌到，顾先生等人只求来的书赶快上架，做出草片，书到就能查取。又因为书库小，既不能各家完全各自为库，也不及照分类排列，也不能按书到先后排列，只能做到可以拿得到书。

各家捐书给"合众"，有几层意思：1.他们的书很普通，送公家图书馆不被重视，或因重复而搁置，送私立图书馆，既可增加它的力量，又使读者多一检阅的机会。2.有人说"合众"对于图书真正爱护，所以愿意送给它，既可保管得更好，又可让它把零星的集成系统的供人参考。3.有的人愿意把稿本送来，认为可以永久地保存。在当时，物价时有波动，经费亦感困难，因此"合众"重点在整理，而搜集为次要。

编目工作也是图书馆的基础工作之一。顾先生在创办合众图书馆之初，就把编制馆藏文献目录作为图书馆业务工作的重点来抓。1946年10月，他与潘景郑合编的《海盐张氏涉园藏书目录》完成，成为"合众"第一种馆藏文献的专题目录。之后，又先后完成了《番禺叶氏遐庵藏书目录》《杭州蒋氏凡将草堂藏书目录》《杭州叶氏卷盦藏书目录》《李氏硕果亭书目》《胡氏朴学斋书目》《顾颉刚先生书目》《潘氏宝山楼书目》，以及《馆藏书目》《馆藏书目二编》《馆藏书目三编》《馆藏期刊目录初编》《合众图书馆藏书目录汇编》等十多种馆藏专题目录。这些目录均反映了各家捐赠图书文献的专藏,分类编目颇具特色,至今仍有其参考价值,同时也是了解"合众"当年馆藏及其文献发展的重要文献资料。

在采访编目的同时,"合众"的读者服务工作也同时逐步展开,读者工作主要分为两个方面,一是读者阅览,二是读者咨询,其中又以读者咨询为主。"合众"以收集国学文献为主,以专供研究高深国学者之参考,因此,在读者阅览中,其服务对象多为各大学及各界之专家、教授及研究文史学者,且多是持图书馆董事的介绍信来阅览图书的,如顾颉刚、郭绍虞、李平心、钱锺书、周谷城、钱南扬、蔡尚思、郑振铎、冯其庸、周予同、黄永年等,每天到馆的读者人数在二至四人左右,有时仅一二人。与此同时,"合众"更多的是为上海及全国各地的学者提供参考咨询,如协助其检索材料,有许多协助检索的参考文献是从该馆以外的各处代为寻检的。一些著名学者如陈垣、陈寅恪、王重民、陈钟凡、向达、聂崇岐等都曾与"合众"信函咨询。

"合众"当年制订章则,并确定该馆目的在于:1.征集私家藏书,共同保存,以资发扬中国之文化。2.搜罗中国国学图书,及有关系之外国文字图书。3.专供研究高深中国国学者之参考。4.刊布孤椠秘笈。而且"合众"从事专门事业之理想,书籍专收旧本,专为整理,不为新作,专为前贤行役,不为个人张本,秘笈力谋流布,汇而刊之。一经印行,公之全球,功实同也。

数百年来,有经济力量的文人学者有感于图书之难得,多有辑佚丛书之功。因此,丛书之辑印,起到了化身千百、流通古籍、便于学者利用的作用。"合众"创办于"搜残编于乱后、系遗献于垂亡"的年代，所以顾先生考虑到以传布先哲精神于万一，在力所能及的情况下，秉承前人之志，有编辑《合众图书馆丛书》之举。此《丛书》共分二集，第一集共十四种，第二集为一种。以一个私人创立的图书馆编辑出版丛书，在当时是不容易的事。第一集从1941至1945年间，由私人募捐出资而陆续付诸石印印行。

20世纪60年代初，顾先生曾告诉我，当年印这些书实属不易，因为国民党政权不稳，币值不保，筹钱不易，所以拖得很久。在第二集《炳烛斋杂著》的跋中，他写道："时方多难，筹款未集而罢，忽忽四年矣。""国难未已，物价动荡，瞬息万变。"这些书除了第一种《恬养斋文钞》为陈陶遗先生题署外，其余十三种都是顾先生所题，为了节省开支，他亲自动手，钞成了《东吴小稿》及《论语孔注证伪》（卷下）。他在《丛书》"缘起"中说："本馆丛书之辑，志在使先贤未刊之稿，或刊而难得之作，广其流传，顾非一馆之藏之力所克胜任。缘商同志，谋集腋成裘之举，所选著述以捐资者之意趣为指归，各彰所好，各阐所宗，学海无涯，造诣不一，要其专治所学，发抒心得，必有足贡献于后来者，勿偏持门户，勿执一绳百，采撷英华，视读者之去取何如耳。际此世变抢攘之日，物力凋剖，旷古未有。丛书之印，先后六年，成书十有四种，编次不免芜杂，工事每况愈下，因陋就简，咎何敢辞，勉强为之，犹贤乎已。因便流通，汇编成集，述其缘起如此。"

"合众"的藏书特色

在1946年的《呈为设立私立合众图书馆申请立案事》的公文中，陈陶遗等较为具体地论述了合众图书馆馆藏文献的特色："先后承蒋抑卮、叶恭绰、闽侯李氏、长乐高氏、杭州陈氏等加以赞助，捐书甚夥。……赖有清高积学若秉志、章鸿钊、马叙伦、郑振铎、陈聘丞、徐调孚、王庸、钱锺书等数十人以及社会潜修之士同情匡助，现在积存藏书约十四万册，……采四部分类法，以史部、集部为多。先儒手稿本、名家抄校本、宋元旧刻本、明清精刊本皆有所藏。其中嘉兴、海盐两邑著述及全国山水寺庙书院志录网罗甚广，皆成专门；他如清季维新之书，时人诗文之集，著名者都备；至近年学术机关所出者亦颇采购，尤注意于工具参考之作，用便考据。此外有清代乡会试朱卷三千余本，陈蓝洲、汪穰卿两先生之师友手札约六百余家，皆为难得之品，金石拓片搜集约八千余种，汉唐碑拓一部分，尚系马氏存古阁旧物，其他以造像为大宗。又河朔石刻为顾氏鼎梅访拓自藏之本，较为完备。"

实际上，经过数年的努力，合众图书馆至1946年时，其馆藏已达14万册，而至1953年，已拥有了30万册古籍善本及线装书的收藏，金石拓片15000种。通过历年社会各界的捐赠与采访，合众图书馆的文献收藏形成了以下四方面的特色与专藏：旧嘉兴府属先贤著述；山水寺院等专志；经学、小学书籍；名人钞本校本及稿本。

即以叶恭绰所赠之地理类书籍为例，其名山、胜迹、寺观、书院、乡镇之志，蔚成大观。此外有清人词集类，为从事《清词钞》之选辑，备一代风俗之史，若别集、总集通行者咸列插架，并有罕见秘籍为海内所无。又有美术考古类，为经眼文物之考证。若国内外所著有关我国文物之图谱、照片，广事搜罗，几无不备。

　　然而，也正是这么一个在一般人看来并不起眼的小图书馆，还有各种稀见的文献资料，它搜集收藏了丛书1800余种，地方志2000余种，诗文别集4000余种。上海地区地方文献较为丰富，其他各方面的图书也相当充实，对研究古代史和中世纪史的资料基本上可以适应。而尤注意于共产党早期文献，革命文献的访求。如马列主义经典著作，解放前中国译本有80余种，毛泽东单行著作如《论持久战》《论联合政府》《新民主主义论》等，有新中国成立前各地区历年出版的100余种。第一次国内革命战争时期，1924年工人之路社编的《十月革命七周年纪念》，沿海省职工苏维埃排印；刘少奇1926年的《工会基本组织及工会经济问题》，湖北全省总工会宣传部排印。第二次国内革命战争时期，1934年上海中国书店印的《第二次全苏大会文献》，1931年以《指南针》伪装的《国际七月决议及最近来信》。抗日战争时期，1943至1945年苏中三分区江潮报社编的《江潮报》。如此等等。1954年10月，中共中央宣传部专门从"合众"调取革命文献及现代史料75种，都是他处不经见之重要史料、珍贵文献。

　　与稿本同样重要的原始材料还有前人信札原件。如《冬暄草堂所藏师友手札》及《汪穰卿先生师友手札》等，后者中戊戌维新诸子，大都有关于兴办报刊、文教、工厂等的讨论，还有关于国内外时事的情报。又《洪钧出使俄德奥时致李鸿章手札》，报告关于邦交及购买军火等事。又《李鸿章致友朋手札》，讨论镇压捻军、太平军的计划等，都是研究近代史的重要资料。研究近代史的另一种重要资料是清末期刊，反映维新运动和旧民主主义革命的史料，搜集到100余种，如《强学报》《湘报》。同盟会在日本编的以省份为名的月刊，如《洞庭波》《河南》等等。又有附《汉声》的《湖北学生界》全份，都很难得。此外戏曲文献比较丰富，如杂剧、传奇、昆弋、散曲、乱弹、梨园掌故、图谱、影戏词、地方戏等，基本上各艺完备。其中抄本旧刻甚多，还有出升平署钞写的，均不易得。特别是1907至1947年京津各班的戏单，有三千九百余张，尤为可贵。金石拓片为研究各时代历史的第一手材料，也是中国书法艺术观摩的范本，金文有《攈古录》的底本，石刻有宋拓《嘉祐石经》，以及碑记、墓表、造像等四万余张，可称大观。

叶先生的离去

对于"合众"来说，叶景葵是创办人，是灵魂人物，没有叶就没有"合众"。但是，谁也没有想到叶先生会那么早离去。叶先生是因感冒而引起肺部、腰部发炎感染，乃至不治，于1949年4月27日去世。5月6日，顾先生有致叶恭绰信，述及叶先生去世之详情，云："叶揆初丈不幸因心脏扩大不治，遽于四月廿七日作古，殊觉悲悼。先是陈伏庐先生于三月十六日去世，颇形伤感，十八日大敛，由揆丈题主，天阴有风，因之感冒，略有热度，迨诊治后，始知肺部、腰子均有发炎，而心脏扩大，针疗后似颇有效，不意廿七日上午十时二十五分，竟以大便虚脱。龙相依十年，不啻家人父子，尤为伤感。"

《叶宅报丧》的启事，刊发于4月29日《申报》，文云："叶揆初老先生痛于四月廿八日上午寿终沪寓正寝。兹择于廿九日下午四时在康定路（即康脑脱路）世界殡仪馆大殓。谨此报闻。叶敦怡堂谨启。"同日浙江兴业银行总行隆重设置灵堂，吊唁叶先生不幸逝世。此后至叶先生大殓，亲友等陆续送到祭文、挽联、挽诗无数。

4月28日，张元济撰五律《挽叶揆初》。诗云："小别才三日，徘徊病榻前。方欣占勿药（昨日以电话询君病，君弟答以更见轻减），胡遽及重泉？落落谁知我，梦梦欲问天。痛君行自念，多难更何言。"（《兴业邮乘》复第54号）5月7日，张元济又有续五律三首《挽叶揆初》。诗注云："闻赴后即作成一首，成殓之日送悬灵前，意有未尽，今又续成三首，亦聊掬哀情于万一耳。"诗云："京洛论交始，今逾五十春。维新百日尽，通艺几人存？（光绪丙申年，余与夏地山、陈简始诸君在京师设通艺学堂，延师教英文、算术，君来共学）变易沧田异，过从沪渎频。（鼎革后君与余同居海上，往还较密）新亭曾洒泪，情谊倍相亲。""故乡如此好，只手任撑扶。入市兴洪业（浙江兴业银行为君所创），趋朝索众逋（沪杭铁路政府收为国有，发给公债，后忽停止。君入都交涉，复允清偿，此案始结）。山头劳覆篑，江上快驱车。（钱塘桥工政府亦以无资中辍。君从旁赞助，为集巨款，始得观成）恭敬维桑梓，高风世或无。""万卷输将尽，豪情亦罕闻。君能城众志，天未丧斯文。（君尽输所藏图籍，在上海创设私家图书馆，颜曰'合众'。募集巨资，买地建筑，落成有年矣。约余同为发起人，甚愧未能有所襄助也）差比曹仓富，还防秦火焚。敢忘后死责，努力共艰辛。"（《张元济诗稿》）

叶先生去世，合众图书馆同人也有挽辞，为："藏室书仓遗规期勿失；泰山梁木后学更何承。"而顾先生的挽辞云："晚岁创书藏，经之营之，嘉惠士林功不朽；平生感知己，奖我掖我，缅怀风谊报无从。"（《兴业邮乘》复第54号）

叶先生御鹤西游后，顾先生的压力很大，在5月6日，顾先生致叶恭绰信云："六日晨甫上一缄，告揆丈之耗，旋奉手书，即以此相询。龙自揆丈故后，心绪恶劣，加以杂务（军队相屋，派夫服役，友朋捐书）冗沓，以致迟迟，歉甚歉甚。揆丈之逝，出于突变，并无遗言。有嗣子二人，长维，寓平，前在东北大学执教，为胞弟叔衡先生长子，去年成婚。次纲，圣约翰毕业，习银行，现在美深造，为从弟幼达先生次子。现在家中惟如夫人及弟妇仲裕夫人，堂侄纯，浩吾先生孙，服务浙江兴业银行。诸子现由幼达先生为之主持，揆丈六十五以后即将所办之事陆续了理，自谓办理移交，创设图书馆亦此意焉。馆中经费虽甚困难，因开支尚省，勉可维持，俟大局安定，再筹长策。顷又奉大函，知六日一缄，尚未递达，盖平信稽延甚久也。挽联已写送叶宅，于揆丈生平均能表出。龙颇欲以揆丈行谊编一详细之记录，苦无材料，当年为述甚多，惜未笔录，长者与揆丈交久，如有所忆，乞随时写示。"是日，顾先生再致叶恭绰信，言及叶先生之后"合众"的近况，云："先生远居香港，不获时就请益，尤为怅惘，兹由菊生、拔可、森玉诸先生负责维持现状，俟局势略定，再筹长策。风云变幻莫测，草草布闻，便中仍希时赐教言为幸。"

"合众"在之后的日子里，先后收到了一些款项以渡难关。5月19日，浙江兴业银行致送金圆券5亿元与"合众"，作为叶景葵先生纪念金。

10月18日，钱永铭、周作民有信致张元济等人，捐款六千元，以资"合众"，云："菊生、鸿宝、叔通、拔可、朵如先生钧鉴：奉别经时，正殷怀想，顷奉函教，敬沈兴居，同深忻慰。承示揆初手创之合众图书馆，年来因币制迭更，屡濒危境，诸公受故人之托，发恢宏续绝之愿，古道热肠，曷胜感佩，不独琳琅秘笈，赖以保存，而嘉惠中外学术，其功更大焉。弟等与揆老本属至交，又承诸公之嘱，敬各捐港币叁千元，共陆千元，除就近交与浙江兴业银行代收外，特此布复。"

顾先生晚年曾回忆叶景葵逝世后的一些情况，云："合众图书馆的创始人是叶先生，他可说是主要人物了。他与张菊老，若论亲戚关系，张要比叶长一辈，而且张菊老又有丰富的经验，所以叶先生请张菊老来做图书馆的董事。""不久，叶先生因病遽然去世，张菊老与李拔可先生两人来到图书馆，说：'起潜，你放心，有我们在，图书馆不会有问题。'我听了十分感动。当时叶先生刚刚去世，丧事还未办完。叶先生逝世之后，图书馆经费拮据，情况窘迫，其实这一情况，在抗战胜利不久即已出现。当时叶先生也打算向朋友募捐，但胜利后，政府发行建设公债，而叶先生认识的那些朋友，都是建设公债的主要认购者，在这种情况下，叶先生当然不好意思再向朋友开口。也有些人，你向他募捐，过不多久，他也会弄个名目来要你募捐。因此，这种人也不是很可信赖的。所以，抗战胜利后，合众图书馆的经费一直由叶先生自己设法，没有向社会上要过什么钱，虽然馆中费用支绌，总算还能勉强维持。但叶先生的突然去世，却是对图书馆的一个不小的打击。为了维持馆务，张菊老与陈叔通先生出面，给叶先生的一些老朋友写信，请他们帮助。结果，有人捐了一些，尽管不多，还算能应付，就这样一直捱到解放。"

"合众"在解放前的困境

"合众"在艰难的岁月中挣扎。当年赁屋在法租界，初误信托庇外国人可以相安，其实不然。每月收房捐的人，看"合众"不像住家，几度询问，只能告知是一个私立图书馆，尚在筹备。于是有人说：既非住家，要缴营业捐。于是顾先生又托人与法公董局中说明，"合众"馆不是营业的机关，而是一个文化机关。后来营业捐算是不要了。可是法巡捕房政事处认为，在这时候居然办起图书馆来，非和国民党必和共产党有关，否则谁愿办这只有支出而无收入的事业。同时因前市中心的上海市立图书馆的书不见了，又因"合众"馆名"合众"有一"众"字，遂以为与在邑庙的群众图书馆有关了。

1941年1月17日，法巡捕房派督察朱良弼来作详细的调查。那时"合众"藏的全是线装书，没有一本当时的新书，后来他们也探明我们的发起人的身份，才算无事。日本人对"合众"很注意，曾派人到法公董局教育处声言，要合众图书馆的书。该处只说"合众"是几个私人办的小图书馆，书尚不多，也没有好书，才打发走了。但有些身份不明的人也来调查，因此，顾先生想到"合众"这个名称，很容易跟邑庙及市中心的图书馆搭在一起，恐多麻烦，曾一度想换名称，或改为"国粹"，最后叶先生决定不更动。这之后8月6日，法巡捕房政治部派冷峰、11月4日法公董局教育处主任高博爱均来调查。1942年3月18日，日人山本鹤模自称法租界日本人会第五分会代表，要用"合众"作为会所。6月21日，保甲办事处派人来说，要用"合众"作办公处。1943年11月2日，伪第八区教育处来调查。11月22日，伪上海市第一警察局特警处特高科文化股派刘淇沛来调查。12月21日，伪常熟路分局特高科派侯云根来调查。1944年3月15日，伪常熟路分局特高科又派禹忠宪来调查。两年在法国人统治下，四年在敌伪统治下，"合众"实在恐慌中度日，心神很不安宁。

日本投降之讯刚传，国民党的军统、中统就到处活动，一时盛传将搜查敌伪刊物，藏者以汉奸论处。顾先生又着急了，因为"合众"史料的保存，都是煞费苦心的搜集，于是伪府刊物，又成问题，商之国民政府教育部来接管文教事业的人员，据云只有装箱保存。1945年12月5日，教育局派人来调查，并属应办立案，遂于1946年1月24日申请立案。2月23日，教育局派人来视察。5月23日，又来调查。1948年1月14日，教育局派人来视察。在复员四年中，经济更窘，因了反动派的倒行逆施，社会经济的混乱，币制贬值，物价腾贵，"合众"不敢随意捐款，免人觊觎，勉图维持，不愿开展，所以直到解放，大门不开，并不公开阅览。

1949年上海的情形已非常混乱，1月24日，有人自称防痨协会欲来借屋，顾先生以自己不够用的理由拒之。5月2日，国民党军队派人来看房子，要占用"合众"。那时"合众"工作人员不多，管理困难，一恐革命书籍被发现了，立起大祸；二恐善本书刊撕毁了，损失不赀。所幸董事长张菊生先生、常务董事徐森玉先生均来坐镇，还有爱护合众的同仁，络绎来慰问。24日下午1时，警察局派人陪了一个军人来看房子，坚要征用书库全部，蛮不讲理。25日晨起，知沪西都已解放，"合众"馆才算保全。

解放初期的"合众"

1949年5月25日，上海解放，"合众"也获得了新生。没有多久，有关部门也接管了"合众"。当时的接管细节今已无法得知，但我们仍可以从顾先生存留的书信原稿中窥其大略。

11月1日，先生代陈叔通致信有关方面负责人陈虞荪，谈合众图书馆事。"叔通北京归来，人事粟六，致尚未趋候为歉。前以敝馆地价税，烦为申请豁免，已蒙核准，费神至感。惟房捐问题，夏季者，曾向财政局申请，尚未批复。此次秋季房捐，业已按照《解放日报》消息，径向主管机关教育局申请，曾承派员来馆调查，亦尚未有批示，深恐教局于敝馆情况，容未明了，谨为先生言之，祈代达于戴局长、舒副局长之前焉。窃敝馆于一九三九年春，由叶揆初景葵、陈陶遗、张菊生元济三君发起，约李君拔可宣龚及叔通共同创办，组成董事会主持之，迨叶、陈二君作古后，补选徐森玉鸿宝、陈朵如选珍二君为董事。当时感于日寇侵凌，沪郊沦陷，图籍散亡，亟欲以私人之力，尽其保存之心，取'众擎易举'之义，命名'合众'，各出所藏，萃于一楼，以叶君揆初书为最多，次则亡友蒋君抑卮者，而叔通等亦皆有之。十年来，亲友响应，捐赠日多，所藏近二十万册，随时整理编目，每成一种，即公开一部，以便众览。捐来之书，多属旧学，故以国学为范围，志在保存文献，并供专门之研究。亦有外埠学者通讯委查资料者，与普通图书馆性质略有不同，且私人财力有限，经费原甚艰窘，自始至今，一切简约，人少事繁，努力服务，区区成就，已感不易。当开办之初，虽筹有相当的款，自建筑馆舍后，即形拮据，加以金融动荡，旷古未有，十年之中，迭更币制，折蚀殆尽，以致捉襟见肘，开展无从。惟叔通等自当设法筹措，竭力维持，假以岁月，希为沪滨增一有力量之文化建设。所望主管机关了解鄙况，量予照顾，俾得实事求是，埋头苦干，早观厥成，敬将艰难孕育之情，略陈清听。诸惟亮察，倘荷时锡教言，以匡不逮，曷胜欣幸。再私立社教机关登记手续如何，已否开办，并乞探示为祷。"

在中国图书馆事业史中，解放初期的各种图书馆现实情况甚少报道，而1951年1月5日，顾先生又为"合众"办普通阅览室事致信陈叔通，其中也谈到了"合众"的人事、经费等现状：

最近教育局让教处群众文化科（此科即主营沪市图书博物馆者），有同志来谈，渠称本馆之设备，推为私立图书馆中最好，即"鸿英"亦不如，其他图书馆均甚简陋。又于本馆所作保存史料工作，认为亦相当重要，但今市立之图书馆仅两处，希望本馆开展业务，兼办普通阅览，俾多吸收读者，局方当公私兼顾，予以协助。龙告以开办普通阅览，亦曾考意及之，只以人力财力有限，房屋逼仄，有实际困难存在，尚未能推进，以后当朝此方向进行，待房间设法调度，整理工作略事结束，再研究开展办法。彼云：主管上亦并非就要望其实现。

　　窃本馆开办之初，曾经商酌，是否须办普通阅览，经张、叶两公郑重考虑，以为普通阅览所需人力财力房屋众多，非私人之力所胜，故决定不办。而办此专门国学图书馆，乃于拮据之中，勉度十一年，积书至廿余万册，故本馆目前主要业务实在存书之整理编目，以便参考，同时为研究者服务，倘能专心致之，收效较宏。如今本馆办理普通阅览，设备亦多不适（厕所就困难），况沪市文化水平较高，普通阅览并不甚少，如各学校工厂工会机关团体均各有其图书馆，而文化遗产之搜集，可以供应参考者，实尚缺乏。沙彦楷先生尝称，本馆为上海旧文化中心，盖亦有便于众也。事必专一而后可精。观于出版事业，已经分科，最为有见。仁老曾谓，本馆倘能由提高意义之主管机关主管之，较可相得，但无从觅此途径耳。本馆为实事求是，不图形式主义，能否改名为合众文物研究资料馆，或历史图书馆（即如市立博物馆，解放后，教局以其收藏偏于古物，即正名为历史博物馆），以示与负有一定的宣传教育之县市省立图书馆有别，学校可以有专科，何以图书馆不可有专门，即苏联莫斯科有历史图书馆，工艺图书馆、外国文图书馆，亦各有专门。龙总望本馆能维持其专门性质。

万一非办普通阅览不可，则因陋就简，聊应门市，拟分两部分，楼上旧书为研究部，楼下新书为普通部（楼下只可腾出会客室，但亦不易），另添报纸杂志，至新书一年来已添购有七百余本（教局同志亦言不少），不敷时，再向市立图书馆告借复本陈列。选购新书，均以社会科学为范围，不能兼及自然科学矣，普通阅览，自由取阅，相当时期后，再办出借。研究部则恢复介绍，一则便于管理，一则文化遗产，为配合抗美援朝，亦须将书籍审查，有无违碍，尺度能宽能紧，一时不易竣事，只好酌量公开，亦实际困难也。

关于人事，原为六人，朱子毅（总务兼任）、杜干卿（盖印、理报、照料阅览室）、王煦华（编目）三君。裱工一人、工友一人，及龙。现在裱工已停（汪穰卿藏札装毕已由森老介至文管会工作），改请朱女士专编新书目录，由王君辅导之。如普通阅览室开放，即由朱女士管理之。旧书整理方面，拟请潘景郑兄返馆从事。如此，实际仅加一人，诸事或可应付矣。

关于经费方面，原拟每月开支三百万元，预计前年所捐港币可度一九五一年上半年（均已划沪）。但本馆薪给素小，同人不能久安，即以龙言，去年幸得"商务"校字之酬，始偿所逋，拔老、森老屡主酌加，爰拟自本年一月起经常费加为四百万元，则大约可支至四月。如办普通阅览，房捐每季七十三万元，当可请求全免。经常费不致再加，至开办时，须有临时费（如阅览桌椅等等添置），或可向教局申请一次津贴补助之。

关于捐款，前承示及裴君筹得港币万元，徐鹿君先生为森老言，亦如此。龙曾访裴君，拟以馆务等报告并请教，适均相左。

昨由森老往访，意请裴君将捐款早日划沪，一则备五月后之支用，二则虑港币续跌，或竟阻梗，接济恐断，闻裴君即日北上，晤面时，希与妥商为幸。一九五一年一月五日。

"合众"普通阅览室是在5月10日开放的，其时中央人民政府文物局局长郑振铎适来沪，给予该馆许多指示和鼓励。同时，商务印书馆、开明书店、三联书店、连联书店每年都向"合众"赠送了不少书籍。

"合众"的捐献

1952年的5月，"合众"就开始酝酿向上海市人民政府有关部门的捐献事宜，这在陈叔通与顾先生的通信中可以得到印证。

7月20日，陈叔通有信致先生，云："至于捐献，亦又有条件，第一不分散，可以他处并入我处，不可以我处并入他处。第二，须为创办人留纪念。第三，仍由公主持到底。未知菊老以为何如？并商之诸董事，可先期提到，由森老代表提出，届时再以书面声明。陈叔通。一九五二，七，二十。"

12月14日，"合众"召开董事会第十四次临时会议，会议通过决议：将"合众"捐献上海市人民政府文化局，俾成一专门性之大规模图书馆。次日，合众图书馆董事长张元济上函文化局。函云："亡友叶景葵与元济等以私人力量创办合众图书馆，搜集历史参考之图书，约二十四万册、金石拓片万余种，自置基地，并建馆舍，冀成一专门性之图书馆。艰辛经营十有四载，规模粗具，若欲扩而充之，以配合国家大规模建设，则非同人棉薄所及。兹经我会第十四次临时会议决议，呈献贵局，俾得大事发展。特推董事徐森玉、顾廷龙为代表，协商移交手续，即希查照赐复为荷。"

1953年2月，顾先生拟有《上海市私立合众图书馆捐献愿书》，计4纸9条，署名为董事长张元济，这份捐献愿书实为极为难得的图书馆重要文献。全文如下：

一、我馆创设虽已有十余年的历史，也得若干藏书家的热心捐助，但在反动政府时期处处碰到阻碍，以致不易发展。解放后，我政府在英明的毛主席领导之下，逐步走上文化建设的途径，对于民族文化遗产，搜罗不遗余力。我馆欣逢盛世，思贡献出一分力量，故由董事会议决，捐献上海市人民政府，俾可作有计划的发展。

二、我馆创办的目的，是在搜集各时代、各地方的文献材料，供研究中国及东方历史者的参考。因为历史的范围大，和它发生关系的学科很多，所以形式不限于图书，凡期刊、报纸、书画、尺牍、拓片、古器、服物、照明、照相底片及书版、纸型等类亦均收存，务使到馆研究者可以触类旁通，左右逢源。希望现在捐献之后，由贤明的市人民政府督导之下，得在原有基础上，踏实脚步，逐渐发展，使得确成为一个有计划的搜集历史文献的专门图书馆，凡住在上海的或到上海来的世界历史学者都能得到满意的收获。

三、我馆十四年来，因经费竭蹶，人员不多，以致编目工作尚未完成。现在根据不完全的统计，约有图书廿五万册，金石拓片一万五千种，其他尚未约计，希望政府派员会同检点，编造清册，一式两份，可能时再行编印正式目录。

四、各藏家捐赠我馆的图书文物，或为其个人历年所积聚，或为其先世累叶所留遗，均赖其苦心荟萃，蔚为大观。故虽零简断缣，亦为其精神所注，随处见出他的胸中成竹。此若干小系统，我馆得之可以组织成大系统，实为我馆的特色。更加补充，自可神采焕发，显出它的伟大功用。因此我馆渴望政府，尽量保存此优良传统，不予分散，庶乎各藏家数十百年所兢兢保持的永远完整。

五、我馆对于赠书各家借阅其自己捐赠的图书时，向来给以一切方便，使他们晓然于我们立馆的本意，凡捐于我馆的比较藏于私家更易于取览，而保管的妥当则远过之，如此，可使藏家益兴起其乐捐之心。这一个办法希望政府继续维持。

六、我馆自有基地一亩九分六厘三毫，除一部分自用外，尚有九分五厘租给创办人叶景葵建屋，订有租地合同，定为二十五年，应至一九六六年期满，届时所有在租赁地上叶氏自建之房屋概归我馆所有。如期满前租赁关系已存续达十五年以上，馆中必要时可以收回，但须予以贴费。这份合同附在财度文件中。

七、我馆在基地上建有钢骨水泥三层馆屋一所，现在图书已塞屋充栋，不易再受赠书，阅览室亦日益缩小，更形拥挤。好在旁有余地，捐献之后，政府尚可考虑基本建设，有计划、有步骤地加以扩充，使它发挥更大的作用。房屋登记后取得收据一纸，尚未发给所有权证。

八、我馆工作人员过去经常只有三四人，解放后，业务日繁，逐渐增加至九人，人数不多，而各人对于工作已相当熟练，并都很积极。希望政府继续任用，俾驾轻就熟，更能好好地为人民服务。

九、兹为捐献政府编有下列各项目录名册，祈予点收。

捐献人：上海市私立合众图书馆

董事长：张元济　常务董事：徐森玉

津按：这份顾先生所拟草稿的后面，另有顾先生按语，云："文化局接管后，人员未动，一九五三年更名上海市历史文献图书馆，一九五七年扩建书库，增加人员公开阅览。编印目录卡片，编辑《明末史料丛书》若干种，由古典文学出版社出版。开始编辑《中国丛书综录》。原'合众'董事当时所期望者，在科学技术图书馆、报刊图书馆、历史文献图书馆、上海图书馆四馆机构统一前实现。廷龙附志。"

在捐献"合众"时，顾先生另撰有《合众图书馆小史》（参见《顾廷龙全集·文集》）。

4月15日，上海市文化局接管"合众"，批文为市府（53）沪府秘二字第1192号。批文中有"同意所请，准予接受合众图书馆。除组织小组另行商谈接办事宜外，特此函复，请予查照"。

陈叔通知道"合众"要捐献之事，非常关心顾先生的住居处境，5月10日，陈叔通有信致先生，云："'合众'接收后，已移眷至何处？租屋不易，至以为念，倘仍照原薪，则租屋费即不能包括在内，以前薪少有屋住，亦为附带条件，此层不能由菊老、森老面陈否？"

5月27日，刘放园又致顾先生信，云："叔通先生屡晤，日前在万松书屋午餐，徐森老亦在座，谈知图书馆已经接收，惟仪式尚未举行，大约须森老回申方有人代表呈献耳。接收后，情形如何，极以为念，倘能于公暇以大略见告，不胜企盼之至。"

合众图书馆捐献市文化局事之仪式，定于6月18日，这前一天，张元济很动感情地致顾先生信，云："今为'合众'结束之期，若干年来，弟尤得读书之乐，吾兄十余载之辛勤不敢忘也，苦心孤诣，支持至今，揆翁有知，亦当铭感。"

据顾先生致陈叔通信，可知捐献事之情形，云："文化局接受我馆捐献仪式，已于十八晚七时在锦江十四楼一号举行，到金仲华副市长，刘思慕、陈虞荪两副局长，沈之瑜处长，张白山科长，我馆森老、朵老、延兄、唐兄及龙。刘局长、金市长先后讲话，均对我馆已有成绩颇多奖饰，并称我馆文史专门图书馆之方针已经确定，基础很好，即从此基础发展，人民政府力量较大，必能办得更好。馆方由森老讲话。仪式后盛宴，皆公与菊丈德望所致也。我馆私立时代，善始善终，十分喜幸。今后如何进行，局中尚无指示（截至现在为止）。"

没多久，顾先生又致陈叔通信，谈"合众"捐献后事。"献馆举行仪式后，前日始有人事、财务、总务、图书各部门来接管，龙将董事会应移交之房地所有权状、股票、英金、善后公债、家具册、书画文物尺牍等清册、图书已编成之目录，及水电等保证金收据一并交出，但检阅一过，仍留交我，谓需要再来提取。龙继续维持，将来究竟如何，未有所闻。龙无办行政之才，新旧社会作事悬殊，终有隙越之虞。关于龙之住宿，决须迁移，惟尚未有人接替，不便骤然觅屋。前日局中来员，龙已申明，俟保卫制度确定后，我即搬出，彼等无一语。龙之所以决须搬者，为公私之分，同时各馆亦无此例，不应再住。"

1954年1月15日，先生致刘放园信，关于合众图书馆捐献后之事。"我馆目前一切如常，清点工作，已竟十九。我受之诸老，呈之政府，可释重负……龙十四年来，致力于斯，虽来馆作研究参考者亦无不称善，然无如公与菊老、叔老、厚老诸位相知之深，一言嘉许，实我知己，窃喜所耗心力，可谓不虚。将来新局如何，我固不知，惟有服从领导，尽心力而已……龙无行政之才，盐车十驾，事倍功半，于公于私，实非两利，奈何奈何！蒲柳之姿，年逾五十，精力就衰，旧稿垂成，迄难毕功，殊深忧皇耳。"

1954年3月12日，合众图书馆正式改名为上海市历史文献图书馆，从而完成了它十四年的历史使命。

结语

在旧中国，王绶珊等人均有志创办图书馆，然非但无成，所藏之书为日寇毁的毁，子孙卖的卖，非自己及早举办就无望的了。子孙不肖，则身后亦一卖了之，安能保存？子孙虽贤，不习这门学科的，就一无用处，徒然做蠹鱼的食粮，也不能保存。如果成立了图书馆，书籍既可保存，又可资学习，所以办图书馆是一件不重名利之社会事业。旧中国的图书馆寥寥无几，即使有几所，多是点缀门面而已，就是国立图书馆，也不过200万册左右。

在20世纪30年代的后期，上海地区已有不少图书馆，普通者如东方图书馆。1914年，黄炎培等设甲子社扩充而成鸿英图书馆。专于近代史料者有鸿英图书馆，专于自然科学者有明复图书馆，专于经济问题者有海关图书馆，至于中学程度所需要参考者有市立图书馆。南京国学图书馆在抗战中损失很大，收拾残余，到1942年统计，实存18万册。当抗战紧急之时，国学图书馆馆长柳诒徵先生迭次向教育厅请示如何妥筹安置，而教育厅一直置之不理，柳先生没有办法，只好自行妥筹处理之策。他于1937年8月呈教育厅文说："自平津肇衅，迄淞沪交锋，诒徵无日不在忧皇悚惧之中，迭经赴省请示，亦未能遵定迁移之法。延至本月十四日，诒徵知祸在眉睫，势难再缓，不得已走商故宫博物院南京分院马院长，请其顾念同舟，稍分隙地，保藏珍本。"最后又说："尚有十数万册，自维棉力，如蚁负山，仰屋兴嗟，束手无策。"旧中国政府办图书馆，原为点缀门面而已，苏州的一所图书馆也是省立的，以学古堂、存古学堂的藏书为基础，积累了三四十年，但到1935年，仅存10.5万余册。旧图书馆的一般情况是，经费仅能维持行政开支，至采购费为数极为微细，至一般省立图书馆，大多数是无声无息的。

私立图书馆，与团体私立又有不同，最早的当推宣统间武进盛宣怀所设的愚斋图书馆，虽则他曾经请过奖，收书相当富，印过目录，地址在成都路静安寺路口，但始终没有公开，后来就散掉了。一部分书捐入南洋公学，一部分捐入圣约翰大学图书馆，一部分是零星卖掉，还有剩余的存在祠堂里，被上海市文物管理委员会没收了。1913年，无锡纱厂巨子荣德生的大公图书馆，印有目录，没有开门，到抗战中停顿了。虽荣氏到死，一直收书不停，可是没有正式公开成立。其他像刘氏嘉业堂、王氏九峰旧庐，都想成立图书馆的，不满十年，东分西散也都完了。

当年上海滩上的私立图书馆由私家藏书楼而进入私立图书馆，还不很久。民国初年的国学保存会藏书楼，盛极一时，不到几年就歇息了。与"合众"同时所筹备的几个私立图书馆，亦可谓极一时之盛。如灵素图书馆，亦名医学图书馆，张叔平创办。松禅图书馆，陈葆初创办。子民图书馆，蔡元培门生故吏办。亚子图书馆，柳亚子自办。楚伧图书馆，叶楚伧一故吏办。而"合众"之董事，皆财力微薄，均以德望号召获助。然灵素图书馆，不到两年，就尽入书商之手。

私立图书馆之组织，原有司马迁所说的"藏之名山，传之其人"的意思。实际是反对反动统治阶级的一种行动，注意在反动统治阶级不注意之处，尽力收藏反动统治阶级所要禁毁的图书。除了假借图书馆名义，用来掩护或投机的不算外，我以为"合众"的成长，也是在三种不同形式的旧社会（法租界、敌伪、国民政府），以及旷古未有的币制动荡（法币、军票、中储券、金圆券）之中走过来的。

一个成立于20世纪30年代末，主要活动在40年代的"合众"，在数本所谓的中国图书馆事业史上，都没有一席之地，这也并不奇怪，因为在当年灯红酒绿的上海滩，蒲石路（今长乐路、富民路口的转角）746号上的"合众"，确实从来就没有悬挂出自己的图书馆招牌，因为它不想张扬，不管是上海沦为孤岛后，抑或抗战胜利后，除了像郑振铎、钱锺书、马叙伦、胡适、徐森玉、顾颉刚、王重民等重要学者时有光临外，一般人是不知道"合众"的底细的，因为这是一个带有研究性质的图书馆，而不是公共图书馆。

　　明末清初的一位思想家，有"中国思想启蒙之父"的黄宗羲（梨洲）有言：藏书难，藏久尤难。藏书能历数百年兵戈水火之劫运，而不遭磨灭者亦是万幸。故聚书之苦辛，庋藏之慎谨，其实有难以言之者也。可见私人藏书难，而办图书馆更属不易。早在1940年1月4日，张元济告顾先生："凡百事业，不能不求扩充，扩充则须人多，人多则意见分歧，分歧则无可约束，终归失败。盈虚剥复之理欤？吾与本馆之希望平隐，即是发展，不求躁进，不贪暇逸，不须人多，不事宣传，非如是，不足以持久也。"这是张先生办"商务"数十年来之经验，对顾先生来说不啻是至理箴句，金玉良言。

　　无独有偶的是，1941年8月23日晚，顾先生去叶景葵处求教。叶说了一段话，也是经验老到的肺腑知心之语，他说："图书馆前途之兴替，其枢纽在董事之得人及合作与否，故选举最为注重。现在五人，学问未必皆深，亦未必人人皆知图书馆之办法，但皆饱经忧患，有相当之修养，且皆无所为而为之。五人间相互有甚深之情感与直谅，故能知无不言，决无问题，但皆六七十之高年，可以同时老病，故对于递嬗之法，宜十分注意也。"（叶景葵《卷盦札记》）

在日伪和国民党反动派统治下，"合众"勉强维持到解放，差不多是奄奄一息。但顾先生在老辈们的支持下，奋力支持十四年，幸际盛世，归之人民，完成历史任务，实是不易。应该说顾先生的办馆思想直接来源于图书馆的实践，津以为在四十年代后期他有致王南屏信，体现了他对办馆的见解以及困难之处言之历历，一览无遗，言词率直，坦诚相见，此札当可视为"合众"在四十年代煞费苦心保存传统文化之一斑。

信曰："南屏先生左右：奉示祗悉。关于敝馆规定星期例假停止阅览一点，对公务人员似有不便，执事曾摭高论布诸《大公报》（'鸿英'曩以星期休息，今亦反为星期日矣，可恨！），大文尚未读过，但于'公务员不便''鸿英之可恨'两语，征见台端读破万卷书，尚未验之于行事，若令乾嘉老辈获接先生，必延入钟山、紫阳之斋，不致发不便之叹。先生不知办事难，办文化事业尤难，在非常时期为难之又难。私人办文化事业出于愿心，其愿心不必便于一二人，欲便于多数人；不必便于今世，欲以便于后世。故创办之时，即以不求闻达，暗然日章为旨。譬如粥厂，饥民嗷嗷，总须俟其煮熟，若急不及待，蜂涌于旁，视粥未必能入口，而锅有倾覆之虞，两无裨益。

办图书馆，较其他文化事业更难，即以聘请馆员而论，有学问者皆去当教授，无学问者不胜其任，稍知门径者可以当之。惟其有志上进、手不释卷，在他处固可取之才，在图书馆则否。事务将待，何人以理之耶？譬如庖工，日烹美味，不容大嚼，如庖工先自饕餮，则宾主何以成宴？来馆阅书之人，人数若多，每人半日之中，更换五六次，须若干人可以应付。请兄冥目一思之，即可有一概念。聘一馆员，薪水若干，不及公务员，几人之数，又将若干。

要之图书馆，有支出而无收入，收入恃之捐款，现在经济情形之下，何处募捐？不比建庙造桥，出钱自身可以纳福，捐款图书馆者，本人不易享受。利人不利己之事，莫过于图书馆。捐款之难，难如登天。不以政府收税，一纸命令，通行全国。物价飞腾，开支日涨，收入无增，除紧缩尚有他策乎？紧缩自然人少，尚敷轮流值日之分配乎？为职员者，终日碌碌，愿吾兄抽暇往'鸿英'等处默察，其忙闲如何？敝处规模未具，不足为凭。

图书馆职员，亦寻常之人，不能并假日而剥夺之。尝有某君来商，因日间无暇，拟请每晚特许阅览。试问图书馆岂能适应每一人之愿望，不便于公务员者，又岂图书馆一业哉？银行、百货公司与公务员时间无冲突耶？足下何不并摅宏论以纠之耶？

总之，图书馆管理与阅者实处敌对地位，非身历其境者不知。仆为学生时，对于借书不能任性所欲为可恨，一日欲检《耆献类征》，照借书章程，每次两函，一再更调，余烦而馆员不烦，烦者燥急耳，不烦者秩序井然也。洎为图书馆员，遂深佩规定皆有意义。若欲满足阅览之心，则人人入库，自由取阅，几日之后，不知成何境地？从前北大、清华、燕京，均曾开放过，行不能通，一再改订管理规则，出馆有加以检查者，是皆中外服务者从经验中得来。此种条文之组成，不亚于《日知录》之各条考据也。

本馆书不能外借，亦从'鸿英''明复'等阅历而来，即余自身所受者可以奉告，余因馆书之不借友好，有情不可却者，遂以自藏借之。当时言论相从，以为即还，未记名氏，久而自欲取阅，遍检不得，亦无后索，还将静待见揶矣。自藏失之，尚可自恕，馆书失之，将如之何？龙遇借书者多矣，无不约二三日，结果二三十日，必待再催而后还。人之精力有限，无谓之消耗，实有不愿。况来此看书均属诸亲好友，或借或不借，徒然得罪，一律不借，亦仅衔恨，终成怨府耳。图书馆职员，实同大菜间之西葸，为人服劳役，伺候不慎，即遭物议。所望阅览诸公，设身处地，推己及人。

年来办图书馆之声甚盛，如子民图书馆（及门纪念）、松禅图书馆（陈某）、常州图书馆（江上达等拟办）、吴江图书馆（柳亚子）、梁燕孙图书馆（凤冈及门纪念）、灵素图书馆（张叔平），此外尚有，不能尽数，今雏形何在耶？开图书馆不比开跳舞场，舞场只要钱多人多，指日可成。图书馆钱多，办事固易，而有许普通书并不能立即可得。吾日前为馆配张文虎《史记札记》，各肆皆无，此一例也。若有一人来馆，欲阅此书，吾尚未备，必笑谓人曰：普通亦未全。若所欲阅之书均有，谁知搜罗之苦？馆员多，固办事速，然非忠实内行，必致大乱。积重难反，无形之损失更大。故美国国会图书馆书目之至今不能出，即因编目人时易其手，既不一律，并有错误，不能得一总纂以阅定。老实说，今日欲求一如纪文达之人，安可得哉！图书馆须俟其逐年生长，不能求其立成。在百业不在常轨之中，予以曲亮，书不尽言，复颂著安。"南屏者，不知何许人，或为徐益藩。

办图书馆，功在当代，却利达后世，我以为顾先生和合众图书馆本身就是两部大书。顾先生的历史，实际上就是一部合众图书馆的历史，这是非常值得研究的题目。顾先生把图书馆当作一个事业，认为必须由小而大，倘一举宏伟，常易汗漫无归，结果一事无成。当年，"合众"把事业做得有声有色，成就巨大。而存于世的历次的合众图书馆董事会的会议记录、董事会组织大纲、办事规程以及1946年1月24日陈陶遗等给当时的上海市教育局《呈为设立私立合众图书馆申请立案事》《创办合众图书馆意见书》《合众图书馆缘起》《合众图书馆捐献书》等，都是研究近代以来中国图书馆事业史中私立图书馆的重要文献。"合众"的归宿，也是中国近代以来私立图书馆的典范。

这篇小文从立意到初稿完成，花了一个多月的时间，工作的繁劳，使写作只能断断续续地进行。现在初稿将就，而我又无暇再细读一遍，修订之事只得待之他日了。

2014年10月14日
深夜于广州中山大学

附上海市私立合众图书馆史料一则

呈为设立私立合众图书馆申请立案事
（私立合众图书馆董事陈陶遗等呈上海市教育局）

呈为设立私立合众图书馆申请立案事，窃（陶遗、景葵、元济）等当昔国军西移以后，每痛倭寇侵略之深，辄念典籍为文化所系，东南实荟萃之区，因谋国故之保存，用维民族之精神，爰于中华民国二十八年五月发起筹设合众图书馆于上海，拾遗补阙，为后来之征。

命名合众者，取"众擎易举"之义，各出所藏为创。初设筹备处，赁屋辣斐德路六百十四号，从事布置，先后承蒋抑卮、叶恭绰、闽侯李氏、长乐高氏、杭州陈氏等加以赞助，捐书甚夥。至三十年春，筹款自建馆舍于长乐路七百四十六号，即于同年八月一日成立发起人会。

遵照教育部图书馆规程第十一条规定，决议聘请（宣龚、叔通）为董事。同年八月六日成立董事会，曾未几时，太平洋战事爆发，环境日恶，经费日绌，而敌伪注意亦綦严，勉力维持，罕事外接，始终未与敌伪合作。

赖有清高积学若秉志、章鸿钊、马叙伦、郑振铎、陈聘垂、陈聘丞、王庸、钱锺书等数十人以及社会潜修之士同情匡助，现在积存藏书约十四万册，正事陆续整理，准备供众阅览。采四部分类法，以史部、集部为多。先儒手稿本、名家抄校本、宋元旧刻本、明清精刊本皆有所藏。其中嘉兴、海盐两邑著述及全国山水寺庙书院志录网罗甚广，皆成专门；他如清季维新之书、时人诗文之集，著名者都备；至近年学术机关所出者亦颇采购，尤注意于工具参考之作，用便考据。此外有清代乡会试朱卷三千余本，陈蓝洲、汪穰卿两先生之师友手札约六百余家，皆为难得之品。金石拓片搜集约八千余种，汉唐碑拓部分，尚系马氏存古阁旧物，其他以造像为大宗。又河朔石刻为顾氏鼎梅访拓自藏之本，较为完备。间尝校印未刊之稿十又六种，以资流通。六年来，经过大概如此。前以交通阻梗不克呈请立案，兹值抗战胜利，日月重光，应将董事会之成立及图书馆筹设一并呈请核明立案，相应检同附件开列应具各款，俯乞钧局鉴核准予立案，批示祗遵实为德便，谨呈上海市教育局。

计开董事会应具各款

一、名称　私立合众图书馆董事会。

二、目的　详于附呈第一文件。

三、事务所之地址　上海长乐路七百四十六号。

四、关于董事会之组织及职权之规定　详于附呈第一文件。

五、关于资产或资金或其他收入之规定　现有资产基地壹亩玖分贰厘肆毫，上建三层钢骨水泥馆屋壹所。法发善后英金公债票面陆千柒百镑。

六、董事姓名籍贯职业及住址　详于附呈第一文件。

图书馆应具各款

一、名称　私立合众图书馆。

二、地址　上海长乐路七百四十六号。

三、经费　甲经常费本年法币六十万元。乙临时费本年法币十万元。以上两项来源因基金公债尚未付息，由董事筹募。

四、现有书籍册数　约计十四万册。

五、建筑图式及其说明　详于附呈第二文件。

六、章程及规则　详于附呈第一文件。

七、开馆日期　在筹备中。

八、馆长及馆员学历经历职务薪给等　详于附呈第一文件。

具呈人：私立合众图书馆董事

陈陶遗、叶景葵、张元济、李宣龚、陈叔通

顾廷龙先生在"文革"中保护文物图书二三事

　　顾廷龙先生是1998年8月22日晚上9时6分病逝于北京人民医院的。记得在北京八宝山追悼顾师的会场外，中华书局的张世林先生命我写一篇回忆、纪念顾老的文字。他说这篇文章非你莫属。我想，这大概是1997年4月初，他和张力伟先生去拜见顾老时，顾老告诉他们，他带过两个学生，其中一个是我的原因吧。古人云：生我者父母，知我者鲍叔。今之鲍叔，顾师也。我自北京飞回波士顿后，即写了一篇《学术事功俱隆 文章道德并富——回忆先师顾廷龙先生》以纪念先师。如今十六年过去，世林先生再命我写纪念顾师之文，于是我再从记忆中写些顾师之片断。

　　1970年秋天，顾老以"接受再教育"的名义，由上海图书馆派至上海市文物图书清理小组（下面简称"文清小组"），参加"文革"中抄家图书整理的工作。顾老的工作，至1972年10月结束，回到上海图书馆后，在古籍组工作，任顾问。

上海市在"文革"中被抄家的户数约有十五万户之多，占全市总户数的6.5%，抄家所得包括文物、图书、字画、瓷器、邮票

顾廷龙先生

等，最先集中在各个被抄者单位，1967年1月，在"市革会政宣组"下专门设立了"文清小组"，负责接收、整理各种抄家来的文物字画图书。"文清小组"内设图书组，其工作人员多来自上海图书馆、上海外文书店、古籍书店及上海书店。成立后，几乎每天都有数个单位将被抄家者藏的图书送来。当年筹备"文清小组"的有三人，为上海文汇报理论部主任杨天南、上海博物馆革委会委员陈永祺及上海图书馆的笔者。

顾老在"文革"初期，被视为封建主义、资本主义、修正主义的代表人物，文艺黑线的执行者、反动学术权威，而在上海图书馆里首先受到冲击，不久，即停止工作，靠边审查，边学习边劳动。那时，顾先生曾叹曰："老妻卧病，忧惶而殁，余则被幽服劳，身丁变故，万念俱灰。"从过去每天和书打交道，而变得基本和书隔离，三年多的时间，他产生了"黄昏思想"。有一天，他找到我，拉我到一边，和我谈他近期的想法，认为他已

六十六岁，不中用了，有日落西山的感觉。当时，我也只能建议先生不要悲观，要相信组织，要相信政策，要保重身体。

顾老六十七岁时，他的境遇有了好转，在"文清小组"，他又和书打上了交道，人虽然累些，但心情似乎宽松了许多。凭着他数十年在图书馆的实践经验，曾经沧海，慧眼独具，发现了不少熟识或知名学者的手迹，包括抄本、稿本和信札，1997年12月24日，先生曾有致徐小蛮信，内有"吾在文物图书清理小组一段时间，保存了不少好东西"（见《顾廷龙年谱》第800页）。

就以鲁迅先生的手札来说吧，那就是很普通的一张纸，鲁迅的毛笔字多是细笔小字，行书略带点草，末尾署名仅一"迅"字，一般人如不太识得那行草字，那就根本不知道是谁写的。四十年代时的上海合众图书馆，其馆宗旨以搜集历史文献图书为主，所以凡各时代、各地方以及与历史有关的各科学类，都在搜罗之列，包括图书、期刊、报纸、书画、书札、拓片、古器、服物、照片、照相底片，及书版、纸型等，务使与考史有关之物，不致遭无人问津而毁弃。所以顾老非常重视收集名人原件手札，他认为这是与稿本同样重要的原始材料，"合众"当年所藏的《冬暄草堂所藏师友手札》《汪穰卿先生师友手札》以及《洪钧出使俄德奥时致李鸿章手札》，又《李鸿章致友朋手札》，都是研究中国近代史的重要资料。

据1978年7月5日，顾老致方行信，谈的就是新发现的鲁迅佚文及《西谛题跋》注释事。其中涉及鲁迅佚文云："前谈为快，承示鲁迅佚文，我想起七二年在'文清'乱纸中亦捡得鲁迅手札一张，原件已由鲁迅纪念馆入藏。其文甚有风趣，抄奉一览，我尚没有给人看过，问询的甚多。"鲁迅原文是："亢德先生：顷蒙惠函，谨悉种种，前函亦早收到，甚感！作家之名颇美，昔不自量，曾以为不妨滥竽其列，近来稍稍醒悟，已羞言之。况脑里并无思想，寓中亦无书斋，夫人及公子更与文坛无涉，雅命三种，皆不敢承。倘先生他日另作'伪作家小传'时，当罗列图书，摆起架子，扫地欢迎矣。为此布复，即请著安。迅上。五月廿五日。徐先生均此不另。"

鲁迅的信是写给陶亢德的。陶是民国间著名出版人，先后任《生活》周刊编辑、《论语》杂志主编、《人世间》编辑，又与林语堂创办《宇宙风》，在上海创立人间书屋。国内的如鲁迅、周作人、老舍、郁达夫、丰子恺、朱自清、郭沫若等一大批成名作家，都与陶氏有过密切接触。

原件上仅一"迅"字并无全名，幸好顾老识得鲁迅的字，于是就将之妥善保存，不然的话，碰到"一不识货"的人那还不知如何"收拾"呢。顾老曾经告诉过我，最可惜的是他在乱字纸堆中发现半卷唐人写经，急忙再细找另半卷，却怎么都找不到了。后来问起别的同事，才得知那半卷因被人认为是残卷，没什么用而扔到垃圾箱了。顾老听后愕然不已，但他也不敢多说什么。他和我说起此事，总觉得怅怅的。

我在编著《顾廷龙年谱》前，曾大肆收集先生的有关材料，其中在先生的笔记本上我发现有一段记载，云："'文革'后期，派予往上海市文物图书清理小组工作，每日接收来许多图书资料，有几人检阅后决定去留，但弃多留少。余去之后，所留较多。有一次，余出片刻，归来则所留图书资料一无所有。只听一工宣队员低头，边检查东西，边说'这种东西都要留，要多少房子！'余猜想为此人所弃去矣！余只能默无一言。越数日，'军宣队'绳树珊来，进门即问：老顾，有什么好东西？我将所检留的东西，向他逐一介绍，他很有兴趣地听。以后，每来每问，而'工宣队'退出了。于是这个部门，由周贤基负责整理外文，我则整理中文图书，负责人为邱绶成。好东西很多，我见到的即保存，后来无人干扰了。"

　　绳树珊是当年的"市革会政宣组"组长，邱绶成是上海中国画院的画家，周贤基是上海市外文书店收购处的工作人员。在顾老去工作之前，由于决定去留的是几位并不懂图书文献的外行，更令人难以置信的居然是由没有什么文化的工人在把关，所以不少有价值的图书文献都经他们之手而湮灭不存了，顾老"所留图书资料"应该都是他认为有价值者，可惜的是却毁于另一场人为的灾难，而变成了还魂纸。

　　顾老的记载中还有一段回忆，"我记得保存的珍贵图书不少，如陈元龙小本日记，有与康熙帝对话后的记录，记得有一条，康熙帝说：何焯口气像我了，叫他回去。后来，何焯就回苏州了"。"陈元龙小本日记"即后来定名为《陈元龙手稿》一卷，这已著录于《中国古籍善本书目》集部清别集类中，此手稿本我曾在二十多年前经眼，史料价值确实很高。

　　还有一段记载很值得说，"某家送来一包破书，问要不要？不要，就带回去。'工宣队'的某师傅转来问我要不要。我没有细看，但看到有几位乾嘉学者亲笔批校，我即连声说要要"。原书虽被留下，但那已是呈霉烂的饼状，书页都揭不开，当然谁是作者都看不出。这样一块硬梆梆似大饼的书，在一般人眼中，是必遭废弃的烂书。后来这本已破烂不堪的本子，由顾老请上图古书修补组的潘美娣修补完整，展卷览观，心目开朗。

　　修复后的书经顾老仔细审阅后，认为此是戴震《声韵考》的稿本，当时，他考定时，我就坐在他办公桌的对面，所以我清楚它的全过程。戴震即戴东原，安徽休宁人，清代著名语言文字学家、哲学家、思想家。梁启超称之为"前清学者第一人"，曾被召为《四库全书》纂修官。因学术成就显著，特命参加殿试，

戴震《声韵考》稿本

赐同进士出身。戴震治学广博，音韵、文字、历算、地理无不精通，又进而阐明义理，对晚清以来的学术思潮产生了深远影响，是胡适眼中的中国近代科学界的先驱者。

　　《声韵考》是缮正后又经戴氏考定者，有段玉裁、孔广森等的批校，卷首有山东著名学者李文藻的藏书印，末有青州东郭李氏藏书两图记。卷三古音，增补"按古音之说近日始明"一段皆戴氏亲笔，惜仅存一页。书面题"爱日楼声韵考"，审为乾嘉大学者段玉裁手书。副页有亲笔识语二则，一云："此稿本虽著圈

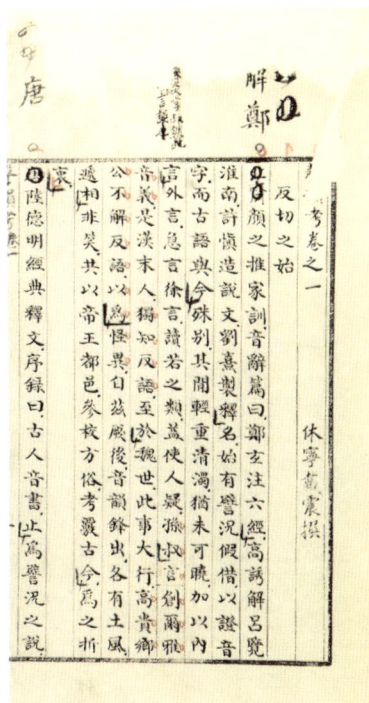

此清戴震所撰聲韻考稿本，諸正後又注戴氏改定者。卷首有李南澗藏書印，其有青州東

郭某氏藏書而閟之。國記卷三古奇摭補樞古者之說，近日將旧一段皆觀筆，惜僅在一頁，玉乃少有出

入，逐乎以下約缺約二千多字。書面題愛日樓聲韻考，審為稿玉戴手書。副頁有觀筆識語

二則，一云此稿本雜著圍丟勾陵，刻時俱不用。二云戊子年擬用木板付梓，後因論古歟未詳

備述此其古籍一條，去戊子年將政定。接政玉戴撰戴氏斗譜乾隆三十一年有戊辰年先生

兩書聲韻攷四卷已成，閟尒傳寫，凡譜去之源流尒失，古音之由漸明備，皆儤括於此玉

戴刻詣蜀中袠已以後先生又以為戴方約表之說，支佳一郭胎齊功尒一郭之哈一郭漢人聲

未嘗通用，畫然為三。補入諦古音光內文云重太合文藻刻諦廣東塘此，此稿係壬辰袠之

閟所政定為南澗墨板本，秀一反以揚齊中立孫奐始作反音注時，婁安孫姝敀授筆

鄭玄之門人有家为笺注一条云林揚授榮鄭玄之門人嘗作定諦，審林字上角，純有热掭

當為森字之殘作森揚黄，盖为孔廣森之窒注此。

此稿已破爛不堪，一九七三年六月入藏重加裝治

戴震《声韵考》稿本（顾廷龙跋）

点句读，刻时俱不用。"二云："戊子年拟用小板付梓，后因论古韵未详备，遂止。其古韵一条，壬辰年始改定。"按段玉裁撰《戴氏年谱》，乾隆三十一年有云："是年先生所著《声韵考》四卷已成，同志传写，凡韵书之源流得失、古音之由渐明备，皆骡括于此。玉裁刻诸蜀中。癸巳以后，先生又以玉裁《音均表》之说，支、佳一部，脂、齐、皆、灰一部，之、哈一部，汉人犹未尝通用，划然为三，补入《论古音》卷内。"又云："李大令文藻刻诸广东。"据此是稿系壬辰、癸巳间所改定，为李文藻刻墨板之底本。

文清小组接收的图书特多，有价值的文献也不计其数。顾老离开"文清"后，"上图"又派了某君去替换，谁知某君却是一位长年坐办公室处理公文不懂图书文物的人。有一天，顾老有事又前往"文清"，见某君将康有为在南洋的摄影（旁有康氏亲笔题字），弃置废纸堆里。顾老大惊，即呼某君来观，并告之曰：此系珍贵之品，应好好保存。此外顾老还见有清末重臣李鸿章及他的儿子李经方等在国外的大照片多帧也被弃置废篓。这还是顾老偶然撞见而保存下来的，不为顾老所见而丢抛损毁之重要图书文物资料又不知凡几了。

1998年初春，老舍夫人胡絜青派女儿至顾诵芬院士在北京北苑的家，北苑也是顾老安度晚年的地方。胡絜青是著名的中国工笔画家，她委派女儿送上她亲笔绘画一幅，乃为感谢顾老在"文清"工作期间，发现老舍《骆驼祥子》的手稿，并设法保存了下来，以后又通过"上图"将复印件转交给了老舍夫人。

众所周知，《骆驼祥子》是老舍的代表作之一，它以现实主

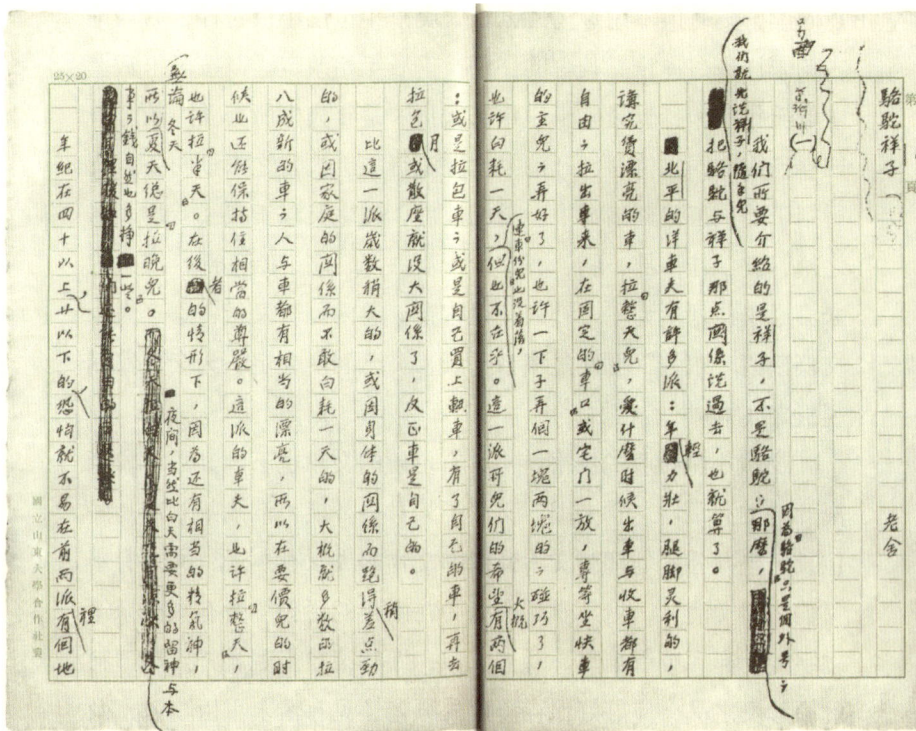

老舍《骆驼祥子》稿本

义的笔法与悲天悯人的情怀，塑造了祥子、虎妞等一批令人难忘的艺术形象，在中国现代文学史上拥有重要地位。而老舍《骆驼祥子》的手稿本，可见作者呕心沥血的文字，更可见作者自己称为"笔尖上能滴出血与泪"原稿历尽的沧桑。那是因为1936年9月16日，《骆驼祥子》开始在上海陶亢德主编的《宇宙风》半月刊第25期上连载，直至第48期才刊完，直至1939年3月，陶亢德主持的上海人间书屋才出版了《骆驼祥子》初版本。而老舍的手稿就一直保存在陶亢德手中，二十多年后"文革"爆发，陶被抄家，所有图书文稿都集中到"文清"，而最后为顾老慧眼识珍，老舍手稿才得以重见天日。

顾先生在《张元济访书手记辑录小引》中有一段话讲到当年在"文清"小组的事，有云："'文革'中，余以'接受再教育'之名义，派往上海市文物图书清理小组参加抄家图书整理之役，获见熟识或知名者之手迹不少，如刘半农、姚石子诸君之日记，鲁迅之手札（今藏鲁迅纪念馆），老舍之手稿等，皆无署名。因余熟识其笔迹，遂知为某人之物。先生批注之《邵亭知见传本书目》亦然。余既睹先生手迹，即为提出别存，意欲使其不致与普通书混杂一处，免遭遗失。再三考虑，即夹小条标明某人手笔，俾此后一再转手迁移，或可不致遗弃。三中全会后落实政策，抄家图书乃得陆续归还原主。张先生批本亦得由哲嗣树年君领回，树年即以见示，余所夹小条尚在，并经后人加批云：'此条可能是顾廷龙亲笔。'余欲使后人重捡得此，知所珍护。时越多年，人手数更，留一小条，确能令人注意及之，喜慰莫名。"

黄裳是位收藏家，也写了大量有关书的散文，其中有几篇都写到他在"文革"期间，被他所在单位抄家，其所藏线装书等被捆载而去之事。文章中又多次提及顾老，其中的一篇《"秘书"五种》云："1973年春，一次彻底的抄家，全部藏书，捆载俱去，除了没有字迹的素纸，片甲无存。先是陈列于单位一间长条统间内，呼'版本专家'顾廷龙来鉴定分类，由几位并非版本家编成草目一厚册，漏略实多。由顾君签收后扫数运往上海图书馆，后又由顾君手写二类书目一册。"《〈前尘梦影新录〉

前记》提到："参加编目的大约有五六个人，其中竟有过去认识的顾廷龙先生，连顾先生也请了来……顾先生是负责鉴定的，他大概先已粗粗地看过一遍，把较好的版本放在一边，由另一位登记。"还有其他的几篇用的过火文字我也就不引用了。

黄裳在"文革"中被错误地抄家，受到迫害，心情当然不好，因此他在写作中使用一些尖酸刻薄的语言也不奇怪，他对顾老参与整理他的旧籍多有讥讽不屑之语。使我印象特别深的是，我曾将黄书中的一些描述向顾老汇报，顾老当时手中夹着香烟（他平时很少吸烟的），听了后一声不响，我知道黄书对于顾老来说，那是太熟悉了，所以他心中在想什么，我是明白的。黄裳被抄的二类书，共有822种，对于黄的藏书，我也并不陌生，包括五十年代至"文革"前他卖给上海"文管会"、上海古籍书店的书以及抄家的书，我都经眼一过，写在书上的跋文也都读过一遍，所以我也很清楚。

然而黄裳并不知道的是，他辛苦所得的线装古籍，也即被抄的图书，如果没有顾老的照看，早就散了。因为"文清小组"里是不可能也没有专门的房间存贮黄裳的藏书，于是有人就提出要将黄书打散，但顾老从长期从事图书馆事业的经验出发，他说：黄书不要打散，一散就完了，当年"合众"各家捐书不易，包括像叶氏卷盦、张氏涉园、叶恭绰、李拔可等，每家我们都编有专目。在顾老的坚持下，黄书先堆在屋之一角，没有去作整理，他同时也怕夜长梦多，真的散去他就无力了。所以，他打了电话给我，说明情况，由于上海图书馆的保管条件比较好，他希望将黄的藏书及其他整理好的较好的线装古籍先送"上图"保存。没过几天，这些书运往上图，我还组织同事将之全部放在古籍组办公室里。黄裳藏书是潘景郑先生和我整理编目入库的，直到后来落实政策全部发还（除春宫画及色情书外）。如若没有顾老的坚持，或顾老不在"文清"，那么黄书的下场就会很惨，即使是退还，也是旷日持久，不可能那么顺利。

当然，顾老在"文清"的作为，黄裳是不知道的。然而在黄裳的另一本《书之去归来》中的《祭书》，却一改过去的语气，有云："到了机关的一间大房间里，发现我所藏的白纸黑字的东西都堆在那里了。更出乎意料的是，发现了已经坐在那里的顾起潜先生。他是研究版本的老专家，是清代苏州著名藏书家顾氏秀野草堂的后裔。二十多年前就刊印了《明代版本图录》的，我过去在图书馆里也曾看见过他。我想，在当时，他应该是一名不折不扣的'反动学术权威'，可是竟被弄来参加审订编目的工作了。""一直到一九七八年的年末，我才又去拜访了顾起潜先生。从他那里得到的消息是令人鼓舞的。他告诉我，我的藏书中间的线装书部分，都很好地保存在图书馆里，没有什么散失。同时因得到他的照顾，有些残破的书册，还修补装订过，只要等政策确定、发布，立即就可以发还。"

原来，顾老告诉黄裳的信息，是"令人鼓舞的"。

实际上，"文革"初期，在1967年夏天，顾先生被靠边审查期间，就已经触及有关珍贵古籍了。那是有一天，我接到上海古籍书店韩振刚的电话，说是他们店里最近收到一部明刻本的书，想送来上图请帮助鉴定。记得那天是下午三时左右，地点是在"上图"西大楼底层俱乐部乒乓球桌旁，我请顾老、潘景郑、瞿

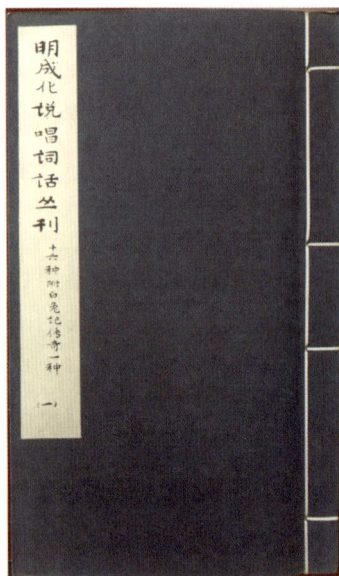

明成化说唱词话丛刊

凤起三先生都到场鉴定。韩振刚和高震川骑着自行车送来了一包书，打开一看，有的书已成饼状，粘在一起，有的还可以翻阅。这即是后来定名为《明成化说唱词话丛刊》的《新编全相说唱足本花关索出身传》等十六种（附《白兔记》传奇一种）。韩说了他们得书的经过，并说由于书是从棺材中取出，所以希望能将书用紫外线加以照射，以求"消毒"。我都帮忙办了。

顾老他们看后，都表示这批书很难得，过去从没有见过。顾老并要我到大书库借一部郑振铎的《中国俗文学史》来，要我翻一翻郑著中有没有写这个时期这种图书出版的事。我翻阅后即告诉顾师，郑氏没有见到这类的书。顾老在韩、高两人走后，把我拉到一边，告诉我，这些书很重要，是研究中国俗文学史、戏曲史和版画史的重要见证。他要我打一个电话给上海市文物管理委员会杨嘉祐先生（杨当时在"老上海组"），把这件事告诉他，因为这是"地下发掘物"，根据有关法令，"凡是地下发掘物，一律归公家收藏"。顾老那时已靠边审查，但他仍然以大局为重，凡是有价值的文献，都要设法保存，即使他不能亲自为之，他也要告诉我怎么做。

所以第二天上午，杨嘉祐先生就持上海市文管会的介绍信有关文物法令前去上海古籍书店依法收回此书，改由上海博物馆收藏。（这件事，我在《论新发现的孤本小说〈出像批评海陵佚史〉及其他》，台湾《书目季刊》1995年第二十九卷一期上述及。）当然，这部书经过学者的研究，可以肯定是我国现存诗赞系说唱文学的最早刻本，它的发现有助于弄清中国文学史上"词话"的真貌；而成化刻本的《白兔记》不仅是我国现存最早的"传奇"刻本，更是研究南戏和早期传奇的重要见证，而书籍中的版画，也是国内现存最早的戏曲小说插图之一。这件事，我是经手人，所以清楚。可以说，如果没有顾老的建议，那这部重要图书会发生什么样的结局，谁也不知道。

大凡研究中国藏书史者，或当今的版本目录学家，无人不知朱氏结一庐藏书及陈清华（澄中）藏书，两家都是中国近代以来重要的藏书家。这二家藏书在"文革"中都曾被抄，并为上海图书馆接收。其中朱氏结一庐藏书的主要继承人张子美先生被他单位——上海市黄浦区新昌路房管所先行"代管"。所幸房管所的领导还懂一点政策，只知道这些旧书都是封建主义的东西，并不是"变天"的罪证，没多久，他们和上海图书馆联系，希望将张氏藏书全部移交。1967年的某日，我得到通知，和"上图"叶福庆、韩永续两位同事（韩已去世）去新昌路房管所，将这批线装书（二个特大的樟木箱）用"老虎塌车"运回上海图书馆，直接送至特藏书库保存。

而陈清华在上海的藏书则是由其婿刘洁敖代管，1966年夏天的某晚，湖南路街道居民委员会致电"上图"，告知他们已得到消息，上海财经学院某红卫兵组织近日要抄刘的家，可能为书而去，希望上图能出面先行一步。因此，"上图"即组织人员，多为年轻的同志（1966年春，上海越剧院学馆解散，28名女学员全部转至上海图书馆），也都臂带"红卫兵"袖章，于当晚十时到刘家，我也去了。书很多，由于我还懂些书，领导安排我做接收清单，我花了整整一个通宵才完成。第二天清晨，才将陈书全部带回上海图书馆。

　　但是陈朱两家藏书的整理，却是在1968年初。起因是上海市"文清组"的主要负责人杨天南来找我，希望上图将"文革"以来所得到的善本图书中一二类藏品做一份清单，以便汇总后报上海市革命委员会。当时上海各单位抄家来的图书有500万册左右，什么线装书、平装书、珍本、普通本、中文、外文、邮票、画片、照片等等五花八门，应有尽有。但这些书中以上图"接收"的陈、朱二家藏善本书为最好，将一二类藏品做出清单，是极易之事，更为重要的是可借此机会将陈、朱所藏之书全部编目。在征得当时造反派组织某负责人的同意后，我就从"牛棚"中将仍在审查中的顾廷龙、潘景郑、瞿凤起三先生"请"出，请他们就陈、朱藏书进行编目并制作清单。

　　顾、潘、瞿三先生工作的地点在上图的东大楼307室（我当年在上图住宿舍306室），陈、朱藏书全部从特藏书库移至307室，所有的工具书和参考书也是我从普通书库调来，我几乎每天都会和顾先生等看书讨论听讲。虽然这项工作只做了两个多月就结束了，但我又能和顾老等人聚在一起，又能看到这许多难得一见的善本书。当然，对顾老他们来说，也是"文革"以来最为舒心的日子，他们看得非常仔细，也会时时交换意见。最后，顾、

潘、瞿亲笔所写陈、朱重要藏品的简述为一式三份，其第二份呈
报"文清组"，第三份馆方存档，而第一份则为津所珍藏，这是
值得纪念的。

陈清华藏书善本共计676部5901册，包括敦煌唐人写经1种、
宋刻本15种、元刻本11种、赵城金藏13卷、明刻本165种、明铜
活字本4种、抄校稿本130种、清刻本若干部。其中可定为一级藏
品者59种、二级藏品者60种。朱氏结一庐藏书总共450部，3272
册（一作3475册），其中宋刻本25部、元刻本40部、明刻本195
部、精抄批校本190部。这两批藏书是上海地区乃至全国来说，
自1960年代至2000年这四十年来最重要的、绝对难得的收藏。在
这项编目工作中，顾老等人起到了重要的作用，他们所写的重要
藏品简述，字体端正，每种书的特点都予以清楚表达。"文革"
后，"上图"专门负责抄家图书处理的人员和陈、朱的后人多有
联络接触，最后达成了协议，将书全部捐献给国家，现珍藏于上
海图书馆。

顾老曾在晚年多次回忆"文革"中抄家文物图书的情况，他
曾写道："迨'文化大革命'中，清理抄家图书，开始时，招余
前往劳动，以为欲用我相助，岂知不然，我说有用，彼等则以不
迷信专家，故意毁弃。余略有省悟。见三李（李金镛、李凤苞、
李善兰）手札甚多，践踏无所惜，如我说'好'，彼必毁之。无
可奈何，只得默默拾置桌上，冀得幸免！聊尽吾保存前贤手迹之
心耳。"（《王同愈集》序）"我因曾致力搜集家谱、鱼鳞册，
被视作为地主阶级树碑立传、收藏'变天账'，从而被打入'牛
棚'，精神与肉体备受折磨。伴随几十年的老妻经受不住这种打

击，含恨离世。但我'人还在，心不死'，眼睛直盯着那一大批所谓'封资修货色'的抄家图书，寻找机会再为保护文献尽点力。这个机会终于等到，1968年，在'接受再教育'的名义下，我被派往当时上海文物清理部门工作。在那里一蹲三年，尽我所能，不使有价值的文献流散。某些稿本，如陈邦彦、屠寄、姚石子、刘半农等人的日记，硬是凭眼光才发现的，稍一疏忽，就会失之交臂。我曾发现两本曾国藩的奏稿，有曾氏亲笔修改，不料'造反派'说这是'曾剃头'的反动东西，随手便扔进了乱纸丛中，以后再也没有找到。每忆于此，不免扼腕三叹。"

我在顾老身边整整三十年，我感觉到他爱书、爱图书馆、爱他所从事的事业。"文革"中有人批判他的"片纸只字皆史料"的观点。实际上，在顾老的眼里，只要是书，只要有一点价值，他都不会轻易处理。他曾说过"古代文献，为研究历史、保护文物者所重视，即片纸只字，亦均珍同球璧。"他曾对我说："有些书对你来讲，很陌生，因为你不研究，不研究但不等于没用，要研究的人就会去找这种书。所以对图书馆来说，它的藏书是要给人用的，光收藏，不利用，那是封建时代藏书楼的做法，今天的上海图书馆一定要改变过去的做法。"

顾老无论在大馆馆长任上，甚或是在"牛棚"，即使人陷劣境、心情不舒畅的情况下，他都是以书为重，念念在兹。解放以后，1955年秋某日晚上11时许，当时在文化局工作的徐钊致电顾老，告知上海造纸工业原料联购处从浙江遂安县收购了一批二百担左右的废纸送造纸厂做纸浆，其中可能有线装书。顾老遂连夜奔赴现场察看，发现确实有有用资料，翌日即组织人力前往翻捡。顾老和他的同事在垃圾堆中连续工作了十一天，使一大批历史文献被抢救而出。从内容上说，有史书、家谱、方志、小说、笔记、医书、民用便览、阴阳卜筮、账簿、契券、告示等。就版本而言，有传世孤本明万历十九年刻《三峡通志》，流传稀少的明本《国史纪闻》、《城守验方》、明末版画上品《山水争奇》，以及不少旧钞与稿本。至于上图编纂的《清代朱卷集成》，其中不少资料就是那次抢救所得。

在顾老的笔记本里曾忆及解放初期抢救废纸的情况，他写道：此事由华东文化部与上海文物管理委员会合作抢救各地土改后运来上海送造纸厂纸浆之废纸。抢救废纸工作是各书店的伙友都参加。凡家谱皆保留，太平天国易知单、田契等皆在抢救之列。大批抢救下来的家谱等原储康定路仓库，很宽敞，此属华东文化部管理。后来华东局撤销，仓库也自然撤销，管库的人员找到顾老，来商大批家谱如何处理。顾老认为大宗家谱不易得，散了就不易再找，他就建议移至法宝馆庋藏，后来这批家谱被上图接收保管了。

至于家谱，顾老并非情有独钟，而是他认为这里面有着很多文献资料可以勾稽，所以别人不重视，他却独排众议主张要收。我记得1964年时，在北京中国书店有一批家谱、鱼鳞册，数量极多，北京的许多单位都看不上眼，因此滞留库房，资金不能运转。差不多同时，在上海古籍书店、安徽屯溪古籍书店也都有大批鱼鳞册待售。"上图"得知信息后，迟迟不能作出决定，经请示顾老，顾老马上拍板，在他的过问下，有关人员出差三处，不久，这批家谱迅速转入"上图"收藏。我们不妨用数字来看一下上图所藏家谱的增长，1952至1958年，上图家谱为五百余部，三千余册；1959至1964年，从安徽屯溪等地专门采购了五千七百余种，二万五千七百余册（不包括1955年在上海造纸厂抢救文献时获得的家谱，共八千十一种，五万九千册）。可惜的是，1964年反右倾，不能大买家谱了，顾老也为此事承担了责任。

　　顾老在"文清"的两年多时间里，为国家保存了许多珍贵图书及重要文献，他的贡献却很少有人谈及，但我以为，顾老的学问赅博，超尘拔俗，在当年恶劣的环境下，虽有不少奋力保护图书者，却没有人能出顾老右，也不能与其伦比，他对于旧书文献的整理是游刃有余、驾轻就熟，于版本鉴定又似老吏断狱、运斤成风。顾老把自己的一切全部都献给了他所热爱的图书馆事业，他的劳不矜功、豁达大度永远是我们后辈学习的榜样。

2014年10月30日

顾廷龙与中国书法家代表团第一次访日

　　光阴荏苒，白马过隙。五十一年前的1963年，中国书法家代表团第一次组团出访日本，那时，中日两国并未正式建交。而中国书法家协会则成立于1981年5月，距今又过去了三十三年。

　　中国书法家代表团第一次访日之事，在过去的几十年里，中国书法学界似乎很少有人提及，除顾廷龙先生之外，当事的其他人即使有所回忆，也仅三言两语，不成专文。然而令人欣慰的是，近月来，《东方早报·艺术评论》连刊郭同庆的《翰墨因缘古天涯交谊深》（2015/5/6）、虞云国的《顾廷龙笔下的中国书法家首访东瀛》（2015/6/3）两文，前者据《日中文化交流》1964年6月号，后者所据为顾廷龙先生《访日游记》。笔者1960年始追随顾先生习流略之学，三十年中，对顾先生的工作、学习、生活等多有所知，顾先生御鹤西归后，笔者又收集大量有关

顾廷龙先生

材料，编成《顾廷龙年谱》（上海古籍出版社，2003年），近日尚有增订，又得25万字，其中就有访日的记载。此文为两年前写作计划之一，今略加修改，或可补前郭、虞大文之万一。

顾廷龙先生（1904—1998），字起潜，号匋誃，江苏苏州人。他不仅是图书馆学家、版本目录学家、文献学家，而且也是书法家。他治学严谨、著述精博，书法造诣也深，童年时，得吴大澂书《篆文论语》《篆文孝经》，即喜而摹之。早年在苏州，受父亲顾元昌和舅父王同愈的影响，每天临摹碑版数十张，十几岁时已能执笔为人写对联了。他父亲希望他写字要做到平整有力，而不要趋于媚美，要求他"笔笔平凡笔笔神，寻常要在寻常出"。年轻时，又从其伯舅王董宬习古文字，由秦篆而进窥古籀。又常去表兄吴湖帆家，吴早年的篆字笔力刚健，写字时，顾经常在旁观其用笔。

顾先生曾告诉我，他的篆书受吴大澂的影响很大。中年时又曾致力于苏轼体，明解缙曾评轼书云："东坡丰腴悦泽，绵里藏针。"所以他的楷书又得力于苏字不少。在北平求学时，即从胡朴安、闻宥、刘三等人学习古文字与书法。1932年，他考取北平燕京大学研究生，专研古文字学。所以，顾先生的书法是有渊源的。四十年代初，他在上海参与筹办合众图书馆，其时求书者日众，以至于叶恭绰先生曾出面亲为顾先生订"润例"。"润例"中有云："起潜先生，仍世青箱，精研朴学，于书法尤探讨有得。近以著述尚有余暇，劝其出供众赏。爰代订润例如下……"

中国的书法，随汉字传入日本，已有一千多年的历史，对日本书法产生过深远影响。我曾见日本藤原皇后（700—760）书《文殊师利问菩提经》真迹，知皇后重视汉学，酷爱中国书法，她所临摹的书法，也是当时从中国带去的唐代或唐以前的书法真迹或摹本，因此功力深厚，不似一般女书家软媚娇丽、容止羞涩的姿态。然而历史上联结中日书法纽带的，在日本平安时期有空海大师，在镰仓、室町时期有荣西和西行，到了江户时期，又产生了独立、隐元等大家。但清末，杨守敬作为外交人员赴日，出于金石学家的爱好，他带去了数以千计的碑帖原拓、汉印及古币等，在滞日的四年中，也引发了日本书学的一场革命，它不是简单的书风嬗变，而是书法性质的转变。同时他的《学书迩言》，对日本书学界也影响颇大。

二十世纪的五十年代，日本成立日本文化交流协会，会长即为前首相片山哲，协会提出要通过书法，和中华人民共和国进行交流。这之后，日本书道联盟和中国人民对外文化交流协会分别举办过数次"中国书法展览""日本书法展览"，并在一些大城市巡展。虽然有这些屈指可数的活动，但在六十年代初，中国书法界对于日本的书法现状以及艺术的发展，所知还是甚少，国内一些文化团体的有限访日，毕竟是隔行，所以鲜有直接交流之机会。因此，中国书法家第一次组团出访就有着较为重要的意义，它不仅推动了两国书艺的交流，也成为民间文化互动往来的见证。

1963年11月下旬，中国书法家代表团第一次访日代表团首次访问日本，代表团成员六人，团长陶白、副团长潘天寿、团员王个簃、顾廷龙、郭劳为、崔太山。陶白时任中国人民保卫世界和平委员会江苏分会副主席、江苏省委宣传部副部长。潘天寿、王个簃为著名画家，顾先生除了任职上海图书馆馆长外，也是1961年4月成立的上海市中国书法篆刻研究会的六位理事之一。郭劳为、崔太山则是中国人民对外文化联络委员会的干部、翻译。

顾先生要去日本参观访问之事，是在他刚过完花甲生日之后的第三天下午4时，他接到上海市文化局副局长方行的电话后才知道的。而5时，他即去华东医院检查身体，当晚开始整理行李。

在六十年代初期，知识分子出国访问是少有的事，是一般人想也不敢想的大事。给顾先生作准备的时间只有一天，时间紧迫，所以次日上午，他先去上海博物馆向徐森玉馆长、沈之瑜副

第一次访日书法代表团

馆长辞行，沈之瑜因去过日本，又将他的经验及注意事项向顾先生作了介绍。这一天，顾先生二次回上海图书馆处理经手诸事，并陪同夫人去医生处诊视，又购物、整理行装。这些事情对一般人来说并不是什么难题，但对当时一位六十岁的学者来说，则是勉为其难之事。

1963年11月15日晨，顾先生由沪乘机飞北京报到。这之后的五天，都是和代表团的成员一起听取外交部亚非司林林司长介绍日本近况，及对外文委周而复秘书长关于方针政策的指示，了解北京市中小学学生习字情况。11月21日，代表团离京飞往广州，23日到香港，至27日下午5时飞往日本，抵达东京的时间为日本时间9时。12月24日回国，在日本的时间为28天。

这次访日，是由日本中日文化交流协会、日本书道联盟和日本书道文化联合会三个单位联合邀请的。六十年代初，日本书法家来中国访问过三次，访问者都是日本书道联盟、日本书道文化联合会以及其他书法团体的领导人物，也是当年在日本较有声望的书法家。他们访华时也盛情邀请中国书法家组团前往日本参观访问，所以一经实现，他们感到非常高兴，故招待极为隆重热情。为了欢迎中国书法家代表团，他们以日中文化交流协会等三团体为核心，成立了欢迎委员会，推书道文化联合会香川峰云为总负责人，出入相偕，始终陪同。各地区招待访日团的主要人士有关东的西川宁、手岛右卿，关西的村上三岛、梅舒适、松井如流，中区为大池晴岚。在这样的推动下，关东、关西的书法家募捐了四百万日元的接待费用。

有一位参与接待的成员说：我们在一个月之前就已经在做

筹备接待的工作了。大池晴岚为了在名古屋家中接待代表团，在自家门前铺修马路、粉刷房屋。安排了最名贵的日本料理，并亲自写出菜谱，厨师都穿着古典礼服配菜烹调，并动员了附近的农民演出节日的狮子舞，乡邻们都围聚院内，呈现出欢度佳节的场面。代表团离开时，大池表示："我的全家是以最愉快的心情接待远方的贵客，为你们准备的日本菜，连我也是第一次吃到的，我们全家以最大的心意款待你们，表示对你们的亲善友好，我将不忘记你们到舍下做客的情景，名古屋书法界将不遗余力地为恢复中日邦交尽最大的努力，请你们把我的心意转告给中国的朋友们。"又如东京女书法家不辞道远，在晚上到羽田机场欢迎献花。令代表团十分感动的是，日本妇女平时不轻易参加公共集会，但这次绝大部分女书法家不仅参加了欢迎委员会的队伍，而且在大阪有五十多位女书法家专为代表团举行了一次招待会，这样的公宴是从未有过的事。据日本朋友介绍，日本女书法家虽然不少，但大都是有钱人家的夫人和小姐，这次多系自愿参加，是很难得的。正如陪同代表团的日本书道联盟理事香川峰云说："在日本书法界，像欢迎中国书法家代表团这样热烈的情况，真是首创之举。"

代表团在日期间，访问了东京、大阪、奈良、京都、名古屋、箱根、镰仓等著名城市，其中参加有关书法问题座谈会四次，观摩了一年一度的日本美术展览会（简称"日展"），观看了重要博物馆、美术馆所藏中国文物书画碑帖，也参观了几所小学、初高中和私塾的书法教学。同时参加了欢迎酒会八次，家庭宴会十六次，接触书法家、篆刻家、收藏家、书法评论家和中日友协人士一千五百余人。

此次访日，代表团的成员接触到了不少日本朋友，隆重招待，态度殷勤，友好之情，颇见真挚。其最大特点是：哄哄闹闹的场面少，登门拜客、家宴欢聚，促膝谈心的多。在关东、关西地区，代表团成员先后拜访了16位书法界的首要人物，每到一处都是全家老小张罗客人的来临，热情洋溢周到，宾主轻松而亲切的交谈，使相互间的感情亦交织融洽，至于谈艺论学，由于彼此系同行，容易谈得来。语言不通，就用笔写来辅助，能说汉语，更交谈自如，非常亲切。顾先生认为："近三十年来，我对日本人有三次不同看法。在1918至七七事变之前，感觉他们来华不怀好意，总是搞阴谋的，不愿和他们相见。抗战后，在沦陷期间，认为日本人是侵略者，有深刻的仇恨，拒不相见。这次访日，初以为除部分日人已与我们有往来的较为友好外，其他日人未必尽然。但到日本后，到处受到欢迎，人数之众，出乎意料。有一次欢迎宴会，参加者很踊跃，主其事者亦说出乎意料。有些地方不是书道界的人，颇有以一接中国贵宾为荣之概。"

顾先生认为，访问期间，日本人民和代表团成员展现的友好比较真诚，特别是书法同道，尤为亲切。这次访问所接触的人士以书法家为主（包括日本假名书法家），其次为美术家、篆刻家、古物收藏家，这些人士对中国历史文化都有一定了解，对中国文化有亲切感。他说："在东京大学和京都大学人文科学研究所，有我卅年前相识之人，因其不是书道中人，而他们的单位又受美国的补助，我本来不打算去找他们。后来，我们一到京都，就有人来说，某某两人都要来会面。后来，参观他们单位，赠送书刊，热诚招待，也出于我原来所想。又在所见的人中间，斥责军国主义的罪行，不赞成现在政府甘受美国控制。我才认识到日本人民和过去侵华的日本帝国主义分子是有区别的。"

日本书道界书法家可分三派：一汉字派，二假名派，三墨象派。其时以汉字假名派为主，墨象派系受西洋影响，亦称抽象派，人数不多。又有六十余个书法团体，出版刊物二百余种。日本书法家都拥有自己的门第，广收学生，多者上千名，少者数百名，包括学校教职员、公司经理、工人、商人、学生、家庭妇女等。他们大都集中在以东京为中心的关东和以大阪为中心的关西地区。

在日本，书道界爱好者有一百万人，其中也有不少习日本假名书法者。日本的假名书法很有特色，写来十分疏朗，布局亦有分寸，非常优美。既似汉文草书，又不全同，颇有新颖之感。所以当顾先生等人参观"日展"书道部分时，就感觉到展品中有名家及新书家的作品。有汉字，有假名，多大幅大字，亦多行草，而篆隶正楷则较少见。据日本书家青山杉雨说，因日本人写惯假名，所以写草书较多。他们都有相当功力，然新书家不如老名家。新书家都属老名家的门第。如若在"日展"中入选，本人光荣，老师亦骄傲。顾先生曾肯定他们书法都有一定的功力，各有传统的风格，他特别提到的是日本书道联盟副会长丰道庆中的书法，认为丰道下笔笔力雄健，颇有二王遗意。

所以，中国书法家第一次访日代表团在日本的访问，是以专业交流为主，强调中日两国的文化友好关系，以书艺会友，广交朋友，达到推广友谊的目的。所以在整个访问活动中，客随主便，尽量适应他们的社会条件，在接触中不亢不卑，诚挚相待，到处写字作画，扩大影响，并强调互相学习，巩固和发展中日两国人民之间的友好联系。当然，在代表团二十多天的访问活动中，日方自始至终，都充满着热情和诚挚的友好气氛。这是从1958年以来，中国对外文协对日本书法家所做的大量工作，已经产生了积极的影响的结果。

对于书法家来说，有一分学问，便有一分雅气，一支笔落在纸上，便优劣自见。且一字有一字之形，点划虽相类，结构却迥异，而字体结构造型丰富多样，可使形式美寓变化于整齐和对称。顾先生的字没有金石气，更没有剑拔弩张之感，他的字是属于温润静穆、平和自然、婉丽清逸一类，可以给人一种玩味无穷、流连忘返、细嚼不尽的意味。顾先生在代表团中是以书法家的面目出现的，所以在成员中的专业分工是"书法与碑帖"。他写字极为谨慎，在日本随身带的小本子里有不少用小篆抄录的唐诗等句，那是他平时所积累的，每一字每一笔都不能错。

顾先生在东京的第一次写字，是11月28日晚，在日本书法家丰道春海的寓所里，那是在晚宴后，丰道出笔墨嘱先生题字，顾先生即书"促膝谈心"四字。丰道从1924年起即从事日本书法界的集体活动，四十年来，他指导了日本书法展览会和书法杂志月刊等，为扩大日本民间对书法的兴趣，起到了重要作用。他曾于1958年率领日本书法家代表团第一次访华，回日本后，领导了日本三次互换书法展览会的工作。

代表团在日期间，到处写字作画，广结墨缘。顾先生也能抓住机会，阐述自己对书法的见解。如日本书法多作行草，写正楷者很少。有人说，中国以正书入手，日本则非，这是一点不同。顾先生认为："在各处见到所立刻石，多作正书，写得很好。可能日本过去也从正书入手。"又有人说：日本称书道，中国称书法，亦有所不同。顾先生则认为："法是法术，道也是法术，只是用字有异，各从习惯，实则相同。"又有人问中国现在对明清人书法是否重视，顾答："我们不仅对明清人书法重视，对宋元人书法也很重视的，最近就精印了很多墨迹。"

在一次参观日本美术展览会后的座谈会中，有人说：日本重视写汉字，所以这次"日展"中且多写汉诗。他们曾以我国推广简体字后是否会影响书法艺术相问。顾先生则表示："中国文字自殷商甲骨文字以来，由繁入简，不断演变。现在的简体字亦多历来通行的。简体主要为便利实用，书法艺术不会受影响。以我来说，平时起稿写信就喜写简体，取其方便，而写屏联扇册则多写篆书。"

在访问中，代表团也参观奈良的制笔厂，并了解了日本书法界使用笔墨纸砚的情况。据《参加中国书法家代表团访日报告》，顾先生写道："他们书家所用大都是由中国去的。笔是李福寿、徐葆三为多。墨是清朝同光时间的。纸用宣纸，是近年新产品。砚是中国旧砚。日本近来对制笔、制墨、制纸都在研究改进。因为听说中国制纸原料用竹，他们也就采用竹，但以纤维不同，没有做好。墨有手工制，也有机器制。机制的有锭、有汁、有膏。制墨机很简单，一架两面，一面上下两排，一排油灯约四十盏，火头大小以及加油快慢，都有开关控制。这样逐步改进，可能达到手工制的细腻程度。他们的笔善于做硬毛的，但我所用到的都嫌修工不够细。有几位书法家说希望我们的纸多出口些，质量再提高些，价格大上几倍都有人要的。对我们新笔的意见说，发现中间断毛太多。我想可能碰到这位笔工的粗枝大叶，没有符合规格。这说明了他们在这方面是在想办法，并和书道家有密切联系的。在奈良参观的笔厂，仅看了加工部分（笔管刻字及打包外寄），一家手工制墨厂，一家机器制墨厂，这家机器制墨厂也有手工制部分，据反映书家还是喜欢用手工墨。我们在日本写字都用墨膏，非常方便，但不知裱褙有无问题。"

值得一提的是，日本书法家崇拜的中国重要书法名家，主要有明末的张瑞图、王铎、傅山、黄道周，清代的则有邓石如、吴让之、赵之谦等。吴昌硕是近代书画大家，作品重整体、尚气势，有金石气，于外间声誉最大的为其画，功力最为深厚的则为书法，而治印亦有成就，其艺术风尚在日本及国内均有很大影响。1963年为吴昌硕逝世37周年，日本风俗逢七要纪念，所以在日本特意举行了一次纪念会，陈列吴氏作品数十件。在纪念会上，王个簃作为吴的弟子，在会上发言，介绍了吴氏艺术成就及国内艺术界对他的纪念情况。

参观日藏中国文物，是代表团的重要安排之一。代表团在日方的安排下，去国立东京博物馆参观了两次，第一次是看他们日常展览的中国墓志、碑志陈列品，如《李超墓志》《高湛墓志》《张猛龙碑》《嵩高灵庙碑》《马鸣寺碑》等。又看了《唐日僧台州行牒》一卷、宋颜辉《寒山、拾得和尚像》摹本、宋梁楷画《李白像》、五代石恪《二祖调心图》、宋李龙眠《潇湘卧游图》、南宋李迪《花卉》扇面等。

　　第二次专看为代表团准备的日本书道国宝"三绝"和"三迹"。

　　在国立京都博物馆见陈列的唐代日本高僧空海《灌顶记》墨迹，宋朱熹《论语集注》墨迹，宋拓（原题唐摹）《十七帖》，宋拓《千字文》，宋张即之《金刚经》，明丰坊《谦斋记》。又罗振玉旧藏《智永千字文》。

　　设立在东京都的书道博物馆，是日本著名书画家、收藏家中村不折于1936年创立，其收藏历代书法文物，是研究日本、中国书法史料的重要场所。在书道博物馆见到了《颜鲁公告身真迹》、《蔡襄谢赐御书诗表真迹》、宋拓《华山庙碑》（长垣本）、宋拓《石鼓》（中权本）、宋拓《秦泰山刻石》、宋拓

顾廷龙与平冈武夫摄于京都博物馆前

《淳化阁帖》（存第七、八卷）。

大仓集古馆是大仓财团的创建者大仓善八郎设立的，其所收藏的宋本《徐公文集》《大唐三藏取经诗话》《韩集举正》，均属日本重要文化财产。顾先生等人在馆内见到了《魏元飓墓志》原石，此石在地震中震碎，已经修复。又秦代漆器夹纻大件，面积大如八仙桌，最为稀见。陈列图书中有元明刊本，系董康旧藏。（报载大仓集古馆藏中国古籍已于去年十二月全部售于北京大学图书馆。）

此外，在文华美术馆参观了陈列的瓷器，其中唐三彩极精。又在国立奈良博物馆见到了中国北魏神龟四年（521）铜钟，以及大阪博物馆藏的明万历三十一年（1603）正月廿一日敕封丰臣秀吉为日本国王的诰命一轴。在五岛美术馆陈列了元代日本僧游历中国将归，中国文人如冯子振等所书临别赠诗，保存了国内已罕有的元代人墨迹。此外在泉屋博古馆皆住友氏收藏的中国青铜器，著名之《楚公钟》二件、《夒钟》十二件的铭文，是早年顾先生经常临摹的，今多见到了原器，其他造型稀见花纹精致的商周器也不少。

在高岛菊次郎家见到宋高宗墨敕四道、宋张栻墨迹、宋朱熹手札三通、元鲜于枢手札、赵松雪十三跋残卷（每残页有翁方纲楷书注语）、宋拓《千字文》、宋拓《定武兰亭》等。还看了不少字画，有王烟客、王石谷长卷、廉州、渔山轴，青藤书画三件、《石涛诗书册》、蔡襄《谢御赐书名表》一卷，有米芾跋及赵烈文、罗振玉跋。禹之鼎绘《城南雅集图》（有王士祯、翁方纲等八人跋）、董其昌撰《项子京墓志铭》等。

在细川护立家，见到金村出土银器、金银错狩猎纹镜、战国剑、赵松雪书《汲黯传》、陈白沙行书卷、司马温公告身、黄山谷书《伏波神祠诗》、敦煌写本《文选》。鸡血、昌化石十余方。日本所藏中国文物极为丰富，这次所见，仅为极少一部分。细川在出示藏品时说："某物是古董商要带到巴黎去，我出重价收购的；某物将至美国，深恐东方从此失传，我急购留的。"

和日本书法家的交流，不仅增强了友谊，而且也了解到日本所藏中国文物字画的情况。如松丸先生藏有吴昌硕书画八十余件，西川宁先生藏赵之谦书画甚多。又水田庆泉藏陈洪绶《米颠拜石图》、王思任、陈继儒书法、李方膺册页等。

顾先生的一生，都是从事图书馆事业，因此参观日本的图书馆，了解日本所藏中国古代典籍，也是他此行的目标之一。日方非常尊重这位德高望重的，而且也是第一位访日的中国大型图书馆馆长，所以积极予以配合，专门为顾先生安排了一些日本的重要图书馆，但以时间关系，出示的东西不多，顾先生也不能仔细看。下面几个图书馆都见于顾老的《访日游记》。

内阁文库在皇城内，门禁甚严，藏书中汉籍有13万册，多为明版方志、医书、诗文集、戏曲小说等，部分图书来自昌平坂学问所及红叶山文库。其中红叶山文库于江户幕府时建立。库为三层，二层为日本古书，三层为中国古书。陈列了宋元本数种，全相平话五种，赵清常校本一种，又看了旧抄本《明实录》。

天理图书馆是天理大学附属图书馆，历史较长，是日本国内有数的大图书馆之一。所收我国古书甚多，助其搜集者为弘文庄的汉学家反町茂雄，藏书中有不少精品乃至极品，其中汉籍被日本列为"国宝级"的六种，"重要文化财"者十七种。顾先生看了陈列的十几种，有元刻《三分事略》，《永乐大典》（景印本之外的）数册，明世德堂刻本《西游记》、明刻本《平妖传》，还有明代著名思想家王阳明与学生周道通问答录墨迹，王阳明手札数通。

大东急纪念文库收藏日本古版较多。陈列了博多版《左传》，唐抄《玉篇·心部》，宋本《史记》等。博多是日本地名，元明之间，福建刻工俞良甫等渡海到日，先到博多，传授刻工技术，因以为名，于中日文化交流很有意义。

东洋文库是日本最大的亚洲研究图书馆，所藏中国珍籍有方志和丛书约4000部、明代传记、家谱、清版满蒙文书籍、各种版本的大藏经和其他西藏文献3100件等。特藏中有五种汉籍被列为"日本国宝"，如《春秋经传集解》、《史记》（夏本纪、秦本纪）和《文选集注》等。中国书占两层，期刊与图书并列。顾先生即在架上看看，亦有难得之书。如冯梦龙的《听雨轩日记》、《明神宗实录》的原本、《石仓诗选》等。

静嘉堂文库，即是在清末收购我国浙江湖州陆心源皕宋楼藏书的基础上建立起来的。文库内设一案，陈列宋元刊本及毛氏汲古阁抄本约十种，皆陆心源书。书库共三层，用长玻璃橱，可放书十二列。工作人员仅五人，读者很少，每日也不过五人。地方甚僻静，往来不便，实为藏书楼。

京都大学人文科学研究所，藏书很丰富，而皆切于实用。丛书是他们的特色，新编了藏书目录。又期刊篇目索引还在继续编刊。此外还编有资料索引卡，并做了些专题资料索引，对研究工作者来说使用颇为方便。

　　长泽规矩也，这是一位日本重要的版本目录学家，他对中国的古籍以及文献学、版本学都有较深的造诣，他的《长泽规矩也全集》是日本研究这个领域的必读书。在六十年代，他和几个年轻的图书馆员和书店职员为探讨版本目录之学专门组织了书志学研究会，定期进行座谈。据12月20日顾先生的记载，他在那天晚上也应邀参加了在东京大安书店的座谈。出席者有长泽规矩也并学生七人，皆大安店员或大学图书馆馆员，长泽说了从毛利文库未编书中得新发现的明万历本《金瓶梅词话》及元刻本《笺启》的经过，并组织了一个古籍刊印会，影印出版珍稀古籍，并愿意将以《词话》影印本赠予顾先生。又谈日本博多版事，长泽又属学生取书影并述博多版历史。长泽希望和上海图书馆建立交换关系。顾先生也介绍了"上图"的藏书源流、特点，以及书刊利用和读者的情况。（注：顾先生返国后不久，即收到了日本寄来的影印本《金瓶梅词话》，并即交我妥放，后来又转交编目部登录编目入藏了。）

　　访日期间，日程的安排非常紧张，即以12月23日最后一天行程来看，顾先生上午即由东京大安书店的大山茂陪同，参观了静嘉堂文库。路上要走一个半小时，10时辞出。下午写字。5时半参加告别酒会。由于顾先生与日本书道联盟理事香川峰云先生朝夕相处，故在酒会临别时，有篆书七言绝句一首赠之香川。次日上午，顾先生在去机场前即用篆书写竣，诗云："同好同庚有几人，无言相对自相亲。东方书艺传千载，放眼前程万家新。中国书法家代表团来日访问，得与峰云先生朝夕相亲者一月，临别依依，偶成绝句为赠，即乞方家两正。一九六三年十二月二十四日顾廷龙。"

12月23日的"下午写字"，是由于日方有关人员对于中国书法家第一次访日，付出了极大辛劳，为了感谢日方，代表团提出要为日本友人每人画一张画或写一张字，请日方列一名单。日方于此建议非常高兴，竟开出了六十余人的名单。于是，顾先生与王个簃、潘天寿三人分工，每人或书法或绘画，各自完成了二十多件作品。

顾先生擅长多种书体，尤精金文大篆，取法吴大澂一路，以宛畅颖奇、韵味隽永、质朴古雅见长。从《访日游记》的记载看，顾先生第一次访日时所留下的墨迹较多。在大阪市，他参观了南住吉小学的学生写字课，在校长室休息时，应邀题字。这天下午，他又写册页约20张。12月7日在参观了天理大学图书馆后晚上又"写字"。12月9日，又在清水寺作篆。12月10日下午"写字"。12月14日，在名古屋渡玉毛织株式会社题字，是日下午归寓又作字三帧。17日，写"名区揽胜逢良友"。18日上午写字。19日，下午出席挥毫会，他又作一幅。20日，在青山杉雨家午餐，主人家有小窑，出各种陶胚请王、潘作书画其上，又属先生书写数只，即送窑中烧之。

此外，我仅知有篆书五言绝句一幅赠西川宁，诗云："二虎传嘉话，西川一脉连。相逢饶雅意，珍重菊花天。"又为日中文化交流协会理事长佐藤纯子篆书"刚毅"两大字。又有"玄老知音"四大字赠东鱼先生。这在日本1963年11月出版的《书品》杂志及2013年的《日本拍卖图录》上可以见到。

至于1979年，顾先生又作为上海市书法家代表团成员访日，那是另外一回事了。

这篇文章主要依据顾先生《访日游记》及《参加中国书法家代表团访日报告》。《游记》曾被

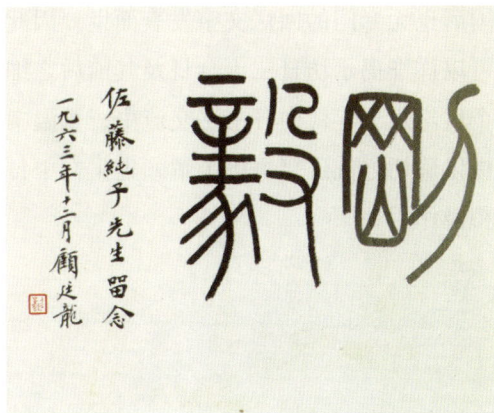

顾廷龙在日本写的书法作品

收入《顾廷龙文集》（上海科学技术文献出版社，2002年。后与《情况报告》一并收入沈津编《顾廷龙全集·文集卷》，上海辞书出版社，2015年5月）。

顾先生的《访日游记》，是采用日记的形式。日记，不外乎"排日纂事"和"随手札记"两种，顾先生的《游记》是前者。十多年前，我在编著《顾廷龙年谱》时，就将《游记》全部载入，我所见到的是原件，是写在小笔记本上的。顾师一生写作日记不多，较有连贯性的是四十年代初期，后来时记时停。五六十年代，如有他认为较为重要之事，也会记在小笔记本上，应该说，专就某次访问而作如此详细记录的，则推此《访日游记》。

改革开放以来，中日两国民间之来往，不胜枚举。而五十多年前的中国书法家第一次访日，在当时并无详细消息报道，除顾师的《游记》外，我曾核查有关陶白、王个簃、潘天寿的资料，得知当时在日访问期间，陶、王、潘三位并无任何文字记录，返

国后也无专门的回忆文字发表面世。因此，顾先生的翔实记录，可以详细揭示访日二十余日及其前后之细节，这对于我们了解上个世纪六十年代中日书法交流史，重温中日两国民间文化之来往提供确切之佐证，也可了解顾先生在中日之间的书法交流起到的积极作用。

2015年6月8日

记铁琴铜剑楼后人瞿凤起先生

　　1987年3月1日早晨，7时30分，衰病困顿的瞿凤起先生御鹤西去，享年八十岁。上海图书馆和常熟有关单位以及他的亲戚族人为他办理了后事，并在他的家乡常熟举行了追悼会。如今，时间过去了二十七年，大地沧桑，物换星移，又有几人还会记得这位曾对保存中国传统文化出力甚多、于书爱之若命、毕生精力尽瘁于斯的老人呢？

幼承家学，后生可畏

　　瞿凤起先生，原名熙邦，字凤起，号千里，以字行，江苏常熟人。早年就学于上海南洋高级商业学校、上海中央大学商学院，曾任常熟县修志委员会委员、常熟市工商联合会筹备委员会秘书等职。解放后，进入上海图书馆，为善本组的研究员，也是中国清代四大藏书家（瞿氏铁琴铜剑楼、杨氏海源阁、陆氏皕宋楼、丁氏八千卷楼）后人中唯一精通古籍的版本目录学家。

瞿氏铁琴铜剑楼第四代楼主瞿启甲（字良士，1873—1940）一门三子，长子瞿济苍（1900—1972），原名炽邦；次子旭初（1905—1980），原名耀邦，又名旭斋；三子即为瞿凤起。三人之中，以瞿凤起最是知书好书，乃为三子之白眉。他幼承家学，好古不倦，受清代著名校勘学家劳权、劳格兄弟之影响，潜心钞校古籍，每遇罕见之本，即为精抄移录，故亲友中尝有以瞿氏铁琴铜剑楼家藏图书与明末常熟毛氏汲古阁相比美，更以瞿凤起与毛晋子扆（斧季）相颉颃。当然，年轻时的瞿先生闻之极为汗颜，以为"乌足以相当"。

实际上，早在其龆龀时，即侍父亲瞿良士会见宾客，时时获闻诸长者藏书绪论掌故等，弱冠后，更得其父信任，多以招待友朋见命。瞿凤起少年时即为前辈看好，藏书家兼学者宗舜年曾有题瞿氏《海虞瞿氏虹月归来图》云："丁巳首夏，舜年偕费韦斋、丁初我访良士道长兄于古里。登其堂，花竹窈然，子弟肃然，藏

瞿凤起先生

铁琴铜剑楼

铁琴（传为唐代遗物）

获粥粥然。请观所藏，则抱书而入者，即其垂髫之子。其于甲乙之部居，宋元抄校之流别，执簿呼名，应声而赴，乃知瑶环瑜珥皆寝馈于氣蠹之间，如雅琴弄具之不可须臾离也，瞿氏之流泽长矣。"丁巳，为1917年，时瞿凤起年仅十岁。

在藏书家、嘉业堂主人刘承幹的眼中，瞿凤起是属于"后生可畏"的明白人。我曾读刘氏稿本《求恕斋日记》，于1941年5月10日的记载中，那天晚上，刘氏在寓所宴客，在座者有何炳松、徐森玉、郑振铎、顾廷龙、张乃熊（芹伯）、瞿凤起等。"席间闻森玉、西谛二公所谈所见之书，渊博极矣。见闻多，记忆力强，真可佩也。芹伯对于佛经亦颇研究，专重法相宗，谓此乃玄奘法师之遗法，学佛者必须由此入手方为正宗。今之和尚全然不知，可见学佛之难。凤起年只三十四岁，对于版本目录之学，亦颇明白。真是后生可畏。"

1950年初，瞿氏三兄弟将铁琴铜剑楼所藏善本72种2243册捐献北京图书馆，这对成立不久的新中国来说，在社会上尤其是文化界产生了一定影响，他带动了平津地区的藏书家向北图赠书。为此，1951年3月10日，文化部副部长郑振铎亲笔函致上海市陈毅市长，其函云："兹有恳者，友人瞿济苍、凤起二先生，为铁琴铜剑楼后人，家学渊源，邃于版本目录之学。瞿氏藏书，时逾百载，历经变乱，均能典守不失。中央人民政府成立后，二君极诚拥护人民政权，热爱政府，曾二次将前代藏书，捐献中央，我们都很钦佩他们的开明与热情。际此图书馆将次建立之时，需才自必孔殷，敬代为介绍，盼能加以延揽，对于图书馆事业的推进，当可有很大的帮助也。"同日，郑振铎又有致李亚农、徐森玉函，极力推荐瞿氏兄弟参加社会工作。

一个月后，瞿凤起被安排至上海市文物管理委员会整理善本古籍，并与徐森玉、柳诒徵、尹石公、汪东、杨天骥、沈尹默、沈迈士、顾颉刚等相过从，尤其是与徐柳二公，每见必畅谈版本，孰优孰劣，历历如数家珍。新中国成立初期，有关文化部门以抢救文物图书为紧急任务，上海地区由华东文化部领导，组织队伍，集中旧书店工作人员数十人，至董家渡造纸厂，将所谓报废书刊逐一进行检查。时在1951年6月，适逢盛暑，在铅皮顶大仓库中工作，挥汗如雨，相当艰困。瞿凤起代表文管会图书整理处参与斯役，检得旧刊本古籍甚多，其中以方志及家谱最多。珍贵者如宋刊本《蟠室老人集》，此书未见藏家著录，原本杂附于《葛氏家谱》中，当日亦与家谱重印，未曾毕功，尚留有重印残卷，后由部调拨南京图书馆入藏。另有太平天国文献多种，亦由部调拨有关单位入藏。

是年8月，瞿凤起又参与上海图书馆的筹备工作，从此他在上图工作了三十六年，一直到退休。

一生都和古籍打交道

瞿凤起的一生都是和书打交道，并以古籍版本为业，青年时代即知悉并看重古籍目录的作用，大收各种公私书目，他的愿望是：倘能天假之年，必将收至千种，遂以"千目"名其斋。他有一篇《千目斋记》，大谈书目之学，有云"私计虽粗知流略之学，惟应对是惧，因思力求深造，日与簿录为友，如饥渴之忽食

饮，不可一日须臾离"。"及壮，厕身社会，公退之余，书林之
所访求，友朋之所投赠，不足，复假诸公私库藏，或录其副，或
校其异，初刻复刻，兼收并蓄，求其异同，不厌其重。"他认
为目录之学，为治古籍版刻之纲，所以广求诸家目录，并以"千
目"颜其斋。

他的工作实践同样也都和目录有关。我以为，瞿凤起对上海
图书馆最大的贡献，就在于1957年时他编辑了《上海图书馆善本
书目》，这是上图自1952年建馆以来第一本。今天看来虽然并不
起眼，但它却反映了1957年以前上图善本的情况。次年历史文献
图书馆、报刊图书馆、科技图书馆并入上海图书馆后，善本图书
成倍递增，于是他又和潘景郑先生于1961年重编《上海图书馆古
籍善本书目》，每天瞿先生交我一叠排好的卡片，由我去善本书
库按卡提书，他和潘先生以书校片。按顾师廷龙先生的指示，他
们二位校完的书，我和吴织重看一遍，重点即在改动处，有时我
还会问潘、瞿先生，为什么版本项要这么改。这样的版本实践使
我进步很快。

此外，瞿凤起还参与了编辑《上海图书馆地方志目录》，前
二年，曾见西泠拍卖公司寄给我的拍卖图录，里面有《上海图书
馆医书目录》一薄册，我一看，那是瞿先生的手笔，上面还夹有
上图原办公室工作的徐薇珠的夹签。

上海古典文学出版社于1958年曾出版瞿凤起编的《虞山钱
遵王藏书目录汇编》（清钱曾著），钱曾，为钱谦益族曾孙，曾
与吴伟业、顾湄、金俊明、曹溶、毛扆等结交。所谓"汇编"
者，盖将钱曾《述古堂书目》及《也是园书目》《读书敏求记》

合并，三者不尽相同，因为之合一，便参阅也。其序云："忆曩时侍先父校勘，遇遵王藏本，钩稽诸目，辄感不便，先父勖以重编，使便翻阅。荏苒卅年，因循未果，乃者于工余之暇，从事排比。其体例详凡例中，不重赘言。此编之成，虽不敢云众本可废，对治目录学者或有小补，堪以一得之愚，且效宋人献曝。"

晚年的他终于完成了《千顷堂书目》的校注本（和潘景郑先生合作），《书目》是研究《明史》和古籍版本的重要工具书，以明代著作为主，旁及宋、辽、金、元，每一条目后，附有作者爵位、字号、科第等，不少内容为《明史》及其他传记所不载。《千顷堂书目》是在瞿先生走后出版的，他也不及见，走得太快了。瞿凤起还对《铁琴铜剑楼书目》二十四卷作了补注，该书有常熟市志办公室署名的跋，云："因雕版印刷之目录印数不多，至今存世稀少。上海古籍出版社早在八十年代中期就有意将目录标点重印。请启甲后人、中国古籍版本目录学家、常熟市志顾问瞿凤起担此重任。凤起以年老力衰、缠绵咳喘，转请其宗亲瞿果行协助标点，然后亲自覆校、增补。""一九八六年夏开始，凤起将全部精力投入书目的校补工作，边喘边咳，边用颤抖的双手剪着小纸条，写上注文，逐条贴在书名下端加注。至一九八七年春节后，全部完成校勘、增补及文字纠正工作。同年二月二十三日，托同里友人将书稿送交出版社。不料二日后凤起即卧床不起，于三月一日与世长辞，距书稿送出不及十天。"

瞿凤起喜欢抄书、校书，尤喜影抄，傅增湘就曾得到他的帮助，傅跋抄本《续考古编》云："今春薄游南中，过海虞瞿氏书斋，得见旧钞全帙，为何义门藏书，惊为创获。爰浼凤起世兄代觅写官，为补录前五卷。钞录既竟，凤起并合全书手勘一通，订正文字讹夺不鲜。"在《北京图书馆善本书目》里，著录瞿凤起校跋的书竟有十八种之多。他去世后，他的侄子增祥，代表瞿氏再将家藏图书悉数捐赠常熟市图书馆，共计230种597册，其中多为瞿凤起收集的各种公私藏书目录，最值得注意的是里面有不少瞿凤起手抄本，如《南海潘氏善本藏书题跋集录》一卷、《万宜楼善本书目》一卷、《万卷堂书目》不分卷等。又有《弓斋日记》不分卷、《虞山人文丛钞》一卷、《芙蓉庄红豆录》一卷、《毛子晋年谱稿》不分卷等十余种。由于瞿凤起所抄多为常熟地方文献，其中一些流传稀少者也得以保存。我曾见他影描《西厢记》中的"莺莺像"，大有形象生动、豁然如真之感。

向北图赠书始末

关于瞿氏向北京图书馆捐赠图书之事，可见仲伟行等编著的《铁琴铜剑楼研究文献》、曹培根著《瞿氏铁琴铜剑楼研究》，但均未提到瞿氏向北图售书之事。而揭示瞿氏捐赠并售书之事，或仅见于冀淑英《冀淑英古籍善本十五讲》，其第九讲即为《铁琴铜剑楼藏书的收购入藏》。

瞿氏藏书中之大部分善本书今藏北京中国国家图书馆（前为北京图书馆）。20世纪50年代初，瞿家将藏书分三批售与北图，卖一批捐赠一批，其缘由是瞿家为常熟乡间地主，而地主的经济来源是以收租为主，所以在土地改革时，乡政府让瞿家退租，但瞿家拿不出钱，只好将存于上海的藏书中选取部分善本半卖半送。三批书共500多种，另外捐了246种。这近700多部书中有不少是难得一见的孤帙，如宋乾道六年（1170）姑孰郡斋刻本《洪氏集验方》、宋淳熙十一年（1184）南康郡斋刻本《卫生家宝产科备要》、宋万卷堂刻本《新编近时十便良方》、宋临安府陈宅书籍铺刻本《李丞相诗集》、《朱庆馀诗集》、宋淳熙九年（1182）江西漕台刻本《吕氏家塾读诗记》、宋刻本《图画见闻志》、宋刻本《酒经》等。

北图所得瞿氏书，皆为北图善本部主任赵万里（斐云）与瞿凤起洽谈，时间应为1951年12月间，正是常熟地区土地改革之时。据《顾廷龙年谱》1951年12月9日，顾的日记中曾载："赵万里、瞿凤起来，长谈。"虽不知"长谈"的内容，但应与捐献及售书有关。是月21日顾日记又载：瞿凤起女来，"述赵万里昨夜议书价不谐，竟拍案咆哮"。赵万里于版本目录之学，既博且精，对北图的贡献极大。看来，赵先生为了得到铁琴铜剑楼藏书的迫切心情可以理解，但不惜对一个藏书世家如此凌迫，实在是令人难以想象。这也难怪瞿凤起认为赵做得太过分，不肯屈从于赵了。

此次售书的佐证又可见《顾颉刚书话》，中有"此次革命，社会彻底改变，凡藏书家皆为地主，夏征秋征，其额孔巨，不得不散。前年赵斐云君自北京来，买瞿氏铁琴铜剑楼书，初时还价，每册仅二三千元耳，后以振铎之调停，每册售六千元，遂大量取去。按：抗战前宋版书，每页八元，迩来币值跌落，六千元盖不及从前一元，而得一册，可谓奇廉"（《顾颉刚书话》，第90页）。那时使用的是旧币，二三千元即为人民币二三角，经郑振铎出面调解，书价提高了一倍。于是，赵先生从瞿氏家中所购宋版书，竟然是每册六角钱，这或许是明、清、民国、现代乃至将来，最为便宜的宋版书了。

瞿氏藏书剩余者，后来都存放在北京西路瞿的住房二楼楼梯旁三个特大木箱内，"文革"中查抄后，又全部退还，瞿先生则毫无保留地悉数捐献给常熟市图书馆了。这其中明代稀见本也有一些，不过，我最看重的是一部明毛晋的稿本《汲古阁诗稿》，毛晋为明末重要藏书家、出版家，一生校雠，刊布遗书，厥功甚伟。晋诗向不为人所知晓，此稿本全书行式井然，字体工整秀丽，缮写精良，凡遇讹字皆用白粉涂去重写。道光间，瞿氏先祖为了不使毛晋自著湮没无闻，故延请乡贤王振声为之勘校，并于咸丰十年（1860）据毛氏稿本刻板印行，板成，即刷印数部样本，然不慎于火，板片全毁。

不仅仅是善本书，瞿凤起在20世纪80年代初，又以个人名义捐给上海市文物管理委员会一批铜镜，共四十二件，时代跨越汉、晋、六朝、唐、宋、金、明代，其中最好、最难得的一件为"六朝花发春冬夏四兽镜"，此外如"汉十二辰镜""汉八乳镜""唐绝照四兽大镜""唐鸟兽花枝镜""鎏银八卦镜"都是稀见之珍品。在当年，这批文物即被估价二百八十万元人民币，如今则是天价了。以瞿的名义捐赠给常熟市图书馆的书籍，共计721种2083册。其中较重要者如《六艺论》一卷（清臧庸抄本）、《使规》一卷（明成化十年刻本）、《恬裕斋藏书目录》二十四卷（稿本）、《红豆村庄杂录》不分卷（清抄本）等。也正是瞿凤起的无私捐赠，从而使常熟市图书馆有若雪中送炭，贫儿暴富；而常熟市博物馆则似锦上添花，如鱼得水。

抗日战争时期，瞿先生不避敌伪耳目，积极协助上海沦陷区"文献保存同志会"在沪购藏文献的行动。笔者曾在台北"国家图书馆"调取1939至1941年时的中央图书馆档案，当年在上海的郑振铎、徐森玉、张寿镛、何炳松等组织"文献保存同志会"，配合重庆方面代表蒋复璁，利用"庚款"基金在日伪的眼皮底下，为国家搜集古籍善本。而瞿凤起知道有某藏书家打算售书的，就推荐给郑振铎等，避免了古籍流落海外。档案中有"同志会"报告书九份，其第一号报告书云："三月底，购进上元宗氏（礼白）金石书二百二十余种……系铁琴铜剑楼瞿凤起君介绍。"又第三号报告书又云："又由瞿凤起君介绍，得元刊本《纂图互注南华经》、明蓝格抄本《寓简》、明抄本《天文书》等。"

在那个时代，瞿氏因迫于生计，不得不出售部分藏书以应付，1940年3月至次年2月，瞿氏三兄弟曾四次售善本书近80种于"同志会"，计有宋刻本《毛诗注疏》《宋书》《营造法式》《春秋括例》等。那段时间里，瞿氏还转让给北平图书馆明刻方志七种、抄本方志九种。

"文革"劫难难逃

我的三位导师中，顾廷龙师尝以书法著称于世，潘景郑师则是1961年上海中国书法篆刻研究会的首批会员，而瞿凤起师似乎从来未用过钢笔，他的书法都是小楷，从来不草，无论是卡片还是文稿，乃至写给我的书信，且永远写不大。他自认"书法至劣，小字实藏拙之意，对视力减退者增加负担，深感不安"。上海古籍出版社张明华曾为《千顷堂书目》的责任编辑，于此书工作许为认真，其曾向瞿索书小楷条幅，瞿以"余不善书，所以作小字者，抱藏拙计耳"。后以箧中有先人传录汲古阁所藏明抄本，赠张聊资留念。他自退休后，从来没有向上图提过什么特殊要求，最多就是要求去探望他的同事，再来时带上狼毫小楷笔三五枝而已。

"文革"期间，瞿凤起也未能躲过劫难。1966年夏天，他被抄家，记得那天晚上，我也被党支部安排去了顾先生、潘先生家，然而那只是象征性的抄家，因为没有拿什么物件回馆，而是把书柜等贴上了封条。我后来又去了瞿家，瞿家离顾、潘家仅咫尺之遥，那时已有好几位同事在场，但瞿见到我后，稍稍地把我拉到一边，指着地上的一幅画轴，轻轻地对我说："这是王翚（石谷）的画，要留意。"在当时的条件下，我没有办法，也不可能打开，即使到后来，我也没有看过。最近，我在翻看有关瞿的有关材料时，才知道这是王翚的绢本青绿山水《芳洲图》，是画家七十六岁时的巨幅佳作。瞿曾回忆家族对此画珍爱备至，平时从不轻易示人，如遇家族喜庆之时，或是新年佳日，才取出在大厅上悬挂数日。此王翚绘画之精品，后来落实政策，由上海图书馆退还瞿，瞿于1982年又化私为公捐赠给常熟市文管会了。

1968年初，瞿先生及顾廷龙、潘景郑先生等在上海图书馆的"牛棚"里度过了学习、批判、劳动的两年。凑巧的是，上海图书馆接到有关部门的指示，要求配合上海市文物图书清理小

清王翚《芳洲图》

组，上报"文革"初期接收的单位抄家所得重要古籍版本的图书清单。为此，我和馆里某负责人商量后，请顾、潘、瞿在上图东大楼307室（原善本第二库）整理朱氏结一庐及陈清华藏书。这两批书是当时上海地区乃至全国来说所发现的最重要图书，内多宋、元、明刻本及名家批校本，前者为某房管所移交上图的，后者是上图在1966年夏天，由湖南路街道委员会通知去刘洁敖（陈的女婿）家取得的，清单是我花了一个通宵做成的。这项工作他们三人用了两个多月的时间方才达成，除一份详目外，还有三人手书复写的一二级藏品内容介绍，当时一式三份，其第一份今在我处。

瞿凤起生前留影不多，存留下的就更少了，我手头上居然没有一张和他的合影，甚或他的照片。在《铁琴铜剑楼研究文献集》中的"瞿凤起"照片，应是摄于他晚年，背景是在他居住的小亭子间，他睡觉的小床就在后面，家居条件恶劣。瞿的房子特别小，是一楼至二楼旁的亭子间，面积似乎不足八个平方米，方向朝北，夏热冬冷。但这就是他的卧室兼客厅，唯一的一张小桌既用来写作又充作饭桌，还可堆书并放些小物件。因为地方太过窄小，那张小床并未靠墙，靠那面墙堆放着用牛皮纸扎得很整齐的一捆捆、一包包的物件，瞿先生说那是他收集的各种资料以及一小部分书。二楼虽有厕所，但他因腿部行动不便，改用放在床边的马桶，马桶的后面又是扎好的书和资料，实在是蜗居。前来探视瞿先生的访客，在针锥之地也只有一把椅子的立足之处。

老先生原来的居所并非这样的，他住在上海北京西路1290号二楼，一大一小二间房。我每年春节年初一上午都先去西康路北京东路口的顾师、潘师家拜年（顾在二楼、潘住三楼），然后再转至瞿家。也没有那么巧的事，偌大的上海滩，他们三人竟然住在走路不到两分钟的距离，转个弯就到了。1981年2月11日瞿先生致孙楷第函有云："承询敝居，仍住旧处，原租居一大一小两间共三人，闺女患心脏病，运动伊始，受惊先我而行，现与贱内被迫退居双亭子间之外间，迟迟尚未落实。地处北向，夏暖室温高达四十度以上，冬凉低至零度以下，不能生火，难作羲皇上人。又患腰脊骨肥大生刺，影响骨神经，举步艰困，少行动，血脉欠流通，足又患冻疮，五年未赴图书馆工作。"

晚年鳏居孤寂

瞿先生的晚年，可以说是有些"惨"，在身体上，体弱多病，腰脊生刺，大便不畅。每戒独步，不能访医，惄焉忧之。1983年2月10日他致古里编史修志人员吴雍安函云："由于体力日衰，腰脊增生，医药无效，行动不便，一切收效甚微。近数月来，贱内患肺病，亦难以相依为命，近勉得一保姆，来数小时帮忙，暂渡难关，总觉得心绪不宁，所处北窗斗室，夏热冬冷，体衰者尤感困难。高唱苦经，要非得已，千万见谅。"同年6月28日，又有致吴雍安信云："近一两日来，气候不正常，内人终日呻吟床褥，我本人于六月十日亦发烧四十度以上，经打针后，热度虽退，但四肢无力，胃纳大减，睡眠困难，尚未复原。"

而家庭的变故，使他受到打击更大。1966年11月6日，先生的独生女儿佩珍，因"文革"初期，目睹骚乱，又受抄家惊吓，病情愈发恶化，终于先行离去，终年三十九。他曾在一篇《己未除夜有感》云："子未期而殇，女亦不中寿而殁，无后为大，后顾茫茫，每生身后萧条之痛！闻邻室之合欢，三代同堂，儿孙绕膝，开怀畅饮，欢乐之声，连连达耳，几家欢乐几家愁，不啻天上人间。老伴相对无语，有言不言，免彼此心痛，其无声之诗、无弦之琴乎！"

师母李蕙华是1983年11月16日离世的，年七十有五。师母二十岁时嫁入瞿家，自此之后，鹣鲽情深，相偎相依，瞿先生的饮食起居，俱为师母悉心照料，以致体力日衰，终致不起，忧皇而殁。老太走了，先生没能去送，因为他走路迈不开腿，那个时候又没有轮椅，他哭了，大哭一场，哭得很伤心，几十年中都未曾有过。

在生活上，鳏居孤寂的他，曾经告诉过我的同事，说他平常是"吃百家饭、百家菜"。那是因为家人都走了，他不方便上下楼，也不能去小菜场，即使有食材他也不会做，舌尖上的事都靠亲友们、邻居们在帮助他，有一位阿姨临时照顾他的起居。居房的政策迟迟不能落实，夏天40℃的高温，没有电风扇，汗珠似黄豆似地滴下，有如挥汗成雨；冬天窗户上的冰花，刺骨的寒风从缝隙中侵入，使他穿再多再厚的棉衣也无奈其冷，真是砭人肌骨。斗室里一盏支光并不高的电灯，更显得有一种莫名的低调惨状。

瞿先生知道自己来日无多，本想留有遗嘱，但他去世后，在他的枕边发现的一块纸片，上面仅有二行小字，为"瞿凤起遗嘱：姓名、别号、出生地……"没有人知道他想继续写些什么，他或许认为他要办的事都已办妥，也不想去写他最后想说的话了。

　　回顾过去杖履瞿先生的二十多个春秋，他的音容笑貌有时会在我的脑海里浮现。他是一位极为平凡的人，"文革"前的上海图书馆善本组，仅有顾廷龙、潘景郑、瞿先生、吴织和我，每天虽是早上八时上班，但潘、瞿二位却七时多一点即到馆了。我的印象里，他个子不高，曾生过肺病，右腿有残疾，是一位手无缚鸡之力，从不与人发生纷争，身体虚弱的学者。他似乎从来没有穿过什么新衣服，永远是冬天一领蓝色旧丝袄，夏天一袭白色旧汗衫，尤其是炎暑，一把蒲扇不离手，一块毛巾挂颈项，那是他时时要用来擦汗的。他唯一的嗜好是抽香烟，但又非常节俭，平时抽的是"勇士"牌，最便宜的那种，每包七分钱，而且每次只抽半枝，另半枝掐熄后放在烟盒里留下，下次继续接上。而"飞马"牌0.28元一包，"大前门"0.31元一包，能抽上这二种牌子对老先生来说，真是"奢侈"之事了，而又遑论"牡丹""红双喜"？

对藏书，一生没有遗憾

　　1975年，上海图书馆为培养古籍版本目录专业的人员，办了一届训练班，学制一年，瞿先生也参与授课，教材共十七讲，潘景郑先生讲了六课，我讲了五课，瞿讲的是方志以及金石。退休后，他也没有闲着，顾廷龙师为《中国古籍善本书目》工作汇报事，于1983年2月22日有致笔者信，云："上次给刘季老及图书馆局的汇报信，第二页末一行'至今迄未提出意见'云云，我读了再三，深感内疚。我们自己看了没有？我希望你们几位如何挤出时间补补课。你们研究一下，如何安排力量，我想瞿老在家，送一份去请他看看，能看出多少是多少。其他见缝插针了，你以为何如？"刘季老，即刘季平，时任北京图书馆馆长、《中国古籍善本书目》编委会主任委员。那时瞿先生退休在家，我见信后，即将已完成的《书目》的油印本，送了一套给瞿审阅了。

铁琴铜剑楼是中国著名私家藏书楼，瞿氏家族历来以耕读传家，淡泊功名，几代楼主以藏书为乐，前赴后继，不遗余力地收集图书，而又藏而不秘，对有求者提供阅览，并刻印流布，化身千百，他们为中华民族的文化传承做出了特殊的贡献。

清黄宗羲在《天一阁藏书记》中云："尝叹读书难，藏书更难，藏书久而不散，则难之难矣。"历来藏书家皆眷眷于其子孙，所以收藏印中常有"子子孙孙永宝之"之语，但尽管如此，鲜有传及三代的，以再传而散为多，及身而散者亦不乏其例，故藏书家鲜有百年长守之局。当年的四大藏书家，丁氏兄弟经商失败，八千卷楼的藏书全部转让江南图书馆；陆氏皕宋楼楼主陆心源殁后，藏书为其子树藩于1907年售于日本岩崎氏静嘉堂文库；而杨氏海源阁则迭遭寇乱，藏书损毁很大，加上后裔凋零，所藏星散后，多归于北京图书馆。而只有瞿氏书藏五代，即使太平天国、抗日战争，也费尽心机保护。

54年前，我追随上海图书馆馆长顾廷龙先生习版本目录之学，潘先生和瞿先生亦在旁协助指导，他们三人是中国当代最重要的版本目录学家、文献学家，当时顾师57岁、潘师53岁、瞿师

52岁，这也是他们处在版本目录实践中的顶峰时期。然而，三人中最先去世的却是瞿，那时我远在大洋彼岸的美国做图书馆学研究，直到我的同事来信我才得知。顾师仙逝是在1998年，我即请假专程飞北京在八宝山参加追悼会，见顾师最后一面。而潘师则是2003年我飞沪休假，即在旧日同事的电话中得知先生刚走二天，所

瞿凤起先生

以我赶上了去"龙华"送潘师最后一程。如今，在中国图书馆学界中，再也没有出现如上海图书馆那样的人品高尚、业务顶尖的"三驾马车"了。

瞿凤起的一生没有辉煌，也没有遗憾，他这几十年中见证了太多的藏书故实，我相信他的信念和目标，就是要保护先人的藏书，他也清楚地知道，先人收集之难，子孙谨守不易，以他三兄弟之力，是无法继续延长藏书楼的命运，他曾云："铁琴铜剑楼藏书，肇始于高祖荫棠先生，及余五世，已越一百五六十年，私家收藏，经历之长，仅次于四明范氏天一阁，并得有妥善归宿，可告无罪于先德矣。"（《铁琴铜剑楼藏书题跋集录》）

"文革"时，瞿氏家族包括其祖、父、母、伯父、伯母坟茔俱被毁。瞿先生的晚年又是如此之不幸，甚至可以说是悲惨。不过我想，他遵其先世之遗训，完成了一项伟大的工程，祖上留

下的藏书基业终于在他的手里得到了全部的释放，得到了最好的归宿。他将藏书化私为公，是他家族的骄傲，是对先人最大的告慰，他可以放心地走了。如今分藏各处的瞿氏藏书安然无恙，有关部门当前又有新的古籍保护计划在实施。所以，为国家、为民族保存了那么多善本书的瞿凤起先生，当可含笑九泉。

2013年10月6日

书卷多情似故人

——纪念版本学家赵万里先生

　　中国的古典目录学、版本学学界的圈子本来就不大，然而，要真正成为"家"且要有重大贡献者，却又是微乎其微。在《中国古籍善本书目》编委会的名单上，有三位顾问的名字，一位是赵万里先生，前北京图书馆善本部主任；第二位是周叔弢先生，天津市前副市长、著名藏书家；第三位是潘景郑先生，上海图书馆特藏部研究馆员，也是我的导师。赵在"文革"中被戴上"资产阶级反动学术权威"的帽子，多次遭到批斗、辱骂，关进牛棚，强制劳动，终因高血压、心脑血管疾病没有得到及时医治而瘫痪卧床。

　　编委会开展工作后不多久，赵先生就因病骑箕天上，那是1980年6月25日，他76岁，追悼会是7月2日上午在北京八宝山公墓礼堂举行的。那天，我和编委会的同事（除个别人之外），还

赵万里先生

有赵先生生前友好都去参加了，都去送别这位具有出众才华，但最终未能得到充分施展的专才。我们都在他的遗像前鞠了三个躬，那是对这位为中国图书馆事业，为目录学、版本学、文献学、金石学做出重大贡献的专家的致敬。

我以为大凡研究版本目录的学者，无不奉《中国版刻图录》和《北京图书馆善本书目》为必要的参考工具书，这两部书的主编就是赵万里先生。赵先生是著名的版本目录学家，曾任北京图书馆研究员兼善本特藏部主任。他1905年生，字斐云，别署芸庵，浙江海宁人。入学前，母亲已教他认识了千余字，并能背诵几十首唐诗。1921年，他考入东南大学中文系，从吴梅学习词曲，颇有心得。他对词的创作爱好尤深，后来转向研究戏曲。

赵先生也是国学大师王国维的弟子。王在1925年49岁时应清华学校国学研究院之聘，为专任教授，是年7月赵到北京，受业于王门。先是王命他馆于其家，巧的是研究院原聘助教陆君以事辞，于是研究院主任吴宓即命赵承其乏，赵先生那一年是23岁。赵先生每天为王国维检阅书籍及校录文稿，由于王的指导，他在历史、版本、目录、金石等学科打下了坚实的基础。人谓赵先生能传王氏之学，同时也传了王氏治学严谨的学风。

赵万里先生夫妇

王国维自沉昆明湖后，赵先生是非常悲痛的，研究院为了纪念王，特别在《国学论丛》里专门编辑出版"王静安先生纪念号"。梁启超、陈寅恪均以赵先生与王有亲戚情谊，"且侍先生讲席久，知先生学行或较他人为多"，嘱他编写《王静安先生年谱》。由于他从学王氏，了解王氏，故征引资料，亦甚繁富，结果仅用了一月之功就完成了，此外又辑有《海宁王静安先生遗书》《王静安先生手校手批书目》等，这三种书至今仍为研究王的重要参考书。

赵先生早年校辑的《宋金元词》，是大规模采用辑佚方法而辑出的宋元以来散佚词的词集，收词人70家，得词1500余首，材料之多，固为前人所不及，且方法和体例之谨严周密，尤为人所称道。其详加考校，用力至勤，都是受王国维影响所及。后来他到北京图书馆的前身北海图书馆工作，在北图工作长达50多年，这期间还在北京几所大学讲授中国史料目录学、版本学等课程。

他在北平图书馆工作时，善本部主任是徐森玉，徐是当代有名的版本学家、文物鉴定家，学识渊博。工作中他受徐的指导，徐对其影响很大，加上北图丰富的善本收藏，遂逐日沉浸于宋元旧刻、名校精抄之间，取得了宝贵的实践经验。过人的理解力和记忆力，加之原来的治学基础，使得他在目录学、版本学和校勘学方面造诣更深。同时他又与著名收藏家傅增湘、周叔弢等处于师友之间，与他们互相切磋，把版本鉴定推向新的水平。

傅增湘在《北京图书馆善本书目》序中说："袁君守和以专门名家久领馆政，任事伊始，即延赵君斐云专司征访纂校之职。赵君夙通流略，尤擅鉴裁，陈农之使，斯为妙选。频年奔走，苦索冥搜，南泛苕船，北游厂肆，奋其勇锐，撷取菁英，且能别启恒蹊，自抒独见。于方志、禁书、词曲三者搜采尤勤。"这实在是对赵先生的绝佳写照。确实，为了采访古籍，他的足迹遍及大江南北，在江苏、福建、浙江、广东等地，为国家收集了不少宋元旧本和明清罕见善本。

1930年7月及1931年7月，赵先生均利用休假返籍探亲，其间也过沪纵览善本书。他在上海观赏涵芬楼藏书事，是傅增湘多次致信张元济而达成的。傅1930年6月12日致张函云："赵君万里将回南一行，欲求观涵芬藏书。此后生之最英特者，届时当令持函奉谒，以慰其望。其人方任中海采访科、清宫专门员，于版本校勘均在行，可喜也。"6月23日，傅致张信又云："兹因赵君万里南归之便，寄呈高丽纸九百张，敬希查收。赵君前函曾为介绍，此次来沪，欲求观涵芬及邺架藏书，务祈我公推爱延接，俾慰其渴忱。宋刻各书如存不在楼中者，可能设法择要提取一观。此君为王静庵之戚，精研版本目录校勘之学，皆有心得，洵为后来之英秀。刻在北平、故宫两馆任事，兼有南来采访之任，公若能助其搜访，尤为心感。"7月25日，张复博函云："赵君于版本目录之学，确有心得。承公绍介，弟已切托同人，在馆之书，恣其翻阅，至寄存银行之书，俟其赴南京归来，再往启箧，自必竭我之能，以餍其意。"

1930年、1931年夏7月，赵先生均以休假返海宁过沪，因张元济先生之介，得纵观东方图书馆涵芬楼藏书。前后历十余日，检史部图书至四百余种，摘录书名、序跋、卷第载于他的日记中，这些书大半皆四明范氏天一阁故物，孤本秘籍，往往而有。其中有59种明代登科录、10种明代方志，都是罕见之书。

可惜的是，在1932年1月28日，商务印书馆之东方图书馆中西文藏书数十万册，全部烬于日寇敌机肆虐上海闸北的狂轰滥炸之中。赵先生看过的这些书，也全部毁去。所以，赵先生在得知此消息后，有"祖龙之祸，复见于今日，余南望心伤，至于痛哭失声。因念余所见各书，不幸皆罹于劫火，如不录目示人，将何以慰先民写作之勤，启同胞敌忾之心乎"之叹。1950年12月，赵先生将他当年所做的记录略加整理，选出范氏藏书史部一百种，以《云烟过眼新录》为题发表，载入《周叔弢先生六十生日纪念论文集》。

在看过涵芬楼藏书后，也就是1931年的8月，赵先生又与郑振铎同往杭州、绍兴，并乘大汽车去宁波。当时北大教授马廉刚返四明，杜门译书，所以郑、赵就借宿马寓，昼夜畅谈。他们三人原本想登天一阁览书，但因范氏族规森严而未果。然而他们在访问其他藏书家时，竟然在孙祥熊处见到了明抄本《录鬼簿》。这是一部载有元代杂剧和散曲作家100余人姓名、小传和作品的目录，后附无名氏《续录鬼簿》一卷，过去从未被研究古代戏曲者所知晓。所以三人见到此书，瞠目无言，再四翻读，不忍释手。在向孙氏商借成功后，三人于一灯之下，竟夕抄毕，成为一段书林佳话。他们三人的传抄本，后于1938年被北京大学出版组据以影印，从此孤本不孤，学者都可据以研究、利用了。

为了让赵万里能多请教于老辈，能多看些书，傅增湘又具函介绍赵万里谒见徐乃昌。信云："兹恳者，友人赵君万里，现任北平图书馆事，兼充北平大学教授，夙研求版本目录之学，闻见赅博，与弟至契，刻以事来申，素仰我公宿学高明，欲奉谒台阶，叩聆教益，敢以尺素为介，敬祈延接，指示一切，无任感荷。再者，赵君久闻刘君惠之收藏三代彝器极富，馆中欲得其拓本全部，此事业有人接洽，赵君窃欲奉访惠翁一谈，并拟拜观一二，拟奉烦我公介于惠公，俾得进谒。深知执事奖成后进，必不吝齿牙馀论也。"（见《历史文献》第15辑，第264页）

对于赵先生的工作，周叔弢的评价最为公允，他在91岁时，即1981年12月26日有致黄裳信。云："斐云版本目录之学，既博且精，当代一人，当之无愧。我独重视斐云关于北京图书馆善本书库之建立和发展，厥功甚伟。库中之书，绝大部分是斐云亲自采访和收集。可以说无斐云即无北京图书馆善本书库，不为过誉。斐云在地下室中，一桌一椅，未移寸步，数十年如一日，忠于书库，真不可及。其爱书之笃，不亚其访书之勤。尝谓余曰：

我一日不死，必护持库中书，不使受委屈；我死则不遑计及矣。其志甚壮，其言甚哀。今之守库者不知尚能继其遗志否？十年浩劫中，我曾两次探视斐云。第一次，尚有知觉，能进饮食，不能发言。第二次，则昏睡不醒矣。迫害之酷，如同目睹，悲愤不能自已，亦只徒唤奈何耳。"

赵先生在国立北平图书馆、北京图书馆工作五十余年，担任善本部主任长达数十年，其间北图善本书的选购、受赠、庋藏、整理，多由他在主持，贡献良多。赵先生编纂或主编的善本书目、图录，比如1933年的《北平图书馆善本书目》、1959年的《北京图书馆善本书目》、1960年主编的《中国版刻图录》（1960年初版，1961年增订），是20世纪中叶我国版本目录学方面最重要的收获，在版刻资料的搜集和考订上都超过了前人，代表了当时版本目录学发展的最高水平。《图录》直到今天仍是属于里程碑式的标识，关键就在它的每种说明写得好，是那种画龙点睛式的，从20世纪的30年代直至今日，出版的各种公藏或私家古籍善本图录，少说也有二三十种，但好的仅有三五种。《图录》是其中最好的。据上海图书馆《善本组周记》，早在1955年的6月，赵先生以编纂《图录》为题，去上海图书馆数次，其中6月9日至15日即在上图阅览善本55种395册。而1958年11月9日至24日，"赵万里为全国书影事来馆阅览善本一百余种，选定各种版本六十六种，并代至中国照相馆摄影，由其直接寄去"。可以说，今后再出大型类似"版刻"式的图录，那在收录范围上必定超过《中国版刻图录》，但文字上可以预料的是：天悬地隔，云泥立判，究其原因是功底不够也。

20世纪30年代以来，赵先生即于北京大学讲授版本学等课程。1945年北大复校后，图书馆馆长毛准教授约请他主持编纂《北京大学图书馆藏李盛铎（木斋）旧藏善本目录》（该目录1948年刊入《北京大学图书馆善本书录》，始正式出版）。赵先生还致力于古典文献资料的收集、整理、编目、保存、研究，早年曾将北图的部分善本书写成书志，以《馆藏善本书提要》《北平图书馆善本书志》为题，分别发表在《北京图书馆月刊》第一卷第二号至第六号以及《国立北平图书馆馆刊》第四卷第一号上。此外他还写有105篇"明人文集题记"，都刊发在中华书局出版的《文史》上。数年前，翻阅20世纪30年代的《天津益世报》影印本，居然又翻到他的两篇墓志跋文和《〈丛书集成〉初编样本观后感》，想来，老先生的文章要找全也不容易。

在版本目录学与古文献整理方面，赵先生是公认的大家，一般学者对他的了解，也主要是版本鉴定、目录编纂、文献辑佚、校勘及碑刻整理等方面。其实赵先生的治学范围，远不止这些领域。他早年受学于吴梅先生，在词、曲等方面都有很深的造诣，他本人也是一位出色的词人。赵先生还曾在北大、清华等校讲授词学、戏曲史、金石学，分别编有讲义，可惜未曾梓行，因而少为人知。

丁瑜（前北京图书馆善本部研究馆员）在2005年2月5日给我的信中说："赵先生自谓其研究成就，目录版本学并不是首要的，第一是词曲，次为辑佚，第三方是目录版本流略之学。写此并不是针对尊文题目想起的，冀大姐和所有知道赵先生的人，提到赵先生，首先想到的就是'目录版本学的权威'。四十年代在北大选赵先生的课也是选他的版本学和史部目录学，解放后在北图业务学习还是听他讲目录学。不过他确实讲过以上他自我评定的话，大概在1963年前后。"冀淑英先生生前，曾经初步整理过赵先生的文稿，不过没能成书。前几年国家图书馆出版了赵先生的文集，把这些未刊稿和讲义也都整理出来，弥补了这个遗憾。

像赵先生这样懂行敬业的版本学家，在中国也是寥若晨星，屈指可数的。胡道静在他的《片断回忆业师陈乃乾》里说，"老师精通版本三昧，基于见多识广，要什么样的条件才能见得多呢？似乎尤非是两条，一是当上了国家图书馆善本部的典藏人员，还有要么是做了贩卖古书的书贾"。胡先生举例讲的就是赵万里和陈乃乾。事实也确实如此，版本鉴定，无非是看得多，实践多。我曾读过1958年8月北京中国书店特邀赵先生帮助提高从业人员的鉴定水平的演讲记录稿，他将古籍雕版印刷源流、版刻各时代特征、重要版本历年流传存佚情况，结合他数十年的经验，如数家珍地加以叙述，这类经验多是书本上没有的，这也丰富了版本学研究。可喜的是，他为北京中国书店讲课的讲义后被整理发表。我相信，赵先生是近百年来，经眼善本书最多的几位专家之一。今后，能超出其右者也很难再有了，之所以这么说，是因为没有那种条件、气候、土壤了。

我记得，1980年秋，《中国古籍善本书目》编委会组织参与审校的同仁去河北承德避暑山庄游览。丁瑜告诉我："1961年，赵先生南下访书，在上海图书馆善本组办公室里看见了你，回北京后就说，上图的顾廷龙馆长带了一位青年人，是在实践中培养的，这是使这门事业不至于后继无人，这是对的。看来，北图也要这样做。"2005年元月，丁瑜在给我的信中又谈到此事，"1961年赵先生江南访书归来，对我言及沈兄拜顾老为师事，令吾效之。但愚鲁如我，终未能成正果"。

丁瑜还说：自那以后，北京图书馆就开始了物色人选，培养专业人才的事，并曾经考虑过中国书店的雷梦水，但因雷的年龄问题而放弃，后来又找到林小安，才算定了下来。林小安后来成了我的朋友，他和我同年，他在"文革"后去四川大学念了徐中舒先生的研究生，毕业后并未回到北图，而成了古文字学专家。我不由想到，在图书馆里培养一位专业人员，是何等的不容易，难怪邓云乡在《文化古城旧事》中慨叹：赵先生作古后，"每一念及此，深感这是学术界的一大损失，耆旧凋零，后继学人接不上。斐云先生此一大去，版本、目录之学，几乎要成为绝学了"。

在中国版本目录学界，素有"南顾北赵"之说，南者，顾师廷龙先生；北者即赵先生。顾师廷龙先生和赵先生是在1932年11月29日由王庸介绍认识的，那一天，王庸邀午餐，顾和赵都去了。（见顾师之《平郊旅记》）其时，赵在国立北平图书馆为善本组组长，编辑《国立北平图书馆善本书目》。谢国桢、向达、贺昌群、刘节、孙楷第、王重民诸先生，和顾、赵都相谈甚得，一时俊彦，道牖闻见。

人大约都有他的两面性，不得不说的是赵先生的另一面是为了书而不顾旧日友朋的情谊了。解放初期的土地改革运动，对于在农村中的藏书家来说，或许就是一场劫难。就以常熟地区的瞿氏铁琴铜剑楼来说，50年代初瞿氏为乡间地主，其经济来源以收租为主，所以在土改时，乡政府让瞿家退租，但瞿家拿不出钱，只好将存于上海的藏书中选取部分善本分三批半卖半送给北京图书馆，三批书共500多种，另外捐了246种。这七百多部书中名噪一时，难得一见的善本孤帙就有宋乾道六年（1170）姑孰郡斋刻本《洪氏集验方》、宋淳熙十一年（1184）南康郡斋刻本《卫生家宝产科备要》、宋万卷堂刻本《新编近时十便良方》、宋临安府陈宅书籍铺刻本《李丞相诗集》《朱庆馀诗集》、宋淳熙九年（1182）江西漕台刻本《吕氏家塾读书记》、宋刻本《图画见闻志》、宋刻本《酒经》等。

　　瞿氏售给北图善本书的书价，似乎是赵先生定的，在《顾颉刚书话》中有："此次革命，社会彻底改变，凡藏书家皆为地主，夏征秋征，其额孔巨，不得不散。前年赵斐云君自北京来，买瞿氏铁琴铜剑楼书，初时还价，每册仅二三千元耳，后以振铎之调停，每册售六千元，遂大量取去。按：抗战前宋版书，每页八元，迩来币值跌落，六千元盖不及从前一元，而得一册，可谓奇廉。"（《顾颉刚书话》浙江人民出版社，1998年，第90页）又据顾廷龙先生日记1951年12月9日载，"赵万里、瞿凤起来，长谈"。虽不知"长谈"的内容，但应与捐献与售书有关。是月21日顾日记又载：瞿凤起女来，"述赵万里昨夜议书价不谐，竟拍案咆哮"。上海人有一句话说：办起事来"急吼吼"。看来，赵先生为了北图能得到这批书，真是脸面都不要了。

　　这一点，郑振铎致徐森玉信也可作旁证，有云："斐云在南方购书不少，且甚佳，其努力值得钦佩。惟心太狠，手太辣，老癖气不改，最容易得罪人。把光明正大的事，弄得鬼鬼祟祟的，实在不能再叫他出来买书了。浙江方面，对他很有意见。先生是能够原谅他的，否则上海方面也会提出意见的。"（《历史文献》第16辑，柳向春辑）

一百多年来，在中国图书馆学界，产生了不少人杰大匠、学林翘楚，如缪荃孙、柳诒徵、沈祖荣、袁同礼、蒋复璁、刘国钧、皮高品、李小缘、姚名达、王献唐、顾廷龙、王重民、屈万里先生等，他们对图书馆的管理、分类法、目录学、版本学等都做出了丕绩和重要贡献。而在版本目录学领域里，我最服膺敬佩的前辈就是赵万里、冀淑英、顾廷龙、潘景郑和昌彼得先生，他们都是龙驹骥子式的人物，分别是北京、上海、台湾地区经眼古籍善本最多的学者，他们的实践是许多专家望尘莫及的。

我以为赵先生对于北图所藏善本书是有一种特殊感情的，或许可以这么说，"文革"前北图的中文善本古籍、敦煌写经、重要碑帖拓本几乎全部经他手而入藏，至于陈澄中部分藏书自香港回归，他就是直接的操作手中的一员，他是北图的骄傲和光宠。

我曾读过赵先生的《文集》，但我想他对北图最大的功德和勋业，应该在北平解放前夕，拼力保护了北图的重要典藏。那是在1948至1949年，国民党军队节节败退，国民政府匆忙撤退台湾，在此期间，北平图书馆中的善本古籍也奉命搬迁。在此"生死关头"，1948年12月7日，赵先生致信郑振铎，对于"搬平馆一部分书离平"之事表达了他鲜明的态度。"弟闻讯□惧，寝馈难安"，一面向馆长袁同礼力阻，希望大事化小，小事化无，一面与向达（觉明）熟商对策，并请向达代函徐森玉及郑振铎求教。"如真的运台或美，后果严重，不堪设想，其祸视嬴政焚书，殆有过之。"当赵得读郑函，"令人感极涕零"。最后在徐森玉、郑振铎、向达及赵先生的努力劝阻下，终使北平馆之善本古籍得以保全，没有像南京中央图书馆及故宫之文物那样运往台湾。此事，赵先生认为"固我辈应尽之责也"。

陈福康的《郑振铎年谱》1948年12月7日条，乃至12月底，都没有赵先生致郑信的记载，但7日云："蒋介石集团宣布迁逃台湾。此后，国民党当局将中央图的一些善本十多万册分三次用军舰等运往台湾。其间，存放在上海尚未运到南京的一部分书，在郑振铎等人的拖延下，留了下来。当时，徐森玉对故宫博物院的一部分文物、赵万里对北平图书馆的善本书，也都根据郑振铎的指示，采取隐瞒、分散、拖延等办法，尽量保留下来。"由此可见，赵先生于北图功莫大焉。

二十多年前，我和台湾大学潘美月教授合作编了一本《中国大陆古籍存藏概况》，其中的公共馆部分，我写了两篇，分别是《北京图书馆古籍善本概述》《上海图书馆的古籍与文献收藏》。前文的末段涉及赵先生，有云："说到北京图书馆所收集到的善本书，不能不提到赵万里先生。赵万里，字斐云，浙江海宁人，肄业于南京东吴大学（南京大学前身）中文系。早年从王国维问学，曾在清华国学研究所任王国维的助教。1928年进入北京图书馆后，又佐著名版本目录学家徐森玉先生。除精于版本目录之学外，对于辨伪、辑佚等，也卓然有成。傅增湘先生在《北京图书馆善本书目》序中说：'袁君守和以专门名家久领馆政，任事伊始，即延赵君斐云专司征访纂校之职。赵君凤通流略，尤擅鉴裁，陈农之使，斯为妙选。频年奔走，苦索冥搜，南泛茗船，北游厂肆，奋其勇锐，撷取菁英，且能别启恒蹊，自抒独见。于方志、禁书、词曲三者搜采尤勤。'赵万里治学严谨，著有《王国维先生年谱》，编定《王静安先生遗书》，辑有《校辑宋金元人词》，又编《汉魏南北朝墓志集释》等。赵万里在北京图书馆五十余年，历任北平图书馆善本考订组组长、中文采访委员会委员、采访组组长、北平图书馆编纂、购书委员会委员、北平图书馆馆刊编辑、善本部主任、故宫博物院专门委员，并兼任清华大学、北京大学、中国大学、中法大学、辅仁大学等校讲师、副教授、教授等职。1949年后，在北京图书馆任研究员、善本特藏部主任，及《图书馆》杂志编委等职。为了采访古籍，他的足迹遍及大江南北，在江苏、浙江、福建、广东等地为国家收集了不少宋元旧本和明清罕见善本，他致力于古典文献资料的搜集、整理、编目、保存、研究，把自己毕生的精力献给了北京图书馆，他是对北图贡献最大者之一。"

　　说来奇妙，20个世纪的60年代初，我虽然在上图仅见过赵先生几面，但是这些年来，赵先生的那张短发照片的形象，却有时会冒出来，好像挺熟悉似的，我也说不出是什么原因。前几年，我又在天津市图书馆古籍修复基地的墙上又见到了赵先生的这张"标准像"。"北图"今天能拥有那傲人的古籍善本资源，都是和赵先生分不开的。赵先生虽为全国政协委员，但在"文革"中受到无数的磨难以及不公正的待遇自是不免。赵先生御鹤西归，悠悠已有37年，今《赵万里文集》已出版，人们可以从中了解赵先生的学问和贡献，我真的不希望他被人遗忘。

　　赵先生在北京图书馆工作长达50余年。他主持赵城金藏的修复工作和《永乐大典》的辑佚工作，举办《中国印本书籍》等善本专题展览，主编有善本目录《北平图书馆善本书目》（1931）、《北京图书馆善本书目》（1959）等。辑释有《校辑宋金元人词》（1931）、《汉魏南北朝墓志集释》（1956）。他还从《永乐大典》辑出了《元一统志》（1966）、《析津志辑佚》（1983）。1964年被选为第三届全国人民代表大会代表。1979年当选为中国图书馆学会名誉理事。1980年6月25日卒于北京。

　　三个月前，刘波先生即电话告知，国家图书馆鉴于赵先生对北图有重要贡献，安排有纪念赵万里先生各种纪念活动，并有编辑赵先生的学术论文集之举，刘先生又嘱届时属文呈交，津不敏，手头杂务繁多，只得在十多年前写就的小文基础上拉杂说些小事，并参以在朋友家见到的有关赵先生手札数通，作为附录，供研究者参考。

2017年8月20日
于美国波士顿慕维居家中

此卷編號用「輔九」，殊不可解。疑以後刻經
多以千字文編號，而此經又無「輔」字，當另考之。

胡適 一九三一、六、三一

〔印〕胡適的書

此平江磧砂藏本大般涅槃經殘本，每開六行，行十七字，與元刊河西
字藏經普寧寺藏經行款均同。經始於宋理宗紹定四年西紀二
天字號大般若波羅蜜多經多經以至金字號大般涅槃經始竟成書目
百三十二部，見殘帙九釋明本之中，語錄亦預與此刊之列，卷中茶
於此地念佛所藏之磧砂藏，元政院下杭州普寧寺住持刻支字
語錄初入入藏元貞二年（一三三四）宣政院下杭州普寧寺住持刻支字

字藏經普寧寺藏經行款均同，經始於宋理宗紹定四年西紀二
藏刊板入藏經為如入藏，先例將這文字但有藏經印板處
其此板刊至元初年藏之世磧砂藏與杭州南之晉寧藏並行於南
三平晉寧藏本相終始。蓋選元之世磧砂藏與杭州
號為輔九，此書刊於南宋太祖諱三帝當法帖載宋高宗御
書十字文極公匠令作輔會其明諱二十二年初夏於
齋見此帙殿歸賞一遍，謹眼福惟迴之先
生數之。二十二年五月趙萬里
〔印〕

赵万里先生手跋

十八 檣 江中大松名 張本名下有本作艫三字宋本無今據刊廣韻據方言以
十七 艫 張本作艫三字宋本無今一字張既改艫字注又
小船凱艫又據說文以江中大松艫明艫艫非一字張既改艫字注又
於艫字下增本作艫三字錯騎令殊背廣韻原旨
十九 即事之制也 諸本即謂外段改即與說文合今據正
十九 嬈楚人呼母 切韻楚作兒
十九 孅 王韻作靰與王篇合
十九 詹詼文云雨而晝姓也 張本姓改作晴宋本姓興說文合今據正
二十 髀肥腸 王篇同段改腓腸與說文合案段說也是也廣雅腓胐也亦出說文

十二 蟹

赵万里先生手迹

方寸之间天地宽
——记印谱收藏家林章松先生

一

20世纪60年代初，香港某所中学的国文课上，有一个对艺术方面很感兴趣又勤奋刻苦的学生，深得他的国文老师喜爱。由于这位学生在书法、绘画、篆刻以及篆刻收藏方面都有些涉猎，所以老师告诉他，爱好广泛固然好，可是广博便不能专精，希望他能够在这些爱好里找到自己最为热爱的一项仔细钻研。这位学生经过认真思考以后，决定要专攻篆刻。这一学，就是50余年。

1978年的某天，香港某渔业老板觉得给他做商标设计的年轻人是个可塑之才，便跟他打赌：三个月的期限，年轻人给老板推销海产，若年轻人入了此行，他就给老板打工；反之，老板付给年轻人一年的薪水。年轻人对这个赌约信心十足，他太清楚自己

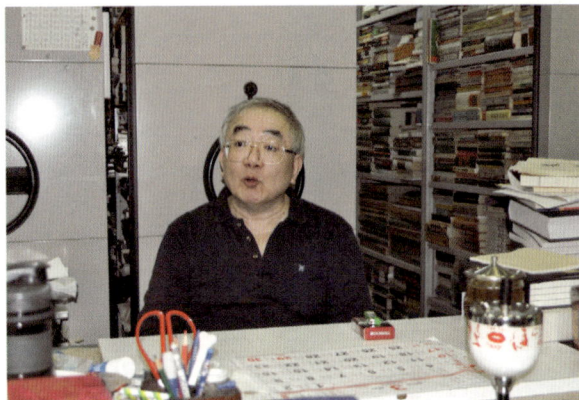

林章松先生

对渔业的一无所知；老板则对年轻人的做事能力慧眼识珠，知道这个年轻人前途无量。三个月过去，年轻人竟然如老板所料，生意做成了一单又一单，就连他自己也感到惊诧，原来自己竟有这方面的天赋。于是，年轻人跟着老板做起了海产生意。这一卖，又是四十余年。

这个习篆的学生，如今收集的印谱之多、之稀有，远远超过国内的省、市一级的公共图书馆，在国内的印谱收藏界首屈一指；这个卖鱼的青年后来创设了自己的渔业公司，规模庞大。其实，卖鱼的青年和习篆的学生是同一个人，他就是林章松先生。教他国文的老师就是对林先生产生了深远影响的曾荣光先生。林先生将海产和收藏印谱这两件事结合在了一起，以海产供养收藏，以生计满足爱好。每逢国内各种重要的古籍拍卖会，林先生总是要花大把的时间查核拍卖图录中的印谱，特别看重的是自己所未藏的印谱或别人不入眼的残谱、剪贴谱。林先生能集印谱收藏之大成，一是独到的眼光，二是对印谱的执念，三是雄厚的财力做支撑，当然也少不了平日里的节衣缩食，宽打窄用。然而追根究底，成就林先生今日收藏印谱之规模的，是他兀兀穷年、矻矻终日的勤谨和笃学。也许，从商人的角度看，他是在经商之暇收集印谱，但从收藏的角度来说，他的重心却在于研究印谱，从商倒成了他搜集印谱的途径，而非目的。

二

中国人对印谱的研究，大约是从宋代宣和年间开始的。印谱不仅有着悠久的历史，而且有着极强的艺术性和收藏鉴赏的价值。今人研究印谱，大可于方寸之中，领略篆文的字体以及印文的排列疏密、参差、错综的美感；也可驰目于毫厘之外，去感受古人的思虑通审，以及各种流派的不同篆刻风范。从明清到当代，有人嗜好收集，有人喜欢临摹古代印章，有人讲究考证学术，目的不同，出发点也就不尽相同。篆刻家和收藏家将留存下来的印章荟萃成谱，而流传至今，除了继承艺术传统之外，还有一个重要作用就在于供考证印人的流派。

中学毕业后，林先生常到曾荣光老师府上学习篆刻书法，最初，他每周按时到老师家听篆刻理论课，或者观察老师如何操刀。老师为他布置作业，下节课即修改点评。林先生的篆刻初学黄士陵，体会其中的气韵和美感，后又临摹赵之谦、吴让之等人，从20世纪60年代到如今，林先生所刻的印章居然达千余方之多。

　　曾先生带他走访了不少香港地区有名的收藏家，以此开拓眼界，打破停滞不前的关口。其间，发生了一件令人不愉快的事：老师带他到某位收藏家中看一部很著名的印谱，但去了三次，都无功而返，因为那位收藏家对他们只说印谱找不到了，而林先生却无意间瞥见那部印谱就在桌下。经过这件事情，曾先生悟出了一个道理，即印谱不宜私藏，应为大众所用。曾先生也因此将毕生所集藏印谱全部转赠于他，希望他日后继续收集流落坊间的印谱，成立一间印谱资料室，让所有的篆刻爱好者都能共享资源，也给相关的研究人员和学者一处治学之地，免得他们为找资料而四处碰壁，这是曾先生对他的期望。林先生后来所做的种种亦是恩师之嘱，就连他所写文章的署名也作"天舒"，那是他将老师的笔名"楚天舒"去掉前面一个"楚"字。当然，林先生一脉相承的除老师的笔名外，还有老师的勤奋与风骨。

　　随着林先生的收藏数量递增，种类也越来越丰富，这使他对印谱的版本有了新的认识。一些重要的印谱，在流传过程中会形成不同的版本，每种版本所收印章又有数量上的不同。序和跋中的文字，对于印人的研究具有重要的作用。至于艺术篆刻的技巧，提笔奏刀，可反映出印人不同的精神面貌，诸如苍劲雄放，自成家数者；遒丽流畅，疏逸自然者；挺健平正，不假修饰者；敦厚圆秀，英健正雅者；等等。历来印人之原印，人们所见甚少，或无可得见，但印谱中多为原印钤拓，后人可以参考对比，也可仿刻学习。

　　印谱的版本复杂，如西泠八家的印谱就有很多版本，需仔细判断、区别。如汪启淑辑的《飞鸿堂印谱》，内分不同年份的

林章松先生藏印谱之部分

钤印，或有汪启淑像及释文，或无汪启淑像及释文；有的卷数一样，但所收印却多寡不同。而无释文的要早于有释文的。再如《求是斋印稿》四卷，四册，乃道光时黄鹓篆刻并辑，有的本子题"古闽黄鹓朗村氏篆"，蓝框，有手绘黄鹓像，原钤本有印释文；但在差不多的时间里，又有雕板印为绿框者，黄像也改为雕版，释文亦为摹刻。所以印谱也有版本之别。

　　林先生所藏的印谱除了老师的赠予，新增添的部分得自国内，据他估计，存世的印谱约6000种，分散在世界各地，林先生收藏的就有2000余种。至于日本、韩国，也藏有将近2000部之多。当年香港的集古斋、中华书局，有了新的印谱就会通知他去买，此外，包括上海、天津、广州的古籍书店都和林先生保持着密切联系。

　　善于思考，是智者的特质之一。林先生前几年就开始思考如何将这些印谱有效地为研究者所利用，那就是建成一个数据资料库。他开始将印谱中的信息一字不漏地敲进电脑里，有些信息可以在原书中找到，但大部分的数据是要经过查证和考据的，需要花费一天、数天，甚至要等一段时间，才能获得确切的信息。林先生设有自己的博客，博客名为"天舒的博客"。博客中每一小段文字，可能是他在堆积如山的资料中翻了很久，或在网上百般寻觅，然后结合材料写出来的。

林先生对印谱的查证特别仔细，为的是避免因误判而引后人入歧途。尤其是对于一些使用同一斋名的作者，做这类的查证更是谨慎。查明资料以后，要把整本印谱一张张地扫描，而后录入谱名、卷数、篆刻者、页数、序、跋、再加上篆刻者的小传。这是一个繁琐且工作量很大的工程，耗时、耗力，所以林先生每天睡眠仅四五个小时，平时只有在身体极度不舒服的情况下才会休息一会。这项工作，林先生日复一日，居然做了二十年。

印谱真正见于公家藏书目录著录的很少，讲印谱的著作则更少。前人对古铜印章并不重视，认为仅是雕虫小技，故藏书家亦不重视。甚至《四库全书》存目中收录印谱也甚少，仅存明代杭州来行学刊刻的《宣和集古印史》八卷、明代吴县徐官撰《古今印史》一卷、明代上海顾从德撰《印薮》六卷、明代松江何通撰《印史》五卷、清初胡正言撰《印存初集》二卷、《印存玄览》二卷。私家书目中涉及印谱的著录则更是十不一二。叶铭《金石书目》末附传世印谱，虽然有150多种，然而多半是后人的钤印本，与古铜印谱并列，而且仅著书目，撰写得很简略。

对于林先生来说，最为敏感的或许就是印谱了。他费尽辛苦完成了《松荫轩藏印谱目录》，其中的罕见印谱，他是明察冰鉴、了然于心。家藏的700余种罕见印谱，深印于脑海。他除记谱名外，又对这700种印谱进行校对，曾在一年时间里校对了230多种印谱，写成37万字。四年前，国内某图书馆委托林先生将该馆所藏印谱目录加以校对，因此他将以前所写的《松荫轩藏印谱目录》初稿核对改动，这一工程比重新写还巨大，涉及事项更多也更为广泛，在改动中更发现了以前记录及印人题跋的失误之处。

林先生收藏印谱不是为了保值，而是为了探讨印学发展史，并补充以往研究者的缺漏之处。印谱中的序跋如与某些历史资料进行校对，会发现有些历史记载值得商榷。其次，还可以补充和考证许多名人的表字、别号、生卒年、籍贯、交友、书斋号等，当然，这些都要细读印谱才能知悉。

传世印谱有数千种，然而林先生却重人之所轻，轻人之所重。当收藏界对不可多得的名谱趋之若鹜，而对小谱、残谱、伪印之谱不甚重视时，他却有自己的见解。比如在拍卖场合拍得一册表面上看还算完整的印谱，然而收到之后才发现没有任何序跋及边款记载，这样的情况于林先生而言亦是多见，他就像一位经验老道的刑侦专家一样，去找寻蛛丝马迹，翻阅有关资料，幸运的话，几天便能查证出答案。当然，他有时费数月之劳，仍是徒劳无功。几十年来，林先生已经配齐了十几部残谱，其中有一部印谱仅存上半部，而下半部，他从广东、上海分了三次才陆续凑齐，使之延津剑合，破镜重圆。

再如林先生收藏的小谱《三近草堂印草》，单看此谱名，鲜有人知，或对这部印谱不屑一顾，但若提起主人名号，便众所周知了。"三近草堂"主人原来是李上达（1885—1949），辽宁人，长居北京，字达之，号五湖，室名为三近草堂。他是金城最得意的弟子之一，同门中翘楚，也是湖社、中国画学研究会、中国书画研究会成员。据说在收藏界中，要看李上达的画轻而易举，但要看李上达的印却很难，知道李上达有印谱存世的，更是凤毛麟角，这是林先生眼光独到之处。

除了残谱、小谱，林先生对伪印也有关注。有人问林先生是否参与某次拍卖，林先生说：此套印谱其实都是伪印为主，但要作为资料保存，就算是伪印，亦希望能保存全套，以便后来学者能看到全貌。林先生虽然也追求完美，却不苛求，残谱也好、伪印也罢，只要是对他人考察取证有用处，他都不遗余力地躬身为之。若收藏印谱只为了保值，大可不必计较这些，但若为了保存先辈遗留下来的文化遗产、查证史实，这却是一件极其有意义的事情。

金石借人而传，人亦借金石以名。篆刻始于祖龙，有印即有印人，所以印人自古有之，不过古时印人由于地位低微，被时人称为工匠，因而没留名史册，殊为可惜。为印人事迹作小传者，乃为传古人于不朽之善举，最早为清周亮工之《印人传》三卷，收58人，附见5人。清乾隆间，汪启淑有《续印人传》八卷之作，收罗128人，较周多至一倍有奇。后又有叶铭辑《广印人传》十六卷，收1551人，上自元明，下迄同光，搜辑史传，旁参志乘，以及私家纪述，600年来，专门名家，不问存殁，悉著于录。如今，当代辑录印人传之书也有所见，所载印人较之前人所载更为丰富。但存世人之多，不胜枚举。除了开宗立派的名家以及有代表性的篆刻家外，一般名气稍弱的印人多被人们所遗忘，如尹祚熹（及郎）、李相定（寇如）、李傅（吉人）、孙赟（汉南）、倪品之（品芝）等等，很少有人还记得他们的生平。

林先生致力于为清代印人编写小传。若没有林先生的记载，可能许多优秀篆刻家，他们的姓名就将会永远归隐于古籍之中无人问津，稀有印谱所呈现出的众多不同侧面也将杳无可寻。而且林先生不去记载大家熟知的人物，他为之立传的都是鲜为人知以及被人遗忘的人物。那一方方朱红色的印痕，透过色彩古朴的朱泥、质地轻盈的纸张，向林先生传递着各自的命运，而制造它们的印人也因为林先生的著录而名垂青史。

林先生在寻找印人资料的过程中，总是要翻阅多省地方志、《艺文志》、《印人传》、《人物志》以及各类人物资料书，他意识到在浩如烟海的资料里寻找一位名不见经传的印人是一件非常困难的事情。比如江苏一带印人的小传，可以有《江苏印人传》参考，但对友人所托查寻的吴中某印人，即便是殚精竭虑，也无从查证。且不说明清、民国时期的印人资料难以寻觅，就连有些近现代的印人资料也无从下手。所以林先生决心将自己所掌握的所有印人资料都予以公开，免得前人资料湮灭，后人要研究时没根可寻，没源可考。

在多种印人小传中，林先生以两个专题来进行研究：一是"莫愁前路无知己"系列，二是"谁人曾与评说"系列。这两个系列是有缘由的，前者源自高适《别董大》，其一为"千里黄云白日曛，北风吹雁雪纷纷。莫愁前路无知己，天下谁人不识君"。这是写给"高才脱略名与利"的琴师董大，诗中饱含着高

适对这样一位身怀绝技却无人赏识的友人依依惜别之意。林先生
引用此句写名不见经传的印人，与这些不曾谋面的印人进行着精
神上的往来，个中深情尽在这详尽扎实的小传里了。而"谁人曾
与评说"的上半句是"千秋功罪"，林先生说，他不评说千秋功
罪，只是客观评说印谱的成书年份、作者、内容、品相，适当加
入一些自己的观点。如今，"莫愁前路无知己"系列已经写竣，
共有200篇，印人200位，序跋不计算在内，这200位印人中，部
分是有典籍记载、大家较为熟识的，而大部分印人却失载于各种
工具书、参考书，难以找寻其生平资料。所以，能写成生平小
传，一是靠谱中的印作，二是靠谱中的序跋，将这些零碎点滴资
料，汇录辑成。

　　对民国篆刻家林洵的查证，就是他编写印人小传的一个典型
范例。林先生在广州购得《林洵印稿》四册，当时他并不知林洵
其人，只觉得印刻得不错，后来翻查了很多书籍，都查不到林的
资料，偶然读到一本小册子，才知道他是一位有才华的青年篆刻
家，存世的印不多，印谱亦只有林先生收藏而已。这部《林洵
印稿》，林先生记录了印稿名称、册数、尺寸、板式、印的数
量、内容、序跋有无、成书年份、印人资料，并将其图片发在
博客上。

　　再如对《萧儒怀印集》的著录，除了对印谱的基本介绍外，
对印人小传部分记载得格外详细。因为萧先生生活在渔梁，他只
属于地方性的名家，不为大多数人所知，殁后，其生平事迹就被
历史慢慢冲刷掉，若不是林先生有集藏之好，世人根本就不会知
晓历史上曾有此人存在。

　　林先生每天整理印谱并将查获的信息详细记录在自己的博客上，供有兴趣的人参考查阅，这其中也有趣闻。林先生在广州集雅斋购买了一册印谱，谱名为《止园印存》，印谱第一页就是一方白文印"鼎奎私印"，林先生将其拿回比对，确定此人为赵鼎奎，并将其记录在博客上。赵的后人看到林先生的博文激动地在下面留言说，70年代由于各种原因，曾祖父将所刻印章全部赠予嘉定文物部门，家里一方未留，希望与之联系。林先生在印谱间行针走线，不觉中竟接续了某个印人家族断线的一段佳话。

三

　　助人为乐、乐善好施是中国人崇尚的美德。林先生帮助他人从不计回报，对他人所求则倾囊相助，这类的事例举不胜举。比如遇到友人所求没有旁证的印谱，林先生会抽丝剥茧地解读其所载印拓，凭借蛛丝马迹去考察取证。不少圈内人每到香港必定要拜访林先生，他是有求必应。也有人在先生博客中留言说明所求的印谱，林先生不问来路，尽力相助。这其中，也有林先生曾经帮助过的朋友，事成后反咬一口，林先生却不以为意。他从别人的快乐中感受到欣喜，并不求别人日后的记挂。精明的人笑他傻，也许习惯计较得失的人看到老实敦厚的人总有那么一点恨铁不成钢的意思，其实林先生哪是真"愚"，只是大智若愚，不同于精明人的斤斤计较。林先生踏实做事，清白做人，免除了那些无谓的精明和算计，反而常生自在和欢喜。也有希望资助林先生的外国友人，林先生则当即谢绝，他不希望日后因为资金问题，欠下人情债，也为避免自己辛苦收藏的印谱最后沦落他乡。林先生善于筹谋远虑，即便自己节衣缩食，也不向外人伸手，由此阻断了不必要的纷争。

林先生是大爱之人，某次拍卖会中出现了一些林先生所未藏的稀见印谱，他很想得到，但时值印尼海啸和汶川地震，林先生权衡之下，毅然将购买印谱的大笔款项全都捐了。我知道林先生想的是，这些印谱能得一安身之所，亦是印坛之幸。他收集印谱的目的不在于能否予他所集藏，而是要唤起大家关注印谱这小众之物，不要因为此物的"小众"，而让先贤留下之文化遗产湮灭在我们这一代。

收藏印谱的圈子非常小，但人们关心的不仅是林先生收藏的印谱，更关心他的身体状况，常为他的健康祈祷。一到雨天，气压走低，林先生的身体则异常敏感，血管痉挛、胸闷乏困。但比起身体的病痛，更沉重的是精神上的打击，前几年，琴瑟鹣鲽，结缡数十载的爱人离去，让林先生难于释怀。宋代词人蒋捷曾作过一首《虞美人·听雨》，有云："而今听雨僧庐下，鬓已星星也。悲欢离合总无情，一任阶前，点滴到天明。"然而林先生坚强地挺过来了。很多时候，林先生是在与自己的身体做斗争，且这场拼搏旷日持久。只要身体稍有好转，他便要开始工作，也顾不上双手肿胀、奇痛莫名。为了不让亲人和朋友挂念，他还忍着痛苦照常握筷吃饭，装成若无其事的样子。有一天，溽湿的气候，再加上工作的劳累，他在取车时竟然在停车场晕了过去，幸亏抢救及时，才未导致事故。体力的透支、状况的不断反而让林先生更加刻苦，他要赶在思路还清晰的时间里，将所见印谱整理

成一个完整的系统。而这项工作是他心头上的结，这颗结标志着
他对有志于篆刻艺术者以及印谱藏家的责任感、使命感以及对曾
先生嘱托的回应。

印谱是林先生的毕生收藏至爱，除此之外，他还收集不少
古钱币、字画、佛像、砚台以及古铜印。佛像雕塑不仅各个体态
不同、神情各异，且不同的材料包括金银铜铁木石等，制造工艺
水平之高，都深深吸引了他。林先生收集佛像的原因有四：一是
其高堂生前信佛，二是看到老师收藏的精品佛像而喜爱，三是因
为对佛教事件的了解而产生浓厚兴趣，四是对佛像造型之美有好
感。佛像的造型，美在其静谧、庄严、慈悲、安然，林先生对佛
像的情感，并没有朝圣者对佛祖的祈求之心，虽少了几分仰视，
却衬托出纯粹的爱慕与敬畏。林先生喜爱的是佛像所传达出的古
人的厚重历史与多元风貌，是佛像所折射出来的前人的精神世
界，是佛像所映照出的众生心相。

有意思的是，林先生集藏的第一尊佛像是在20世纪70年代末
期，花了几个月的薪酬才得以拥有的。平时，他也有将佛像送给
友人，唯独此尊佛像坚持不送，这并不在于价格的高低，而是一
种情结所在。他所藏佛像，最早的为魏晋时期的作品，是从香港
摩罗街的一位朋友手上用其他藏品换来的。收藏最丰富时，佛像
竟有3400尊之多，大大小小，高低不等，放在橱里，像博物馆里
的陈列物。后来一位朋友要筹办博物馆，请林先生支持。林先生
二话不说，居然送出了一多半，条件是博物馆必须作展览用——
供观众参观、鉴赏。林先生送出去的，不光是佛像，还有古钱
币，美国某大学艺术史某教授曾到港向林先生讨教钱币学之事，

走时，林先生让他从存放古币的袋子里抓一把，抓得的钱币就算纪念品了。客人访后告辞，主人居然以"钱"相奉，以作"盘缠"，这也是第一回听到的饯别趣事。

旧时文人对于文房四宝常有偏爱，而砚尤为历代藏家之好尚。林先生收藏的砚台也有不少，他首次接触砚台是在曾荣光先生家中，后来曾先生归道山后，除汉砖砚送予师弟外，其余的，师母都送予他收藏。第二次接触砚，是"砚巢"王石舟先生在香港大会堂所举办的藏砚展，那时他在曾先生的带领下去参观，这也是他所见到名砚最多的一次。而真正将林先生引入砚石这个领域的，是80年代初期香港的一场展销会，他一次性买下数十方砚石。后来举办展销会的公司又请书店代卖，老板任林先生挑选。林先生在货仓中挑选了整整三天，挑出了3000余方砚石收藏。

"人无癖不可与交，以其无深情也。"对于癖好，有的人用来消遣、解闷，于是缓缓做下来，可以得见那种精微的风雅。而林先生穷尽所能一心致力于印谱集藏，其中的苦乐远非常人能想象，深情在这里不再是对美好物件的爱慕，而是再苦再累也甘愿的缕缕情愫、涓滴意念、一腔热血。印象里，林先生颇像一位下盲棋的世外高人，即便闭起眼睛，心中也自有丘壑。屋子里一盒盒各种材质的精致小印、一尊尊传神逼肖的佛像、一沓沓整齐有秩的印谱，上面插着索书签，井然有序。哪种印谱在这个房间所藏何处、有多少种版本、各种版本的先后顺序、版本间有怎样的区别、其优劣和特别之处，林先生都熟谙通解，了然于心。

对于普通藏家而言，收藏印谱也许更为注重的是各家流派、印文布局，而对于该印谱的版本便不会有过深的考究，因为常人

林章松先生和笔者在一起

林章松先生和笔者在深圳
尚书吧

和林章松先生等在尚书
吧谈出版事，左为殷梦
霞、王红蕾

很难再有林先生这么大的心力整合如此多的资料。林先生对印谱的感情不是据为己有，而是将其编目、著录、整理、归纳，最后为人所用。满室的印谱，经过林先生的精心编排为人瞩目和珍视，也是人与物的缘分，印谱或许可以随时光常存，而人则世世代代，来来去去，于是，欣于所遇，暂得于己。过手时珍重恭敬，解读一方石印上深浅纹路里蕴藏的故事，继而将这物件一脉相承，便是林先生的简单愿景了。

　　林先生对印谱的珍重不同于一些藏书楼、图书馆，很多收藏机构对于稀有资源的保护重心是隔绝外界的打扰，比如过去天一阁藏书，并不是谁都能进楼翻看的，那个为求读书而嫁给范家的姑娘，在第二天登楼时，看到了"女不上楼，书不出阁，外姓人不准上楼看书"的禁令，此后日日绣芸草为念，因芸草是给书籍除虫的植物。古人将书与世隔绝，也许隔绝了一点日常的磨损，却辜负了那个守望天一阁一生的女性，也少不了遭遇像薛继渭等大盗窃贼的窥视。

　　至于如今的公家图书馆，读者阅览都有一套规矩，除了证件之外，有的馆规定每次看书，还要收阅书费，扫描、拍照是要钱去打点的。林先生则不同，他的收藏重心在于把印谱的价值发挥到最大，每本印谱不仅自己考察得博贯会通，透彻明了，还乐意别人从中受益。博客上有陌生人求某套印谱资料，留下邮箱后，先生看了，亲自扫描发送给对方，也是常有的事。他不会将收集的印谱视若无睹，束之高阁，如有朋友慕名而来，他都会将各种珍贵印谱从书橱里取出来，一一摆在客人面前，没一点架子。林先生笑着说："书要亲近人，有人气，虫子也不生。"

　　愚公曾说："汝心之固，固不可彻，曾不若孀妻弱子。虽我之死，有子存焉；子又生孙，孙又生子；子又有子，子又有孙；子子孙孙无穷匮也，而山不加增，何苦而不平？"有人问林先生，整理这些不经见之印人资料为何，他回答说，为了让他人参考用。又问，看者几人？他答：今天一人，明天可能会更多，存点资料予后人所用，何乐而不为。愚公的山不加增，林先生的收藏与录入却是越积越多、任务越来越繁重的，先生的执着也超过了愚公。

　　林先生之伟大，也在于他的平凡。林先生的书斋名为"松荫轩"，因为先生和太太的名字中都有一个"松"字。"荫"，当指树荫。《荀子·劝学》有"树成荫，而众鸟息焉"句，引申为遮蔽。林先生的用意是能为这批鲜兹暇日、含辛茹苦而搜集来的印谱寻一保护之场所。在香港这座繁华又高速运转的城市里，还有林先生这样一位隐于浮世的大德之人，在日复一日地为千百年前那些不知名的印人著书立传、为印谱收藏添砖加瓦，但行所爱，不求他知；但行耕耘，不求闻达，心中藏着造福于后人的愿望，忍着病痛，在这条少有人走的路上蹒跚前行。

2017年4月于中山大学

（此文与董天舒合作）

关于《善本组周记》

六月上旬，我有津京之行，抵京的当晚，某出版社约有饭局。席间，某编辑告诉我，他在"孔网"上参与竞拍一本上海图书馆《善本组周记》，起拍一千元，但至三千元时，因限于实力，只能放弃。听后，我说：那您知道后来"花落谁家"了吗？他十分惊讶的是，《周记》现在我处。实际上，那次网拍，我的挚友文白兄也参与了，他以四千五百元投得。文白兄是深圳尚书吧的主持人，学者型的藏书家，家有藏书十二万册，所贮似一小图书馆般。得书后不久，他即与易福平兄至广州与我叙旧，并持示《周记》，大约是因为我曾在上海图书馆善本组工作过，所以他嘱我在书后写几句话。

此本《周记》，为20世纪50年代上海图书馆善本组之记事录，凡一册44页，始1955年1月3日，止1959年6月18日。然并非

善本組週記

一九五五年一月三日五八日善本組週記

一、善本經費過少遇有宋元精刻皆以價鉅
不敢問津然長此以零星小品充數未免於
保存古籍提高文化之任務不能盡責唯
請領導於上設計增加俾得以集事

二、本館每論善本和普通綫裝皆參紫釘
人手斷簡殘篇積久金壤凡未經修整之
書永無露面之日社會上尚有責言殊難
自解

三、開年以來本組已著手修改善本書目感

復旦大學教授趙景深於本月廿一日下午由
旦圖書宛東面介紹來本館閱覽善本有柳枝
經本館復函行
酹江二集唐教坊曲石玫証丰韻情書華
筵趣樂談笑酒令計四挭

本月廿四日下午周采泉又來補枝宋本杜詩

目次

本月廿八日至三月五日
上星期六下午廿六二月
來館閱覽善本西廂記特為撿出明萬歷
記萬歷李捷刻本西廂記崇禎李廷誤刻
刻北西廂殘本閫刻北曲南曲本萬

杜詩詳証
三月十日林同濟來館校對陳眉公評西廂
記萬歷李捷刻本西廂記崇禎李廷誤刻
本西廂記

三月十四至十九日
重編善本書目史部初稿完成
三月十五日致中央衛生研究院函送　館編醫
書目錄一冊　致瀋陽市中國醫科大學圖書
館函送醫目錄一冊

每周都有记录，1955年12月19日至31日仅记一事。1956年5月28日至6月9日亦仅记一事，全年仅三页半。1959年3月，仅记3至9日之事，共三行。4月份仅记21、24两日。5月份仅有2、29两日。6月份仅18日。又据笔迹，可知1957年6月10至1959年6月18日止，皆为瞿凤起先生所记。

《周记》书眉上多有车载、李芳馥批语，时在1955至1956年间。多毛笔书写，也有用红铅笔。批语后车仅一"载"字并注明日期，李则钤有印章。车载（1904—1977），1953年7月，市文管会所属上图划归文化局领导，车载为馆长，1957年调离。李芳馥（1902—1997），为美国哥伦比亚大学图书馆学院硕士，芝加哥大学图书馆研究院博士。1952年上海图书馆成立，任馆长，后任副馆长，1997年9月去世，享年96岁。

查50年代初期，上图善本组组长为沈羹梅，组员有瞿凤起、胡吉宣、王育伊诸人。沈羹梅，即沈兆奎（1885—1956），号无梦，江苏吴江人。清代重臣沈桂芬孙，北京著名文人，傅增湘藏园三友之一。方舆、典礼、音声、训诂，无不各造其极，尤精于簿录。卒年七十一，著有《无梦庵遗稿》等。瞿凤起，原名熙邦，字凤起，号千里，以字行，江苏常熟人。解放后，为上图善本组研究员，也是中国清代四大藏书家（瞿氏铁琴铜剑楼、杨氏海源阁、陆氏皕宋楼、丁氏八千卷楼）后人中唯一精通古籍的版本目录学家。胡吉宣（1895—1984），字子珣，浙江慈溪人。早年就读于北京大学，专攻语言文字学，供职于上图善本组及中华书局，晚年被聘为上海文史馆馆员。著有《玉篇校释》《字原》《字鉴》《玉篇引书考异》《六朝说文辑注》（未刊）等。王育伊，曾为上海图书馆筹备委员，著有《宋史地理志集证》。

此《周记》颇有史料价值，于中可窥当年善本组之工作，除编制《上图善本书目》及接待读者阅览之事外，拈得数条可供参考。

1955年1月3日至8日，记有三事。"善本经费过少，遇有宋元精刻，皆以价巨不敢问津，然长此以零星小品充数，未免于保存古籍、提高文化之任务不能尽责。应请领导上设法增加（经费），俾得集事。""本馆无论善本和普通线装，皆无装钉人手，断简残篇，积久愈坏，凡未经修整之书，永无露面之日。社会上如有责言，殊难自解。"车载批：容考虑。载。1/18。"开年以来，本组已着手修改《善本书目》，感觉现有参考各书不敷援用，至应如何添置手续，尚待从长计议。"李芳馥批：希善本组能提出业务上常用的参考书目，以便调拨或添备。元月十八。按：其时上图善本采购经费甚少，参考书工具书也不多，而且修复人才难觅，《善本书目》已着手修改。大凡上图善本组之事，下情上达，领导重视，时有批阅。

1955年2月7日至12日，记："重编《善本书目》经部初稿完成。"3月14日至19日，记："重编《善本书目》史部初稿完成。"4月11日至16日："重编《善本书目》子部初稿完成。"按：《上海图书馆善本书目》于1957年5月出版，初版窄十六开线装本，仅印两千部。书名为沈尹默先生题署。书目所收之书以1956年9月以前入藏者为限，计经部173种、史部639种、子部607种、集部987种、丛部64种，共计2470种。

1955年1月24日至29日："近闻文化局将有大批线装书籍拨

给本馆，内如封氏藏书颇多善本，俟接收后，本馆得以充实内容，固所欢迎，惟善本库房已极拥挤，新制橱柜尚待动力搬入，而预计亦无空隙可容多部，再有增加，必难堆积，似应预为筹划空间，以免临时杂乱，徒费人力。"按：封氏，即封文权，字衡甫，号庸庵，上海松江人。其高祖隐居华亭时开始聚书，历经三世，积书至数十万卷，储之五樨楼房，太平天国时，家人藏书于复壁之中，得免毁损。室名簸进斋。所藏多旧抄本及名人批校本，如何焞、方苞、姚鼐、阮元、孔广陶诸家。又多藏松江及上海地方文献和乡先辈之抄校本，综计得数百种。全部藏书于1950年运至上海，移交上海市文物保管委员会，后交上图保管。上图又有封氏手编《簸进斋书目》稿本71册。

12月19日至31日，记："31日，藏家杨元吉君派人送到求售善本书各首册四十九种到馆，其中精品居半数以上，总计其49种全书，索价二万四千余元。"按：杨元吉（1899—1988），字易三，曾任上海大德医院院长、大德助产学校校长、大德出版社社长、仪韵女子中学校长等，其藏书处曰"残宋楼"，至1960年11月30日，家中最后一批古书共927种，计2512册，再次无偿捐献国家。此处"二万四千余元"，当为旧币，合新人民币240元。中国人民银行发行新人民币在1955年3月，50年代末旧币基本上不再流通。

1956年5月8日："本组瞿凤起奉派往蒙自路抢救废纸中古书文物，发见太平天国收据三纸。"5月22日："抢救废纸工作中，先后检出洪宪收据四纸。"6月11日至23日："抢救废纸工作中，发见万历《会稽志》残本一册及金花县太平天国公粮通知单一纸。"按：1952年，华东文化部在上海武定路租屋成立文物整理仓库，从造纸厂废纸中抢救出许多有价值之文献，自此，抢救工作始终继续进行。洪宪收据，颇难得，盖洪宪为袁世凯所创"中华帝国"年号，自袁世凯1915年12月25日宣布改元"洪宪"，到1916年3月22不得不取消帝制，由于是短命皇朝所印各种契约、收据，乃至于瓷器、钱币等，所以文博界都视为稀见之品。金花县太平天国公粮通知单，极珍贵。前副总理陈毅曾对抢救所得太平天国海盐县粮户易知单上题识云："太平天国遗物，现已难得，此件完整无缺，甚可贵也。"

1958年11月2日："浙图毛春翔来馆参观阅览，宋黄善夫《史记》残本一册、元刻本《医学启源》、明刻本《吴越春秋》、明抄本《唐书猎俎》、会通馆残本《宋诸臣奏议》、元刊本《文粹》、明活字本《韦苏州集》等。"毛春翔（1898—1973），字乘云，浙江江山人，浙江省图书馆资深馆员，曾任革命烈士方志敏的秘书。精于鉴别，善于整理、保管，是浙江省著名古籍版本专家。毛氏著作中最重要者推《古书版本常谈》，他写作此书之基础，基于他在浙江图书馆整理、编目、鉴定古籍版本的实践，他在上图阅览善本，也是为他的著述收集材料。

1958年11月9日："北图赵万里阅览明刻《松江府志》《山阴县志》，清刻《台湾府志》，宋刊《唐鉴》《王建诗集》《三苏文粹》《妙法莲花经》《净心经》，明刊《盐铁论》《天禄阁外史》，明抄本《支道林集》《北堂书抄》，校本《读书敏求记》，元刊《百将传》，宋刊《东观余论》，明弘治本《中吴纪闻》，明刊本《狐媚丛谈》《丰韵情书》等。"11月24日：

"赵万里为全国书影事来馆阅览善本一百余种，选定各种版本六十六种，并代至中国照相馆摄影，由其直接寄去。"实际上，早在1955年6月9日至15日的《周记》上，即有"北图赵万里阅览善本共55种395册"的记录了。按：赵万里（1905—1980），字斐云，别号芸庵、舜庵，浙江海宁人。古文献学家、目录学家。从吴梅、王国维游，在北京图书馆从事善本采访、考订、编目、保存工作长达50余年，任北京图书馆研究员，善本特藏部主任，1964年被选为第三届全国人民代表大会代表，1979年当选为中国图书馆学会名誉理事，主编有《北京图书馆善本书目》《汉魏南北朝墓志集释》等。《周记》所云"为全国书影事"，乃指编辑《中国版刻图录》，该书1960年以珂罗版影印，由文物出版社出版，选书500种，有图版662幅，用宣纸印刷300部。1961年增订再版，选书550种，有图版724幅，用道林纸印制500部。《图录》所选多为北图、上图藏本。《图录》图文并茂，是全面论述中国古籍刻印，兼及学术发展历史的著作，是古籍版本研习者必须参考的工具书。

综观《周记》，记录虽非每周皆记，但从点滴记录中却可获知当年读者阅览情况及各种信息，如1955年5月24日载："馆藏《唐教坊曲名考证》一书，近有赵景深教授商请借抄，此书已甚破碎，照现状不宜多加翻阅，已交修文堂修装，估计工料需人民币贰元。"赵先生是复旦大学名教授，戏曲文献专家，此则当可知当年上图仍无修复古籍的专业人才，要修复图书必须去别家书肆，又可见善本古籍的修复装订费用，在其时是何等的便宜。

又如从中可窥见周采泉（宋本《杜工部集》）、赵景深

（《柳枝酹江二集》《教坊曲名考证》《丰韵情书》《华筵趣乐谈笑酒令》）、林同济（明万历刻本《北西厢》、闵刻北曲本、闵刻南曲本、万历李楩刻本、万历刻陈眉公评本、明崇祯四年李廷谟刻本、清康熙刻西厢解释本等七种）、胡道静（明初刻本《梦溪笔谈》）、龙榆生索去本馆善本书目一册、蒋天枢（明明阳山人本《杜诗》）、朱士嘉阅览方志数十种的记录，而周、赵、林、胡、龙、蒋、朱，皆为于古籍整理与研究的名学者。

我不知道其他图书馆的特藏部或历史文献部、善本部有无这类的记录，实际上，这种部门所保管的都是该馆最重要的馆藏，平时看似不怎么重要的一段记载，或可引出乃至推断出另一些事情的真实面目。所以，有心人工作之余暇记录些平时发生的"趣闻"，或突发之事件，那对于后人当有启迪之用。奇怪的是不知《周记》是何时散出的，更不知散出之原因了。前两年，某拍卖公司发来上海图书馆善本组所编某书目底本之图片，嘱我识别书中夹签之笔迹。原来那是50年代中在上图办公室工作的某同事之手笔，妙就妙在藏在"深闺"中的原件底本竟然也会飞出芸台，流落社会，更不要说先师捐赠策府之书也偶而见于肆中图录及网上之拍卖了。

2015年9月6日
于中山大学图书馆特藏部

一封三十三年前的信

　　偶见新浪网上"桐荫阁"的博客，载有1979年8月29日，顾师廷龙先生和我具名致邱力成信。信的内容是："邱馆长：您好。这次我们来杭参观学习，诸蒙热情接待，给予许多方便，看了许多珍贵图书，获益很大，深为感谢。又承枉教，颇多启发。所谈各事，我们当向领导汇报。临行时，犹劳亲来车站远送，更使我们过意不去。台驾来沪时，还望来我馆传经送宝，至为盼幸。"

　　这是一封很普通的信，我早就忘记了。但不知此信怎么会流出来的，据说还有不少有关资料，当然我是很想知道的。由于我正在增订先师《顾廷龙年谱》，且于年初所获新材料不少，似乎一百万字应该没问题。

　　毕竟是三十三年前的信，其中所提到的事，也勾起了我的点滴回忆。信是写给邱力成的，当年他是浙江省中心图书馆委员会副主任、浙江省图书馆的副馆长，主管历史文献部和其他工作。邱早年曾在四明山上打游击，是一位"老革命"。第一次见他时，瘦高的个子，戴了副眼镜，胡子也没刮，说话不紧不慢的，有时还带点小官腔，但他很随和，没有什么架子，笑嘻嘻的，给人一种很容易接近的感觉，所以没多久，我们就很熟了。

顾廷龙先生与笔者

　　浙图的历史文献部，在杭州外西湖孤山，旁边就是西湖，也是近水楼台的关系吧，浙图的善本书库（含碑帖、尺牍）和线装书库，以及旧平装书（并旧期刊、旧报纸）和办公楼就建在那里，对于工作人员来说，在这处妙境里出勤，真的是有一种"天堂""福地"般的享受。

　　顾老是在这一年的七月山西太原晋祠举行的中国图书馆学会成立大会上被选为第一届中国图书馆学会副理事长的，也是内定的《中国古籍善本书目》主编。那年顾老76岁。顾老和我去杭州，是因为他想了解浙江地区对古籍善本的普查以及工作进展的情况，在这之前的三月，顾老就偕我和任光亮兄去了广州，那是去参加中国古籍善本书目编辑委员会召开的"全国古籍善本书版本鉴定及著录工作座谈会"。我在那次会议上，做了一次"关于版本鉴定的几个问题"的专题发言。这之前之后，南片地区的上海、江苏和浙江等地的善本书编目整理汇总工作都一直是编委会的重点。

根据我的小笔记本上的记录，顾老和我是在8月25日的清晨，坐6点10分的火车离沪去杭的。上午九时半抵达杭州，是邱力成副馆长来接车的。他安排我们住在西湖边上的新新饭店（饭店实际上是省委招待所，离浙图历史文献部不远，所以后来每天早上8点多，顾师和我就散步走过去了）。下午即去外西湖，详细了解浙江省古籍善本普查、编目的进展情况。记得刘慎旃、何槐昌、吴启寿、凌毅、谷辉之等人俱在。

次日上午，凌毅、谷辉之来看望顾老，补充谈了浙省古籍善本具体工作及参与人员的情况。浙江地区的古籍书目编辑小组是在当年的2月中旬成立的，时浙江省文化局在杭州召开古籍善本书目编辑工作会议。下午，顾老和我都在浙图看书。27日，在历史文献部又待了一天，总共3天。28日，顾老偕我离开杭州，返回上海。邱馆长到车站送行。而我们回到上海后之次日，即由我拟写并经顾老审定而给邱馆长的致谢函。3天后的9月1日，上海市文化局组织组派人来上海图书馆宣布领导班子名单，由市局提名，并经上海市委批准，任命顾老为上海图书馆馆长。

在浙馆看了不少书，但大多已没有什么印象了，只记得抄了翁方纲致石韫玉手札数通，因为那时我仍在为写作《翁方纲年谱》而搜集材料。还翻过一大册《小百宋一廛宋元本书影》，这本书影共101页，之前上海图书馆藏的陶湘辑107页的《宋元明本集锦》，我曾翻过，其中宋元刻本占百分之九十的比例，颇有看头，所以我有兴趣。

还有一件事也很有意思，值得一写，那天下午在浙馆，我说我很想再去孤山善本书库看看，顾老说他不去了。而刘慎旃说我陪你去。当时天气不好，有小毛花细雨。在善本书库里我没有去看那整齐的书柜里的善本书，包括那十分醒目的文澜阁《四库全书》，我在意的是角落里的东西。我在书库当中一排叠起的书箱（无箱盖）里看到不少未编书，第一眼看到的是数十册一套书，上面没有遮盖的纸，第一册上灰尘厚厚的，大约若干年没有人动过了，我拿了二册，在书箱旁轻轻拍了两下，又翻开书的一角，映入眼帘的是我熟悉的字体，这绝对是明万历刻本，再一翻，便发现一册中有十数种不同明刻本的字体，这是很稀奇的，我过去从来没有见过这样的本子。于是我征得刘慎旃的同意，拿了三本再掸了掸灰，掩在衬衣里（因有小毛毛雨）带到了部门办公室，请顾老审定。

顾老一看，就说这是明末或清初学者所辑明人文章，是从许多明人文集中辑出来的，里面有明人墓志铭、行状、祭文等等。顾老说：这部书很难得。此书为不分卷，为目录六册、传五册、墓志铭十七册、行状五册、祭文六册、墓表三册、碑四册、赞一册、议附公移三册、论五册、解一册、策三册、书十四册、序十八册、题跋一册、记八册、诗三十五册、说一册、考一册、辨一册，总共一百三十八册。

此书为清代诸生黄澄量五桂楼藏本。澄量，字式筌，号石

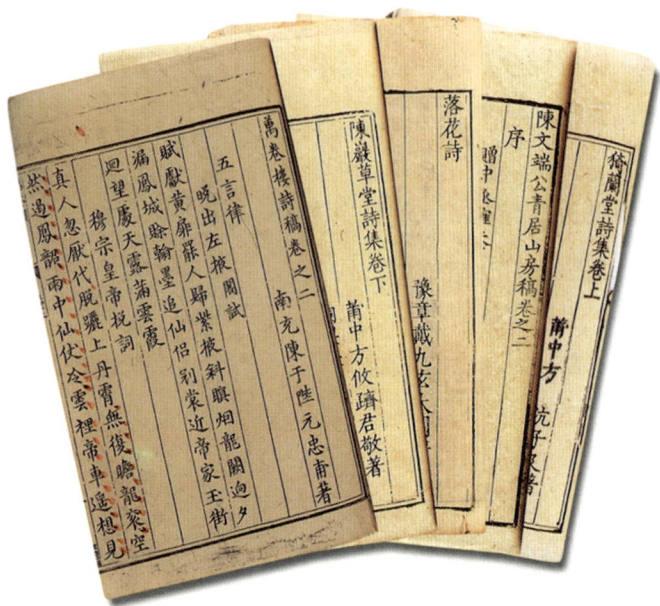

今文类体

泉，浙江余姚人，喜藏书，所藏多得自慈溪二老阁，有不少为黄宗羲旧藏，故为世所重。阮元《黄氏五桂楼藏书目序》云：黄澄量"慕远祖宋时号五桂者昆季五人并著清望，遂以五桂名楼"。藏书楼，位于宁波市梁弄镇学堂弄，建于清嘉庆十二年（1807），聚书五万余卷，有"浙东第二藏书楼"之称。

这部难得的书，随其他黄氏藏书于1956年交由浙江图书馆庋藏。由于常年隐于书柜，尘土遮于封面，不被发现，而重见天日，也是缘分，后来，浙馆编目定下书名《今文类体》。谢国桢《江浙访书记》中也写到了《今文类体》，当然谢先生不知道发现的过程。而顾老为谢先生的这本书写的《回忆瓜蒂庵主谢国桢

顾廷龙先生与笔者

教授》（代序）中说："某年先生游杭归来，为言曾在浙江图书馆获见《今文类体》一书，五桂楼主人自编未梓稿，极为珍贵。余先曾见之，颇有同感。鄙见此书皇皇巨编，刊印不易，似可编一细目注明其抄本刻本，已刻未刻，使读者见其目，如读其书。先生然之。"1991年9月29日，顾老致笔者信中也提及此事："最近，浙江省举行'浙江省第一届书法艺术节'，邀我去参加开幕式。会后到浙图重看刘老先生所介绍的《今文类编》一书，尚未修理，签条封面，一触即落。刘老已作古人，不是他识得，有谁识之？"如今，这部《今文类编》，在《中国古籍善本书目》里著录的版本项作"明刻本"，但收藏单位是天一阁文物保管所，这是不准确的，应该改为浙江图书馆才是。

在浙馆，邱力成馆长和我专门谈过一次关于培养古籍整理及版本鉴定专业人员的事。他问我：这方面的人才如何去培养，你怎么看？他是很诚心地征求我的意见，因为浙馆已经面临这方面的问题了。我当时说了三条，是从我自己走过的路来说的。这三条后来我在不同的场合都说过，包括北京、台北。三条分别是：第一是自己要主观上想学，甚至要当作一项事业去做；第二是要有好的导师，最好是一流的专家，他们的实践经验丰富，可以从各方面去指导你；第三是要有大量的善本书、普通线装书以及工具书、参考书可以看、查，而且要不断地总结。三条中缺一不可，而第二、三条是相辅相成的。邱馆长对我的说法表示同意，他以为浙馆第二条没有办法解决。当然，没有好的一流师资，这也是各大图书馆几十年来所无法解决的问题，也没有人能说出自己的"师承"，所谓的"专家"也多是自学努力而成。直至今天，国内的古籍版本鉴定都没有一位"一言九鼎"的人物，这二十年内再也不会出现似徐森玉、顾廷龙、赵万里、潘景郑、冀淑英这样的大家了，包括他们的道德文章。

如今顾老已骑箕天上，邱馆长也御鲸西去，刘慎旃、凌毅、何槐昌则相继离世，吴启寿八二高龄尚健在，而当年的小姑娘谷辉之，曾在2001年时作为美国"哈佛燕京"的访问学者，在哈佛燕京图书馆参与我的《哈佛燕京中文善本书志》的写作计划，一年后回到浙图，取得"研究馆员"职称后不久也退休在家多年。俱往矣，昔时之事，一恍竟然三十三年，真是流年似水，时光似箭。津亦老矣，然手上之事，尚未完成，仍须努力。

2012年7月17日

《前尘梦影录》序

　　乙未深秋，津有北京之行，其间在孟繁之兄的带领下，拜见了住在北大的周景良先生。景良先生为周叔弢先生第七子，雍容大雅，受家庭熏陶和影响，虚怀若谷，不露锋芒。对新科技、新事物，他又表现出浓厚的兴趣，能与时俱进；而对于版本目录、金石书画、国粹京戏等，方寸海纳，休闲时则以此为乐。是一位上交不诌、下交不骄的纯正长者。那次见面，景良先生嘱繁之兄将顾师廷龙先生早年过录前人批注的《前尘梦影录》光碟寄我，希望我写一篇"读后记"之类的小文。回广州不到三天，我就收到了繁之兄发来的快递。

　　《前尘梦影录》是一部记录文房珍品、金石书画的书，涉及旧墨古纸、砚石碑拓、古铜玉器、牙牌铜牌、书法刻石、古籍绣像、泥封以及杂件等，也记程瑶田、姜垛、汪启淑、许梿、伊秉

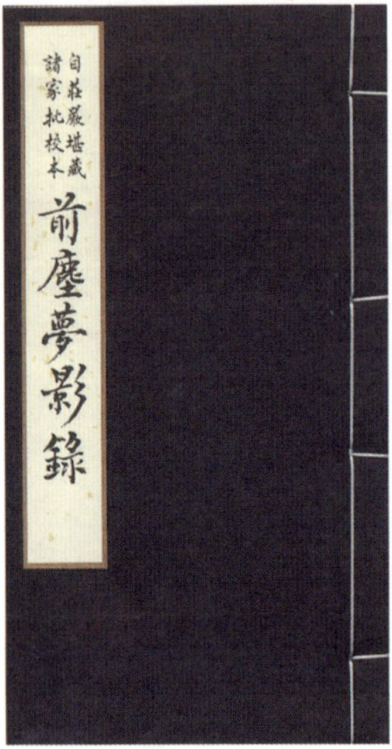

前尘梦影录

绶、董洵及汲古阁毛晋等人物琐事，评骘其源流高下，井井有条，盖非寻常古董家所能道者。还记得四十多年前，因为想要弄明白元代刻书字体是怎么回事，我即注意到这部在清末民初比较有名的书并去查核过。

《梦影录》的作者徐康是一个没有什么功名的读书人，生于嘉庆十九年（1814），约卒于光绪十四年（1888），寿七十五岁上下。康，字子晋，号窳叟，别署玉蟾馆主，江苏苏州人。博雅嗜古，精鉴赏，世擅岐黄，善书法，尤工篆隶。除《梦影录》外，还撰有《虚字浅说》一卷、《古人别号录》两册，可惜的是，在太平天国战争中，家中书籍文物荡然无存，此两种书亦一同付诸劫灰。

据《梦影录》自序，可知此书为徐康随忆随录吴地所见古籍、书画、文物等的记载。序云："蘧园主人属记所见古今隃麋，卒卒鲜暇。客夏养疴虞阳旧山楼，地邻北麓，几砚无俗尘扰，遂日忆疏录，得数十则，牵连及文房纸砚、法书、名画、书籍。忆昔在道光壬辰冬，于破书堆中买不全《书影》二本，读之爱不释手，余之嗜书籍古董即于是年始。"旧山楼为清末赵宗建藏书处，赵为江苏常熟人，字次侯，号非昔居士。居县城北门外报慈桥东之半亩园，藏金石图史甚富。半亩园明代天顺间为南京左副都御史吴讷所有，在虞山北麓之破山寺前，有思庵郊居、乐宾堂、贞寿堂、东小楼等，宗建重为修葺，并颜其东小楼为"旧山楼"。是书当为光绪十一年（1885）徐康养疴旧山楼时所写，其时徐氏七十二岁。壬辰，为道光十二年（1832）。《书影》者，即周亮工之《因树屋书影》。

此书名"前尘梦影"，盖因"考因树屋斋名，为栎园先生在请室中，庭有大树，随笔记忆而无伦类，以携无编籍可核稽也。余于先生无能为役，然随忆随录，则同前尘梦影"。按："前尘"者，佛教称色、声、香、味、触、法为六尘，认为当前之境界乃由六尘构成，都为虚幻，所以称之"前尘"。今指从前的或过去经历之事。"梦影"，犹幻影。不同的是，周亮工的《书影》是在其蒙难图圄时写成，而此《梦影录》则完成于香雪成海，暗香疏影，风景这边独好的旧山楼。

《梦影录》，计二卷，卷上一百十九则，卷下一百零三则，共二百二十二则，三万七千余字。光绪二十三年（1897）江标任湖南学政时刻于湖南使院，并入《灵鹣阁丛书》中。《丛书》共六集五十六种，此在第四集。江标，字建霞，号师鄦，江苏元和人。光绪十四年（1888）举人，翌年成进士，授翰林院编修，戊戌变法失败后革职永不叙用。江标最初见到徐康，是在苏州玄妙观世经堂书肆中，那时标仅十六七岁，他对徐康的印象是"非寻常古董家"。

江标是据徐氏稿本而刊刻的，并作序云："方今事事崇新学，而于金石、书画、图籍一切好古之事，恐二十年后无有知之者矣！"作序时江标三十七岁，后三年即卒去，年仅四十，也正是他学养功深之时，可惜天厄贤人。除了江标，《梦影录》中还有杨岘、李芝绶序，于徐氏之说如见如闻，赞誉有加。杨岘云：徐氏"精鉴赏，金石书画，到手皆能别其真赝，盖今日之宋商丘（荦）也……于所见文房珍品，一一论说，并著其究竟，诚考古家之指南，后来者之龟鉴矣"。李芝绶亦云："凡书籍字画、古器奇珍，一入其目，真赝立辨，盖阅历深也……壮岁得周栎园《书影》残帙，因仿其意，追忆劫前所见文房珍品，以类相从，著为论说，以示来兹。"

打开《梦影录》的光碟，图片清晰之极，与原件几无差别，展页重观，细读先师手迹，老泪滂沱，竟有恍如隔世之感。五十六年前，津迫随杖履，重忆旧游，坠雨飘风，零落都尽。如今先师墓有宿草，人天永隔，余亦晚景侵寻，非复昔年胜概，念此为之怃然。

这是江标刻的《灵鹣阁丛书》本，顾先生在1938年9月为周叔弢先生迻录前人批注的《梦影录》文字，扉页上书有"戊寅九月，据章氏四当斋藏批本，为叔弢世丈迻录一通。朱笔传式之先生语，蓝笔传吴伯宛先生语，绿笔传某氏语。间附管见，并希鉴教。顾廷龙记于燕京大学霜根老人纪念室"。按：戊寅，为1938年。式之，为章钰。吴伯宛，即吴昌绶。

章钰，字式之，又字望孟、茗理，别署霜根老人等，江苏长洲人。生于同治四年（1865），卒于民国二十六年（1937），享年七十三。光绪二十九年（1903）为进士，以主事用，签分刑部湖广清吏司行走，三十三年（1907）入两江总督端方幕。宣统元

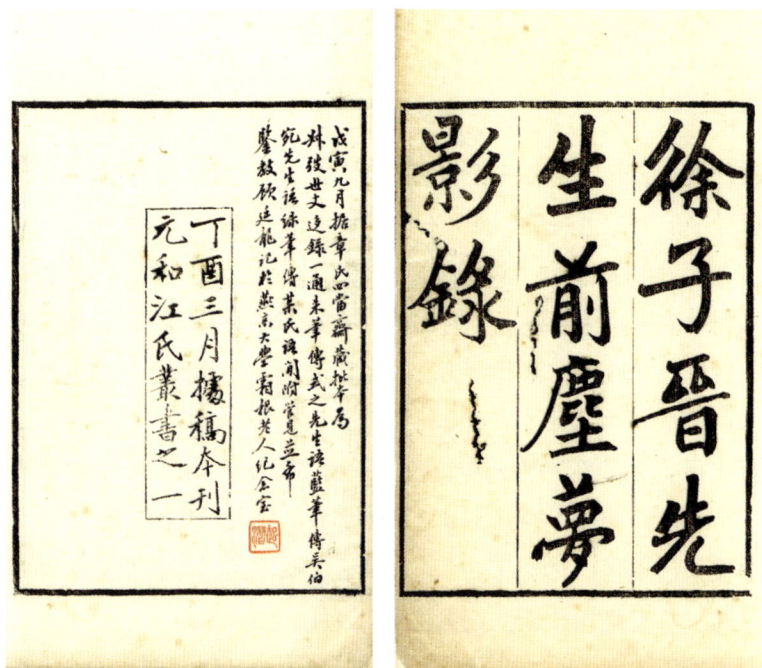

前尘梦影录

年（1909）入京供职吏部，调外务部，充一等秘书、庶务司主稿兼京师图书馆编修。辛亥后退居天津北郊求是里，食贫沽上，却扫杜门，校书遣日。晚年移居北平。平生治学，尤长于金石目录及乙部掌故之学，晚年积书至百六十箧。章氏有书癖，尝以南宋尤袤嗜书有"饥当肉，寒当裘，孤寂当友朋，幽忧当金石琴瑟"语，将读书处名曰"四当斋"。

吴昌绶，字印臣，又字伯宛，号甘遁，别号松邻、甘遁村萌，浙江仁和人。吴焯之后裔。光绪二十三年（1897）举人，官内阁中书，尝佐尚书吕海寰、侍郎吴重熹幕。熟于目录学，尤究心典故名物，为人俶傥不羁，与章钰交谊之笃数十年如一日，通借往还甚密，章氏四当斋之书多有吴氏手批题识。好刻书，有《松邻丛书》，又影刻双照楼《宋金元明词》十七种。殁后，章氏代其女吴蕊圆辑有《松邻遗集》十卷，顾先生又搜得其零稿编成《吴伯宛先生遗墨》，又有《定盦年谱》等。

早在1931年秋，顾先生始识章氏，据顾先生云："辛未季秋，龙来燕京大学肄业，时先生亦方自津步就养旧都，始克以年家后进登堂展谒，获聆绪论。"章氏亦云："年家子顾子起潜，修业燕京大学，时过余织女桥傥舍，讨论金石文字及乡邦掌故，至相得也。"章顾为忘年之交，开始交往时，章六十七岁，顾二十八岁。顾先生自1933年7月在北平燕京大学图书馆工作，任中文采访主任。1938年2月，先生编《章氏四当斋藏书目》，费时四月，日坐霜根老人纪念室中，9月，《藏书目》出版，先生为周叔弢迻录《前尘梦影录》中之批语也是此时完成。如今，燕大藏书早已并入北京大学图书馆，纪念室也成幻梦之影了。

吴昌绶是在1915年从章钰处借观，并注"后二十年乙卯岁，从茗簃先生借观，小有签记，殆所谓强不知以为知者"。"徐叟文字，颇有市气，中多耳食。然老辈见闻赅洽，终不可及，循玩数过，以鄙说附著简尚，俟二十年后人批抹"。"昔人颇讥覃谿专辄批抹，吾忍不能忍，复蹈其辙，涂坏吾茗簃一本好书耳。前不见古人，后不见来者，如此大涂大抹，亦诚无谓吾对过矣。"

此本又有张絅伯及周叔弢批注。絅伯，名晋，字絅伯，号千笏居士，浙江宁波人。1885年生，二十三岁在上海南洋公学毕业后赴日本留学，读商科一年。回国后在宁波任教员。1921年供职哈尔滨盐务稽核所，越二年在青岛筹设明华商业储蓄银行分行，任经理。后至上海，任总经理兼青岛分行经理。抗战胜利后，参加爱国民主运动，加入中国民主建国会。1946年6月23日，被上海各界人民团体推举为和平请愿团十一名代表之一，与马叙伦等赴南京请愿。新中国成立后历任第一、二届全国政协委员，第一、二、三届全国人民代表大会代表，政务院外交部条约司专门委员。1969年病逝于北京。余暇致力于研究徽墨、古钱币，收藏颇富，为当时钱币收藏界知名人士。著有《四家藏墨图录》等。

张絅伯批注中对徐氏所作颇有微词，认为其叙事往往张冠李戴，且有耳食之谈，不诚不实。如："松邻评注作于1915年，距今逾五十寒暑。顷又假读一过，徐叟不仅文字多市气，录中所托古今隃糜，综计四十七则，序次凌乱，时代颠倒，稽诸载籍，考之实物，谬讹百出，鱼龙杂糅，无多取焉。""程氏墨苑、方氏墨谱，徐叟殆未见原书，妄加臆测，以致谬讹百出。""徐叟叙事颇多不符事实，论断亦欠恰当，松邻批注评点中时露不满，我有同感。""徐叟对古泉是门外汉。"张絅伯曾参加各种泉币学社，并参与创办《泉币》杂志，对钱币学、钱币史及钱币的考据均有研究。提倡"凡创一议，立一说，必本诸货币原理，史志依据，实事求是，言之有物，力避穿凿"，颇多真知灼见。

周叔弢，又名暹，字叔弢，以字行，晚号弢翁，安徽至德人。早年为华新纱厂常务董事，又为启新洋灰公司董事长、开滦煤矿公司代理董事长。解放后，历任全国政协副主席、全国人大常委、天津市副市长、全国工商联副主席等职。富藏书，精鉴别，藏书均献于各图书馆。有《自庄严堪善本书目》。据周景良

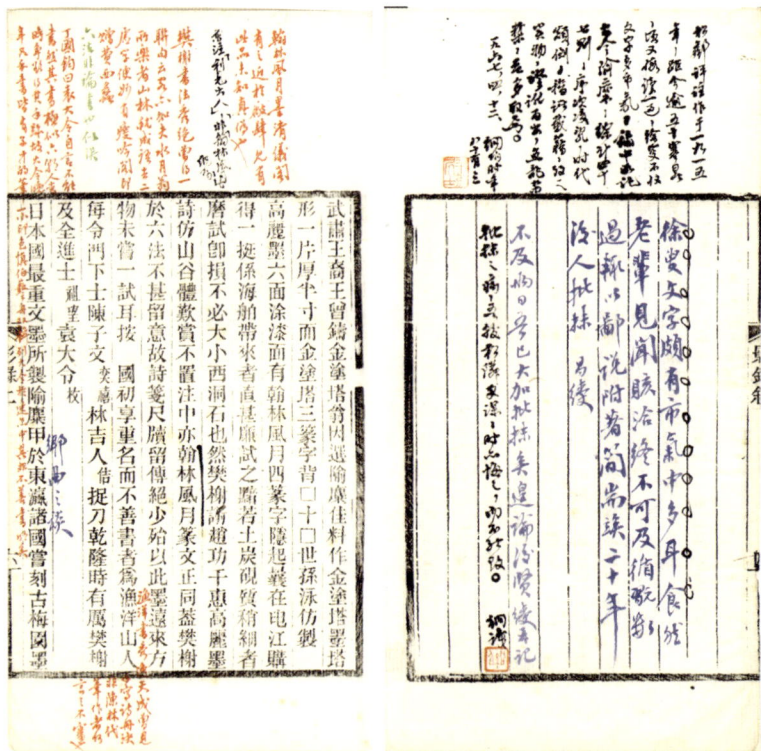

前尘梦影录

书中所志，"此册乃亡兄珏良故物，盖受之先父者也。其上卷之第十、十二、十八、二十四、二十八、二十九各叶，及下卷之第一、二、三、四、五、六、七、九、十一、十七、十八、二十二各叶诸墨批，是先父叔弢公手迹，而皆未署名，因书此以志之。一九九九年七月十一日，周景良志。景良妇朱宜书。"

此本批注共一百九十五则，计章钰七十六则，吴昌绶四十一则，某氏六则，张纲伯三十八则，周叔弢三十则，顾廷龙四则。

其中吴氏批注在1915年，章氏在1920年，顾氏在1938年，张氏在1967年。顾先生之批注又见《顾廷龙全集·文集卷》。我不知道顾与周叔弢先生是如何认识的，仅知他与周叔弢的长子周一良（太初）是燕京同学。

《梦影录》经江标刊刻后，引起学界之注意，后来《丛书集成初编》《美术丛书初集》均予以收录。又钱启同辑《玉说荟刊》时收录了《前尘梦影录摘抄》一卷，吴昌绶曾取其上卷"纪墨"部分，刻入《十六家墨说》，题作《窳叟墨录》。然经周绍良先生核实考订，发现徐氏所记多与实际不合，共找出十七条错误。《梦影录》在流传过程中，也有一些学人如赵宗建、许增、曹元忠、缪荃孙、丁国钧、李放、范祥雍等人，就己所见予以批注，其中不少颇具史料价值。2000年，中国美术学院出版社出版《艺苑珠尘丛书》，其中有孙迎春校点、范景中作序的《前尘梦影录》，该书增入了整理者收集的许增和赵宗建批注，其中许氏所批二十一则，赵氏为十九则，共四十则。

也正是流播所及，《梦影录》中的一些错误，一直延续至今，如"元代不但士大夫竞学赵书，如鲜于困学、康里子山，即方外和伯雨辈，亦刻意力追，且各存自己面目。其时如官本刻经史，私家刊诗文集，亦皆摹吴兴体"之说，以致写版本鉴定、书史简编的作者，几乎全部受其误导。

《灵鹣阁丛书》本《前尘梦影录》并不珍贵，但周叔弢先生藏本之价值，却在于不仅有顾廷龙先生的手迹，并且过录了前贤的许多批注。细读此书，不但可以增长见识，开阔眼界，而且可以窥见老辈学者对学术研究的细致认真、一丝不苟的态度。过录前辈批注的顾廷龙先生（1904—1998），字起潜，号匐諓，江苏苏州人。为图书馆学家、版本目录学家和文献学家，而且也是书法家。他治学严谨，著述精博，书法造诣也深，是1961年4月成立的上海市中国书法篆刻研究会的六位理事之一，曾于1963年、1979年，分别作为中国第一批书法家访日代表团和上海书法家代表团成员访问日本，他也是中国书法家协会名誉理事。顾先生从来不以书家自居，但他的书法是温润静穆、平和自然、婉丽清逸一类，可以给人一种玩味无穷、流连忘返、细嚼不尽的意味。

2016年"五一"国际劳动节
写于广州中山大学

《自将摩挲认前朝——宋绍定井栏题字释注》序

　　在我的记忆中，童年时代我和爷爷奶奶及父母亲住在上海虹口区宝安路延龄新村14号，房子的外面有一口并不很大的水井，上有石质的井栏。盛夏的时候，水特别的清凉，祖父喜欢吃冰镇的西瓜，那时没有冰箱，我和弟弟就把西瓜放在一个编织的口袋中，沉入水井，大约浸个一天，晚上切片食之，感觉上就会沁人心脾，去掉暑气了。四十多年前，我曾去宝山城厢镇南门街我未婚妻家，她家的天井里也有一口水井，夏日，她们和邻居家的用水也是从井中汲取。这大约就是我初时对井的认识了。然而这种井都是现代所开凿，时间不长，历史也谈不上悠久。

　　在几千年的封建社会里，井是不可或缺的，乡村城镇的不说，即在一些大家之第宅园林里，应皆有井。或以北京为例，老北京居民的饮用水在没有自来水之前，是靠井水。元大都有十万居民和军队，包括宫廷用水都是打井取地下水。光绪年间内外城即有土井1245眼。在现代化的城市中，任何家庭不仅是洗衣做饭如厕，都离不开自来水，如今城市多经改造，森林般的大楼矗立，所以水井已经很难见到了。

井栏的外形有圆形、棱形、八角形、方形，质地也有石质、铁质、陶质，有意思的是井栏上有的凿字，有的则无，字体也有楷书、隶书及篆书之别。当然，井栏之历史悠久者则称之为文物古迹，需要有关文物单位特意保存的。

苏州历史上多井，亦多井栏。苏州文人对古井栏有很多记述。叶昌炽在《语石》一书中，就记有苏州的宋元井栏拓片十余通，其中以"亨泉""智井""方便泉"为最精。清代顾震涛的《吴门表隐》里，也有对井阑石刻的记录。

大约是七年前，我为增订《顾廷龙年谱》之事，前去上海收集材料，事先我和顾廷龙师的哲嗣诵芬先生相约在上海淮海中路顾师旧居见面。那次在诵芬先生的帮助下，我居然又发现了不少新材料，其中就有合并为一册的《复泉题咏》及《冰谷老人遗墨题咏》，由于是顾师手迹，初初一看且有年月日，又是我过去所未见过的，所以我就向诵芬先生提出，可否让我先借用并核查。后来我在美国将之细细读了一过，才知道这是顾师在四十年代时据原件所录的。取之核校《顾廷龙年谱》，实有多处记述，如：

1942年10月11日，有"访林子有，持《张惠肃年谱稿》，请其审定，并以《先君遗墨》及复泉拓求题"。

1943年4月28日，有"访姚光，还《复初斋文》，并求题'先君字卷'及宋阑拓本"。

1945年1月7日，有"钞《先君手卷》题"。

1月8日，有"钞《复泉题咏》"。

这里所说的"复泉"即指复泉之井栏，为宋代绍定三年（1230）所置，位于苏州十梓街58号。那是民国六年（1917），顾祖庆购得原严衙前清代布政使朱之榛旧宅，在清理维修庭院时，发现一井栏，形制古朴，经清洗辨认，竟为清金石学家叶昌炽《语石》中所云苏州城内著名的宋代二井栏之一，名"复泉"，另一为"亨泉"，在杉渎桥。顾祖庆为顾师之祖父，字绳武，号荫孙，同治十三年（1874）以苏郡第一人补元庠博士弟子员。光绪四年（1878）以湖南协黔助赈，议叙中书科中书。其潜心经史有用之书，旁及诸子百家，兼通禅理。

井栏刻字始见于南朝梁代，现存最早的井栏大约是梁天监十五年所造，根据记载，似有二件，其一是字可完整识读者，但今已下落不明；其二即《金石萃编》著录的孙星衍访得本，王壮

弘《增补校碑随笔》在石井栏题记中云："天监十五年，正书，乾隆五十年孙星衍访得，原在江苏南京。"罗振玉《石交录》卷二载云：清末端方任江苏巡抚，署两江总督时，从句容城把此天监井栏运至南京，后经估人手，辗转东北，于1922至1924年间售于日本京都藤井氏。今此井栏上的文字为："梁天监十五年，太岁丙申，皇帝愍绠汲之渴乏，爰诏茅山道出钱救苦，作亭，掘井十五口。"凡七行，字体与《瘗鹤铭》相似，然字迹漫漶残缺，现在日本陈列于京都有邻馆。

梁天监十六年（517）井栏，是1981年3月在句容市茅山玉晨观旧址处的张姓村民家中猪圈里发现的，早在1958年即从玉晨观旧址前的废井中挖出，当时被这户村民搬到家中，后被发现再移至县图书馆院中，1992年3月转徙至茅山大茅峰九霄万福宫。井栏为圆形，在井栏外表石面上竖行题刻"此是晋世真人许长史旧井，天监十四年更开治，十六年安栏。"楷书大字，共六行，行四字，共二十四字，字迹多模糊漫漶。

井栏刻字至宋代则极盛。宋人凿井多为追荐亡人，他们认为凿井供周边邻舍使用，以此功德，超度亡灵，使之离苦得乐。此井栏内圆，外呈八角，每面高54厘米，宽26厘米。一面刻有宋人题记七行，意谓绍定三年十二月，沈某妻王二娘三十岁难产身亡，特造义井普施十方。另四面刻大字"顾衙复泉义井"和"崇祯七年（1634）四月"字样。考为明天启御史顾宗孟所题。查顾宗孟，字岩叟，江苏苏州人。万历四十七年（1619）进士，授定海知县，在任五年，去时民争相留。周顺昌逮下诏狱，宗孟尽力为之奔走。崇祯初，起福建参政。以母老归，卒年五十二。

顾祖庆得此宋代文物，自是欣喜，乃将其移至东书房，并命名为"复泉山馆"。祖庆仲子元昌（1876—1933），曾对此井栏有详细考证并撰跋文，又令子廷龙将"复泉"井栏之铭文拓下。后顾师将之裱成大本册页，遍邀当时吴中耆宿、社会名流留题以为纪念。此册前有吴湖帆绘画，题端、题款及作词赋者为：王同愈、金天翮、王怀霖、顾柏年、张一麐、王季烈、吴梅、徐中舒、商承祚、许厚基、江宁宗、汪荣宝、许同莘、钱玄同、黄子通、胡适、闻宥、郭绍虞、潘昌煦、俞陛云、章钰、祝廉先、吴雷川、商衍鎏、唐兰、张尔田、刘节、胡玉缙、费树蔚、胡朴安、王謇、潘承弼、章炳麟、叶景葵、张元济、单镇、杨钟羲、夏孙桐、邵章、李宣龚、陈叔通、刘承幹、叶恭绰、林葆恒、钱锺书、吴湖帆、姚光。诸人题咏时间为1929至1943年间，顾廷龙先生题之为"复泉题咏"。

我最初只是以为当年顾师为了这件文物曾请数十位名家题诗题词题画，确是文人雅事，收集不易，脑子里闪过的只是苏州顾家老宅的宋代井栏以及各家题咏原件或在"文革"浩劫中毁去，而没有去追查他们的下落。

我之所以特别看重这册《复泉题咏》，是因为一是顾师的手迹，那端庄秀丽的楷书中又夹杂着笔势优美的行书，是我最为熟悉的"顾体"，用的也是顾师当年自用的稿纸。二是保存了那么多的名人学者对于宋代井栏的历史考证和吟咏，尤其是须眉交白的德高望重、万流景仰的人物，如王同愈、吴梅等，不少考证是文字凝炼、言简意赅，这是极为难得的。三则顾元昌、廷龙父子竟然在十四年中，锲而不舍、笃行不倦求得四十余位大家的题词

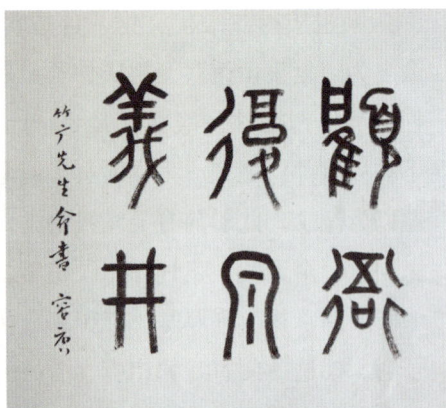

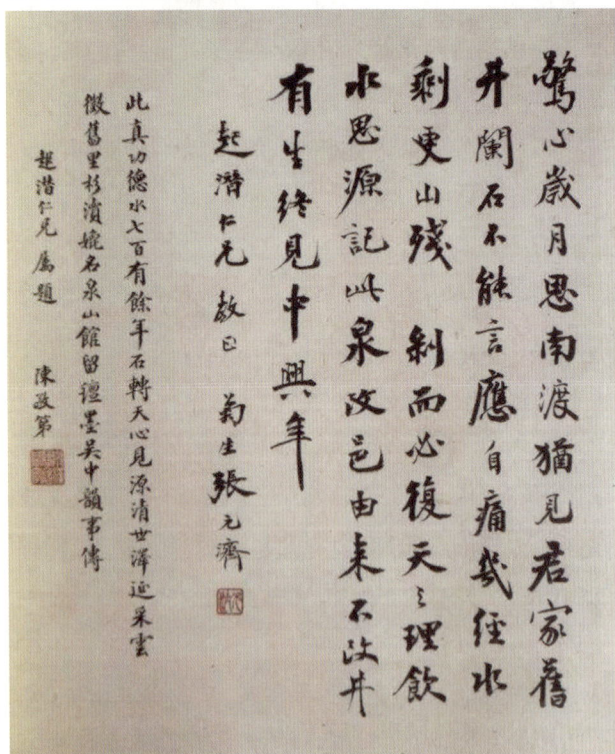

题诗考证，这在存世的各种大型图册中是不多的。

两年前，我萌发将《复泉题咏》重新整理并予发表之念，于是我请一位同事朱婧女史据顾师当年誊写本全部录入电脑，并加标点整理，她还写了一段引言加以说明。（后来稿子交给《四库文丛》，已经校样，但因经费问题，迟迟不能发表）顾师手录的原件仍保存在我广州中山大学的宿舍处。

去年，也是偶然的机会，我从苏州博物馆的李军先生处意外地获知顾师早在1981年10月下旬，就将家藏宋代井栏捐献苏州博物馆庋藏，顾师给苏州博物馆馆长张英灵先生的信中写道："寒家旧藏南宋绍定井阑，现储存红旗东路56号。请派人往找舍弟顾廷鹤同志领取。他只有星期六（厂休）在家。另有题词一册，俟加跋后并携呈。"这种保存文物，化私为公的精神是他早在1980年9月将家藏稿本《元诗选》癸集、明代《皇甫涍诗卷》捐献上海图书馆的继续，这是值得表彰的。

没过几天，我又从诵芬先生处得知，顾师在90年代初，将《复泉题咏》的原件自上海携往北京，后由诵芬先生收藏，我后来又收到了诵芬先生寄来的原件扫描件以及师元光先生对原件的考释。这让我对井栏的认识从模糊的意会过渡到有清新的认知，井栏内容及历史的考证暂且不论，仅从名噪一时的学者来说，就有前清进士、秀才，也有诗客、骚人、画师、鸿儒、耆宿，至于国器、哲匠、高才、宗师也在列其中。细谛各家之手迹，但见书法苍劲、笔锋峭拔者有之，而劲健有致、挥洒自如者多多，又见笔意纵横、行云流水者也在在不同，这实在是对一代数十位民国学者不寻常书体的检阅。

　　2014年，由于诵芬先生对中国现代航空工业的重要贡献，他被选为中国科协等部委联合开展的"老科学家学术成长采集工程"采集对象。中航工业科技委与沈阳飞机设计研究所联合组成的采集小组在工作过程中，发现了顾师在20世纪90年代带到北京、后一直保存在诵芬家中的《宋绍定井栏题字》册页原件，觉得有必要将其整理，作为采集工程的衍生成果，在征得诵芬先生同意后，也开始整理并成稿。

　　我曾拜读了诵芬先生及师元光先生等对原件的考释，我的感觉是，作为中国航空工业的翘楚与相佐的凤雏骥子一但涉足史学的考证中，也同样会利用他们的理工科专业背景，把整理过程作为学习机会，矻矻终日、不辞劳瘁，多方请教，对每位题记者的简历、学术成就、学养道德以及与顾氏家族关系等方面有所校注解读，并增入诵芬先生对题字作者的回忆文字，文字浅显，带有普及性读物特点。我欣喜地看到作为采集工程的衍生成果现已成为现实，将被成为书本式的记录呈现给读者。

　　如今，诵芬先生已将各家题咏的原件大册捐赠苏州博物馆。他在捐赠之前告知苏博的是：不要举办捐赠仪式，不要发布消息，不要颁发捐赠证书，只须来人至京领取，开具一张收条即可。这种不张扬的低调，与顾师如出一辙，毫无二致。我处的顾师所录《复泉题咏》手迹，也于去年十一月间在广州面交李军先生。于此，井栏原物、名家题咏原件和顾师辑抄的手迹，全部都由苏州博物馆珍藏。

　　一件宋代绍定三年（230）的井栏，在经过了六百八十七年的凄风苦雨、沧桑巨变之后，始由苏州顾祖庆在购得前代旧宅，经过清理维修庭院时发现，又历经六十四年，祖庆长孙廷龙先生将井栏无私捐献苏州博物馆，再越三十五年，诵芬先生又将各名家之题咏原件续捐入苏博。它见证了一件历史文物从民间收藏到化私为公，归于国家的整个过程，演绎了一段文物流传的佳话。

去年2月，诵芬先生在北京约见中国国家图书馆出版社和上海科学技术文献出版社的负责人，委托他们影印出版宋代井栏以及名家题咏，并排印出版《自将摩挲认前朝——宋绍定井栏题字释注》。3月，我自上海飞美之前，又接受诵芬先生委托，抽暇去和上海科学技术文献出版社的老总洽谈落实《释注》的出版之事。作为上海图书馆的下属单位以及上海顾廷龙先生纪念馆的协办单位，他们非常愿意出版这本《释注》，这不仅是以此来怀念顾师的无私贡献，也是将诵芬先生和师元光先生在中国航空工业之外的学术研究奉献给社会及学界的成果。是为序。

2017年6月20日
于美国波士顿之慕维居

丁瑜《延年集》序

　　丁瑜先生的文集，终于要出版了，这是一件令人高兴且期盼已久的事，也是国家图书馆策划的又一件有意义的事。

　　丁瑜先生，是河北高阳人，我国老一辈的版本目录学家。早在1968年，北京图书馆原善本组林小安先生到上海，我即知其大名。第一次见到他，是在1980年5月，各省、市、自治区图书馆从事版本目录学工作的专家学者及有关人员，为落实已故周恩来总理"要尽快地将中国古籍善本书目编出来"的遗愿，集中于北京香厂路国务院招待所一起工作时。我见到的丁瑜是一副慈眉善目、胖乎乎温文尔雅的"老干部"模样，五十四岁的他，头发已经有点斑白，老花镜架在鼻梁上，一件白色短袖衬衫，一双北京老布鞋。我总感到他风度翩翩，似乎"温良恭俭让"都被他占了，有意思的是，大家都尊称他为"丁公"。

丁瑜先主

　　丁公，今年高寿九十，是"九十年来留逸志、八千岁后又生春"的人物，是业界的前辈，二十三岁即入中国国家图书馆（时称北京图书馆）。三十五岁时，从中文编目组长的职位调至善本组，在赵万里、冀淑英、陈恩惠三先生的指导下，习版本目录之学，这在当时，是领导有意要培养丁公，有点"接班人"的意思。如今，在我之前入行的几位先生都已是耄耋之年了，其中沈燮元先生九十有三、王贵忱先生八十有八。以丁公数十年阅历，加上他丰富的经验，注定成为德高望重的业内精英，也就是上海人口中被尊称为"老法师"的学者。

　　丁公是中国国家文物鉴定委员会委员，对于古籍版本鉴定眼光独到。记得1979年在南昌举行的中国古籍善本书目编委会的一次会上，某图书馆为配合会议，专门将馆藏的一些善本陈列，邀与会者鉴赏。其中有一部《大广益会玉篇》，题作"元刻本"。

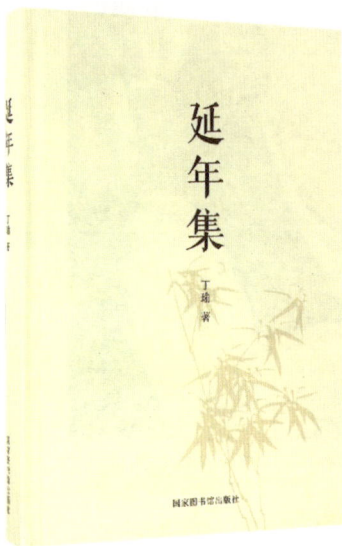

延年集

我以为有疑，于是有人请来丁公审定，他有如老吏断狱，直言此乃"日本刻本"。由此可见丁公版本经验之丰富、深厚。

1973年，丁公偕路工先生去苏州访书，所得颇丰，这在江澄波的《古刻名钞经眼录》多有载及。比如，明归昌世手稿本《假庵杂著》一卷和《记季父遗言遗事》一卷、清费云溪手抄本《青丘诗集撷华》八卷等，又尤以明黑格抄本《野客丛书》三十卷为最难得，盖此本为明弘治正德间黑格抄本，虽残存四册（卷一至十五），但字里行间及书眉上皆有校字，并有清黄丕烈跋。此书在"文化大革命"期间，为江氏得之于南浔张钧衡之孙，"后为北京图书馆丁瑜同志来苏收去，为此书目前传世之最古之本"。这里要说明的是，"文革"以后，很多图书馆恢复了古书采购，于是当时的北图委托江澄波，留意能否在江南地区，包括无锡、镇江、苏州，看看有没有民间收藏家在"文革"劫后遗下之书。江氏通过关系居然找到了不少，当然最后全部给了丁公。

七十年代末，丁公又和冀淑英先生一起，在南京觅得清初毛氏汲古阁影宋抄本《梅花衲》一卷、《剪绡集》二卷。两书原亦为南浔张氏适园旧藏，"文革"中在苏州流散，为江氏所收。其时，北图已有翁同龢藏毛氏影宋抄本，但经过核对，两书行款字数不同，并且此本有用白粉涂抹校改错字之处，故其内容较翁藏本为佳。清孙从添《藏书纪要》云："汲古阁影宋精抄，古今绝作，字划纸张，乌丝图章，追摹宋刻，为近世无有。"故这两种书是近代藏家所重视的精品。

我以为，丁公最大的贡献在于编纂《中国古籍善本书目》。这部大型工具书，共著录除台湾地区、香港特区以外中国各省、市、自治区公共图书馆、博物馆、文物保管委员会、大专院校和中等学校图书馆、科学院系统图书馆、名人纪念馆、寺庙等781个单位的藏书约6万种，13万部。在《书目》编委会中，除浙江图书馆二位，其他馆多是一位，而北京图书馆参加具体审订工作的有冀淑英、丁瑜及陈杏珍先生，上海图书馆则有顾廷龙、任光亮和我，南京图书馆有潘天祯、沈燮元及宫爱东先生。在编委会开始工作前，丁公就曾在广州召开的"全国古籍善本书版本鉴定及著录工作座谈会"上作了"古籍善本书著录浅说"的报告，为以后各省市图书馆古籍善本著录统一了思想。《书目》从编纂到出版，共费时十八年之久，当年编委会中完整经历了初审、复审、定稿的工作人员也仅为上述九位，如今尚健在者仅沈燮元、丁公、任光亮和我四人了。丁公在《书目》编纂过程中，老成持重，任劳任怨，兢兢业业，笃行不倦。他和北京、南京的专家都克服了家庭中的困难，毅然以大局为重，在上海待了几个寒暑，终于完成了编纂任务。

这本集子里收录了丁公这些年来所写的各种文章。其中有关于簿录之学的介绍，或叙述一些重要版本古籍的来龙去脉，也有对前辈的回忆。他还用丙寅生、丁岳、丁令威的笔名写过多篇文章。我以为丁公最着力的，还是为原北图修复专家肖振棠的古籍装订修复工作进行系统整理而成的《中国古籍装订修补技术》，以及对清钱曾《读书敏求记》的校理。

我特别喜欢听丁公讲旧日在北图善本部经历的事，我也曾对丁公说："您应该把在北图善本部跟赵万里、冀淑英先生接触的那些事情，包括看到的、听到的，或者赵先生对某些书的评价等等写出来，也可供后学者参考。"比如他曾回忆当年北图自香港得到湖南祁阳陈澄中藏书的事。陈是中国现代最重要的藏书家之一，他的藏书在1949年前后从上海转移到了香港，1964年，北图通过努力，由周恩来总理批示而得到了其中的部分。丁公把当时赵万里先生完成任务返京后，怎么去接站、清点、提验的过程，以及入库后，中央领导同志要求北图做内部小型展览，一直到结束，那个过程写得非常详细，因为只有他在场。我深切地感受到，版本目录学领域中的许多轶事、佳话、藏书故实，须靠当时经历人的回忆亲笔写出来、留下去，其他人是杜撰不了的。可惜的是，丁公因忙于其他事务而写得不多，很多事情将来可能就湮没了。

丁公能诗词，这是过去我所不知道的，他也从不在朋辈中说起。在中国图书馆学界、版本目录学领域，真正会作诗词的不多，我所知仅有上图的潘景郑先生和大连馆的张本义先生。我不会作诗，更不懂词，但知"诗言志"。《诗·大序》云："诗者，志之所之也。在心为志，发言为诗，情动于中而形于言。言之不足，故嗟叹之。嗟叹之不足，故咏歌之。"

打开丁公的《延年诗草》，映入眼帘的居然是数首新诗，且都作于40年代，正是丁公意气风发的大好时光，青年时的朝气，在诗中显露无遗。60年代又重拾旧好，不管是旧体诗词，或者是新诗，习得者各有所好，真可谓孤芳自赏，洁身自好，自得其乐。丁公曾将他的居所命名为"延年居"，所作诗也题作"延年"，或为他1940至2006年曾在德内大街延年胡同里度过了大半辈子生活，怀有美好的回忆而署的吧。

2011年前，我虽在大洋彼岸，但亦时与国内的良师益友保持联系，幸运的是，丁公诗中有几首涉及我。其中有二首的起因是2002年8月，拙著《翁方纲年谱》由台北"中央研究院"文哲所出版，我将样书寄呈丁公指正。他读了我写的序文后，颇有感触，即掷下一信，有云：欣阅《年谱》全书，读史以知今，读传以知人，史传使人以悟世事，君之赐予我之帮助大矣。阅读之顷，率成七言二首，以寄友人，虽为七言八句，但非七律之韵，吾友当勿讥之。"羊年复始又开头，挚友情谊堪回眸。凌云壮志思鸿鹄，大洋彼岸率斗牛。书城挹翠添嘉话，著作等身胜二酉。点检琳琅诚如是，不朽名篇宏烨楼。""来年花甲六十秋，春风哈佛更上楼。羡公文捷真良骥，笑我吟迟笨如牛。苏斋年谱拜读毕，订讹辨伪足消愁。明眼丹黄精神具，顾老门人第一流。"按诗中"书城挹翠"，是指我的第一本著作《书城挹翠录》，"宏烨楼"，为我读书之楼名，"苏斋年谱"系指台北"中央研究院"出版的《翁方纲年谱》，"顾老"即顾廷龙先生。

2005年元月，丁公在给我的信中谈到为拙著《中国珍稀古籍善本书录》写序及《赵万里文集》事，最后又为我赋诗一首：

"长笺序文我未能，纸短情长献愚诚。三十三载欣识荆，敢为宏文添附庸。"并作注云："1961年赵先生江南访书归来，对我言及沈兄拜顾老为师事，令吾效之。但愚鲁如我，终未能成正果，但此时是识荆之始也。"

丁公和我是忘年之交，在工作中于我时有指导与鼓励，拙著《中国珍稀古籍善本书录》即将出版之际，我曾恳请他作序。不多久，他就将序寄到。序中有云："余悉沈津先生之名，始于1962年春（津按：1961年11月中，赵万里先生到浙东、闽北、闽东南一带进行图书文物调查工作，历时三月，次年2月25日返回北京），识荆则在十六年后参加《中国古籍善本书目》编辑一役中。《书目》汇编阶段，沈兄文旌北上，居于北京香厂路，任经部副主编，我则忝列丛部，朝夕相处八阅月之久。《书目》定稿阶段，我则南下沪渎，与沈兄同室办公，于业务多所交流，颇得三友之益。"

我还记得在香厂路期间，某个星期天的晚上，他专门来接顾廷龙先生、沈燮元先生和我，去他在德内大街延年胡同的家里吃饺子。看得出来，那天晚上他特别高兴，几杯酒下肚，不仅脸色有点红，话也特别多。2012年冬，我去北京出差，顺道看朋友，其中最想见的就是丁公，也数他年龄最大。他新搬的家还挺远，林小安兄开的车，临近他家，还问了两位路人，方才找到。虽然是近九十的老人，但看上去精神健康，齿德俱尊。他说平时不大出去，怕跌跤，在家也就翻翻书，看看电视里的新闻。询之还做什么题目吗，他笑着说：人老了，不想动了。那天晚上，我们就近去了一家他熟悉的饭店，他的儿子陪同前往。我对丁公说：您想吃什么，尽管点。我知道他酒量不错，但那晚没有要酒，大约也是为了老爷子的健康吧。

丁公是一位高简、淡泊、深藏若虚、与世无争、不求闻达、洁身自好的文化人，这是非常难得的。我很感谢丁公对我的信任，嘱我为他的大著撰序。在他鲐背之年，且进军期颐之际，我也谨祝他"人瑞先征五色云，期颐岁月益康宁"。是为序。

2015年11月15日
于中山大学图书馆特藏部

《日本汉籍图录》序

这是一部《日本汉籍图录》，是我和卞东波兄合作研究日本汉籍的成果之一。

古籍图录是各种图录中的一种，其功能在于揭示重要的有文物、文献价值的善本书，使图书馆内最好的精华之本能够得到彰显、披露。这些善本书都是数十年来，经过几代人的努力搜集才得以保存的，平时，读者很难一睹善本之庐山真面，有了图录，即能略窥大概。此外，图录也可以作为版本鉴定的参考。

各种图录的专业性都很强，是研究者不可或缺的利器，以古籍版本图录来说，这些年所见基本上有四种类型。第一种为收录各图书馆、博物馆、文化馆所藏珍贵善本，如《第一批国家珍贵古籍名录图录》。再一种是收录各省市图书馆、大学图书馆所藏善本的图录，如《天津图书馆古籍善本图录》。第二种是私人收藏家编成的图录，如《书香人淡自庄严——周叔弢自庄严堪善本古籍展图录》《西谛藏书善本图录》。第三种是通代或断代的版本图录，如《中国版刻图录》《明代版本图录》等。最后一类为专题版本图录，如《中国活字本图录》《明代闵凌刻套印本图录》等。各种图录收录的刻本多为宋、元、明、清时期有代表性的出版物，也包括历代的抄本、稿本、校本、版画、套印本、活字本，以及馆藏的比较难得的尺牍、碑帖，乃至旧报纸、旧期刊。

中国最早的书影式图录，是清末学人杨守敬编的《留真谱》，他于光绪六年至十年（1880—1884）作为清廷使日大臣何如璋、黎庶昌的随员，驻日期间，肆力搜集日本所藏中国古代典籍，并在日本学者森立之影抄各种古抄本书叶汇订而成的书稿基础上，增入了大量中国宋、元刻本和日本古刻本的书叶。这是在中国各种版本图录中第一次出现日本雕版出版物和旧抄本的见证。

收藏在日本的中国古籍图书，包括中国刊刻的宋、元、明、清、民国刻本、稿本、抄本、活字本、套印本及版画等，大部分是由海上丝绸之路的贸易交换，或由学人之间的馈赠，或由在华的文化使者携回，也包括日本在侵华战争中肆无忌惮的掠夺而达成。这些图书中，不乏珍贵稀见的"文化财"，或者宋、元、明代刊刻而中土已失传的典籍。此类文献内容丰富，涉及中国传统文化的各个方面，也是研究中国历史的重要资料，我们应该把它们视为中国文化的一部分，并称之为收藏在日本的中国典籍。而在日本、韩国，则视这些中国典籍为"汉籍"，"汉"者，中华民族也。

"域外汉籍"，是指在中国周边国家如日本、韩国、越南等国翻刻的有关中国传统文化以及中国学者著作的统称，而翻刻本的版本著录，则分别为日本刻本（和刻本）、韩国刻本（高丽本、朝鲜本）、越南刻本（安南本）等。如今，有些研究者又将"域外汉籍"演绎成中国历史上流失到海外的汉文著作。

现今保存在欧美地区的美国、加拿大、英国、法国、荷兰等国的中国古籍数量庞大，其中善本在两万部上下，而普通线装书则不计其数。这些藏书是中国宋、元、明、清、民国时期的出版物（含稿本、抄本、活字本、套印本、版画），是中华民族传统文化的物质载体，更是全人类共同拥有的宝贵财富。在美加地区的各个大学东亚图书馆里，这些中国古籍都和中文图书放在一起（善本书则置放于善本书库），对于欧美的大学教授和学者来说，这些中国古籍就是纯粹的中国雕版印刷物，以及用汉字书写的稿本、抄本，并不被视作什么"域外汉籍"。

历来文化的传播，主要依据于书籍的传布，因为书籍可以长期保存和利用，重要的著作可以一再翻刻，影响深远。中国的历史文化丰富多彩，在其形成和发展的历史过程中，也影响到周边国家，日、中两国文化交流绵亘两千年，这种交流主要是通过学者和书籍来完成的。日本翻刻有关中国传统文化的典籍，也即"日本汉籍"，书内多有日本假名和各种符号，这是日人为了阅读中文原本，在汉字句旁添加假名和符号，以直接用日语读就。用日本学者大庭修的话说，就是"这一仅通过变换语序来翻译、理解外语的汉文训点术，可以说是日本人的一项惊人的创造。加训点后在日本出版的汉籍称'和刻本'，此乃日、中文化交流最具体的见证物"。日本和刻本汉籍，有长泽规矩也氏所编《和刻本汉籍分类目录》及其补正（汲古书院，1978年、1980年）可证。

在国内，收藏日本所刻的汉籍（含明治、大正、昭和时期）最多者，当推辽宁省图书馆、北京大学图书馆、天津图书馆三家，但每家所藏都不逾千。至于其他各图书馆所藏更在少数，无法形成藏书特色，在各图书馆所编善本书目里，多作为附录收入，或排在各类之后。对于域外汉籍的研究，在过去很长一段时间里，始终是一个薄弱环节，没有引起重视。直至1995年，杭州大学出版社出版了王宝平、韩锡铎编《中国馆藏和刻本汉籍书目》，第一次著录了国内68家主要图书馆所藏和刻汉籍3063种，于此，研究者可以窥见日本对中国历史文化的研究，已经达到巨细无遗的地步。

美国哈佛大学哈佛燕京图书馆是欧美地区最重要的东亚图书馆之一，也是西方世界研究汉学的重镇。除了收藏有众多的中国典籍外，也有不少日本、韩国刊刻的古籍。据统计，日本刻本（含日刻汉籍及日人纂注、释解、评点本）约3600部，韩国刻本（含活字本）约3800部，其中难得之本指不胜屈，冷僻之书时有所见，中土未见之传本往往也可窥得，数量之大，国内省市一级公共图书馆多不能望其项背。"燕京"如此丰厚的馆藏，国内研究者大多并不知晓，或不得其门而入。少数访问学者，于"燕京"虽有所获，但限于时间，多有"望洋兴叹"之感。我在"燕京"工作期间，曾将这3600余部日本刻本全部经眼一过，并编出一份馆藏日本据中国古籍翻刻书目录，约600部，由于时间匆忙，我没有将释家类中的佛教经书1200部列入，盖因我当时想要编一套有关日本刻本的系列丛书。

我和东波兄的合作，始于他第一次赴美国哈佛大学哈佛燕京学社做访问学者时，他多次来我的办公室聊天叙谈，也看了不少日本典籍。他给我的印象是扎实的学院"少壮派"，工作认真努力，对研究的课题全力以赴，精力充沛，似乎有使不完的力量。他也是一位聪敏好学之人，我们曾谈过合作研究的计划，这本《日本汉籍图录》就是我们合作的第一套书。

整理、出版域外汉籍是一项规模宏大的文化工程，我和东波兄合作的《日本汉籍图录》，是前人没有做过的，我们应该填补这一空白。《图录》是第一部大规模展示日本汉籍的著作。中国虽然已经出版了不少中国古代善本的图录，但从没有出版过中国之外的汉籍图录。就日本来说，虽然也出版过日本所藏历代刊刻的中国典籍图录，如《静嘉堂文库宋元版图录》；日本出版的一些文库的书影也包括了部分和刻本书影，如杏雨书屋所编《新修恭仁山庄善本书影》，却从未出版过完全以日本翻刻的中国典籍或日本学人纂注的汉籍图录。

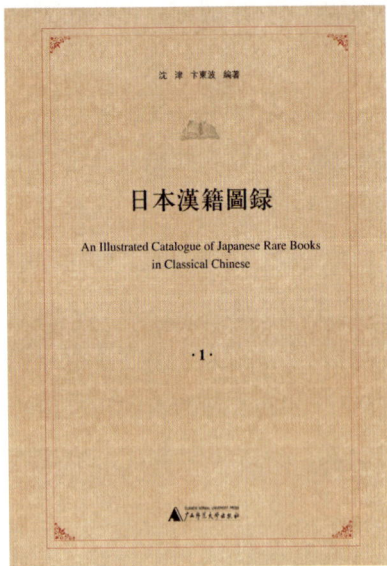

《日本汉籍图录》不但汇

日本汉籍图录

集了日本各个时代翻刻的中国典籍的书影，而且还酌量收录日本学者用汉字完成的注释、研究中国古典著作的书影，这对我们了解中国典籍在日本的流传与影响有很大的帮助。本书所收图录，既有比较稀见的五山版典籍，也有江户时代初期的古活字本，还有部分古抄本，以及在中国已经失传而经日本翻刻后得以保存、流传的中国典籍的书影；更有翻刻朝鲜版中国古籍（即朝鲜翻刻的中国古籍，再由日本翻刻）和琉球学人在中国刊刻的典籍。

研究古籍版本学，最讲究对书的目验，而日本及美国所藏的大量珍稀汉籍，由于种种原因，很多人无法一饱眼福。本图录的出版对于我们了解这些深藏于日本的汉籍起了非常重要的帮助作用，是了解日本汉籍版本形制的第一手数据，也可以借此比对中日不同版本间的差异。所以《图录》对了解日本印刷史也有不容忽视的参考价值。本书收录的日本汉籍图片，多得自日本各大公立图书馆、著名大学图书馆的藏本，还有一些难得一见的日本古寺庙里的藏本，也包括日本本土之外的美国哈佛大学哈佛燕京图书馆所藏日本汉籍，因此基本上可以反映各个时代日本汉籍的全貌。

这套《图录》是我们两人就经眼的日本汉籍（多为明治以前的日本出版物，明治本酌收一小部分）编成的，包括日本翻刻中国经、史、子、集四部中经学、史学、儒学、佛学、文学等方面的重要著作，所收约1800种。《图录》中的图书版式、行款、刻工、牌记，尤其是扉页及版权页，可以反映日本不同时期、不同地域所刻古书原貌。所以，此《图录》的出版，不仅能窥见中国传统文化对东亚地区的深远影响，亦是汉学东传、中日文化交流的实物见证，对中日书籍交流史、日本汉学史以及中国版本学、中国古代文史之学的研究都大有裨益，也极大地丰富了日本汉籍的研究内容。

此部《图录》，东波兄出力最多，他数次进出日本，除了演讲、交流、研究，大部分时间都在为增补《图录》奔波。在海外访书，复制扫描，时间对于东波兄来说，就如打仗一般，分秒必争，我自己当年也有如此体会。《图录》中每种图书的文字说明均为东波兄所撰，读者可对书之作者、内容及版本有所了解。我在文字说明最后定稿前全部审读一过，时间仓促，或有帝虎亥豕、乌焉成马之讹，恳请方家学者有所匡正。

广西师范大学出版社是这十多年中出版界崛起的"桂军"，他们出版的各种文史图书，颇得学者好评。我非常感谢何林夏社长以及文献分社社长雷回兴女士，他们在百忙中为《图录》的出版倾注了较多的心力，责任编辑金学勇先生更是夜以继日为《图录》操劳，没有他们的支持和努力，这套《图录》是难以面世的。

2013年3月15日
美国波士顿家中

《书海扬舲录》序

除夕，深夜，不眠的我，仍然在为本书写序。拉开窗帘的一角，廓落的街道是那么的恬静，对面几幢屋宇的主人早已进入梦乡，街道两旁没有行人，偶尔才有一辆小车亮着车灯疾驶而过，更深夜静，正是我写作思考的最佳时间。看着前几天大雪后还未融去的雪堆，我想到了祖国大陆南方的景色，唐李峤的《鹧鸪》诗云："可怜鹧鸪飞，飞向树南枝。南枝日照暖，北枝霜露滋。"同样是冬天，但广州与波士顿的气候却是南枝北枝，迥然不同。

人的际遇永远充满了变数，不仅是年轻人，人老了，更会胡思乱想，新念也不时涌出。我原想自"哈佛燕京"退休后，隐于山林，静下心来把自己尚未完成的几本小书写完。但是没有想到的是，中山大学图书馆程焕文兄赐我机会，为我创造条件，邀去

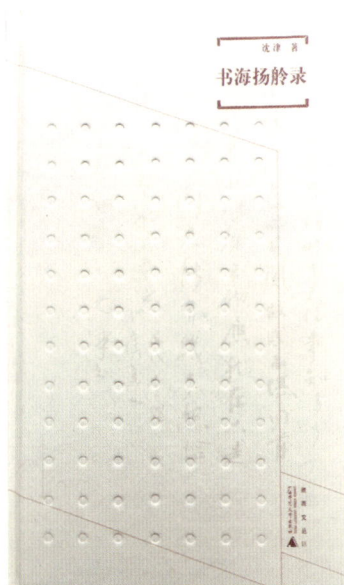

书海扬舲录

中大图书馆和一群年轻人相处，使我得入身心舒畅、优哉游哉的境地。所以我在中大时，很想将自己工作中的点滴经验写出来，也就是我写我知，我写我得，当然也希望对读者有所裨益。

收在本书里的小文，都是这几年在广州和波士顿写的，内容大多涉及人物、书话、古籍版本鉴定以及近年来媒体对我的访谈，有的曾经发表在《南方都市报》《藏书》《藏书报》《藏书家》上，有的则见于我的《书丛老蠹鱼》博客上（新浪网）。

五十多年前，我在上海图书馆从顾师廷龙先生习版本目录之学，又得潘师景郑、瞿师凤起两先生教诲，其时善本组内文彦过从，其乐无极，追念前游，宛如梦境。工作之余，我也很喜欢读些书话一类的小文，尤其对唐弢的《晦庵书话》及郑振铎的《劫中得书记》特感兴趣，因为他们不仅是大手笔写小文章，而且文字活泼，信息量大，知识面广，让我受益无穷。

大约是六年前，我也开始学写此类书话体，但我以为若以经眼的古籍善本为基础来写书话，极易写成正襟危坐、凛若冰霜的文字，我没有本事将难得之本写得绘声绘色，令人神往，但尽可能去写情真词切、如见如闻的性情之作。书中《明代的书法范本——〈镌古今名笔便学临池真迹〉》《有"民国第一善本"之誉的〈校注项氏历代名瓷图谱〉》《"书中自有颜如玉"——也说女子抄书》《说线装书的书口》《书也可为寿礼》等都是过去出版的《老蠹鱼读书随笔》《书丛老蠹鱼》《书林物语》之余篇。

书中所写徐森玉、蒋复璁、昌彼得、饶宗颐、钱存训诸先生，都是我所景仰的学界重要人物，数十年来，他们的所作所为，都充满着对中国传统文化的热爱，他们的贡献及著作，也是传之名山，有目共睹的。林章松、韦力、田涛是我无话不谈的朋友，他们是民间收藏家中的翘楚，我写他们，是以为他们为民族传统文化典籍的保存及整理、研究、传播，做出了卓越贡献，所以他们也是这个时代社会文化的精英分子。

我在"哈佛燕京"时，除了管理善本书库、回答读者咨询外，也写了三百多万字的善本书志，在经眼了众多"燕京"馆藏的善本外，还积累了不少过去一些文献学者未曾注意及发现的重要资料，这也是我写作书话及古籍版本鉴定的重要材料。顾颉刚先生曾说过："凡是人的知识和心得，总是零碎的。必须把许多人的知识和心得合起来，方可认识它的全体。"就以版本鉴定来说，这是一门学问，难的就是必须有大量的实践方能掌握，正因为此，我写过一些有关书估作伪及版本鉴定的小文，集子中的《宋刻本〈新刊名臣碑传琬琰集〉版本质疑》《元刻本的字体赵体乎？》《从鉴定〈读诗疏笺钞〉而想到的》《藏书印及藏书印的鉴定》皆是。

2013年岁末，广西师范大学出版社出版的《美国哈佛大学哈佛燕京图书馆藏中文善本书志》荣获中国出版政府奖，获此殊荣，实属不易。十年前，我编的《美国哈佛大学哈佛燕京图书馆藏中文善本汇刊》出版后，反响还不错，那时我不敢有其他任何奢想。我和我的同事共同完成的这部《书志》，是"哈佛燕京"的荣耀，也是广西师范大学出版社的骄傲，书中的几篇文章都涉及《书志》的编写过程，或许能为以后编写书志者参考，所以我也收入此集。

有道是"拥百城之图籍，作平地之神仙"。津曾在上海图书馆、香港中文大学图书馆、美国哈佛大学哈佛燕京图书馆三馆任职，三馆皆是重要之馆。我游览过国内的一些名山大川，夏秋之时，所见山光与苍翠之色互相辉映，厕身其中，何异蓬壶阆苑？然游弋于各馆之善本书库，那版刻之美善、珍籍之繁富，尽入目中，较之各地名胜古迹，别有另番意境。本书名为《书海扬舲录》，盖因"书海"者，书之海洋也，也喻海之深也。"扬舲"者，舲指小船上的窗户，此指扬帆。南朝梁刘孝威《蜀道难》诗云："戏马登珠界，扬舲濯锦流。"唐杜甫《别蔡十四著作》诗又云："扬舲洪涛间，仗子济物身。"此也指揭示所见图书意。

时光荏苒，岁月如流。如今，津亦暮景飞腾，已入"古来稀"流，衰老之态日增月益，颇有"人生在世，来去匆匆，转瞬即逝"之慨。但愿新的一年里，摈弃杂务，抓紧时间，去从事那些尚未完成的写作。

这本小书的出版，离不开姜寻兄的鼎力，我记得第一次和他见面，是2001年在北京的潘家园，那次，他告诉我，买了一本上海辞书版《美国哈佛大学哈佛燕京图书馆中文善本书志》，并仔细地读了。问他为什么要买我的这本书，他说他这几年来收藏了不少明代刻本，可用来参考。姜寻兄不仅是诗人、书籍装帧设计家，而且还是一位明清古籍木刻雕版的收藏家，北京的文津雕版博物馆即是他对传统民族文化的贡献。这本书，他是策划者，费心劳时，没有他的积极督导，小书是难以面世的。"丑媳妇总要见公婆"，津知其中谬误难免，尚请方家学者指正为盼。

2014年除夕夜于波士顿之渥特镇

2015年国庆前夕定稿

《天禄琳琅知见书录》序

今年八月，我在美国休假，刘蔷在电话中告诉我，她的《天禄琳琅知见书录》即将定稿，八年的辛苦劳作，终于要见曙光了。此说令我为她高兴。九月中旬，当我回到中山大学，即在办公室见到了一厚本的《知见书录》，抽暇翻阅之后，就感觉到这不是一本普通的泛泛之作，而是含金量颇高的学术著作。

天禄又称"天鹿"，也称"挑拨""符拨"，是古代传说中的神兽，后多雕刻成形以避邪，谓能被除不祥，永绥百禄。琳琅者，美玉也，是玉石中最精品、最上乘的一种。《文选》引何晏《景福殿赋》云："流羽毛之威蕤，垂环玭之琳琅。"这是比喻优秀的人才或珍贵的图书。

"天禄琳琅"，是清朝乾隆帝的藏书精华，也是仍存于世的清代皇室藏书。清乾隆九年（1744）开始在乾清宫昭仁殿列架藏

刘蔷在哈佛燕京图书馆门前

置宋元等善本书，题室名为"天禄琳琅"，意谓内府藏书琳琅满目。乾隆四十年（1775），大臣于敏中、王际华、彭元瑞等十人受命整理入藏昭仁殿的善本书籍，"详其年代刊印、流传藏弆、鉴赏采择之由"，编成《钦定天禄琳琅书目》。书目共十卷，按宋、金、影宋、元、明本时间先后为序，版本时代相同，再按经、史、子、集四部排序，计有宋本71部，金本1部，影宋抄本20部，元本86部，明本251部，总共著录善本书429部。

嘉庆二年（1797），昭仁殿所藏典籍因祝融而全部焚毁，当时已是太上皇的乾隆帝诏令重建昭仁殿并搜集藏书，彭元瑞受命仿前编体例，编成《钦定天禄琳琅书目后编》二十卷，收录宋、辽、金、元、明五朝善本664部，"凡皆宛委琅函，嫏嬛宝简，前人评跋，名家印记，确有可证，绝无翻雕赝刻，为坊肆书贾及

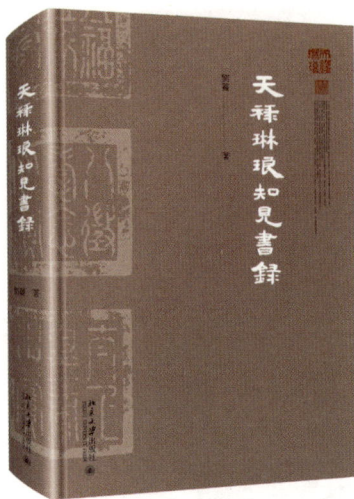

刘蔷的《天禄琳琅知见书录》

好事家所伪托者"。"遍理珠囊，详验楮墨，旁稽互证，各有源流，而其规模析而弥精，恢而愈富。"

乾隆年间编的《天禄琳琅书目》，并非一般意义上的书目，它实为清代宫中所藏善本书志，它和《四库全书总目》最大的不同，就在于它是典型的注重版本著录的"书目"。王先谦跋《天禄琳琅书目》云："复命辑《后编》二十卷，书都一千六十三部，自宋迄明，五朝旧籍咸备，旁罗远绍，既大极无外，而于刊印流传之时地，鉴赏采择之源流，并收藏家生平事略，图记真伪，研讨弗遗，尤细破无内。于版本严择广收，而明代影宋钞本并从甄录。"

实际上，"天禄琳琅"早已成为清代皇室典藏珍籍之代称，毕竟是贵重图书，其所藏每一册书都钤有多枚乾隆御玺，可视作皇家藏书之象征。可以想象的是宫廷大内之门禁森严，也不是什么臣工们都可直达之处。然而清末民初的战乱和改朝换代导致清宫藏书不断外流，至1925年清室善后委员会点查故宫物品时，原本664部的"天禄琳琅"后编藏书只剩下311部，留在宫内的这批书几经辗转，如今收藏在台北故宫博物院。其余353部中有176部见于记载，是被溥仪通过赏赐溥杰的方式流出皇宫。流失宫外的藏书，如今散藏在海内外六十个公私藏家，以国家图书馆和辽宁省图书馆所藏为最多，民间也有不少收藏。

"天禄琳琅"是内廷专藏，它的藏书历来只有《天禄琳琅书目》《天禄琳琅书目后编》可以了解，但"天禄琳琅"是个不容易做的冷题目，所以鲜有以此皇室专藏为题做研究者，井底之蛙如我，也仅知台湾有《清代天禄琳琅藏书印记研究》一书出版。然而，刘蔷却选择了这个难题，四年前，她完成了《天禄琳琅研究》的写作，而今又以数年之力，再接再厉，将力作《天禄琳琅知见书录》杀青，她为"天禄琳琅"藏书作了一次全面的总结。

"考镜源流，辨章学术"，这句话用在版本目录学的研究上，不仅在于对各种版本的介绍、版刻源流的考察，更在于揭示其内涵。《天禄琳琅书目后编》最为人所诟病之处，即其所著录之书在版本鉴别上多有讹误。而在图书馆工作的专家，责任之一即尽可能地揭示一书之版本，在编目过程中，最难认定的便是版本项。而此书详尽介绍每书之卷端书名、题署、序跋、板框高宽、行款版式、刻工、牌记、讳字。至于原本装帧之信息，则录其书衣、书签、函套等，以见清室书籍装帧之特殊风格。我特别在意及欣赏的就是此书中版本考证的部分，正如刘蔷在凡例中所云："版本考证。节录序跋中涉及书籍编纂、刊刻之文字，并目录、书志及相关研究资料，每书约叙数行，略呈版刻崖略。对照《天禄琳琅书目后编》之记载，正其错讹，补其无考，辩其真伪。特别揭示作伪痕迹，辨析《后编》致误原因。"

我以为除了了解现今的"天禄琳琅"原书存于何处之外，更为重要的是要鉴定书之版本真伪。以《书录》正编宋本之第二种《御题尚书详解》十三卷为例，此书实为清康熙通志堂刻本。《书录》此篇计2200字，除揭示基本概况外，又着重叙述了为什么乾隆帝会将康熙时所刻之《通志堂经解》本误认为是宋版并为之题诗于上之原因。再如《史记》一百三十卷，明嘉靖四至六年（1525—1527）王延喆刻本，此书在流传过程中，书估多有作伪，"天禄琳琅"所藏4部，皆以明充宋，手法拙劣，而刘蔷目验比勘，判定真伪，发人深思，读者若细细品味，当可增益，津以为此可作版本鉴定教材之例也。由此可见，辨伪之功夫大为不易，这也远非一般版本学家所能为，因为这是版本学及文献学研究的实践和深入。

如果说去写"天禄琳琅"是目标，是毅力的表现，那版本鉴定之真伪则是刘蔷业务能力和鉴定实力的展示，两者不能缺一。顾师廷龙先生曾私下对我说过几次，有些人虽然也称为版本鉴定专家，可是真要他去作实践，却是两眼墨黑。为"天禄琳琅"写书录者，刘蔷是第一人。我相信，刘蔷的责任是在进一步揭示原书的真实面目，故《知见书录》提供给研究者之信息量颇大，以其每书存藏及版本审定来说，存者则有著录甄别、鉴定后之版本，又全本录其册函数，残本则注明存缺卷及册数。现存之馆藏地点及书号信息，藏于私人者，则注明藏家姓氏或堂号。即使见于各种拍卖之图录，也会记录首次拍卖信息，以期留下蛛丝马迹。

刘蔷将她的大作书名定作《知见书录》，盖知见者，有见识、见解意，也有看见、知道意。然此亦佛教用语，知为意识，见为眼识，意谓识别事理、判断疑难。宋秦观《法云寺长老疏文》云："无前后来去之际，有解脱知见之因。"清龚自珍《重辑〈六妙门〉序》又云："不停心，则虽有无上知见，为烦恼风动摇慧灯，若存若灭……制心一处，何事不办，如开佛知见矣。"这样的知见录实际上也属于书录、书志、提要的范畴之中。

在此之前，知见录一类的参考用书很难有此境界及如此之水平。至于前些年出版的《古籍珍稀版本知见录》《日藏汉籍善本书录》都是知见录一类的参考用书，不过要写好，却是不易，盖因知见录有很大的局限性，即如前者庞杂无序，学术上亦乏创见，而后者所收之书虽有小部分目验，但有相当数量为抄录日本各种书目之著录，以及转抄日本学人成果，编著者本身没有能力去做版本上的任何判断，故错误百出，不足为凭。所以同样是知见录，刘蔷《天禄琳琅知见书录》是实事求是的著录，它的重要就在于对版本实情的揭示较之原来的书目文字更为得宜，若将《知见书录》著录的准确和详细与上述二书相较，更显得高下悬殊，天差地远了，相去又岂能以道里计！

《知见书录》的写作实在不易，则在于刘蔷的深层发掘，难就难在她目标既定，方向明确，即不遗余力地去国内各地寻访，这需要调阅众多公藏单位及私人藏家所存"天禄琳琅"原书，而且还要申请、寻找经费上的支持，去台湾地区及海外图书馆访书，这其中的难度可想而知。也因此，日本、欧美东亚馆以及国内各馆都留有她的访书芳踪。

"天禄琳琅"的研究虽然是个案，但我以为刘蔷在研究这个课题中，不仅是费时费力，且写作之难度，较之于清代馆臣学士

作《天禄琳琅书目》《天禄琳琅书目后编》更为艰难。相继完成
的《天禄琳琅研究》《天禄琳琅知见书录》两部姊妹篇，真正是
别具一格，独辟蹊径，戛戛独造，自出机杼，起到了承前启后的
作用。她既继承了清代乾隆、嘉庆时大学士们的先期成果，也开
启了以后学者做进一步研究的锁钥。

　　记得我第一次见到刘蔷是在1998年的冬天。那次我从波士
顿飞去北京办事，事毕见了几位朋友，最后见的是中国人民大学
图书馆宋平生兄，其间，他说您要不要见见清华大学图书馆的刘
蔷。那时的刘蔷虽然还是小姑娘一个，但她发表在刊物上的大
作，却引起了我的注意。记得她是骑自行车赶来的，脸冻得通红
通红，但那次谈了什么，则记不起来了。这之后，她给我来过几
封信，逢年过节还寄来贺卡。

　　刘蔷，曾是"哈佛燕京"的访问学者，自从2006年8月1日
开始参与写作《美国哈佛大学哈佛燕京图书馆藏中文善本书志》
（清代史部的部分），直至2007年7月止，她完成了二百多种善
本书、三十万字书志的写作。工作充实，效率很高，所以她自我
感觉很好，有一种成就感。因为如果在北京清华，那她必定是有
各种"干扰"，也必定是无法完成这样质量和数量的文字。刘蔷
自己也如是说。记得她在"哈佛燕京"时，曾跟我讨论过她想写
的博士论文题目，说或者写叶德辉，或者写"天禄琳琅"。

　　在"哈佛燕京"写善本书志，一天基本一篇，一千字至二千
字不等。按照"哈佛书志模式"，版本项的认定及依据、作者的
简历、各卷的内容、为何而写，乃至于书的特点及钤印、各馆的
收藏情况等等，能写清楚的要尽量写入。因为我们都认为二十一

刘蔷与笔者

世纪的善本书志不能还是上个世纪三四十年代的"老面孔"，总应该在前人的肩膀上更上层楼吧。一年后，刘蔷返回国内，她给我的信中说：在"哈佛"的这一年，真是有很多所谓的进步，回到清华后，节奏慢了下来，觉得有一种失落感。她每天写一千多字的书志，一个星期五个工作日，再去掉美国国庆节、感恩节、圣诞假期等，天天写，两百二十多天下来，写了30万字。30万字对于在国内图书馆工作的同仁来说，诸事丛脞，做到不易。如今我初读这本《知见书录》，觉得似乎又看到了当年刘蔷参与写作《美国哈佛大学哈佛燕京图书馆藏中文善本书志》时的模样，她那瘦高健靓的身影，时常穿梭在书库里查书，或是坐在办公室的计算机前，不停地敲着键盘，也难怪她每天都觉得充实，时有成就感。因为她有时运用别人想不到的材料，写出了质量不一般的书志。看到逐渐加厚的书稿，也会想到不久的将来，那一个个的字符，一个个的标点，就会变成一页页、厚厚的正规出版物。

　　我们提倡在图书馆工作涉及版本目录学、文献学领域的专业工作人员需要踏踏实实做事，认认真真研究，这个领域尤其需要基础扎实、有研究实力的专家。可惜的是这方面的人才不是太多，出类拔萃者更为难得，至于女性则更是凤毛麟角，最杰出者当推前辈冀淑英先生。刘蔷长期在大学图书馆古籍部工作，是这个领域中的佼佼者，我也期待于刘蔷更上层楼，在古籍整理研究领域中做出更大成绩。我愿意为她点个赞。

　　刘蔷是有"眼福"之人，她应该是百多年来，与"天禄琳琅"藏书最为有缘，也是见到"天禄琳琅"藏书最多的人，这是当仁不让的。我对于"天禄琳琅"之书，历年所见大约也只在十数部之谱，所以并没有什么研究心得，但是我很感谢刘蔷对我的信任，嘱我为她的大作写序，故东拉西扯地写上几句，聊以塞责，不知刘蔷以为然否？

2016年10月31日

写于中山大学图书馆将要举办第三届

版本目录学文献学国际学术研讨会之前夜

在纪念黄海章先生暨《黄海章珍藏书画图录》出版座谈会上的发言

黄海章先生的家属、陈校长、女士们、先生们：

请允许我来介绍黄海章先生珍藏的书画简况。黄先生自1936年2月即应国立中山大学之聘，为文学院中文系讲师始，直至1986年春退休，他在中山大学执教了五十余年。黄先生在教学之暇，雅好书画，他在夫人的支持下，缩衣节食、克勤克俭、积少成多，终于搜集了大宗的书画专藏。

黄先生捐赠给中山大学图书馆的这批书画计340幅，其中扇面130件，书画卷轴206件，汇集了明清两代书画家的众多作品，既有"岭南三大家"的陈恭尹，又有"南园后五子"的李时行、"金陵八子"的叶欣、"粤东三子"的张维屏，至于戊戌变法的重要人物康有为、近代词学大师"清末四大家"的朱祖谋等，应有尽有。

黄海章先生

　　书画中的扇面是黄先生收藏的亮点，尤其值得称道的是居廉，这位晚清时代承前启后的广东一代匠师的三张扇面，品相极佳、着色细致、别出一格。道光咸丰年间广东著名测量绘图家、被陈澧称之为其学是当时绝学的陈士圣的山水人物，绝对是传世不可多得的一幅。又如晚清指画高手的罗清，一幅《渔村夕照》活现水上人家的愉悦和乐趣。陈澧为清道光以来广东地区最重要的大儒，曾为学海堂学长数十年，至老为菊坡精舍山长，凡天文地理、乐律算数、诗文词赋无不精通，他的书法宗唐人欧阳询，又参以宋代的苏东坡，自成一家面目，这次捐赠即有五幅。而著名广东画家，有"岭南画坛二苏"之一的苏六朋，他的画即有六幅之多，其中不无笔下人物的形象逼真传神，真实描绘了社会百姓日常生活的各种层面。

此外如广东书画家高俨、王应华、黎简、黄丹书、谢兰生、崔芹、简朝亮、易顺鼎、罗岸先、伍德彝、邓如琼、高奇峰的作品都是不可多得的画作。其中有一些属于博物馆级的藏品，如徐昂发的行书《钱谦益雨中过清流关》，及魏之璜、祁豸佳、周裕度、周而衍、钱维乔都是很重要的作品。

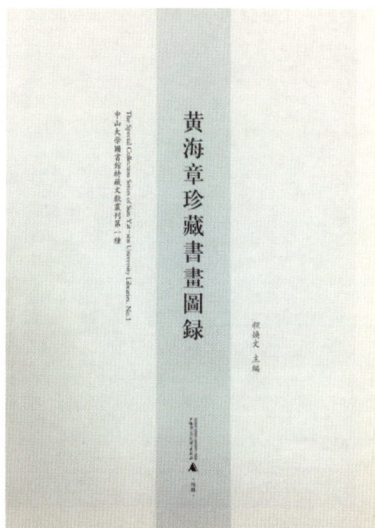

黄先生的这批收藏中有一特点值得注意，即有不少书画家都是封建时代进士出身，如四百六十年前明嘉靖二十年进士李时行；三百二十七年前清康熙二十七年进士查昇，三十九年进士徐昂发；雍正十一年进士杨二酉；乾隆十七年进士梁同书，三十六年进士陈昌齐，五十年进士陈希祖，五十四年进士张锦芳、伊秉绶；嘉庆四年进士吴荣光、宋湘，六年进士刘彬华、蔡超群，七年进士李仲昭，十年进士胡秉钧，十四年进士许乃济、郭尚先，十六年进士黄玉衡，十九年进士梁蔼如、祁寯藻，二十二年进士龙景灿，二十五年进士冯赞勋、张祥河、赵光；道光二年进士曾望颜、张维屏，三年进士鲍俊，十六年进士何绍基，二十一年进士王拯，三十年进士俞樾；咸丰六年进士叶衍兰、锺孟鸿，九年进士李文田；同治二年进士黄基；光绪三年进士王仁堪、封祝唐，六年进士李慈铭、梁鼎芬，九年进士朱祖

黄海章珍藏书画图录

笔者在黄海章先生捐献所藏书画仪式上发言

谋，十五年进士梁于渭、温仲和。计康熙、雍正、乾隆、嘉庆、道光、咸丰、同治、光绪各朝进士凡四十一人，其中不少为广东人。

黄先生所藏有小部分为中大同事李沧萍教授所赠，其中有刘三教授的隶书对联（1905年4月，他曾收葬《革命军》的作者邹容遗体，邹容是中国近代著名资产阶级革命宣传家和演说家，与秋瑾齐名。辛亥革命后，孙中山追赠邹容"陆军大将军"荣衔）、黄节教授（曾任孙中山大元帅府秘书长、广东省教育厅厅长、广东通志馆馆长）行书题诗，以及寿石工、余天遂、邵瑞彭的行书等。

近二十年来，社会上私人捐献字画文物的不多，比较重要的如知名人士、老革命家中如曾任人民日报社长兼总编辑的邓拓捐献古代书画珍品145件、中央联络部副部长李初梨捐献书画72

幅、剧作家夏衍捐献明清以来的字画94件、广东省委书记吴南生捐献书画86件、著名作家老舍胡絜青捐献字画20幅、知名学者汪世清的夫人捐献书画20件。而捐给大学的，我们仅知现代派诗人臧克家的子女捐献给臧先生的母校山东大学名人学者字画27件。

　　在中国的大学中，大学教授捐献家藏或自藏图书给任教的大学者甚多，但将自藏珍贵字画捐献给学校者在当今社会已是凤毛麟角，罕有其闻。同时，据我所知，目前国内各省市一级的公共图书馆、大学图书馆收藏珍贵书画不多，即使入藏，也仅数十件而已。而黄先生所赠予中山大学者，数量大、质量高，应是近年来最大宗者，这批书画极具文物价值，不仅是宝贵的文化财富，也是研究广东书画艺术的一批不可或缺的瑰宝。

　　中山大学图书馆是国内大学图书馆系统中最具活力、最具创新的图书馆，在欧美地区的大学图书馆中也享有盛名，中大馆所藏中文珍贵古籍4000种，而黄先生的捐赠使中大馆珍藏如虎添翼，锦上添花，更施加了一抹亮丽的浓彩。正可谓善本图书和书画珍藏，相得益彰，互相辉映。

　　黄先生收藏的不少明清书画，在今天已是价值不菲的艺术品，黄先生的后辈秉承先人之志将之捐献中大，不图回报，无所求现，也可以窥见先生和他的后人热爱祖国、保护传统艺术的拳拳之心，这在中山大学必定传之久远，泽被后人。黄先生的捐赠，彰显了黄先生的无私奉献、高风亮节，我以为这是先生晚年对国家、对社会、对中山大学的最大贡献。谢谢大家！

2014年5月25日

在第二届中文古籍整理与版本目录学国际学术研讨会闭幕式上的总结

女士们、先生们、朋友们：

大家好！中山大学图书馆和《广州大典》与广州历史文化重点研究基地举办的"中文古籍整理与版本目录学国际学术研讨会"就要结束了，我受中大图书馆馆长程焕文教授的委托，作一个发言。

这次会议，是在中山大学九十庆典之际召开的，是2011年11月"中文古籍整理与版本目录学国际学术研讨会"的继续。我们的这次会议，总共有180人，其中大陆学者120人、台湾地区11人、港澳地区4人，更有美国、日本专家5人，此外本校博士、硕士研究生40人。参会代表中年龄最大的是遐龄91岁的沈燮元先生，以及88岁的王贵忱先生。

非常幸运的是，研讨会请到了中国国家图书馆名誉馆长周和

2014年第二届中文古籍整理与版本目录学国际学术研讨会全体代表合影

平先生和广州市市长陈建华先生，他们分别就《古籍保护的过去与今后的展望》，以及《编纂〈广州大典〉的意义及现况》作了全面的极为精彩的主旨发言。一位部长、一位市长，能够屈尊在一个大学图书馆举办的国际学术研讨会上作主旨发言，这是前所未有的破天荒之事，这也是政府官员对深入研究版本目录学、文献学的一种支持，当然，这个会也是中大馆为配合国家古籍保护计划的一个组成部分。

中国五千年的传统文化，是靠一代一代的学人去进行文化传承的，传统文化中的典籍，在千年的流传过程中，历经各种浩劫，诸如兵燹、自然灾害以及人为的破坏、政治因素的焚毁，虽然损失很大，但存留的古籍仍然是汗牛充栋。我以为明清时期的《永乐大典》《古今图书集成》《四库全书》的编纂都是政府行为，因为只有明代内府、清代内廷才能支持巨额的经费以及人员的组织，也就是说，大部头的书非政府不办。那时所说的古籍保护，几乎都是民间行为，无论明清两代，或是民国以来的藏书家，他们搜集古籍，研究版本，费尽心机的保护（除虫、曝书、函套、修复），其目的就是在于使之传于永久。

新中国成立以来，尤其是七十年代后期开始，乃至今天，各地古籍的普查整理、编目鉴定、保管修复，各项工作都在不断发展。各种书目、图录、汇刊接二连三的出版，《中国古籍善本书目》《续修四库全书》以及《中华再造善本》《珍贵善本名录》《广州大典》等，都是中华古籍保护计划实施前后的重要成果。这种嘉惠学林、传承文化的新举，尽现新世纪以来政府官员对文化建设的高度重视，"强国梦""中国梦"，它的基础就是中华民族几千年历史文化的沉淀，一个没有文化传承的民族是没有出路的。中山大学图书馆正是为了配合国家古籍保护中心的长远计划，不仅是坚守已有的有限资源，并且也在努力探索尽可能地揭示本馆馆藏内涵的方式。

有道是：麻雀虽小，五脏俱全。若以藏书中的数量来说，中大馆和省市馆相比，或许是小巫见大巫，即使在大学馆中也在北大、复旦等馆之后。然而，这十多年来，中大馆始终秉持中山先生制订的"博学审问慎思明辨笃行"的校训，努力工作，各位所看到的中大馆展示的部分学术成果展、徽州文书展、学人文库，只是中大馆发展的一个侧面，它透视出以程焕文馆长为首的团队，本着小鸟先飞的原则，走自己发展的道路，并且奋力拼搏，坚持走好、走稳、走快，力争前列，争取打造一个一流的大学图书馆。

成果展，只是中大图书馆人的一种自信，是"丑媳妇难免见公婆"的一种自我亮剑。徽州文书是中大馆藏的一个特色，其24万件的文献价值及重要性，绝不亚于敦煌宝库，小小展览，只是本馆所藏之九牛一毛而已。中山大学学人文库，用程焕文馆长的话来说：那是中国最美的学人文库。我以为此言不虚。因为它较山东大学、南京大学、华东理工大学的学人文库规模要大，设计更为合理，更为美观，放眼看去，万象森罗、层见叠出。目前它存藏了中大九十年来历任教职员工出版的学术著作九千余种，从中可以窥见中大学人在育润桃李之暇，克尽厥职，笃行不倦，锲而不舍，栉风沐雨的学术精神。九十年的光阴，在历史的长河中不算长，有如白驹过隙，然而就在日月如梭之中却贡献出了冯友兰、傅斯年、赵元任、顾颉刚、陈寅恪、岑仲勉、容庚、商承祚这样的超尘拔俗、不同凡响的人杰巨匠，他们的大著也点缀了文库，使之蓬荜生辉，影响一代一代的新学人。我要说的是，这个文库是程焕文馆长的得意之作，也是中大图书馆向大学九十周年庆典的献礼之一。

各位手上厚厚一巨册的《论文集》，集中了六十五位作者的大作，凝聚了近二年来他们对文献学、目录版本学研究的新作。由于这次研讨的时间较短，我们只能安排二十八位代表的论文宣读，我想这些论文大约为以下几类：一为有关《广州大典》的

在2014年第二届国际学术研讨会作总结发言

在2014年第二届国际学术研讨会上与林明、童元方

七篇，如《越南汉喃古籍里的外销书》《民国两种〈广东通志〉稿本考述》《现存木鱼龙舟南音简表》《图书馆古籍编目中广州刻书的版本著录问题》，都是从不同角度去诠释广东地方文献。而倪俊明是《大典》编纂过程中具体操作者之一，因此他对《大典》的特点、价值、意义，包括工程的艰巨及难度作了进一步的叙述。

二为介绍各馆所藏及图书保护的文章，如德国巴伐利亚州立图书馆、日本国立国会图书馆、复旦馆、中大馆的介绍，也都惠我新知。

三为对专书的叙述，如《汲古阁毛氏影宋本〈鲍氏集〉及其价值》《玄览旧藏黄跋本》《清内府本钦定元王恽承华事略补图编印考》《国家图书馆藏思溪资福藏概述》《径山藏正续藏刊刻及其云南收藏史考》《伦明旧藏稿本述要》《明说唱词话新刊宋朝故事五鼠大闹东京记考》《亢仓子相关文献问题考辨》，都是不落窠臼、独具匠心之作，这类所作是大手笔做小文章，以小见大，细细读来，非常有意思。

还有一类为专文，如《诸家兼陈与自抒己见——辑录体解题之法》《浅说古籍的文物价值》《论宫廷书目在学术史上的典范意义——以天禄琳琅书目为例》《近代政治人物高凌霨旧藏善本初考》《试论明代私家的书籍保护》《哈佛模式对我国中文善本书志编撰的启示》《杨守敬赴日所蒐经部图书存佚情况版本初探》《上图藏一二级藏品中的稿抄校本》《赵万里版本目录学思想的特点与实践》《技术变革的焦虑与跨越》，都是自出机杼、别具意匠之作。

我以为这些文章让我们了解近二年来在版本目录学、文献学等方面新的研究成果。实际上，这个领域中的学问很深，而绝非人云亦云、抄来袭去的文抄公所能为，研究者的新知，得之于他们的实践。我想要特别说的是耄耋之年的沈燮元先生，是当今在世的一位经冬犹茂、精爽不衰的最高年的重要版本目录学家，他三十年来很少参加各种学术研讨会，然而中大馆举办的两次研讨会他都与会，并在这次会上对苏州顾氏过云楼作了深入的介绍，以他老苏州人的资格来叙述苏州重要藏书楼，那是再恰当不过的了。

励双杰的《家谱装订中的异见针眼数》，这个题目即使是研究谱牒者甚或是书籍装帧专家都不曾想到的，文章不长，字数不多，但写来却是别开生面，戛戛独造，如若没有大量的经眼与实践，是很难弥补古籍外貌描述的另一面的。再如刘浩敏的《描摹印谱——由〈超然楼印谱〉说起》，那也是别具匠心之作，刘小姐的背后的那棵大树，就是著名印谱收藏家林章松先生，林先生所藏各类印谱二千种，数量之多，乃为国内各图书馆加上西泠印社所藏也莫望其项背，他博闻强记，孜孜不倦于印谱之考订。他所藏中有描摹印谱数种，难得一见，其摹印之逼真，我曾有大开眼界之感，进入他的书斋也如见到各类海味山珍。如若没有刘小姐的揭示，研究印谱者或版本研究者都是鲜少得知的。

我们非常感谢广西师范大学出版社集团有限公司董事长何林夏先生、副社长兼社科分社社长汤文辉及文献分社社长雷回兴编审，他们为研讨会赠送了"中山大学图书馆学术丛书"第二种王蕾著《清代藏书思想研究》一百册。我们也谢谢上海交通大学出版社为会议送上了他们编辑出版的《四库》。

这次研讨会是在今年四月开始准备工作，而会前的一个月，也是筹备此次会议的特藏部同仁全力以赴，团结合作，有条不紊地在程焕文馆长的指导安排下进行。由于会议之前的各种变数太大，每天都在修订日程，包括出席代表名单的确认、餐饮接送住宿、论文的排比打印装订等，我们终于赶在研讨会开幕之前完成了各项准备工作。我始终认为研讨会的举办，是中大图书馆为与会专家学者代表提供了一个互相沟通交流的平台，使之了解这个领域中新的研究成果，但我也认为这是程焕文馆长为了培养训练特藏部的一支精干的队伍，不断地给他们创造机会，让他们挑担子、压担子，而使他们在办公室和技术部同事们的支持下出色地完成了举办研讨会的任务。我建议，我们应为会务人员付出的辛勤和努力而鼓掌表示感谢。

女士们、先生们、朋友们，如果说，以后我们再有机会举办此类的会议，我们定当再次邀请各位重新聚会羊城，握手中大。谢谢大家！

2014年11月9日

在第三届中文古籍整理与版本目录学国际学术研讨会闭幕式上的总结

女士们、先生们、朋友们：

我们的会经过二天的报告、发言后，就要结束了，我受中山大学校长助理、图书馆馆长程焕文教授的委托，来作研讨会的总结。实际上，这次的会是2011年11月、2014年11月中山大学图书馆举办的"中文古籍整理与版本目录学国际学术研讨会"的继续。我们的这次会议，总共有160人参与，其中大陆学者100人、台湾地区4人、港澳地区7人，更有美国、加拿大、日本8人，此外本校2015及2016级专业硕士研究生30人。参会代表中年龄最大的为遐龄93岁的沈燮元先生、90岁的王贵忱先生。

值得高兴的是，研讨会请到了教育部全国高等院校古籍整理研究工作委员会主任、北京大学中文系教授安平秋先生，中国国家图书馆副馆长、国家古籍保护中心副主任张志清先生，他们都是涉及中国国内古籍整理出版两个重要部门的领军人物，正是因为他们卓越的领导才能，这方面的工作得以顺利进行。安先生在十多年的全国高校的古籍整理研究中执掌帅印，运筹帷幄，硕果累累。志清馆长则在全国图书馆系统中不遗余力地推行古籍的普查、整理、鉴定以及古籍的保护与修复，十年来，他握筹布画，足迹踏遍了各地的图书馆，最近又把触角伸入佛寺道观，所以成绩傲人。他们分别就古籍整理、保护的过去与今后的展望，作了全面的极为精彩的主旨演讲。这不仅是他们对图书馆这个领域深入版本目录学研究的支持，也让我们在座各位进一步了解当前古籍整理研究大局中的态势。一个民族的复兴需要强大的物质力量，也需要强大的精神力量。现在保存在国家图书馆、各省市一级的图书馆以及大学图书馆中的古籍图书，当然也包括了社会上的私家收藏，这些收藏承载了灿烂的中华文明，传承了历史文化，历代的各个领域的学者，他们的著作经过了各种兵燹水火等自然灾害，乃至人为的政治因素的破坏，而保存到今天，确实不易，那就是老祖宗留给我们的宝贵文化遗产，它代表着中华民族悠久历史文化。保护和传承先民的著作，就是守护民族和国家过去的辉煌，因为他代表了今天的文化资源以及未来的希望。

最近十年来，古籍整理、版本目录学的研究又翻开了新的一页，这一领域涌现出的了许多研究成果，多受益于新材料的发现，研究方向也向更深层次扩展。这十年中，也恰恰是一些杰出学者职业生涯中的关键时刻，他们的研究奠定了目录版本学、文献学的教学与研究的基础，使后来的学者受益并成熟。今天在座的有不少图书馆的同仁，他们不仅有当仁不让的保管责任，也有

在2016年第三届国际学术研究会上作总结发言

在2016年第三届国际学术研讨会的展览柜旁向领导做介绍

整理、研究及揭示重要馆藏的使命。

我始终认为中大学术研讨会的举办，是中大图书馆为与会专家学者代表提供了一个互相沟通交流的平台，使之了解这个领域中新的研究成果，各位手上厚厚一巨册的《论文集》，集中了70位作者的大作，凝聚了近两年来他们对文献学、目录版本学研究的新作。由于这次研讨会的时间较短，我们只能安排30位代表的论文宣读，这都较之第一、二次研讨会为多。我想这些论文中有一些是很值得说道的。

在介绍各馆所藏及古籍保护的文章中，有美国华盛顿大学东亚图书馆、加拿大不列颠哥伦比亚大学亚洲图书馆的介绍，从时间、来源、整理、特点、利用等，都作了详细的叙述，毕竟是海外两馆所藏的中文古籍，这是我们很多大学古籍所以及中国图书馆界的学者不了解的。他们的介绍，也为国家古籍保护中心及国内有关出版机构将来进行资源回归提供了重要咨询。

对专书的叙述文章较多，但重要者如陈鸿森《文献家通考补正》，若没有数十年中对清代学者史料的关注，又怎能指出书中之讹误，小小的一则一段，竟会引出大段细考，陈氏之"订之补之"之功莫大焉，这真正是大手笔做小文章。王水乔《云南大理国写经的发现、整理及研究》，是介绍并研究云南大理国写经的较为系统的专文，对我们来说，它推动了写经的版本学研究，同时写经的装帧及纸张也是值得注意的。

杜泽逊《论明万历北监本尚书注疏》，是他与杜门弟子从事《十三经注疏汇校》系统工程中的一段成果。说的虽是北监本，却是独树一帜，别具意匠之作，它实际上是为当今校勘学提供了一个严谨周密、涓滴不漏的范式。王国良《近代〈太平广记〉校勘整理之专著述评》，可以看出王教授真是花了大工夫，将错综复杂的《太平广记》校勘整理之专著及版本搞了个一清二楚，美、日、韩、国内的藏本全都看了个遍。王教授毕竟是老手，写出的文章是自出机杼、戛戛独造之佳评。

写作善本书志，是重要的资源丰厚的大馆将来必做的工程，它是揭示馆中珍藏善本内涵的必要手段，张波《书志写作的传统、现在和未来——兼论〈书志〉集刊的创立》，述及书志在传统目录学中的定位及其新特征，以及目前已出版的馆藏书志及其体例特点，当然这也引起了与会代表热烈讨论。她也为即将出版的《书志》助威接应，摇旗呐喊，这个属于国家古籍保护中心的又一平台当可为图书馆同仁提供一个最好的对口的书志发表园地。《南京大学图书馆藏古籍善本书志七种》《吉林大学图书馆善本书志四则》，都是写作书志的样式，也可供研究者参考。各位代表拿到的《〈广州大典〉海外珍稀文献书志》，也是中山大学图书馆特藏部同仁遵照"哈佛模式"写作的一种尝试。

论及广东地区的文章如《广东地区藏域外汉籍简论》《海珠遗珍——〈古雪楼印存〉与清末广州河南地区的文人艺事》《晚清广州社会阅读演变探折——以〈广州大典〉所收蒙学图书为视角》，都是从不同角度去诠释广东地方文献。

再如刘浩敏的《中国印谱版框的功能与美学》，那也是心裁独到、与众不同之作，以往的几十年里发表的谈印谱的文章也鲜有涉及版框的装饰性，我们平时所见的各种刻本中的边框极少变化，几乎都是四周单边、四周双边、左右双边。如若没有经眼大量印谱，是很难想象那种文人雅趣及民间风俗色彩在边框中也是可以得以体现的。

沈燮元先生，今年九十有三，是上海人口中的"老法师"，他也是当今在世的一位松身鹤骨、须眉交白的最高年的重要版本目录学家，他三十年来很少参加各种学术研讨会，然而中大馆举办的前两次研讨会他都与会，且是老僧入定，正襟危坐，认真听讲。最近，南京图书馆在请他作口述历史，这是要尽快做的好事。沈燮元先生曾自始至终参与了《中国古籍善本书目》编纂的全过程，贡献多多，他向这次研讨会提供了一篇《〈嵇康集〉佚名题跋姓氏考辨》，文字虽然不长，却是以小见大，文章特别指出了几位版本学家的不足之处，提出了版本鉴定还要进行书法的比对及印章的辨别。像这样一位历史老人，我们谨祝他天保九如，长春不老，我们应该向他致敬。

论文较多，好文章也不少，但我不能一一为之介绍，好在有本本在手，各位的论文，我们也希望在会后如需修改者，请抓紧时间，在十一月底前交与我们，我们还会再重新排比，与第一届第二届研讨会一样，交广西师范大学出版社正式出版。

中山大学图书馆为研讨会提供了一个《中山大学图书馆藏容庚捐赠碑帖》的展览，容先生是中大的教授、著名学者，他生前曾向中大图书馆捐赠了2000余种珍贵古籍和碑帖拓本，展览由于空间的关系，只能从679种拓本中选取部分，而最可圈点的是1934年所刻《中华民国华北军第七军团第五十九军抗日战死将士公墓碑》拓片，碑文为胡适所作，钱玄同书，碑文讴歌抗日将士奋勇杀敌、顽强灭寇的精神，文及书法堪称双璧，可惜的是原石在1935年被毁，原碑拓片也显珍贵。

我们的研讨会还有两个展览，上海的收藏家王德先生及河北的收藏家赵俊杰先生都在他们十多年来的珍藏中选取了一些精品送来展览，这不仅丰富了我们的研讨会的内容，也让我们大开眼界，知道民间收藏中居然还有那么多难得一见的珍贵善本。尤其是六朝写经及初唐经卷，以及《程氏墨苑》《琵琶记》《柳如是画像》等更是展览中的白眉。

这次的研讨会是在今年六月发出预邀请，而在九月中进入程序，会前的一个月，筹备此次会议的特藏部同仁全力以赴，精诚团结，有条不紊、井然有序地在进行。然而较之以往的两届来说，人员的变数更大，即以会议日程来说，两个星期中，天天都有更动，即使到上个星期六都还在修订。这包括出席代表名单的确认、餐饮的标准、接送住宿、论文的排比打印装订等，由于办公室和技术部同事们的支持，我们终于赶在研讨会开幕之前，完成了各项准备工作，出色地完成了举办研讨会的任务。

我们非常感谢广西师范大学出版社集团有限公司副总编辑汤文辉先生，他为研讨会及时印制并送到了《〈广州大典〉海外珍稀文献书志》及我的一本小书《书海扬舲录》，感谢中国国家图书馆出版社殷梦霞副社长赠送给各位代表的《本草日历》及书袋。

中国的省市一级的公共图书馆或大学院校图书馆时有各种学术研讨会的举办，但规模不大，出席者不多，影响力多不彰显。我以为：在不到一个星期的时间里，中山大学图书馆竟然接连举办了两次各一百人次以上的国际学术研讨会，这在中国图书馆事业史上是从未有过的豪举，也是中大馆的一种自我挑战，也是接受各方的检阅。再过两天，即本月十二日，是中山大学的九十二周年校庆，或许我们也可以看作这是向学校校庆的一项献礼。我想起了中山先生为中大所拟定的校训——博学审问慎思明辨笃行。人们都说图书馆是知识的渊泉，是知识的海洋，在《礼记·儒行》篇中有"儒有博学而不穷，笃行而不倦"句，"笃行"就是为学既有所得，就要努力践履所学，使所学最终有所落实。对于图书馆人来说，我们只有踏踏实实，一心一意，坚持不懈，方能真正做到"笃行"。这也是程焕文馆长多年来所推行的成果。

女士们、先生们、朋友们，程焕文馆长曾希望中山大学图书馆应该对中国以及世界图书馆事业有所贡献，他要求馆内以后每两年都举办一次这样的盛会，这包括古籍保护与修复的国际学术研讨会及古籍整理、版本目录学的国际学术研讨会，这也对我们提出了更高的要求。所以说，两年后我们一定再有机会向在座的专家学者学习请教，当然，我也想继续套用我在第一届及第二届的研讨会的结束语中所说，我们也定当再次邀请各位重新聚会羊城，握手中大。谢谢大家！

2016年11月9日

我对写作古籍书志的一些思考

　　《书志》创刊号即将出版，这是一件大好事。我以为，国家古籍保护中心自成立以来，做了大量的工作，在全国古籍普查的基础上，各种专业训练班的连续举办，尤其是"书志的撰写与实践"更是深入的举措之一，保护中心的大作为，正在逐步改变目前图书馆学界中的古籍保护、整理、编目、鉴定等的那种青黄不接、后继无人的局面。

　　由此，我想起1960年3月，我拜上海图书馆馆长顾廷龙先生为师，从此涉足版本目录学、文献学的领域，这五十多年来，无论我在上海图书馆、香港中文大学图书馆，甚或美国哈佛大学哈佛燕京图书馆、广州中山大学图书馆，我几乎每天都和古籍图书打交道，从未离开过一线的工作。即以书志的撰写来说，我写就近4000种善本书志，400余万字，大量的写作经验与平时的实践，也使我对古籍保护、整理、编目、鉴定有了较多的认知和体会。如今《书志》的编者嘱我写一点文字，谈谈过去写作善本书志的看法，这是我非常乐意的。

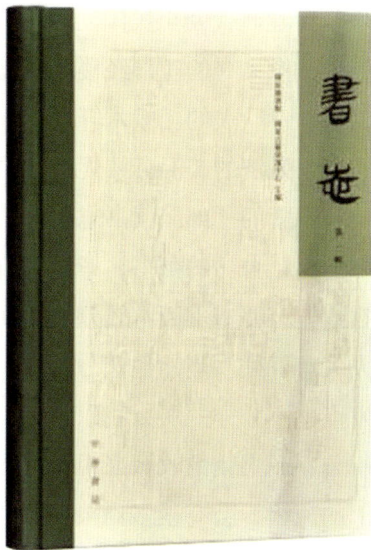

书志

在中国传统目录学、版本学的著述中，书志、读书志、藏书志、访书记、提要、书录、叙录、经眼录、题跋记等，都是介绍古籍图书的写作形式。应该说书志是在书目的基础上发展起来的，书目无非是著录了一部书的书名、卷数、作者和版本，因为限于它的著录方式，所以无法著录得非常详细，而只有书志这种形式可以用来自由发挥，尽可能地比较详细地把书中一些很重要的作者、书的内涵以及出版方面的信息全部钩稽出来，这对其他一些学者、研究者的利用大有裨益。

无论何种写作形式，其对书的客观描述有简有详。详者则对书名、卷数、作者、版本、行款、版式，以及著者简历、内容、牌记、序跋、题识、刻工、讳字、流传著录、藏印等详细备载。简者只著录书名、卷数、作者、版本、行款、版式、牌记、序跋而已。至于一般的经眼录、题跋记、访书记等都较简，记录则各取所需。

封建时代乃至民国间的一些重要藏书家，多有自己的藏书志传世，像吴骞的《拜经楼藏书题跋记》、黄丕烈的《荛圃藏书题识》、王欣夫的《蛾术轩箧存善本书录》等。我过去在文章中曾推崇张元济的《涵芬楼烬余书录》、傅增湘的《藏园群书题记》及叶德辉的《郋园读书志》等，觉得他们写得非常好，因为他们都消化了自己的藏书，毕竟是自己买来的书，哪些书好，好在什么地方，哪些书版本较差，差在何处，都记得非常清楚，这对后人大有好处，当然他们写的和《四库全书总目提要》有不同，出发点也不一样。所以我以为私人藏书家都能写自己的藏书志，对于公家图书馆的收藏来说，远比私人多得多，私人收藏由于经济上的原因，会有很多局限，而公家图书馆不同，它们可以有国家经费支持来采购图书，甚或接受捐赠，所以他们的局限比私人藏家要小得多。

撰写各种藏书志的学者，都是学有专长的专家、目录学家、版本学家，过去在四库全书馆任纂修官而写作提要的翁方纲、周永年、姚鼐、邵晋涵等，文人藏书家学者如吴骞、黄丕烈、鲍廷博、顾千里以及后来的张元济、傅增湘等皆是满腹珠玑、博极古今的一时俊彦。如刘承幹《嘉业堂藏书志》，就由缪荃孙、吴昌绶、董康等赓续修撰而成。王文进《文禄堂访书记》，实为顾廷龙、潘景郑先生在王氏的"舛误触目、凌乱无序"的稿本上全面修订而成。

藏书志的写作，图书馆想做，私人收藏家也想做，但那是一件任重道远、如牛负重之事，写作善本书志，不是一件容易之事，甚至是苦差事，因为如果真的是轻而易举、一挥而就的话，那先人前辈早就着手上马，而不用等到今天，很多图书馆和私人收藏家早就把它做出来了。从上个世纪的四十年代至今，在图书馆系统中，并不是没有人想到书志的重要和撰写，我所接触到的或知道的就有：我过去在写《顾廷龙年谱》的时候，将顾先生的所有日记都读了一遍，日记中有一段话非常有意思，那是说顾先生看了缪荃孙写的《嘉业堂藏书志》，觉得不满意。他说如果将来有条件的话，我写的书志要"力压众编"。我以为这"力压众编"是顾先生的雄心壮志，就是详细揭示书之内涵及版本源流，这在三十年代顾先生编的《章氏四当斋藏书目》四卷，可见一斑。

五十年代，赵万里先生在完成了《中国版刻图录》后，拟将北京图书馆藏古籍善本写成善本书志，但因当时的形势，致使工作无法开展。前北图资深研究馆员冀淑英先生曾于1999年7月15日致笔者信中有云："回首三四十年前，北图亦曾设想待入藏之书编目告竣之时，当写成书志，以记录一代典籍所存，今则已矣，思之慨然。"2001年的另一封致笔者信又云：1958年，在赵先生的主持下，《中国版刻图录》完成后，北图善本部就想将写作馆藏善本书志列入工作计划。遗憾的是，这之后政治运动不断，写作的气候不复存在。尽管赵先生是全国政协委员，又是北图善本部主任，想做也不是那么得心应手的。这个事情就一拖再拖，到后来"文化大革命"了，他也备受迫害。所以冀先生对此非常伤感。如今图书馆领域发生了显著变化，津以为"国图"人才济济，专家多多，又有明智者执掌帅印，若假以时日，何愁《国图善本书志》不成？昔年，北图以《中国版刻图录》，业界交口称誉，获掌声数十载；今朝，国图若将《国图善本书志》竣事，到那时，模式高悬，掷地有声，嘉惠学林，则不以时间计矣。

六十年代，"文化大革命"之前，浙江省图书馆历史文献部编有《浙江省图书馆善本检记初稿》（夏定棫著，140种，6万字，油印本，未出版）。"本书为浙江省立图书馆历年所藏善本中之宋元明刻本之题识，分别著其书之卷数、撰人、版本之年代刊者，与其他之考证。"可惜只完成了一小部分，并未写完。如今连那一薄册的《检记初稿》也成了珍罕之物了。

1963年时，上海图书馆善本组在顾师廷龙先生的指导下，开始尝试写作善本书志，那时候上海图书馆正在编《上海图书馆馆藏古籍善本书目》，顾先生即抽时间与潘景郑、沈文倬先生写了一些馆藏善本书志的样子。当时写了十多篇，如今我手里保存了顾、潘两先生所写的两张亲笔样张，由于当时的工作重心是编制馆藏古籍善本书目，所以刚开了个头即告停止。

除了图书馆外，私人收藏家也有写作藏书志的计划，如七十年代，黄永年曾致顾颉刚先生一札，云："受业昔年尝有志写一《旧书识小录》，取寒舍所藏旧本书及所见旧本，略记出版本或内容，稍事考释，已成数十篇，劳动后暂中止。近又思写一《前尘梦影录》式之笔记，记所藏、所见、所闻之旧本书，日来在医院中已写了数千字。此等事自知无当大雅，然存之脑中，数十年后终于澌灭，则不若笔之于书，为后人留此参考资料耳。"顾得信后即复道："近年能从事此道者已不多，甚盼其欲撰之书早成，为读古籍之工具也。"这本《识小录》似属书志之范畴，可惜的是，我们没有看到黄先生的稿本。

八十年代，黄裳先生将自己过去写在藏书中的跋集中起来，编成了《来燕榭书跋》等，这是私家为个人藏品写志。九十年代，杭州严庆善有《贩书经眼录》，之后又有苏州江澄波的《名抄古刻经眼录》等。这是经营旧书及古籍的坊间人士将几十年来所经眼的善本书写成的书志类的著作，也是继四十年代王文进《文禄堂访书记》后的估人著作。

中国是收藏中文古籍最多的地方，虽然古籍整理在上个世纪的五十年代至"文革"以前做了不少工作，八十年代以后乃至现今，又陆续出版了一些有关书目、书影或提要等专著，提要中多为专类之作，如《曲海总目提要》《戏曲小说书录解题》《中国医籍考》等等。而以图书馆之善本藏书撰成书志者不多见，我所见到的似乎只有苏州市图书馆一家，而武汉市图书馆只写了一小部分。

目前，收藏在图书馆中的古籍藏书和珍贵文献，已经通过图书馆专业人员的辛勤劳动，将之整理、编目、鉴定，最初用卡片的形式，今天又可通过计算机检索，加以揭示。由于图书馆员的不懈努力，给读者及研究者提供了极大的方便。当然，研究者等只能从有限的纪录中去获取各种线索，并从书本中摄取他们需要的材料。

为什么一些重要的图书馆要把撰写善本书志作为长期奋斗的目标，视之为一件很重要的事情呢？

我以为对于一些收藏古籍图书较为丰富的大型图书馆来说，其收藏都是经过几代人的努力搜集，是非常不容易的，馆藏中也必定有不少珍贵善本和稀少的图书文献，既有馆方引之为荣的"镇库之宝",也有视若枕秘的孤椠秘本。如若馆藏珍本多多,但严锢深扃,既不与研究者利用共赏,又不传播流布,广众见闻,而只是"养在深闺人不识"地待字闺中,那是一种无意义的资源浪费。因而,对于鲜为人知、少见世面的珍本,如能让馆内专家予以揭示,广为众晓,那也算是一种嘉惠学林之"大功德""庶绩"。

因此,大型图书馆编著善本书志,不仅是馆藏古籍善本文献的详细记录,使家底清楚,心中有数,同时可以提供给有关研究者各种资讯,更可为其他图书馆编目人员核对版本提供依据。那不仅仅是扩大影响,而且是开发古籍文献,实现资源共享的必要手段。故善本书志的编著,有百利而无一弊,或许这也是一些重要收藏单位在若干年后,必定会制订计划、配备班子来进行的重要工作,可以说,这种书志写作的实践,必定是一项长期而艰巨的工程。

图书馆在过去的工作中,曾编制一些索引、书目及专题书目,其目的即是揭示馆藏,但写作善本书志,则是更深层次的具有学术成果的大事。书志的写作,可以将一馆几代人所搜集的全部善本,包括库中所藏之最重要的精华图书予以揭示,又可发现新的有价值的图书,这远比馆藏目录、图录、索引等更具学术性,它集目录、索书号于一身,这是一种升华,是一种自信,是一个重要图书馆最重要资源的全面揭示。除此之外,没有什么工作比写作书志更困难的了。

写作书志的过程,也是培养古籍整理、版本鉴定专业人才的过程,参与写作的人员会多方面地接触图书,加强实践,不仅可以知道经眼图书的特点，也可以知道馆藏最重要的典藏是什么。前人论学，强调潜移默化，心领神会，所谓"观千剑然后识器，操千曲然后晓声"。在掌握书志写作方法的同时，又可以熟练地使用工具书、参考书。封建时代以及近时的藏书家，尽一生之辛苦劳累积聚了许多图书，但他们所见有限，而图书馆的专业人员"近水楼台先得月"，和这么多的善本书打交道，所以从另外一个角度来说，写成的善本书志也给无缘见到善本书的人一种信息，乃至于传道、授业、解惑。

图书馆的专业人员所做的工作，很多是为他人作嫁衣裳的事。对现代的学者、研究者来说，他们希望图书馆有一部善本书志，能详列一书之版本及其内涵，能从中得到各种资讯，或将馆藏重要资源全部于以揭示，他们不必再花时间去核查别的工具书了。如此之书志，大凡研究目录学、版本学、文献学以及其他学科的人都会用，也必然会受到欢迎。

对图书馆的同行来说，他馆已成之书志可以为各馆古籍编目人员核对版本提供依据及借鉴，因为书志上有各种数据、依据，可以比对，也必然会对其他馆起一个示范作用。而他馆所写，不仅是参考，而且是有一个指导性的模式存在。

观览一馆之书志，可以对该馆重要图书一览无遗，即使提供出版社影印出版，也有据可依。也可从中得到许多的副产品，或可编辑善本书的图录及其他，如果把《书志》看成是开发古籍文献，实现资源共享的必要手段，也未尝不可。

重要图书馆的藏书资源丰厚，善本书亦多，工作性质也多样，书志若开始撰写就不能停止，所以谨慎之极。但是规模略小些的图书馆却没有这么多的限制，我一直为武汉市图书馆摇旗呐喊击掌，是因湖北省的最大馆是湖北省图书馆，武汉馆在中国市一级的馆中也不算大。然而这个馆居然能够写出它自己的善本书志，这就很了不起，那是一本《武汉市图书馆古籍善本书志》（经部，119种，28万字，3人撰写，2004年，湖北人民出版社），该馆善本藏书不多，古籍约21万册，和湖北省馆相比，是小巫见大巫，和其他省市一级的大图书馆相较，那更是不能望其项背。

　　然而，小馆也可以做大事，可以做大馆一时半会所做不到的事。那就是他们将数量有限的馆藏善本逐步写成善本书志，而且已经出版了经部（第一辑）。书志包括了原书各种记录及刻工、钤印等，哪怕是一种不怎么样的丛书零种，也引用资料，还以图表的形式，加上自己的见解，做得很认真，有图有文，图文并茂。

　　我举个例子来说明他的细致：我之前写有《美国哈佛大学哈佛燕京图书馆中文善本书志》（上海辞书出版社，1999年），里面有一种书武汉馆也有，谁知道我粗心大意把里面的一个什么地方写错了。

美国哈佛大学哈佛燕京图书馆中文善本书志

武汉馆仔细去查了，这让我很感动。武汉市馆敢于向湖北省馆叫板，敢于向国内的省市一级的大图书馆挑战，那是应该为之喝彩叫好的。叫板、挑战，不是骄傲，是表明自信、实力，是相互间的促进，是好事。非常可惜的是，自第一本"经部"出版以后又过了若干年了，却是泥牛入海无消息，后来才得知，领导因故而解散了写作班子。

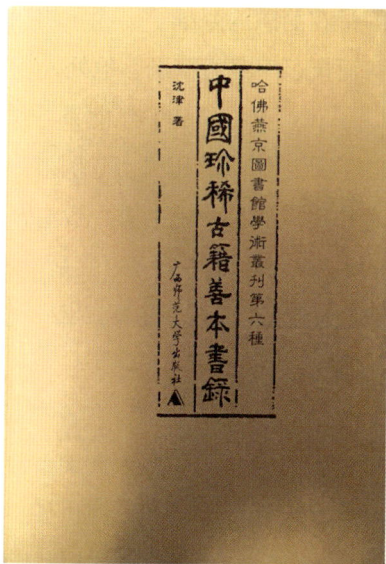

中国珍稀古籍善本书录

除了武汉馆，还有苏州馆也做了《苏州市图书馆藏古籍善本提要》，现在出版了"经部"和"史部"，还有"子"和"集"，顾廷龙先生有句话我说它是真理，是非常简单的一句话，他说："火车只要开，总归要到站的。"书志只要坚持写下去，一定会完成的。

无论是哪一个图书馆，书志的写作，都取决于一个模式，或为简志，或为繁志。简志者，如30年代出版之《浙江省立图书馆善本书目题识》《岭南大学图书馆馆藏善本图书题识》，及1948年岁末出版的《北京大学图书馆善本书录》。《北大馆书录》是北大50周年纪念会展览的馆藏精品，包括宋元明清刻本、抄本、稿本、日本及朝鲜刻本计499种，每书之介绍，仅限于书名、卷数、作者、版本及序跋、稽核项，极简略，如此而已。繁志者，即是在简志的基础上，揭示出版本之认定依据、全书之内容、因何而撰、序跋之摘录、他处入藏情况、书之特点及钤印等。

我曾有一份1993年北京方面编的撰写《中国古籍总目提要》的手册，其中的凡例、范例很好、很详细，直到今天仍有重要参考作用。如果一篇书志，没有作者的小传、没有内容、没有自己的见解，那或许著录的就是某书的基本著录，也即卡片式的书名、卷数、作者、版本、稽核项等而已。所以书志不是卡片，也不是卡片的放大。

我以为今天的学者在善本书志的撰写中，不仅仅将群书部次甲乙，条别异同，推阐大义，疏通伦类，更应建立在既借以辨章学术，考镜源流，亦可搜讨佚亡，而备后人之征考。前人于书志写作有云：应"辨版刻之时代，订抄校之精粗，改卷数之多寡，别新旧之异同，以及藏书印记、先辈佚闻"等，所以在前人的基础上更加详细地去揭示书之内容版本，尽可能使之精审确凿。比较好的书志，要站在读者、学者、教授的层面上去写作，这样的书志就具有一定的学术价值。

不少人以为书志的写作很容易，不难。是的，所谓"看人挑担不吃力"，确实不难。但是，每天写一篇，面对不同的书、不同的作者、不同的版本，都要去查寻有关的材料，时间一长，就会有一种厌倦情绪。如果没有"拼"的精神，没有一种压力，就不会做好。而且要一次成篇，容易不容易，可以试试。担子有轻有重，分量不一，挑担的技巧，走的路远近，耐力，不是担得起就胜任，那是要走很长一段路的，还有各方面广博的辅佐知识。许多作者在完成自己的"大作"，在写序或后记时往往会写到

"甘苦自知"，就是这个道理。有道是"天下文章一大抄"，但是"抄"，要抄得有水平，中间加入自己的观点、看法。写一篇书志，要去查找相关的材料去印证，要了解什么样的工具书、参考书中可以去查到你想了解的材料。查到后，如何去摘取有用的文字，然后拼组成一篇属于自己的书志。

每个大型图书馆，所藏善本数量不同，人员的训练及质素亦不同，完成的时间自然亦不一样。然而，一个大的工程，从开始到竣工，绝不可能一帆风顺，尽如人意，三五年、数十年，或更长的时间。写开头了，必有各种各样的困难、矛盾出现，但此时已是"开弓便无回头箭"，没有退路可走，只能是小卒子过河，勇往直前。从另一方面说，这种写作善本书志的机会却是百年难逢，您能参与，就是幸运。当然，也只有这么一次机会，就看如何把握了。

中国的古代典籍浩如烟海，不可悉数，古人皓首穷经亦只得其万一，但前人的古文功底学问，是今天的我们无法去比拟的。但21世纪是一个信息化的社会，部分在图书馆里工作的专业人员见到的古书比古人、前人要多，见到的工具书、参考书更多，至于版本的图录书影，可以比较核对。所以我们回过头来再看那逝去的前一世纪，我们是站在前人的肩膀上，应该看得更远，做事也应做得更好。前人的经验是我们可以利用的财富，所以用今天的眼光去看前人写的书志，那我们也应该写得更好，更详细。

书志的写作，代表了写作者本身的水平，也代表了该馆的学术水平。曾见上海某馆在九十年代末撰写的部分书志，每篇书志仅200字左右，包括书名、卷数、作者、版本等，这样的模式钩稽不出书之特点，价值不大，这不符合一个重要大馆的学术水准，果然没多久，这项写作即停止了。又如台北某馆的善本书志，模式甚简，每篇基本上在300字上下，文字内容上有不少限制。如中国现存最早的套印本，元至正元年（1341）刘觉广江陵刊经所刻朱墨套印本《金刚般若波罗蜜经》，国内所有文献学、版本学、美术史、印刷史的著作，没有一部不提到此书之重要，而且国内的学者见到此书原件者仅二三人而已。这样一部重要图书，从书名到钤印，仅150字的表述，由于吝于文字，又无人把关，没有半句提及此书之重要，其文献价值亦不得彰显。我曾经将清康熙刻本《通志堂经解》，用香港某大学图书馆善本书志和哈佛燕京的善本书志作一对比，前者书志去掉子目有200字，后者去掉子目有5000字之多，由此可见繁志简志之悬殊。我们的宗旨就在于将一种书的情况大致上写清楚，即学者不必到馆查找书目，即可以知道这种书对他有没有用，是不是他所需要的，他得到的资讯一定比其他的图书要多。

　　书志撰写的质量如何，必须放在社会实践中去检验，要接受学术界、学者教授的检验。前些时出版的《中华再造善本提要》请了不少专家撰写提要，细读之下，真觉得不少人非常认真、用心，写得很好，应是上乘之作。《提要》的写作有旗帜标杆之作用，但是也有十数篇写的是北京某重要大馆的极珍贵的宋本提要，却是质量低下，文风不正，用词不当，文字啰唆，专用名词也分不清，却不明不白地由白纸变成黑字，这类误人的书志提要，对于稍为用心的编者或研究者，一眼即可发现每篇竟有数十处错误之多，且改不胜改，这类文字实在有碍全书之学术水准，以后似不应再有发生。

至于重要版本之考证，可多费时间，多费文字，如若一般本子则大可不必。清人著作，版本上没有什么考证的，只要依书去客观表述即可。然而著录一定要尽可能准确，这是最基本的原则，尤其是版本项。故书志着重在揭示书之内涵上，要在目录学、版本学上下功夫，不必限制字数，如引用前人之文字，有的可以消化而形成自己的语言，写作要活，不要全抄，在于理解，写清楚即可。

一般来说，书志是一部书的客观记录和自己的主观意见的结合，也是资料性和学术性的连通，从目录学、版本学的角度去提供资讯，即有内容、有分析、文字不枯燥，使它蕴含更多的信息，这比以往的叙录、解题更符合揭示图书形式和内容特征的本质要求。

有一点要特别注意的，即在阅读并适当选择前人序跋录入时，不要任意各取所需，随意割裂序跋中之文字，这样本来贯通有序之文字，变得文理不通，使后来的研究者猜疑，而不能作原文引用。如《中国善本书提要》著录之明万历刻本《陋巷志》，其引用之序文三行字中居然二处佚去文字，一处佚去24字，一处遗去9字。又明崇祯刻本《阙里志》，引用孔继汾（"汾"误为"涵"）《阙里文献考》（"考"误为"志"）原文36字，但核查时为80字。又明刻本《六子书》录顾春跋文，一行字中竟漏去四处数10字。又明弘治刻本《二程全书》引李瀚序文，佚去二处，一处58字，一处23字。又明凌氏四色套印本《南华经》引沈汝绅序，文中佚去83字。这类问题在《提要》中时有所见，故必须引起写作者之注意。

书志的风格，代表一个时代的痕迹。它把我们多年的经验积累以及在大学时代、研究生时期所获得的知识，全部通过自己的双手和智慧，化为计算机文字，而供给普天下研究汉学的学者使用。谁先写馆藏书志，而且成功，不仅对其他馆起一个示范作用，而他馆再写此书之书志，不仅是参考，而且在文字上必定会有重复，除非后来者所写更有特点、更为详细，否则很麻烦，会不知所措。应该看到，大部分的善本书都是别馆已有的，本馆有入藏而别馆没有的在数量上不一定多，当然稿本、抄本，尤其是前者，别馆是没有的，更可以去写得详细，还有一种情况是没有刻本的抄本。

写作善本书志，有关目录及重要工具书、参考书都非常重要。我原来在"哈佛燕京"的办公室有两排书架，都是这一类的书籍，很多来"燕京"的朋友都很羡慕，说你这些书真好，我们那里很多都没有，包括有些台湾地区的、日本的各种（内阁文库、静嘉堂、尊经阁、东京大学、京都大学和其他很多大学）善本书目。也确实，这在中国国内的一些图书馆不多见，国内的一些书目、图录等，我都尽可能调来参考。但空间有限，有的我就到楼下参考工具书阅览室去取。我一直以为这个世纪是一个新的信息世纪，而图书馆工作者提供给别人的，就是为他人作嫁衣裳，您提供给研究者的信息，或是他人一时不能查到，但你查到了，因为载有这些信息的某种工具书、参考书是其他单位所没有的。

写作善本书志是要有压力的，即使有指标，也须循序渐进，那是集体的成果。我和我的同事合作写的《美国哈佛大学哈佛燕京图书馆藏中文善本书志》（广西师范大学出版社，2012年），采用的是"哈佛模式"。因为我认为书志的写作是一门学问，应在前人的基础上更加详细地揭示书的内容版本，尽可能精审确凿，而不仅仅是一张图书馆卡片的放大，这样的书志才会对读者更加适用。因此，《哈佛书志》是将书名、卷数、行款、板框、

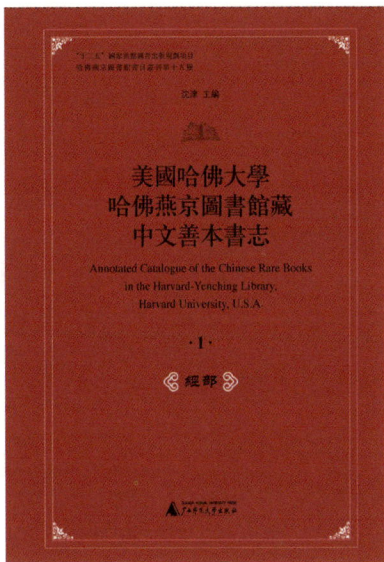

美国哈佛大学哈佛燕京图书馆藏中文善本书志

题名、序跋先作揭示，再著录作者简历、各卷内容、撰著缘由及序跋、版本依据、全书特点，甚至讳字、刻工、写工、绘工、印工、出版者、其他馆藏、收藏钤记等，尽可能地将这些信息一一记录，供研究者参考利用。您知道，这些古籍善本流传到今天，收藏在各个地方，有些善本北京有，但上海没有，也有些是上海有而北京没有，除非你是将这些善本统统影印出来，否则很多藏本的内涵你无法了解。

比如哈佛燕京《书志》中很重要的一条，就是版本项的认定，即这部书刻在什么年代，是谁刻的，也就是出版年、出版者、出版地。对于其他研究中国传统文化的学者来说，尽管他们在各自领域有很深的造诣，但版本鉴定可能是他们的薄弱之处，

所以，那就应该由收藏这些善本的图书馆里的专家去揭示它的内涵。我们提供给读者的信息都是从书中得来的，哪怕是同样的书，不同的版本，我们也都认真地加以比较。所以燕京《书志》可能比别人著录得更详细，是因为我们吸取了过去学者专家一些好的成就和经验。

目前在国内各大公共图书馆中，编成完整馆藏善本书志的几乎没有，这其中或许有各种各样的原因，正因如此，燕京《书志》的撰成、出版，不仅向世界上所有收藏有中国古籍的公私机构敞开"心扉"，亮出家底，让所有想了解"哈佛燕京"馆藏、了解"哈佛燕京"藏中文古籍善本具体信息的读者，以最便捷的方式获取到尽可能全面的答案；让远在各国各地图书馆的同行们，足不出户即可将手中的善本与"哈佛"藏本两相对照，核定版本；为那些计划或正在编纂自己的善本书志的图书馆提供一种可资参考、借鉴的方法和样本。

秉持"学术乃天下之公器"之理念，是当时"哈佛燕京学社"社长杜维明教授和我们在一起时谈到的话题，"哈佛燕京"所收藏的所有图书和文献，虽然是在北美地区的一所私立大学的图书馆里，但它都是"公器"。我认为，这些"公器"中有部分是属于中国传统文化的，它虽然流落到美东地区，但只是收藏地不同。对于在海外图书馆工作的中国人来说，我们很愿意将这些中国传统的图书用另外一种特殊的方式回归于中国大陆，这是很有意义的一件事。比如将收藏在美国的一些难得的珍本影印出来，这就是一种很有意义的回归。另一种回归是通过善本书志这种方式，通过我们揭示的内容，让人们知道，"哈佛燕京"有这样一些文献，其中不少是非常难得的，比如《永乐大典》、明代尺牍，或其他一些稿本、抄本，或者没有出版过的，或者是非常有价值的版本，至少可以提供很多信息给那些学者，所以我觉得这些都是"公器"，大家都可以用，不应该视若珍秘，藏之深阁。

"哈佛模式"是基于以下的写作方式：

第一段为书名、卷数、作者、版本、稽核项。

书名：以卷一第一页第一行的著录。如若没有，则于书口或扉页、封面页上选取。如无可供选择者，则可自拟书名，但须在写作中注明"书名本馆自拟"。

卷数：可根据目录页或书中注明之卷数核定。

作者：选取卷一第一页第二行的著录，如没有，则看书的封面页，或查别的目录上的著录。

版本：出版年及出版者、出版地，请依据牌记、扉页上的文字定夺；细读序跋，如确为此年刊刻，则用。如没有写出，则作某时代刻本，如明刻本、清刻本。如若从字体、纸张可以认定为某一时期所刻者，可以写成如明万历刻本、明末刻本、清初刻本、清康熙刻本等。对于抄本则细验字体、纸张，作宋写本、元写本、明初抄本、明红格抄本、明黑格抄本、明蓝格抄本、明抄本、明末抄本、清初抄本、清乾隆抄本、清抄本等。

稽核项：包括册数、行款字数、边框的宽高尺寸、书口中的鱼尾（单、双、三、四、五、六）、书口上下的文字录出，如有刻工或有写工，书口中之出版者如某斋、阁、堂、楼、轩、庐、山房、书院、别业等皆须录出（抄本书口亦如前）。某年某人序、跋亦请录出，凡例几则，如有图，则写有图多少幅。

　　第二段为作者简历。不能仅依《中国人名大辞典》或一般的工具书，须各种工具书、参考书、地方志等互查，综合各书反映出的信息资料，重新组织文字，要求是简练、清楚，又中进士的年份。并注明资料来源出处，如《明史稿》列传。如作者名头太小，无资料可寻，则写"作者无考"。

　　第三段为书的内容。此指各卷之内容，如某文集、诗集多少卷，请录出卷一赋多少首、篇；诗之五言六言七言若干首；或序多少篇、寿序多少篇、书跋多少篇、墓志铭多少篇、札多少通；等等。首一卷及末一卷的内容亦要录出。

　　第四段为作者写书之缘起。作者为什么要写此书，须细读作者的序以及友朋序、跋。凡例亦要看，尤其是第一、二则。文字摘出时，要有针对性，前因后果、甜酸苦辣的心情皆要。文字的标点符号要注意。

　　第五段为此书内容及版本之特点。此段写别人对此书的评价，友朋（序跋中）、后人（专著或其他材料），或工具书、参考书，如《四库全书总目提要》《续修四库全书总目提要》以及各种前人著作等。如为重要抄本，要尽可能写出与刻本之比较，也即其价值所在。如有补抄之卷数，也应写出。

　　第六段为此书版本依据。如有扉页、牌记，内里的文字应一字不漏全数录出。扉页上的文字，录入之次序为书名、作者、出版年、出版者（包括藏版处）、扉页上的木记或钤印（刻板或钤印要分清）。序跋中之具体刻书时间等文字要录出。这点尤重要，因为这在其他目录及一般的书内反映不出，尤其是他馆之书或无扉页牌记者。抄本之讳字如验出亦须写出。

第七段为前人或收藏家、学者所写题跋、题识，全文照录。大名家之简历可不写，但一般人物如能查出者，可简略述之。

第八段为此书版本之流传情况。须充分利用各种工具书及各种书目，特别是《中国古籍善本书目》，以及各种联合目录，包括中国台湾地区、中国香港特区、日本各公私藏书处的出版物等。查核此书在流传过程中，产生过什么版本，最早的、之后的，印过与否，或在何种丛书中。他馆有否收藏，藏于何处（中国、美国、日本的何处）。有些书目我们查了，就可以了解某书藏于某图书馆，或者是流传多的就在北京、上海、南京等数十个或几个图书馆有，但不必标出一大串，只需写出某馆、某馆、某馆等皆有入藏。至少可以看出此书之版本现在流传多少，在什么地方，这个资讯要告诉别人。

第九段为此书之收藏印。这本书有谁的藏书印、印文的内容要写出，藏书印若是伪印，也要录入并注明"伪印"。注意：印有新旧之分，先写旧藏者，再写新藏者。如知道多方钤印中有二至三家者，尽可能一家之印集中，用分号以区别他家。又序跋后的印不是收藏印，不录。

我们做的事看似简单，也不是大事，但却是有意义的，是有益于学术的事，是揭示馆藏的长远目标的一个部分，而要达成目标，必须团队的志同道合，密切配合，方可达成。要达成这个目标，需要什么条件呢？

＊主编，即使不懂具体业务，不参与写作，其有志为馆做事，在其任内，大力支持工程的运作，解决具体工作中之困难，包括人员的调配、书籍的补充等。

　　*领军人物很重要，必须有大量的编目实践，是版本鉴定的专家、懂行的学者，且文字功夫较深。因为他要做出决定，包括什么样的书收或不收，他要决定写作的模式，最后还要把关审核。

　　*人员，有一定的版本学、目录学、文献学的背景和专门知识储备的专业人员，接触古书若干年，对这个领域及学者的研究较为了解，具较高的判断能力。对于一般资历较浅者，可以调教训练，我相信，只要有高手督促指导，受训练的人员必定进步较快。现在的资讯条件优势明显，得天独厚，可以不断补充掌握学术界的最新动态。但文风不正者不予考虑，因为会影响书志写作的质量，即使修改，须花费大量的时间和精力。

　　*举办专业人员培训班，请高手授课，讲究撰写方法，实践课程多于讲课时间，实例讲评，尤其是文字的训练，每人都必须参与。

　　*参考工具书要齐全，不断地补充新品种。包括日本的各种书目及工具书。一般的单位没有入藏，但要想办法去大力采购补充。

　　写作书志是"事在人为"，现在可能不会写——或可以视作时机还没有成熟，或许再过若干年也一定会把它的馆藏资源写成善本书志推出来。做任何一件大事都不是一帆风顺的，都有困难，大馆写作善本书志，是一项工程，并不是一年二年几年十年就可以完成的。它不是阶段性的，而是长期"抗战"。工程的完成是一项成就，就像一座标志性的建筑，是处于永久的坐标永存天壤。它在学术上的影响、价值，不是得不得奖或什么奖的问题，它可能影响几代人，也可以催生、培养出一小批自己的专家，而对社会上来说，也有这个领域的学者。它的出版意义不必我们去说，应由后人去作出评价。

"哈佛模式"也曾得到了图书馆专业人员的好评，某省一位古籍部主任写道："书志的编撰确实锻炼人，从内容到版本，从作者到藏家，从成书背景到刊刻缘由，要一一考察清楚，绝非一般人能为之。哈佛模式在国内外古籍界产生了重要影响，引导了书志的撰写方向，近几年来，问世的书志都以此为楷模，对出版史和学术史做出重要贡献。"

非常有意思的是，2001年10月12日，我和时任国图善本特藏部副主任的张志清先生讨论过写作善本书志之事，那个时候他很想推动中国国家图书馆善本书志的撰写，为此我曾写信给他，谈我的管窥之见。如今再看此信之备份，发现于今可为书志的写作存证，仍有意义，故我仍录于下，供同仁诸君参酌。

志清先生：

台北握别，倏又数月，只以杂务纷纭，未获音问左右，尚乞鉴原为幸。迩维覃祺安燕，时祉延鸿，至以为颂。

承蒙告知编纂《北图善本书志》之准备工作已在进行，这是令人十分高兴的事。如若事前准备工作（包括经费、条例，以及人员的训练）做得充分，那以后的事会好很多。即使有困难、有矛盾也都不怕，因为不难解决。

北图书志，理论上的意义没有什么多谈的，最主要的是要有一个模式，即国家图书馆的善本书志，代表国家馆的学术水平，也是对其他重要的省市馆、大专院校馆有一个指导作用。因此，他的模式一定要有。然而模式不是一成不变的，可以活络些，如有的书没有什么内容可写，那么就简些。

北图的中文古籍善本，世界第一，其他馆均不可望其项背。而编纂《善本书志》的重任，又压在您的肩上，这是义不容辞的，这也是历史选择了您。不过您别担心，这工作只要开个头，一定会向前健康发展的。

从清代到民国，各家书志、提要、题跋不下数十家，即使加上2000年以前的此类书大约也在200种左右，我自己曾收集了百余种左右。我从我办公室书架上随手取了二十来种书志、提要之类的书，请人每种复印一页，特寄您参考。这里面有的太简，根本没有内容，研究者是无法从中得到启示的，也就是说不具备学术性。我只是想请您看看，那一些或许对您有启发。

至于文风，一定要正，不要啰里啰嗦。数据的选取（包括序跋中的文字），要恰到好处，把它化作自己的文字写出来。我看过上图去年写的《上图善本书志》（样稿，极简单，类台北"国家馆"书志，现已停）以及香港拟写的《香港善本书志》（样稿，写稿人虽为博士，但非受过目录学、版本学训练），但都不好。

《哈佛燕京图书馆中文善本书志》，目前仅完成宋、元、明刻本部分，不过，我觉得写得不怎么好，因为毕竟只是五百多天的功夫，是"急就章"式的产品。现在我和严佐之、谷辉之写的就比较从容了，我们用的是"哈佛模式"，即所谓在二十一世纪的今天，我们应该拿出和上一世纪不一样的书志来，这也是我们站在前人的肩膀上，去总结他们的经验，取长补短。同时在目前的信息社会里，我们也应该把书中的信息以及我们从其他书本中所能获知的讯息，经过鉴定、整理、加工，有条理地变成文字，这样的书志，对于研究者或许有所启示。

"哈佛模式"是尽可能地将每一种善本书的书名卷册、版式行款、著者生平、内容所在、特点源流、序跋要旨、版本依据、题识牌记、刻工书铺、存藏何处、递藏钤印等交代清楚。这种模式也仅供您参考。

关于人员的情况，我想您一定了解很多，不须我赘述。但有一点，即是在开写前，您要（或找高手）训练他们，讲究写作方法，规定每天一篇，每隔二天都有讲评，让训练者及参加者自己说（讨论），这样他们就会了解什么应写，什么不必写，应该查什么书可以获知信息等等，这对他们都互有启发，以后正式写也可保质保量。这些人如果经过几年的撰写、训练，那北图就会拥有一小批较好的专业人才，您的贡献也不仅在于北图书志，更重要的是使某个领域后继无人、青黄不接的局面可以改观，又有了人才。可惜我一时无暇，不然的话我可以略尽绵薄。不过，我们总是有机会再见面的。前个星期，收到天津某大学研究员（1983年的博士）来信，想来美协助我写作哈佛燕京书志，但此人无图书馆背景，更无目录学、版本学的训练，所以我不会考虑。顺颂秋祺。

2015年元旦深夜
写于美国波士顿之慕维居

附《哈佛燕京书志》样稿　供参考

　　《深柳堂汇辑书经大全正解》十二卷　《图》一卷　《深柳堂禹贡增删集注正解读本》一卷，清吴荃撰。清康熙二十九年（1690）孝友堂、赠言堂刻本。十二册。半页十二行三十字，四周单边，白口，单鱼尾。版心下刻"深柳堂"。无栏线，行间刻圈点。框高20.2厘米，宽13厘米。题"三晋冯懿生、秀州朱锡邕、九河刘训夫、安昌高紫虹四先生鉴定；丹阳吴荃荪右汇辑"。前有康熙二十七年（1688）刘梅序、康熙二十九年吴荃自序。凡例九则。书经正解类题辨异。参阅同人姓氏。

　　吴荃，字荪右，号江篱，江苏丹阳人。康熙三十九年进士。授新建令三载，多德政。戊子分校阅卷，过劳成疾，病革时阖邑士民为设醮祈祷。病殁，缟素七日，建祠祀之。（光绪）《丹阳县志》卷十九有传。

　　是编荟萃诸家《尚书》讲义，并为之解。全书按古文《尚书》五十八篇分卷，卷一至二虞书，卷三夏书，卷四至五商书，卷六至十二周书。其例于篇首曰"全旨"，揭示全篇要旨；又于各章节句读训诂之后，复列"合参""析讲"二项，"合参"悉遵蔡传，"析讲"间采先儒时贤精论。解说经义，兼及文章，凡例云："各节肯綮分缀于串讲之后，复于上下承递处、语意归重处、首尾照应处、字句关会处，毫不敢混，学者潜心体玩之，不特《书》意暸然，行文亦思过半矣。"

　　附图一卷，以为释意之助。凡例云："《尚书》所载历象玑衡、星躔分野、律吕损益、水道出入、日月之行、河洛之数、测景之法、弼服之规，固有语焉不详、披图如睹者。是编参考异同，择其至当无讹者，绘图列于卷首，一览了然。"

附类题辨异，盖举《尚书》中异篇同句或句异一二字者，比而列之，使作文者不致误认经题。此亦为举业家计也。

附卷禹贡增删集注正解读本，与《书经大全正解》中《禹贡》篇释义或异。凡例述其由来曰："余童时所习《禹贡》善本，得自金沙冯氏家传，较集内增删蔡注，更为简明精当。然欲刊落蔡《传》，易以手抄，窃所未敢。故另梓一集，附于卷末，俾学者便于记诵。"

是编纂集之由，参见吴荃自序，曰："他经多主于天人性命之微，而《书》则专道政事。盖凭虚者易诠，而跖实者难洽也，岂弋弋厄辞曲说所能通其条贯哉！今之说是经者多矣，惟申文定《会编》一书，学者奉为指南。""《会编》纲举目张，犁然若拨云雾，而于诸家辨异参同、析疑订难之说，多略而不收。揆之泰山不让土壤，江海不择细流之义，似有未合者。余用是不揣固陋，旁搜荟萃，辑为《正解》一编，寒暑矻矻，两阅岁而后告成事焉。虽不敢上拟贤者宸告之酌（酉改酉），而示及门，以质同志，为举业之筌蹄者，亦庶乎无瞀所趋矣。"

又凡例第一则载是书刊印始末，曰："余年来键关萧寺，授徒糊口，诸生各占一经，课读之余，仅得指陈大略。惟壁经为余专业，钩纂讨论，颇具苦心。坊客因《四书》一刻，谬为同人许可，力请是编问世。辞之不获，遂录付剞劂，仍颜曰'尚书正解'，从其旧也。"

此本自卷二以下各卷卷端题名作"秀州朱锡鬯、三晋冯懿生、安昌高紫虹、新会黄綗斋四先生鉴定；丹阳吴荃荪右汇辑"。目录页卷五漏刻《微子》篇名。扉叶刻"尚书正解。丹阳吴荃荪右先生汇辑。冯、朱两太史鉴定。《尚书》讲义，坊刻虽多，佳编绝少，本坊敦请先生参详同异，斟酌简繁，如集腋以为裘，似炼花而成蜜，通材见此，当令神智倍增；初学读之，不患疑团未释，诚说经之宝鉴，亦制义之金针也，识者鉴诸。金阊孝友、赠言堂梓行"。又钤朱文印"翻刻千里必究"。是本出自坊间，吴荃于凡例中已言明，故版心下刻有吴氏室名"深柳堂"，仍不取用为版本依据，今依扉页所刻定其出版者。

按，是书凡例第九则言涉书坊盗版事，于古代书史研究不无小补，今录如下："制义名选，如《录真》《文征》《韩选》诸书，真足主持风气，为一代指南。余自安固陋，退舍已久，而坊刻仍厕贱讳，真赝不辨自明。独《正解》一刻，遭翻板之劫，亥豕鲁鱼，贻误非浅。苦绵力不能追论，实用心痛，兹编校雠既正，梨枣复工，倘利贾仍行盗翻，定当纠合同志，共剪蟊蠹，幸无更蹈覆辙。"

《续修四库全书总目提要》入经部书类。《中国古籍善本书目》不著录。中国科学院图书馆也有收藏。

钤印有"绿绮堂藏书记""山下氏藏弄记""北岛千钟房章"，俱日人印。

（以上书志约1800字，同仁诸公或可得悉书中各种信息，乃至书坊盗版事也有揭示。至于其他书中若有关书之印数、当时之书价、翻刻之根据等，凡涉及出版史、印刷史、文献学史有参考价值者皆应录入）

一个美丽的"错误"
——古籍版本鉴定札记

近几年来，国家古籍保护中心为了古籍普查、保护、修复，定级、训练专业人员，做了不少工作，成绩显著。也因此，多个省图书馆内的古籍保护委员会出版了《珍贵古籍名录图录》，这些都是好事，可以让人们了解珍贵古籍有多少，长得是什么样子，当然各图书馆的专业人员及私人收藏者也可核对、借鉴。这些《图录》中最大宗者是中国国家图书馆出版社出版的第一批、第二批、第三批、第四批《国家珍贵古籍名录图录》，这几批《图录》，出版社都送了给我让我学习。

去年11月，我应邀在某大学讲学，又应某省图书馆之聘，参观该省"古籍保护成果展"，由某馆长及部门主任等人陪同，使我诚惶诚恐，不敢懈怠。在偌大的厅房内，置放了十多个玻璃柜，数十种重要的珍贵古籍经过千遴百选脱颖而出，刻本、写

太学新增合璧联珠声律万卷菁华

本、稿本、文献等真个是有其代表性，不愧是该省所藏古籍之精华所在。

我在第一展柜旁停留的时间最长，因为吸引我的是一部题为"宋刻巾箱本"的《新增合璧联珠万卷菁华》，一百四十卷，一部小类书。见我目不转睛直盯此书，没有移动脚步的意思，一位主任问道：您对此书有什么看法吗？我不好意思，只得说：我有些疑问，却没想出为什么。某主任一听即说：沈先生但说无妨。

我只好斗胆指着展出的此本卷一第一页说：请看，此页的天头及边栏之右边均被人用刀割裂，但不知后面其他册页有无此种情况？而且割去原纸后又配以他纸，不同纸张的反差很大，原纸为皮纸，配纸为罗纹纸，罗纹清晰可见。为什么要割裂？五十年来，津经眼宋元刻本近千种，从未见有将宋刻本天头之纸割裂之事，而且历来藏书家对待宋刻本都视若明珠玮宝，呵护有加，即使是宋刻残页也是敝帚自珍，岂有将宋本卷一第一页之天头割去他用！过去曾见过割裂天头的明刻本多种，割裂之纸当移往他处，其作用在修补旧书时以旧补旧，还有就是贾人作伪所需。

此本半叶十五行，行二十、二十一字不等，小字单行，细黑口，四周单边，双鱼尾。卷一第一页前之衬页钤有乾隆帝三玺，即"五福五代堂宝""八征耄念""太上皇帝"朱文方印，每册首页上方钤有"乾隆御览之宝"朱文椭圆印、"天禄继鉴"白文方印，以及"天禄琳琅"小印。他印未见，我又问及此书除乾隆帝玺印外，还有其他藏书印否？某主任答道：还有两方印，在另一册上。我请她将柜里之书及在书库里的其他函书全部取出来让我过目。

　　我又问道：此书刘蔷见过否？有什么意见？回答的是见过，没说什么。我之所以问，是因为刘蔷的博士论文就是写《天禄琳琅藏书研究》，而且她曾告诉过我，她将国内已知现存的天禄琳琅藏书全部查对经眼过。我又问：还有什么人看过这部书？有无具体看法？告之说：还有韦力先生，韦只说天头上补的纸为罗纹纸，其他的没说。

　　书全部拿来了，我细细地点了、翻了，八函八十册。其他藏书印尚有"鲜于枢""困学斋"两方。按，鲜于枢为元代重要书家，困学斋为其斋名。宋本上钤有元人印，当属正常，但鲜于印佚去大半，"困学斋"则完整无损，津谛审再三，此两印不真。

　　下午在去火车站途中，某教授边开车边问我：您对上午所看的那部标明"宋刻本"的书究竟怎么看？某教授曾在哈佛大学费正清研究中心做过博士后，在"哈佛燕京"期间助我良多，和我是很熟悉的朋友。所以，我毫无保留地对他说：天头上的纸张割裂，是个大问题，乾隆玺印是真的，但割裂的时间应在乾隆间，书入内廷，馆臣于版本不辨，故"天禄琳琅"所藏，尤其是明刻本误作宋本者甚多。而且鲜于的印也伪，如果我没有看错的话，这是一部流传不多的明刻本。某教授又问：既然您看作是明刻本，那刊刻大致上是什么时间？我说：从此本的纸张及墨色来看，刊刻或在嘉靖间，而且我翻了后面几函，纸张墨色绝对到不了宋代。今晚，北京某出版单位要请我吃饭，韦力也会到，所以我会找时间询问他对此书版本意见的。

　　那天晚上，和朋友们边吃边聊，很开心的。我找了个机会问韦力：您还记得前两年在某地图书馆看过的一部题作"宋刻本"

的书否？韦说：我记得，那不就是一部明刻本吗。韦力是中国当代最重要的藏书家，他实践多多，鉴定眼光亦炬，我是很尊重他的。当然，对那部题作宋本的善本，我和他的意见相同。

在北京的宽沟，北京市人民政府的招待所，风景独好。那天清晨，散步途中，正好遇见某馆的某主任，我对她说，前天在贵馆所见的宋刻巾箱本，我请教过韦力了，他的意见和我一样，当为明代所刻，绝非宋刻。某主任一听就急了，说怎么会这样呢？都已入《第一批国家珍贵古籍名录图录》了。我说：别急，以后有机会，您再找其他专家看看，我们或许会看错。

回到广州，打了个电话给刘蔷，说的就是这部"宋本"。刘告诉我，此非宋本，实为明本。刘还说，她即将完成的一本新书，是写"天禄琳琅"著录的有问题的版本，其中就有这部所谓的"宋本"。刘曾对此书作过考证，并将她的文字记录发给了我，"原书十函一百册，今存前集六十卷，后集卷一至四十三、卷五十六至六十八，计八函八十册，现藏某省图书馆（书号善56）；后集卷七十一、七十二，二册，现藏北京市文物局图书数据中心。后集卷七十七，一册，今藏中国国家图书馆（书号5444）"。"此书为巾箱本，狭行细字，极精巧，初刻初印。北宋嫌名'弘'等皆不避，'敦''祯'均缺末笔，'旷''广'不避讳，自避讳看似南宋绍熙间所刊。书中多简体字。国图、某馆、文物局三家目录和《善本书目》均题为'宋刻本'。然版刻风格似明代刻本，字纸俱新。天头、地脚的纸张均被裁切，若是宋版，藏家珍爱，绝无裁纸以利他用之做法，令人生疑。""前集卷首钤'聊复得此生''鲜于''困学斋'印。三印似伪制。"看来，刘蔷的看法和我也是一致的。

那某馆所藏又是如何被定为"宋本"的呢？曾在某馆工作过的某兄告诉我说：原来当年某馆的编目人员认为此书的版本吃不准，一时定不下来，后来在北京看到"北图"有此书残本一册，由于"北图"于此残本既无著录，又无法比对，于是在编目中定此书为"宋佚名撰"、版本项定了个"宋本"。既然老大哥都这么定了，于是某馆也就照搬了。看来，这个"错误"或许可以延续下去，把"存疑"留给后人去解决吧。按：刘蔷又查得此书又见《赏溥杰书画目》著录，中华民国十一年（1922）九月初四日赏溥杰。某馆所藏80册，系山东师范大学王晓春之家藏，据云乃家中亲属携自东北，1962年1月9日售与某馆入藏。

刘还查得北京市文物局图书数据中心编的《北京市文物局图书数据中心藏古籍善本书目》（内部数据，2007年2月）、《北京文物精粹大系·古籍善本卷》、吴希贤辑汇《历代珍稀版本经眼图录》三种皆著录那二册残本为"宋刻本"，而《中国传世文物收藏鉴赏全书·古籍善本》则著录此二册为"元刻本"。而《中华再造善本》唐宋编第253部，又合某馆及中国国家图书馆所收共八函八十一册为底本，影印出版。

书中鲜于之印，系书估所制假印。对于书估来说，贩书牟利，天经地义，但书估也是良莠不齐，不良者为了牟取更高利润，不择手段，制造名人假印，钤在书上，蒙骗一些眼力不高的人，以售善价。古籍版本鉴定是一门科学，实施鉴定，难度较高，来不得半点虚假，只有鉴定正确，才能保证著录质量，鉴定若有差错，必将误导他人。

　　今《第一批国家珍贵古籍名录图录》第00792号，即为某馆所藏一百二十卷及国图所藏一卷。又《第三批国家珍贵古籍名录图录》第07150号，为北京市文物局所藏二卷，均以"宋刻本"而入选。

2015年9月8日

大清康熙三十六年时宪历

　　历书之功能，在于查询，盖中国民间百姓平民一年生活作息，十二节气物候以及禁忌规定，所谓宜忌，嫁娶、沐浴、安床、移徙、出行、动土、疗病、扫舍、伐木、捕捉、牧养等始终依据历书。历书属于日用类之书籍，经过官府的刊刻颁发以及后期民间贩卖，已成家家必备之书，此或也可视为中国文化之象征之一。

　　历书在明代，称之为大统历，清代则改称为时宪书。清朝建都北京后，知道新历法的优点，就命汤若望等人袭用新历法的成数，改名为时宪历，顺治二年（1645）颁行，后因避高宗弘历讳，才改称"时宪书"。"时宪"这两个字，是睿亲王所言："宜名时宪，以称朝廷宪天乂民至意。"

　　历书为钦天监所编，钦天监在清顺治时隶属礼部管辖，清康熙十年（1671）从礼部析出，五十四年（1715）时则成为单独的衙门，并委任特简大臣或亲王兼管钦天监事务。管理钦天监事务王大臣者为满人，他的职务即为向皇帝进呈时宪书样式，奏报时宪书的刊刻及颁行等事宜。而具体编纂为时宪科所为，时宪科之职能为掌度，验岁差以均节气，制时宪书，颁之四方。清代历书的编制，是在前一年即要完成，编制时宪书"先推其岁之节候，月之朔望，日之出入，以定年月日时之纪，皆命以干支，辅注审其方位，察其临直，辩其宜忌，诹吉则取用焉。凡斋戒忌辰，各记于其日。凡祭祀，诹吉日以书于册"。

时宪书是清代官颁历书中存留数量最多的一种，据《大清会典则例》卷一百五十八载，每年二月初一日进呈的时宪书式样获准后，则由钦天监满、蒙五官正翻译成满文和蒙文，再交由役匠镌板，刷印汉、满、蒙三种文字的历书，京师外地区的时宪书式样则在每年四月初一日送交兵部，"由驿递各省布政使司书式各二本，一本用印存司署，一本不用印，照式刊刻，钤钦天监时宪书印，至期颁发本省"。

时宪书在清代民间流传很广，脍炙人口、家喻户晓的《红楼梦》第六十二回有段酒令的描写："酒面要一句古文、一句旧诗、一句骨牌名、一句曲牌名，还要一句《时宪书》上有的话，共总成一句话。"此也可窥见当年大观园里喝酒游戏还有点雅味。清代有人博闻强记，曾览时宪书，一过即能暗诵，实为聪慧过人。

此《大清康熙三十六年岁次丁丑时宪历》，一册。清康熙内府抄本。半页六行二十九字。首为都城节气时刻，次年神方位

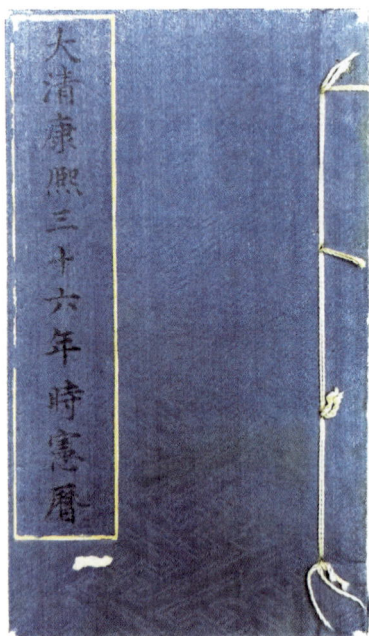

图，次各省太阳出入时刻表，蒙古、回部、金川土司列其后。丁丑岁各省节气时刻表，丁丑岁各蒙古节气时刻，纪年，末叶则为钦天监官员名衔。

封面为蓝色编织物，中有隐纹图案，题"大清康熙三十六年时宪历"，和许多线装书封面书签不同的是，它是直接写在封面上的，上下左右框边为金粉手绘，尽显皇家气派。蓝绫包角。全书皆为小字楷书缮写，极工整，四周之板框及内之栏线也系手绘，整齐划一，文字书写墨之浓淡清楚，用笔精细，一点一画，毫不含糊。全本之书写应出自一人手笔。津按：五十多年来，津所见各类抄本多多，其中内府抄本，无论明清，或大本或小本，或馆阁体，或精美楷书，皆未见有此种细若发丝之精楷小字者。至于私家或学者或藏书家之精抄本，也鲜见其有如此书体者。盖此种写手，民间绝无仅有，也只有大内才显高手之技能。

此本纸张洁白，为皮纸，又此本凡"玄"字皆不避帝讳。钦天监官员名衔末之另纸下有"吴埜"两字，细谛再四，似非抄手，也非钦天监官员，盖其字之墨色较浓，也与前面正文书写之笔触有不同之处。

顺治十五年戊戌木　四十　男七官　女六官

顺治十四年丁酉火　男　女

顺治十三年丙申火　四十三岁猴　男八官　闰五月

顺治十二年乙未金　四十三岁羊　男九官

顺治十一年甲午金　四十四岁马　女一官

顺治十年癸巳水　四十五岁蛇　男二官　闰六月

顺治九年壬辰水　四十六岁龙　女三官

顺治八年辛卯木　四十七岁兔　男四官

顺治七年庚寅木　四十八岁虎　女五官　闰二月

顺治六年己丑火　四十九岁牛　男六官

己巳岁养　庚午维络　辛不合酱　壬不沐浴　癸不词讼

子不问卜　丑不冠带　寅不祭祀　卯不穿井　辰不哭泣

巳不远行　午不苫盖　未不服药　申不安床　酉不会客

戊犬狗　亥不嫁娶

禳蠹日　巳日宜用六癸日

洪頭日

天火日　不宜苫盖

进禄日　不宜服药

顺治五年戊子火　五十岁鼠　女七官

顺治四年丁亥土　五十一岁猪　男八官　闰四月

顺治三年丙戌土　五十二岁狗　女九官

顺治二年乙酉水　五十三岁鸡　男一官

顺治元年甲申水　五十四岁猴　女二官　闰六月

崇德八年癸未木　男　女

崇德七年壬午木　男八官　闰正月

崇德六年辛巳金　男五官

崇德五年庚辰金　女六官

崇德四年己卯土　男五官

崇德三年戊寅土　上六十岁虎　女四官

上朝日

嫁娶

图命　堂命　周命

凡選擇嫁娶日不宜會客作樂

今年但逢二十巳為上朔日

第宜厨竈日用之如過翁姑而無翁姑者亦可用

第宜數小月從婦進數擇

宫姓属土

高姓属金

角姓属木

徵姓属火

羽姓属水

　　昔年尝闻先师顾廷龙先生言，时宪历之进呈本，不仅为帝皇案头之物，甚至也为枕边物，因为皇上有时也是要时常翻阅的。此本无内廷或民间藏家之任何钤印，津以为此当为钦天监当年上献康熙帝浏览之本，也属内府之秘本，历来深储宫中，惟不知何时流出宫中。

　　据清方濬师《蕉轩随录》云："每年钦天监题本恭进次年时宪书，用粉白纸细书，亦系一月一叶，字迹端整，无一挖补，无一俗体字，可谓精妙之极。"濬师为咸丰五年举人，历任内阁中书、总理各国事务衙门章京、侍学讲士、直隶永定河道等职，据自所言，其直内阁，屡见时宪书进呈后仍发内阁，归满票签收。

　　清代的时宪书，以清初之本最为难得。如今清代时宪书存世最早者为《大清顺治元年岁次甲申时宪历》，藏山东省图书馆。

　　康熙朝共六十一年，距今三百多年来，所存时宪历，一朝不缺，颇为难得。此《大清康熙三十六年岁次丁丑时宪历》，存世尚有清康熙刻本、清康熙内府朱墨抄本，前者藏四川省图书馆，后者藏故宫博物院图书馆。此外还有《大清康熙三十六年岁次丁丑月五星凌犯时宪历》，为清康熙钦天监朱墨抄本，藏故宫博物院图书馆。

　　康熙朝除了钦天监刻本外，还有不少朱墨抄本，当然，那是内府有关人员奉命所为。刻本较之朱墨抄本，当以朱墨抄本为重，盖因此为御用之本，非颁行本。但这种朱墨抄本多藏在故宫博物院图书馆。到了雍正朝，钦天监偶然会用朱墨套印，于是演变成了朱墨套印本。而嘉庆朝开始，钦天监有时会印两种版本，一是套印本，一是刻本。乾隆朝的时宪书上有时会钤上钦天监颁行印，文曰："钦天监钦遵御制数理精蕴印造时宪书颁行天下。"

岁月沧桑，大地改装。时宪书以及各种通书在清代民间流传很多，数量亦在万册以上，而今时宪书之清初本子已经很少得见，而此缮写精良、装潢雅致的进呈御览之《大清康熙三十六年时宪历》，当为传世仅见之本，三百二十年来，重现于今，亦盛世出奇书之佳话也。

2017年2月

古香斋鉴赏袖珍佛典两种

　　此《古香斋鉴赏袖珍教乘法数摘要》十二卷、《古香斋鉴赏袖珍翻译名义集选》一卷。清乾隆间古香斋写本。二册。古香斋为乾隆帝之斋名，其为皇子时的一处旧邸，今在故宫重华宫东庑保中殿内，殿内额曰"古香斋"。弘历为皇子时，直至雍正五年（1727）成婚后，曾在此居住，登位后改称为宫。

　　《古香斋鉴赏袖珍教乘法数摘要》十二卷、《古香斋鉴赏袖珍翻译名义集选》不分卷，皆为雍正帝所编。雍正为清代第五代皇帝，名胤禛，自号圆明居士，庙号世宗，是康熙帝第四子。自幼喜读佛典，曾参礼禅僧迦陵性音而大悟，广交僧衲，深通佛理，别有慧解，曾师从高僧，直探心源。其主张儒释道三教一致、佛教诸宗一致、禅宗五家一致，并师法云栖袾宏，主张整肃禅门弊风，鼓吹净土法门，其提倡念佛，对近世佛教之影响很大。据记载，雍正帝重视钻研佛学，阅读《指月录》《正法眼藏》《禅宗正脉》《教外别传》等。又选编《教乘法数摘要》十二卷，再据宋释法云所编《翻译名义集》一书进行节选，简化释文，例条诠注。

按《教乘法数》，凡四十卷，明代圆瀞编。圆瀞因感于藏乘法数、贤首法数等之缺佚甚多，乃基于天台之观点，将佛教经典乃至诸子百家中，凡有关法数者皆收集于此书。即初由"一心"之法数，次第列记增至"八万四千门"之法数，其间亦解释外典之名数。此书以分析、比较、归纳代替说明，为其一大特色。按：此书有十二卷本，为雍正间内府刻本，辽宁省图书馆有藏。前有雍正十三年御制重订教乘法数序，卷后有娑婆界、日月须弥三界图，图后有三界次第安立图说，次为五教断证全图，次后为五教断证法。北京故宫图书馆所藏《清代殿本书目》著录为雍正帝选订，雍正年刻，无序跋。

《翻译名义集》计七卷，南宋法云撰，为佛教之梵汉辞典。收于《大正藏》第五十四册。始作于宋高宗绍兴十三年（1143），收集资料前后历二十年，再经增删整理而成。其内容系将佛典中重要梵语2040余辞，类别为六十四篇，而加以解说，各篇皆有总论，叙述大意，次出音译梵文，并一一举出异译、出处及解释，此书解释梵文，与一般音义的以说明译义为限者不同，对较重要之名相，以天台宗之解释为主，详加论释，对历代重要译家亦有专篇记载，此书亦保存了一些有关翻译的理论。按：此书有一卷本，为雍正间内府刻本，北京故宫图书馆有藏。

此书有函套，为吉祥纹仿宋锦如意函套，装潢精美，书签为洒银之纸，四边双框为手绘，虽未题有书名，但从整体来看，一种旧气凸现眼前。此种函套，或为同治时，武英殿失火，殿内所贮康熙以来二百年各书雕版、书籍、材料、印刷工具焚烧一空，从此刻书活动基本停止，武英殿修书处转以修补、装潢各殿藏书为主。当时为宫中修书或重装函套者有琉璃厂路北宝名斋及肆雅堂。

函内书之封面则为蓝色绫面，书签为黄色，边框亦同函套之书签，皆手工绘制，钉书的丝线划齐匀整。记得周叔弢先生曾为善本书总结了一个"五好"的标准，即一版刻好（字体），二纸张印刷好，三题跋好，四收藏印章好，五装潢好。而此书除了没有题跋外，其他四条都有了。大内所藏之书，其装潢就如同人之衣饰，衣冠整齐，仪表羡人，真所谓：好一副皇家气派。

此二书乃用开化纸所抄，纸白如玉，薄而坚韧，细腻腴润，高雅可观，触手如新，有抚不留手之感。开化纸，为清代最名贵之纸张，也是最好的纸中的一种，以其产于浙江开化而得名。由于纸上常有一星半点微黄的晕点，如桃红色，故又称"桃花纸"。从另一种角度来理解，也可说是"书中自有颜如玉"。

清初内府、武英殿、亲王所刻之书，凡是最初精印之本，多用开化纸，雍正、乾隆两朝尤精美。其他显宦所刻，间亦有开化纸所印，民间精本亦时用之，但流传稀见。由于开化纸印本书品精美，故甚得清末及民国藏书家之喜爱，如武进陶湘就喜欢收集殿版开化纸印本，且是当时藏书家中最丰者，其较内府所藏更为完备，所以时人送外号"陶开化"。用开化纸所抄之书，较刷印之本更为难得，百不存一，且难窥见真貌。

　　我相信，这二种书亮相在大众面前，必定使有些人惊诧其虽为手抄，却似雕版书之精整，确实，我最初也是这么认为的。我看过此书两次，其间相隔两个月。第一次打开此书时，感觉上是光彩如炬，虽是抄本，但和平时所见大有不同。我记得，我还向藏家借放大镜欲求细看，最后我是对着窗户外的光线谛审再四，足足看了一分钟，才找到是抄本的用笔依据。

　　我看重此书，不仅在于难得稀见珍贵，更在于此书抄写之精工，其小字细若发丝，工整雅致，安排有度，令人叹为观止。一般之明清抄本，不管是名家所抄，还是书僮小吏执笔，都可以有端楷遒劲之态，但很难有此本之笔墨韵味，这种韵味，很难达成，尤其是秀浑不俗，一气呵成，甚或是用笔的牵丝及转笔处，看上去它的墨色单一，却能表现变化，盖其所用之笔当为内廷笔工之专制。我以为写工使用之笔头柔软富有弹性，蘸上墨汁后，写出的点画或粗或细，或圆或方，或刚或柔，形态万千，浑然天成。所以，您如细细审阅，会发现全书字与字之间有收有放，布置得当，长短错综，疏密相间。《古香斋鉴赏袖珍教乘法数摘要》卷首有"婆娑界一日月须弥三界之图"，绘图之线条，也是精严蕴藉，美不胜收，不离轨度，层次分明，殆所谓放而能蓄者。如此之精妙之品，也是藏家摩挲爱玩、手不忍释之物也。

　　昔乾隆刻《钦定古香斋袖珍十种》，是清宫中最为雅致的一套袖珍刻本。从康熙间刻到乾隆，据《国朝宫史》卷三十五，载乾隆十一年，皇上校镌经史，卷帙浩繁，梨枣余材，不令遗弃，爰仿古人巾箱之式，命刻古香斋袖珍诸书。十种为《资治通鉴纲目三编》二十卷、《渊鉴类函》四百五十卷、《御选古文渊鉴》

六十四卷、《五经》八卷、《四书》十九卷、《史记》一百三十卷、《御纂朱子全书》六十六卷、《初学记》三十卷、《施注苏诗》四十二卷王注正讹一卷续补遗二卷附东坡先生年谱一卷、《春明梦馀录》七十卷。

由于乾隆帝尝"爱仿古人巾箱之式，命刻古香斋袖珍诸书"。内府刻本《古香斋袖珍十种》，乃为丛书，当亦先由写工写样，再行雕版之实。除了已刊行的十种之外，《古香斋鉴赏袖珍教乘法数摘要》十二卷、《古香斋鉴赏袖珍翻译名义集选》不分卷或也是待刻而未付样之本。在清代的内府刻本中，有不少书名前面多冠有"钦定""御定""御选""御制"字样，和以上并《古香斋袖珍十种》不同的是，此二种的书名前均冠有"古香斋鉴赏袖珍"七字，而《十种》之书口刻"古香斋鉴赏"。这说明《摘要》十二卷、《集选》应是乾隆帝极为看重并鉴赏之书，这一点应是无可置疑的。

此书钤有弘历的"乾隆御览之宝"椭圆形印，然并无清代乃至民国藏书家之印记及题跋，由此可见其此二书完成后一直保存在内廷，外界根本无人知晓，甚至连《天禄琳琅书目》亦无著录。1900年8月中旬，八国联军2万余人由天津进犯北京。14日，北京失陷。八国联军在北京公开大肆抢劫，大批群众惨遭杀戮。法国媒体曾刊登回国士兵的陈述："从北堂我们开向皇宫，修士们跟着我们去……他们怂恿我们屠杀、抢劫……我们奉命在城中为所欲为三天，爱杀就杀，爱拿就拿，实际抢了八天。"外国侵略者在北京的那场浩劫，致使皇家内廷损失惨重，无数文物珍宝被洗掳一空。

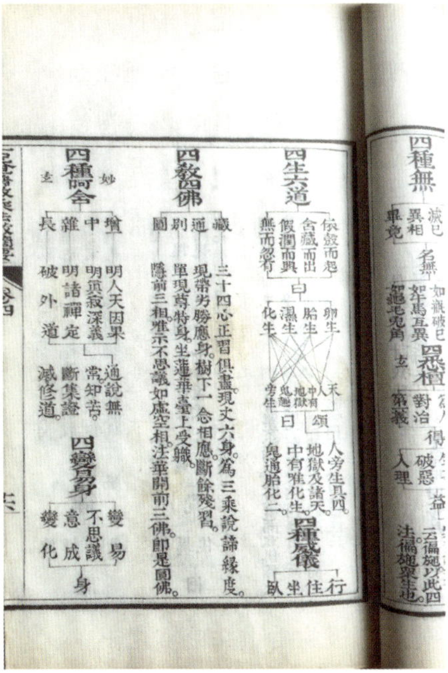

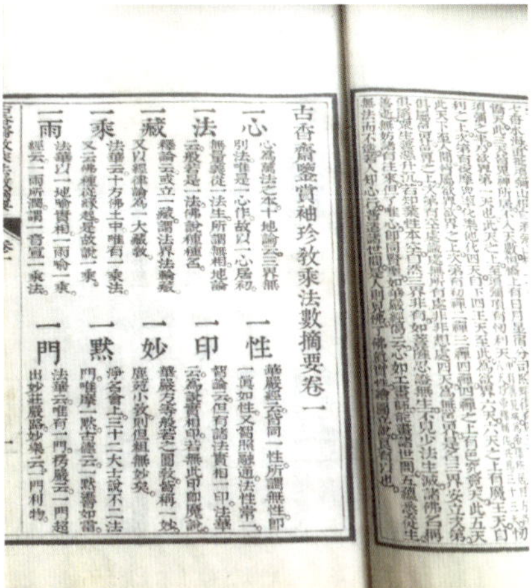

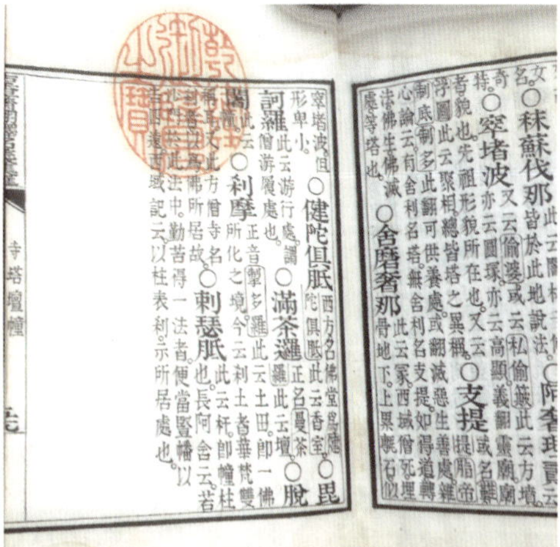

古香齋鑒賞袖珍救乘法數摘要卷五

古香齋寶賞袖珍救乘法數摘要卷一

古香斋鉴赏袖珍佛典两种

　　我相信，正是由于八国联军的入侵北京，致使内廷中的这两部书也随之流出，如今此书函套内有法人藏书票，可证当年即被法籍士兵或军官携往法兰西第三共和国。直至2014年方才出现在法国的某场拍卖会上，再由国内的有识之士设法购得，使之在一百十余年后回归国门。

　　我以为前些年在拍卖场上出现的兽首数尊，那是圆明园喷水池边的器物，是外国艺术家设计的成品，并非中华古物。而此二书，虽然合而一函，并非大部之作，却是中华文化的一个小小组成部分，它们的优雅外表不言而喻，出自内廷，身份特殊，又较之宫中的那些摆设物件，岂能以道里计。如今两书终于又重见天日，回返祖国，展现"嘉德"，读者自可睹其笔墨之幽香、纸张之洁白、书品之精美、钤印之回味、装饰之华丽，那可是和民间收藏之不同的特殊华贵风韵，也是其他同类版本所无法媲美的。

2016年9月30日

国庆节前夕于广州中山大学

乾隆时绘本《苗蛮图》及其他

　　美国国会图书馆是美国的国家图书馆，也是世界上最大的图书馆，该馆成立于1800年（清嘉庆五年），其入藏的中文古籍最早是在1869年（清同治八年），148年来，国会馆得到中国图书的来源为：1.清朝政府的赠送交换；2.派员在中国大陆的搜集；3.得自日本等处。我们可以知道的是：在中国本土之外，国会图书馆的中文古籍收藏极为丰富，在美国，能与之抗衡的仅有哈佛大学哈佛燕京图书馆。

　　1986年2月至1987年10月，我以访问学者的身份在美国做图书馆学研究，去了许多美国的东亚图书馆，寻访美国所藏的中国古籍善本及古籍图书，其间我去过国会馆四次，前后相加仅一个半月，九十年代我又去过两次。前年七月还应邀在该馆工作了两个星期，将其所藏全部宋元刻本及《永乐大典》重新做了鉴定。

丁酉夏，又去该馆阅书一月，在大书库的普通古籍中挑选了善本书七百四十余部，工作之暇所见《苗蛮图》三种，此为当年王重民先生在国会馆工作时所未见者。

一

《苗蛮图》，乾隆时绘本，封面有隶书签条，题"苗蛮图册页"，存一册。四十一幅。第一幅为谷兰（蘭）苗，次为八寨黑苗、清江黑苗、罗汉苗、阳洞罗汉苗、克孟牯羊苗、洞苗、箐苗、伶家苗、侗家苗、水家苗、黑仲家、清江仲家、里民子、白儿子、白龙家、白仲家、楼居黑苗、黑山苗、黑生苗、高坡苗、平伐苗、土仡狫、鸦雀苗、葫芦苗、洪州苗、西汉（溪）苗、车寨苗、生苗、黑脚苗、黑楼苗、短裙苗、尖顶苗、郎慈苗、六额子、白额子、冉家蛮、九名九姓苗、爷头苗、洞崽苗、六洞夷人。钤有"刘士鲲印""伦山"。封面装帧用绢，为布依族特有的斗纹布。号为D827/M59。王重民先生未见。有乾隆五十一年（1786）福海序。

图绘清代贵州地区诸苗之活动区域、形貌、服饰、器具、衣食住行、耕种狩猎、婚丧习俗等，人物形象百态千姿，图文并茂，是研究当时黔地诸苗生活的重要文献。此或为图绘之最早者，余曾将国会本摄照与其他数本相核，图及文字稍有小异，但视国会本之纸张、绘图、字体、钤印、装帧等，绝对早于他本。此类图说皆以彩绘本流传，题名略有不同，如《黔苗图说》《苗蛮图说》等，然以后者为最多。以图计之，各本多不一样，有82

幅、57幅、41幅、40幅、38幅等数种。图为写生，文则记苗族种裔说明，文字作楷体，与他本显著不同的是，此国会本为图文各一页，而他本多在图之右上方或中部，均在一页之中。此本全帙应为二册，图82幅，今仅存41幅。

乾隆本之福海序云："五方之风土各殊也，百族之性情各异也。风土殊，而饮食衣服于以迥别；性情异，而欣喜好尚难以从同。间尝搜稗官野史之书，穷九垓八埏之境，而知荒寒广漠，地旷人稀，海澨山陬，少人多物。其间幽怀化碧，翕耳贯胸，以至睢睢盱盱，怪怪奇奇，何可胜数，顾拟其性情风土犹然。太古之淳闷，均各含生负性，以并育于两间。恭惟圣天子德威所播，无远弗届，作人雅化，薄海覃敷，不特中州。清淑之气，磅礴蓄积，扶植秀灵，即边雨蛮烟，亦皆感冥格顽，喁喁向化，亘古以来，未之有也。凡有血气，孰不尊亲也哉。甲辰冬仲，楚秉天子命观察黔中，下车伊始，辄留心民物，遍访茅檐，则见苗僚杂处，同俗异宜，厥种既殊，托业亦异，其性拙而愚，其风朴而俚。噫嘻！黔开自明世，前此皆溪洞苗蛮也，是方汉夷杂居，话言殊致，敦庞淳固，渐被华风。由明以来，志乘中语书之，其西南夷、南诏、南蛮，则备列于汉、唐、宋诸史书中，指不胜屈。惟仲家，五代时楚王马殷，自邕管迁来，其种有三：曰补笼，曰卡尤，曰青仲。贵平诸郡皆有之，性好楼居，衣尚青，以帕束首，妇人勤织，士子多兼力农，涵濡日久，间有读书识字者，第不知正朔。无文字，刻木为信，虯结侏僚，诛茅构宇，架木为巢。寝处与牲畜，夜无卧具，寒则挖地作炉，爇柴灸火。亦有糯稻，食惟麦稗野蔬。至婚姻，间用媒妁，然必抱子乃归，近亦寖寖渐循礼法。惟病不服药，尚鬼信巫，积习难返。诸苗大率如此。兹因种类杂糅，未由罗列，目击其情形意态，以辨其性情风土之殊。爰按其丑类，绘厥全图，汇为一帙，固未敢云家给人足，遍我群黎，比户可封，咸登图版。然抚图展阅，想见民风质野，各协其宜；民性淳和，各从其尚。虽今日衣冠殊制，言语不通，而勤耕凿，重蚕桑，务本兴行，渐洗蛮陋，人才日盛，民乐输将，相与观感。夫升平之化瞻，依于大一统之朝者，其浃髓沦肌，固自有莫之致而致也。时惟乾隆岁次丙午秋九月中浣，舫亭识。"序后钤有"福海"白文方、"舫亭"朱文方。福海为镶红旗满洲人，字舫亭，雍正十一年（1733）进士。

　　国会馆藏本之内容与贵州各地所藏以及台北"中研院"史语所傅斯年图书馆等馆所藏各本，均大不相同。而与法国博物馆藏本各帧大致相似，如清江黑苗、八寨黑苗、谷蔺苗、克孟牯羊苗、伶家苗、侗家苗、水家苗、清江仲家、黑儿子、白仲家、黑山苗、黑生苗、高坡苗、土仡佬、鸦雀苗、葫芦苗、洪州苗、西溪苗、车寨苗、尖顶苗、郎慈苗、冉家蛮、九名九姓苗等与法博本大致相同。其中侗家苗一图几乎一致，但国会馆本更好，如人物所背竹篓内的草为绿色，而法博本为黑色。

　　而阳洞罗汉苗、箐苗、白儿子、白龙家之图则与法博本不同。另国会本有黑狆家、楼居黑苗、平伐苗、生苗、短裙苗、白额子、爷头苗、洞崽苗图为法博本无。

二

　　《百苗图抄本汇编》（杨庭硕、潘盛之等编著，二册，贵州人民出版社，2004年）为目前所见收书最多者，为十一种。计贵州省博物馆得自"河内郭培元"处之《黔苗图说》，上下二册，每册有图40幅（缺蔡家苗、青江苗二图），无目录，钤有"桐城姚氏藏书"。贵州民族学院得自贵州都匀黄氏藏本《百苗图》，存下册，41幅。刘雍，贵州省收藏家，藏《七十二苗全图》，存69图。无目录，无收藏印。装裱时有多处图文匹配错乱。可能是道光中期所绘。又有《黔苗图说》，一册，有图40幅。封面装帧用绢，为布依族特有的斗纹布。

　　此外贵州又有贵博、贵图、贵师大及刘雍藏本，各一种，均为残本，为9—76幅图之间。贵博者为套印本，据贵州学者云，时间约在清末民初。贵图、贵师大二种则为抗战时期的改绘本。刘雍本或是20世纪的前20年。

　　台北"中研院"史语所傅斯年图书馆所藏各种《苗蛮图》多达十一部，为《苗蛮图册》，82图；《黔苗图说》，80图；《黔苗图说补》，7图；《苗蛮图》，27图；《苗蛮图》，25图；《番苗画册》，16图；《滇夷图说》四册，册各12图，共48图；《琼黎图说》，18图；《台番图说》，17图，皆有图有说明文字。另二种有图无文字，为《苗蛮图》，82图；《龙胜五种图》，5图。1973年，史语所慎选其二，题为"苗蛮图集"付诸影印。影印本前有芮逸夫序，一册，有图82幅。时间或在清末民初。（津按：应在道光末年所绘）又有《番苗画册》，一册，有

图16幅，托名郎世宁绘，蒋廷锡书。按郎氏印及乾隆御览之印均伪作。

法兰西博物馆藏本，存图32幅，据法博云：为法国传教士在贵州传教时接受地方官之赠品，时间或是清末。此为刘雍委托法籍友人纪可梅女士的复制件。

《苗蛮图》在流传过程中，不断有抄本出现，百年之中似不在少数，据《汇编》前言云："据悉国内外传世的该书抄临本竟然达170多种。"此说不知何据。

今所知藏于海外者，有：

美国国会图书馆所藏另外二种亦题为《苗番图》，第一种二册，每册18图，共36图，构图简单，较新。第一册有文字说明，第二册无。1940年9月入藏。第二种一册，文字为楷书，极工整，47图，较新。1941年10月入藏。

美国哈佛大学哈佛燕京图书馆藏《苗蛮图》八种，计贵州者五种，云南者三种。为《苗蛮图说》一册，82图；《黔苗图说》一册，57图；《苗蛮图说》一册，41图；《苗蛮图说》一册，40图；《苗蛮图说》一册，38图。《夷人图说》二册，108图；《苗蛮图说》一册，54图；《滇苗图说》二册，36图。这八种津皆写为书志，可见《美国哈佛大学哈佛燕京图书馆藏中文善本书志》（广西师范大学出版社，2011年）。

又芮逸夫曾引刘咸《苗图考略》，知刘氏曾在英国所见《苗蛮图集》十一种（含黔滇两省）。计大英博物馆东方部藏六种，为《黔省各种苗图》二册，78图；《苗图》一册，48图；《云南两迤夷类图说》一册，44图；《罗甸遗风农桑雅化》二册，40

图；《黔苗图说》四册，72图；《普洱府舆地夷人图说》一册，
13图。牛津大学博林图书馆藏二种，为《蛮僚图说》二册，82
图；《苗疆图说》一册，无图。牛津大学比里博物馆藏二种，为
《黔省苗图》四册，82图；《贵州苗图》三册，45图。又伦敦中
国内地会图书馆藏《苗图》一册，82图。又德国Gotha图书馆藏
《黔省八十二种苗图》二册，仅存41图。又汉堡Dr. Floranze教授
藏《苗图》一册，图数未详。

又津所见苏州马氏涵虚斋藏《黔苗图》，一册，经折装。
封面签题为楷书"黔苗图全□计八十二□"（□中之字损去，疑
"图"字）。审其字体画工墨色较新，当为清道光以后之绘本。

据《中国古籍善本书目》，上海图书馆藏有《黔省苗图全
说》、天津图书馆有《黔省苗民风俗图解》。又北京大学图书馆
也有入藏。

曾见有描绘云南苗家生活之《滇苗图说》，或称《夷人
图说》，最多者有图一百零八幅者，又五十四幅、三十六幅者
不等。

余历年所见图说，题名也多有不同，图也多寡不一，首皆无
序，作者也无考，编排次序也有不同。然《百苗图抄本汇编》总
序及前言均言"《百苗图》的原作是陈浩所作"。此说或据清李
宗昉《黔记》卷三云："八十二种苗图并说，原任八寨理苗同知
陈浩所作。闻有板刻存藩署，今无存矣。"按：陈浩，字紫澜，
号未斋，又号生香，昌平州人。雍正甲辰进士，选庶吉士散馆，
授编修，迁翰林院侍讲，晋学士，充日讲官，詹事府少詹事，诰
授通奉大夫，入武英殿校书，充一统志纂修，升武英殿总裁。曾

典试福建，视学湖北。晚致仕，主河南大梁书院。其一生经历中从未去过贵州。《国朝耆献类征初编》卷一百二十五有其传。又按八寨理苗同知一职，始设于雍正七年。且陈浩者，亦不见八寨县历任同知名录中。李云陈氏所作当误。而国会馆藏本有福海序，当为福海任黔省地方官时所作。

丁酉九月
于美东波士顿之慕维居

莫友芝的《郘亭印存》

文白兄刚刚在朋友圈里分享了一个链接，是说北京匡时2015春拍历代印谱专场，中有莫友芝的《郘亭印存》一卷，1933年的钤印本，一册。说是"里面所收之印，均为名家所篆刻者，这样的印谱得到藏书者和藏印者共同喜爱。此谱也是这种情况，里面所收之印，有不少是名家篆刻之物。故此一册之谱，以5000元起拍，10350万元成交"。

三十年前，我曾见上海图书馆普通线装书库藏《郘亭印存》一卷，因为是清莫友芝的印谱，所以有了兴趣，我想知道谱中之印是哪位或几位篆刻家之铁笔。但是细细翻了一下，才知道这些印章竟然全部为莫友芝自己所为，这是我原来没有想到过的。于是我将所见录入了笔记。

笔记中写道：清莫友芝篆、民国吴徵辑。钤印本。一册。

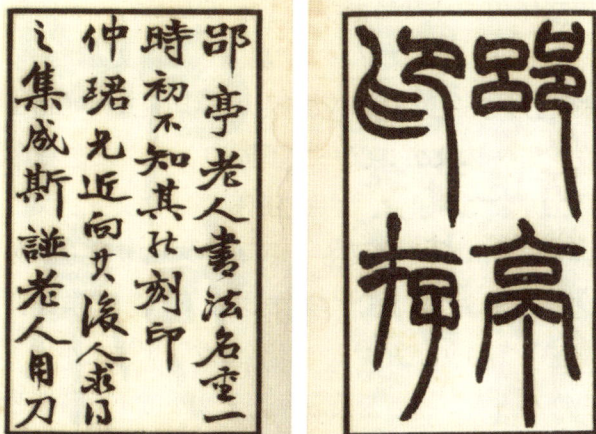

郘亭印存

封面书签为吴徵书，题"郘亭印存"。前有赵叔孺（1933年）、吴徵（1934年）、黄宾虹、李尹桑、王禔（1936年）、宣哲、陈延犖（1935年）、秦曼卿（1935年）题词。末有1933年吴载和后序。看来，此谱所钤的时间，应在1935年时。

吴载和后序云："独山莫郘亭征君，为姑丈伯恒先生王父，博学多文，兼工篆隶，馀事尤善治印，其所用印章皆出自制，都二十余方，先生世守原石，勿敢失坠。余尝请观其印文款识，纵横遒逸，酷似所书，而使刀如笔，纯任自然，实非仅于体格间规模秦汉者所可几及。征君名重艺林，独治印之精，知者颇鲜，爰向假拓，以饷同好，并告嗜征君书者知豪翰外更有可宝者在。摅怀旧之蓄念，发思古之幽情，当世必有同此响往者，时距征君捐馆盖逾一甲子矣。”

　　谱中之印为：“友之信印”（朱文方）、“子偲”（朱文长方）、“子偲”（白文方）、“莫五”（白文方）、“莫氏子偲”（朱文方，又一方朱文小方）、“莫印友芝”（白文方）、“莫印友芝”（朱文方，又一方不同印）、“友芝私印”（白文方，又二方朱文小印）、“郘亭眲叟”（白文方，又二方不同印）、“友芝私印”（白文方）、“友芝私印”（白文方）、“莫友芝”（白文方印）、“莫友芝图书印”（朱文长方）、“莫印友芝”（白文小方）、“其名曰友”（朱文小方）、“莫五”（白文小方）、“紫泉莫五”（朱文小方）、“紫泉莫氏图书”（朱文方）、“则心氏”（朱文方）、“莫氏五郎”（朱文方）、“心兰”（白文方）、“心兰学字”（朱文方）、“莫五友芝则心”（朱文方）、“影山草堂”（朱文方）、“则心第五”（朱文小方），计印二十七方。

　　第一方“友芝信印”，其边款镌“友芝信印，庚子四月朔”。庚子为道光二十年（1840），时友芝三十岁。其云“莫五”者，盖友芝父与俦有八子一女，友芝在兄弟间排行第五也。

　　津所见计有二本，一为吴仲坰赠叶景葵者，一为吴仲坰赠叶恭绰者。吴仲坰（1897—1971），又署仲珺、仲君、仲军，号载和、在和。江苏扬州人。室名餐霞阁、山楼、师李斋等。其为篆刻家，治印受父执李尹桑启蒙，早年客寓上海，参加“题襟金石书画研究会”。吴氏虽为黄士陵再传弟子，然不囿于师门，尤喜仿汉印，心摹手追，秀雅独绝。民国间以象牙印章为风尚，吴氏颇厌之，一律书篆后交付印匠完成。1927年辑自刻印成《餐霞阁印稿》，秦更年作序，潘飞声题诗。其辑莫友芝刻印成《邸亭印存》，有功于印林。晚景凄凉，贫病以终。此二本，当为吴氏作序所得若干本，故可赠二叶。

此外，我还见林章松先生也有一本。林公居香港，是最重要的印谱收藏家，他藏明、清、民国乃至近现代印谱多至二千种。每次我去港，必赴松荫轩探视林公，每去必看十数种新收之谱。在我的另一本笔记中载有另一段关于《邸亭印存》之事，为录自林公博客者。现录于下，供同好者参阅。

"经比较，贵州省博物馆所藏《邸亭印存》比先生所藏少了王福庵和宣哲二序，而西泠藏本则又比先生藏本还多出李尹桑、陈延铧和秦曼卿之序。据吴载和谱后跋文所示，1933年，吴从姑父莫经农（字伯衡、伯恒，莫友芝孙）家获见莫友芝先生自刻用印二十余方，乞之以拓成此谱。而今见竟各异，甚惑。莫非《邸亭印存》有多种版本？待考。再谢先生无私惠赐。吴鹏顿首拜。"

"林先生好！南京图书馆也藏有一册《邸亭印存》，封面题签遗失，内容与先生的藏本相同，扉页有吴载和先生赠友人的亲笔题字，该本子似应为初印本。"

林公也有一段话："谢谢琴鹤轩主告知，现时我还摸不清真的有两次钤拓这事，要证实的话，必须有实物方能下定论，今后对此事会多加留意。"记得在林公家，还看到过一柄莫友芝自制之搁臂，难得一见的极佳物件。

莫友芝处咸同之季，学识深邃，卓然经师，是大家，精许书，工篆隶，诗亦古朴有味。尝与曾国藩订交于京师琉璃厂书肆中，曾有赠诗云："黔南莫夫子，志事无匹双。万书薄其腹，廿载穷幽乡。今年偶作剧，射策来都堂。青鞯侧破帽，日绎书贾坊。邂逅一相见，揖我谓我藏。"清李士棻《天瘦阁诗半》卷四有"赠莫子偲"云："卅年流誉满词场，湖海交游尽老苍。学海世推黔帜志，荐章今许古循良。篆书突过当涂李，诗格兼摹双井黄。一事笑君憨胜我，陈编敝篓侈收藏。"

按："邵亭"为莫氏之号，其源可见莫氏《呈寿阳相国乞篆书"邵亭"榜诗序》，有云："道光时，侍先君教授遵义，己亥、庚子间有《府志》之役，于犍、不狼诸山，鳖、黚延诸水并钩讨，粗就绪，惟'邵亭'失收。辛丑，先君见背，研食久侨，不能归，乃'邵亭'自号以志过。"此可见《邵亭遗诗》卷五。

据《中国古籍善本书目》集部清别集，莫友芝的著作有：《邵亭诗文稿》不分卷《书跋》不分卷，稿本，藏北京国家图书馆；《邵亭诗文稿》不分卷，稿本，藏南京图书馆；《邵亭先生文集》不分卷，稿本，藏中国社会科学院文学所图书馆；《邵亭诗钞》一卷，稿本，藏北京国家图书馆；《邵亭诗钞》不分卷，稿本，藏贵州省博物馆；《邵亭集外诗》不分卷，稿本，藏中国社会科学院文学所图书馆；《影山草堂诗钞》三卷，稿本，藏上海图书馆；《影山草堂学吟稿》三卷《邵亭外集》一卷，莫珠姝抄本，藏中国社会科学院文学所图书馆；《邵亭杂文爇余录》一卷，清咸丰四年莫氏抄本，清莫友芝跋，藏中共中央党校图书馆；《邵亭遗文》八卷，清独山莫氏抄本，清汪士铎跋，莫绳孙校，藏南京图书馆。台北"国家图书馆"所藏《独山莫氏遗稿》，为莫友芝父子手稿，计有三部，一部八种十三册，一为十六种三十八册，一为四十种七十九册。张棣华曾为之提要，见于《薇君读书志》（台北福记文化图书有限公司，1984年）。

莫氏善印作，知者甚少，后来之人多以莫为藏书家目之，盖因其《经眼录》三卷，及《邵亭知见传本书目》十六卷两书之名声。然潘师景郑先生《著砚楼书跋》第174页云"尝读邵亭所著《经眼录》一书，其所载宋元本，误者不胜枚举"。记得当年曾查过《印人传》一类的书，似乎并无莫氏的一席之地。即使友芝本人日记、诗稿、文稿及致友人书信中均无载及，如今，莫氏自篆之印不知所踪，或冥冥之中重现江湖也未可知。又据载，有高心夔者，曾于咸丰十年（1860）时为友芝篆过二印，一"邵亭寓公"，一"荒率天真"。高心夔（1835—1883），原名梦汉，字伯足，又字陶堂，号碧湄、东蠡，江西湖口人。少擅诗名，而性刚峻。咸丰元年举人，五年曾率乡兵投曾国藩，八年为肃顺延揽幕下。十年补殿试，成进士。同治末，入李鸿章幕。光绪初，以直隶知州分发江苏，署吴县县令。有《陶堂志微录》《佩韦室日记》等。

林公又曾于拍卖场得一《莫子偲印存》，辑者似为道咸间收藏家刘位坦之后人，谱前之十五叶均是其刘家用印，又二十三叶录莫友芝刻印，为"子偲""莫友芝图书印""莫氏五郎""莫印友芝""紫泉莫氏五郎图书印""其名曰友""紫泉莫氏图书""莫友芝字心兰又曰则心号漱雪之印章""心兰学字""莫氏心兰"等，有佚名书"征君公自作四十四章，此下廿二页皆是"。再四叶则为莫氏夫人刻印十六方。按：夫人夏芙衣

（1809—1882），字之容，于道光十二年（1832）嫁于友芝。芙衣四十生日时，友芝有诗赠之，诗云："岁月如水去无痕，往事悲欢那可论。纵我强年难学仕，劳君弱骨且持门。秋心共倚中庭月，远目徒悬西崦村。政恐嫦娥笑岑寂，亟呼儿女更开樽。"（《郘亭诗钞》卷五）芙衣擅篆刻，其时，女性习铁笔者更为凤毛麟角，津见其自作七印，为"夫衣女士"、"莫五郎妇"、"夏"、"之容"、"之容"（小）、"夫衣"、"弟六"。又有佚名书"夏太夫人为征君公作九章此下三页皆是"。"夏太夫人自作七章。"又按：津细谛之，此佚名者当为莫棠。棠字楚生，为祥芝第三子。

友芝卒于同治十年（1871），年六十一。《李审言文集》中有涉莫氏卒去事，有云："子偲先生奉曾文正公札，访文宗、文汇遗书。先生由泰州北下，至吾乡，驻东门外时思寺。先生感秋邪，晚发患，虚阳上越，额汗沾濡。赵小湖先生来诊脉，命速备参附，先生不可。少顷，即眩晕不能言，旋卒于寺。县令甘君绍盘亲为治丧，送柩归江宁，停莫愁湖寺中。文正来吊，后其弟祥芝请假送先生柩归贵州。其后人犹住扬州，先生藏书尽出。"（《李审言文集》第593页）

辑者吴徵（1878—1949），浙江崇德（今桐乡）人，字待秋，以字行。别号袌鋗居士、疏林仲子、春晖外史、鹭鸶湾人、抵苍亭长，晚署老绢。与吴昌硕、王一亭为世交。与吴湖帆、吴子深、冯超然合称"三吴一冯"，因年长，列之首。为民国时期影响海内外的著名山水花卉画家。又与赵叔孺、吴湖帆、冯超然被誉为"海上四大家"。曾任职于上海商务印书馆，编审《古今名人书画集》。擅长山水，花卉初学李鱓，后窥元明诸家。书法则学王铎、倪元璐。有《吴待秋山水画集》《吴待秋画集》《吴待秋花卉画集》。

2015年7月7日

借版刷印的《拱宸桥竹枝词》

　　《拱宸桥竹枝词》二卷，清陈蝶仙撰。清光绪刻本。二册。陈蝶仙，原名寿嵩，字昆叔，后改名栩，字栩园，号蝶仙，又号惜红生，别署天虚我生。浙江钱塘（今杭州）人。清末贡生，南社社员。曾任报纸编辑、杂志主编，后从事日用化学品工业，提倡国货。又著有《泪珠缘》《井底鸳鸯》等言情小说百多种，诗词编有《栩园丛稿》。拱宸桥位于京杭大运河南端的杭州老城区北，桥为三孔石拱桥，是杭州标志性古桥之一。

　　此《拱宸桥竹枝词》亦题称"瓜山新咏"，收七言四句竹枝俚词120首，咏拱宸桥一带自清末开埠后出现的新鲜事物与百业之形态，如小火轮、洋行、博物院、妓院、戏班等，语词平易，往事陈迹，于此可窥一斑，当为地方上之文献。

　　书估于书籍刷印，当在牟利流通，只要利之所趋，必当为之。然刷印竣工，板即存刻字铺或书铺，绝不会一时铲字重刻，如若有人借板刷印，当取工本费。此本难得之处，在于钤有红色木记："每部取工料洋贰角。借板刷印，抽取三成。板存察院前文元斋。"可以知道，此本非为牟利之书，只取纸墨等工本费而已。借板刷印，当为传播流通。文元斋，为杭州书坊，当为刊刻此书之处，也可推理为售卖之肆，地点在察院之前。津疑此文元斋或即为杭州文元堂，店主杨耀松（名祚昌，？—1928），地点时间，亦均吻合。此见《上海嘉泰2011春季艺术拍卖会古籍善本图录》。

按：此类借板刷印只取纸墨等工本费之书，津又尝见清同治十一年（1872）刻本《玉历钞传警世》，扉页刊："板存京都前门外琉璃厂西门外北柳巷文元斋刻字铺，新翻刻《玉历钞传》善书，刷印工价每部纹银九分。"又见清末文瑛阁刻本《增订敬信录全书》，其扉页木记云："此板今存杭城佑圣观巷内金振声刻字店，如四远乐善诸君印送者，每部价钱一百二十文，如用布套加钱五十六文。谨白。"另见《教女图说》一卷，为光绪二十二年（1896）刻本，扉页有："板存在杨梅斜街永盛斋刻字铺，每本纸工价当十钱八百文。"

借板刷印之书多为善书，或传播大众之普及通俗书，多见于清代末年至民国年间，且书之扉页多钤木记，皆红色。津所见者还有借板刷印"不取板资"者，如《感应篇直讲》一卷，1925年郑璞山、薛志远重刻本，扉页上木记印有"乐善诸君，有欲印送此书者，只收工料不取板资"。此书版片存北京"京都前外杨梅竹斜街永盛斋刻字善书铺"，永盛斋刻过不少书，我见过的最早为《吕祖指玄篇秘注》一卷，为光绪十三年（1887）所刻，扉页上亦有木记，云："如有刷印者，请到前门外杨梅竹斜街中间路北永盛斋刻字铺，不取板资。"永盛斋直至1937年还存在。

除北京外，其他地方书坊也有"不用板资"者。如宣统元年（1909）刻本《唱道真言》一卷，扉页之木记云："板存济南城西中赵家庄镂云斋刻字铺，如有善士印送，只取工纸，不取板资。"又光绪三年（1877）刻本《玉准轮科辑要》一卷，扉页之木记云："凡有印者，不取板资。"又光绪十四年（1888）刻本《训女图说》一卷，为蒋宗汉捐廉开雕者，其正文前刻"板存桂寓，愿刷者板不取租"。又光绪二十一年（1895）广东惠州淡水崇德善堂刻本《警梦晨钟》一卷，扉页木记云："板存广东省双门底拾芥园，诸君印送乐善，不用板资。"又光绪二十三年（1897）刻本《女学》六卷，扉页木记有："板存铁门广信老馆，如有同志借印，不取板资。"再早些者有咸丰元年（1851）刻的《观世音菩萨大悲陀罗尼经咒》，扉页有："李德峻合家敬板，存樱桃斜街东头路北富文斋花板铺，刷印不要板资。"

我的朋友郭明芳博士又提供我三条材料，其一是《学海堂志》，内有"每次刷印《皇清经解》多则一纲（六十部），少一半纲（三十部），每刷一部，纳版租银一两，另自交茶资每一部二钱肆分"。其二是《明清时期台南出版史》（台北学生书局）中有：徐宗幹《虹玉楼诗选》之扉页书影，内刻："奖赏生童、不取工价。道署藏版。"其三为台南光绪十九年（1893）天坛刻本《天文真经》的扉页云："此版存天公庙内，如有借印，随手送回，本斋此布。"

　　这种善书传播甚广，直至民国间亦有所见。1922年商务印书馆之《劝世白话文》一卷，其封面上印有"如有善信愿送者，纸版存上海宝山路商务印书馆印刷所"。善书之传播者，在于他们认为此为功德之事，天神必能感应。而此《拱宸桥竹枝词》之借版刷印，仅收工本费，则在于便于书籍流通。

明代太监刻的三部书

对于古籍图书来说，人们有时也会以线装书称之，古籍图书中有历代（宋、元、明、清乃至近代）刷印的刻本、活字本、套印本，也有稿本、抄本、批校本等。这些古籍中，尤其是历代的刻本，几乎都属于官府、私家、坊间所为，但也有一些特殊者，如书院、寺庙等刻本，甚至是由明朝太监去主持刻书的，这里说的就是太监所刻的书。

太监，也就是宫中之内臣——宦官。尤其是明代的太监，人们都几乎没有好印象，民间所熟知的太监干政专权，把持国柄，横行无忌，植党营私，至于刘瑾、魏忠贤之流更是倒行逆施，势焰熏天。明末太监有数万之众，清初康熙帝曾向明末老太监了解到明朝"宫女九千人，内监至十万人"（余金《熙朝新语》卷四），可谓多矣。

　　我在几十年的翻书过程中，也偶见由太监所刻的书，如《御世仁风》四卷，明万历四十八年（1620）金忠凤阳刻本。此本题"明方城金忠敏恕纂辑；古雄王安允逸校订；益津张文元郁怀、金台王体乾惟贞全阅"。前有万历四十八年周诗序，万历四十七年刘铎序。末有万历四十八年金忠跋。

　　御世，治理天下之意。仁风，形容恩泽如风之流布。是书集圣贤往迹，编刻成篇，每篇若干则，皆注明出处。卷一至三，每则皆有图，颇精。卷四最为实用，以"农事"为例，分授时图解，四时农政，一至十二月农事，并附救荒诸方，皆有益于民。

　　金忠，为万历间司礼监太监，字敏恕，号葵庵，河南方城人。司礼监太监，职掌帝王诏书，后出镇安徽凤阳，崇祯时，升任秉笔御用太监。明刘若愚《酌中志》云："金太监忠，其（史宾）照管侄也。金字敏恕，北直隶固安县人也。万历六年选入，历升文书房，博学能书，善琴。守备凤阳时，曾著《御世仁风》一书刻之，博极鉴史，绘画周详，仿佛《帝鉴图说》。其评语凡称迁拙子者，即金之道号也，其自跋亲笔作也。"金忠，不见《明史·宦官传》及《明朝宦官》中之"明朝宦官事例"。按：史宾为万历朝秉笔太监。司礼监：负责监督、管理皇城内的仪礼、刑法、关防门禁，并掌理内外奏章，照阁票批朱等。

　　此本有刘铎序，云："吾友金公，叨侍中秘，有慨于中久矣。近者，奉差出守凤阳，因集圣贤往迹，编刻成篇，名曰'御世仁风'，绘之图像，以便批阅。"此书即为其在凤阳所刻，今传世不多，仅知北京中国国家图书馆、故宫博物院、中国历史博物馆、中共北京市委图书馆、台北"国家图书馆"（二部）、美

御世仁風卷之一

君道

財貯天下
富民非已
淡和宣化
四序脩昌
勤民憂稗

符瑞應德
賢聖好生
賢聖福國
金臺王體乾惟貞　仝閱

明方城金　忠欲懋輯
古雄王　安兒逸校訂
益津張文元郁懷

踐言思慎

夫人君不患出言之難而患踐言之難知踐言之難則其
出言不容不愼矣故大學以脩身爲本凡一言之發必求
其所以然與其所當然不寧於愛不因於喜不
激於怒慮心端意就思而審處之難有不中節者乎欲何
爲人上者多樂舒肆爲人臣者多欲悅容悅本爲私
也私心盛則不畏人矣舒肆本欲心燗則不畏天
矣以不畏天之心與不畏人之心感合無間而所務者皆
快心之事耳快心則口欲言而言身欲動而動則所當能就
兢業業以脩身爲本熟思而審處之乎可不愼哉　性理

云嘉言罔攸伏詩云王道如砥其直如矢是之謂也　元

国哈佛大学哈佛燕京图书馆入藏。

此书还有一处较为特殊之处，即是它在书口上的鱼尾。鱼尾如以数量区分，有单鱼尾、双鱼尾、三鱼尾、四鱼尾、六鱼尾。以方向区分，有对鱼尾和顺鱼尾。以图案分，有白鱼尾、黑鱼尾、花鱼尾。单鱼尾、双鱼尾，是历来存世刻本中的多数，而三鱼尾、四鱼尾、六鱼尾者甚少见，尤其是六鱼尾者。此《御世仁风》的书口内六鱼尾分布在书口之上中下，为两两相向的三对。按：金忠又纂有《瑞世良英》五卷，均为故事图，亦为六鱼尾，和《御世仁风》同。

关注《御世仁风》这部书的，似乎只有香港大学中文学院的一位博士刘训茜，她在去年底发表了二篇文章，一为《晚明宦官的致君之学——〈御世仁风〉思想史意义》（《北京社会科学》2017年第12期），以及《金忠〈御世仁风〉的撰著背景与内容特色》（《中国典籍与文化》2017年第12期），二篇大作都发在北京，时间上也差不多。但将两篇文章放在一起，却发现文字内容、标题全部相同，不同的是文章的题目相异。

太监刻书在传世的明代刻本中极少，我过去仅见过三部，除《御世仁风》外，还有明周应宾撰的《普陀山志》六卷，为明万历太监张随刻本。题"郡人吏部侍郎周应宾纂辑；尚宝司丞沈泰鸿校正；邑人刑部主事邵辅忠同校；文安御用监太监张随梓行"。前有万历三十五年（1607）周应宾序、邵辅忠序、万历三十五年樊王家序。

普陀山，位于浙江舟山市定海区之东，也属舟山岛之边缘，孤峙海中。其曰"普陀"，得自《华严经》，全称为补陀洛迦、

　　补坦洛迦，为梵语之音释，意为"美丽的小白花"。佛教四大名山，普陀即为其一，素有"海天佛国"之称。

　　张随，御用监太监，顺天文安人。嘉靖间选中内书堂，涉猎经史，过目不忘，又精书法。断酒除荤，严持戒律，时故相兰谿赵志皋为教习，大器重之。张随为神宗朱翊钧宠信之太监，其所在之御用监，负责采办皇帝所用之物及种种奇珍异宝。普陀禅寺之建，当是随一手筹划而成。那是万历三十三年（1605）的正月，张随奉旨赍金重建普陀禅寺，然而工巨费烦，人颇难之，而随则区画尽善，咄嗟立办，大工遂成。工竣复命，皇上圣心嘉悦，赐玉带岁禄，以旌其劳。

　　早在万历初年，张随即奉命董建护国万寿寺于都门之西，工竣，上赐随飞鱼袍服。万历三十年，又奉旨重建南海宝陀寺藏殿乐成，夏赐金钱及一品服。这些佛寺之金碧辉绚成清净佛地者，

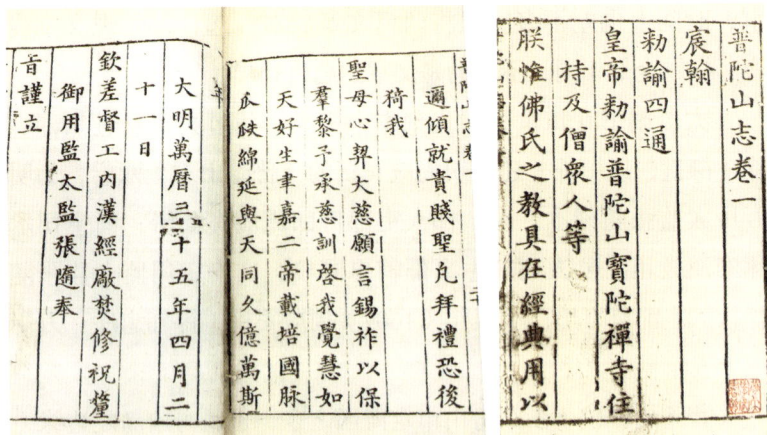

普陀山志

皆随之力。据说，随性约而方，一蔬一饭之外，绝无所需。八行不达政府，人亦无敢干以私者。先是渔人系箪，市人酤贩，秽亵莫可谁何，及随秉虔焚馞，不待力遣而相率退去。

此书，《中国古籍善本书目》著录明万历三十五年张随刻本。上海图书馆、浙江图书馆等八馆，台北"国家图书馆"（原藏北平馆者）、台北"中央研究院"史语所傅斯年图书馆及美国国会图书馆、日本内阁文库亦有入藏。

《林泉老人评唱丹霞淳禅师颂古虚堂习听录》三卷，元释慧泉辑。明万历十六年（1588）内官监管理大监解宁等刻，十八年京都太平仓张铺印本。

此书为释从伦摘取《丹霞子淳禅师语录》卷下之颂古百则，重新编纂，加入示众、著语、评唱等，以表达其宗乘见解，为学人参学悟道之指南。内容包括青原堦级、石头曹溪、药山坐次、船子夹山等公案百则。

此本为太监所刻之依据在于卷上目录后刻"内官监管理太监解宁施俸资刊板"。卷中目录后刻"御用监信官高阳、武忠、御马监信官高腾"。卷中末刻"惜薪司管理太监等官各助资财刻板：藏贵、李永、赵朝、王忠、李常、王德、赵真、崔才、燕春、吴贵、郭进、杨松"。卷下末刻"内官监管理太监解宁、内织染局佥书管理王勋、汉经厂信官郭廷、李进、马朝、李通、内官监右监丞王忠、张用、郭玉等十二人"。此外，参与者还有信官以及助缘者。按：信官乃是官员祷神时表示虔诚的自称。古时多把信佛的官员称之为信官，以区别一般信佛的信士。内官监，

林泉老人評唱丹霞淳禪師頌古虛堂習聽錄上

雜學比丘　編

示衆云有修有證有進索論高低無證無高那消升降只如行不出戶坐不當堂者甚麼安排則是

舉青原思禪師問六祖大師當何所務即得不落階級　祖云汝曾作什麼來　祖云何階級　思云聖諦尚不爲　祖云落何階級　思云聖諦尚不爲亦不爲　祖云如是如是善自護持吾當有偈　心地含諸種普雨悉皆萌　頓悟花情已菩提果自成

師云建化門中不無品實際理地寧有階差自始

內官監管理太監毗……

助緣比丘證連　證性　性真

靳廷　王忠　王勳　袁囊

靳守義　魏松　朱敦　湯鑑　金景

張朝　侯喜　蘇科　陸俊義　冉氏　黃溓倫

形名未啓之時合作廢生體悉清秋月轉霜輪後半夜星河斗柄垂

林泉老人評唱丹霞淳禪師頌古虛堂習聽錄中

惜新司管理太監等官客助資財刻板

藏貴　李永　趙朝　王忠

李常　王德　趙真　崔才

燕春　吳貴　郭進　楊松

漢經厰信官郭廷　李進　馬朝

內官監右監丞　王忠　張用　郭玉

信官袁福祿　朱敦　湯鑑　金景

靳守義　張朝　蘇科　蔡汝松

黃溓倫　侯喜　陸俊義　冉氏

助緣比丘證連　性真　鎮性　真孝

正道　自然　慧果

京都太平倉張鋪印行

萬曆庚寅歲小春月下澣之吉

林泉老人评唱丹霞淳禅师颂古虚堂习听录

掌管国家营造宫室、陵墓，及经办妆奁器用等事。御马监，掌管御厩等事。惜薪司，掌管薪、炭。内织染局，掌管宫内食用酒醋糖酱面豆等物。

此本传世颇罕见，今藏美国哈佛大学哈佛燕京图书馆，不见他馆入藏。

明代中叶以后，太监权力极大，拥有出使、监军、镇守、侦察臣民等大权。可以说明代宦官中的绝大多数，多是贪鄙之徒，且有些属于目不识丁却附庸风雅者，他们代表的都是封建地主阶级的最高统治集团的利益。但其中极少数太监也有名扬四海的，如"三宝太监"郑和；也有善书及好学有文者，他们也可能利用手中的权力，为明代的文化建设出一份力。如弘治时太监陈崖庵，正统时入内府，凡奏疏皆亲自起草，不假手于人，并酷好诗律，作诗较多。万历时执掌司礼监大印的太监张诚，"好看书，每据古事规谏"。鲍忠，多学善书，历升长陵神宫监金书，每坐大石上，拾树叶而写诗，清风徐起，飘扬山谷以自娱。又秉笔太监史宾者，嘉靖四十一年选入，多学能书，颇复欧阳率更笔法，先监最器之，历升文书房史，广交游，善琴弈，好写扇，其诗字之扇，流布宫中。再如汤盛，万历二十九年选入，于书无所不读，沉酣典籍，善饮酒，能诗，雅歌笃学。再如王进德，号樗仙，世庙时职章圣献皇后宫管事，有甲第在东华门外，清整雅洁，门无俗客，每休沐之暇，即闭门焚香，弹琴读书，或展古名人墨妙，临写不释手，故书法遒丽，遂成名家。尤好接贤士大夫，宛然有儒者风。至于像北京的重要胜迹潭柘寺、碧云寺、戒

台寺等，多是由这些太监们主持整修的。甚至有的有著作流传，
如刘若愚有《酌中志》。以上这三种太监主持刊刻的书，也算是
他们对书籍流播的小小贡献吧。

2018年2月28日

以名人为写工的《金壶精萃》

　　在今天的版本学研究中，对刻工时有提及，但写工、印工、绘工、装订工却是难得有人去做细致的研究。对于写工来说，大凡提及清代精刻本时，几乎都会举林佶书写的《渔洋山人精华录》的例子，当然，这样一位代表人物并非是生活在民间底层的知识分子。实际上，在流传至今的宋、元、明、清各代刻本中，时有写工出现，但很少有学者予以注意。

　　无论宋、元、明、清，乃至民国，大凡刻本多为二种字体，即宋体字、手写体。宋体字，字画方严，整齐划一，一笔不苟，没有什么变化，所谓"字画斩方，神气肃穆"也。手写体，即楷书，字体秀劲，圆美工整，仿欧阳询体者甚多，也有仿柳公权、颜真卿体者，用笔整严，刻画清峭。字体古雅，自成一体者则不多。汪琬、薛熙刻《明文在》凡例云："古本均系能书之士各随字体书之，无有所谓宋字也。明季始有书工专写肤廓字样，谓之宋体，庸劣不堪。"

书写者或名家或专工此技之写工（除自家外），名家包括委托一些当时的文化名人，其他为受雇于坊肆或家族刻书的有一技之长的写工。以名家举例之，则最著名者推《大方广圆觉修多罗了义经》一卷，此经为赵孟頫于元延祐七年（1320）正月廿七日为其夫人管道升超度荐福所写，并施于苏州海云寺。赵氏跋语云："三宝弟子赵孟頫谨手书《大方广圆觉修了义经》一部，奉本师中峰大和上（尚）尊者披阅，所愿闻此经者，见此经者，诵此经者，持此经者，悉圆三观，顿除二障，不堕邪见，得清静觉出，生殊胜功德：奉为妻魏国夫人管氏道升忏除业障，早证菩提，与法界有情，同成圆觉……"元至正十二年（1352），海云寺住持大延多方化缘集资，择名工摹勒赵孟頫手书经卷上版雕镌。版雕既竣，尚无资刷印，信士顾德懋等，自愿捐资刷印一百部以广流传。

元末明初也有习赵孟頫书体而书之上版者，但不多。赵字结构谨严，丰神潇洒，而书胥学之不达，侧笔取妍，徒求似其面目。而在清代，刻本出名贤手笔有名于世者，如张力臣手写《广韵》，倪霬手写《明文在》，张照篆写白文《九经》，张敦仁手写严氏《通鉴补正略》，余集手写《志雅堂杂钞》《续夷坚志》，黄丕烈手写《延陵季氏书目》，许槤写《六朝文絜》《金石存》等，顾莼写《元史艺文志》，江声自写《尚书集注》《释名疏证》，各趋精艺。叶昌炽为蒋香生刻《铁花馆丛书》，仿宋精写，为金缉甫所书，摹欧阳询体，秀劲之致，然金氏不愿署姓氏。

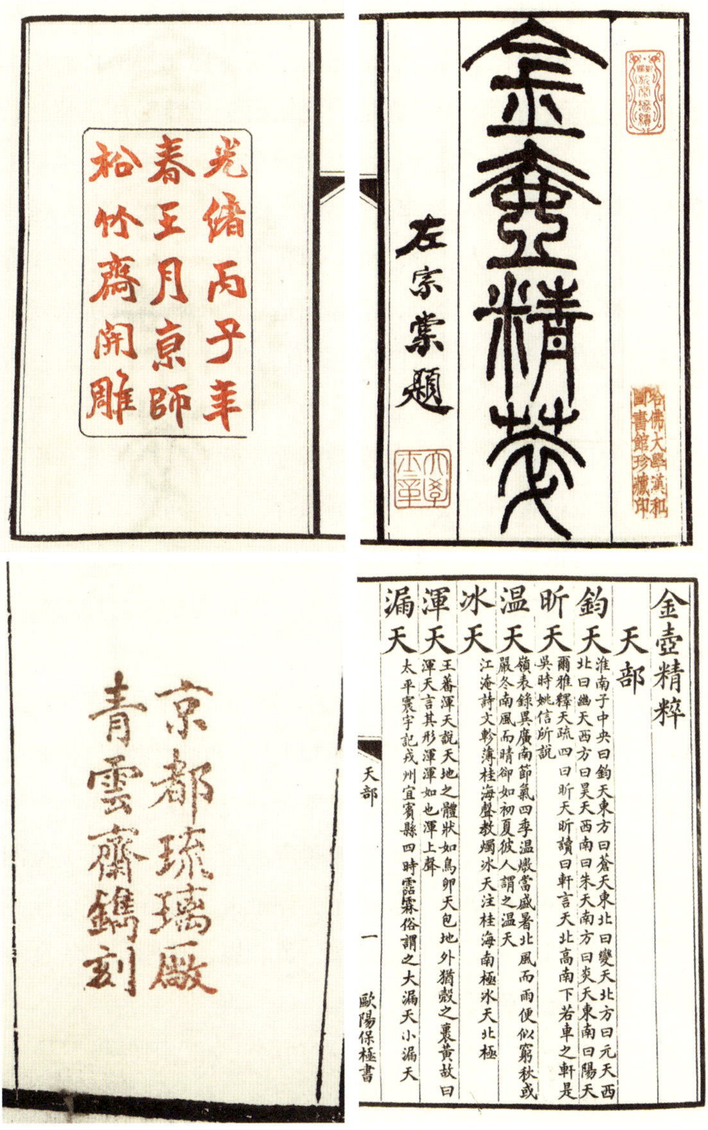

光绪丙子年
春王月京师
松竹斋开雕

金壺精萃

左宗棠题

京都琉璃厂
青雲斋镌刻

金壺精粹
天部

鈞天
昕天
温天
冰天
渾天
漏天

天部

一　歐陽保極書

金壶精粹

　　最为有意思者，即为当时众名家共写一书者，津所知仅二例，一为《金壶精粹》四卷，清光绪二年（1876）松竹斋刻本。书名页刻"金壶精萃。左宗棠题。光绪丙子年春王月京师松竹斋开雕"。另一扉页刻"金壶精萃。李鸿章题。光绪丙子年春王月京师松竹斋开雕"。左、李二位皆清末重臣，很少为人题写书名。此书分天、地、人、物四部。田普霖序云："余于甲戌春，曾有《增订金壶字考》之刻，沿释氏适之之旧，易其所未安，补其所未备已耳。后闻徐荫轩宗伯藏有善本，系田石齐先生所校订，宗伯怀抱冲虚，夙以嘉惠后学为念，乐出其书，以示观适。张君仰山阅而善之，而又以其卷帙浩繁，读者或未能遍观而尽识焉，商择其尤雅者，与余增订之编参合，以公同好。乃仍按前卷天地人物分类辑录，注释非参以臆见，援引务取乎雅驯，厘订既竣，张君索当代之工书者分缮以登梨枣，且谓是编洵择之精而语之粹也，请即以'精粹'名之。"

　　书写人俱在书口下，如天部第一页为"欧阳保极书"、物部第一页为"陆润庠书"。书者共34人，为欧阳保极、徐郙、徐致祥、黄沅、彭世昌、王先谦、王赓荣、龙湛霖、钱澍孙、王应孚、羊复礼、李郁华、周之钧、锺骏声、何金寿、黄钰、黄湘、李岷琛、洪九章、孙钦昂、郝观光、许景澄、廖寿恒、徐桂芬、吴观礼、袁思骅、张人骏、陆润庠、黄毓恩、蔡厚贻、华金寿、恽彦彬、冯文蔚、黄恒。俱为楷书。

　　这些"当代之工书者"，多有功名，如欧阳保极，咸丰十年（1860）庚申恩科探花，授翰林院编修，曾任广西学政。羊复礼，同治三年（1864）举人，官至广西泗城府知府。王先谦，为著名湘绅领袖、学界泰斗，曾任江苏学政，湖南岳麓、城南书院山长。许景澄，同治七年进士，清政府中熟悉洋务的少数外交官之一，聘任驻法、德、意、荷、奥、比六国公使和驻俄、德、奥、荷四国公使，总理衙门大臣兼工部左侍郎，充任京师大学堂总教习。袁思韠，先后入丁宝桢、鹿传霖、张之洞幕，能文工诗，擅书画，精小楷，为同治光绪年间以来黔地书法之首。陆润庠，同治十三年状元，官至太保、东阁大学士，谥文端，书法清华朗润，意近欧、虞。恽彦彬，同治十年进士，累官至工部右侍郎，督学广东，诗文书画俱能，书工分隶。

　　我还见有一部《陶渊明集》八卷，清光绪六年（1880）天津莲英林宫保刻三色套印本。该书每页版心下均有书工姓名，从序文开始，有一人连续书写几页者，也有只书写一页的，如：徐方泰书、王仁堪书、言家让书、张华奎书、陈宝琛书、杨霁书、张世恩书、文肇宣书、吴葆德书、周仪典书、吕凤岐书、吕佩芬、于锺霖（有的人名下无"书"字）、英寿书、冯文蔚书、张蹇书、邵松年书、程夔书、檀玑书、于佩霖、曹鸿勋、张露恩、刘秉哲书、诸可炘、张汝沂书、升允书、李作霖书、徐方鼎书、刘心源。（以上四册共29人。）

　　一般来说，写工是在社会群体中讨生活的人，他们多是知识分子，较之刻工来说，社会地位要高一些。他们也可能是专业写工，以缮写书样为谋生手段。他们都没有功名，在各种传记资料中，也没有一鳞半爪的记载，为了赚取微薄的银子养家糊口，写工只能受雇于刻书的坊肆。但是，对于名人来说，就不一样了，在普通人眼中追求的是名人效应，以上的二种书都是普通线装

陶淵明集卷一

詩四言

停雲思親友也罇酒新湛

停雲四首并序

圜列初榮

一　王仁甚青

陶淵明集卷五

記
辭

桃花源記

晉太元中武陵人捕魚為業
緣溪行忘路之遠近忽逢桃花林夾岸數百步中無雜樹芳草
鮮美落英繽紛漁人甚異之復前行欲窮其林林

卷五　一　于蒂霖

臨寵不忒孰謂斯心　而近可得
蕭矣我祖慎終如始直方二　臺惠和千里
於皇仁考淡焉虛止
寄迹風雲冥
嗟余寡陋瞻望弗及
之罪無後急我誠念哉呱聞爾泣
及顧慚華鬢負影隻立三千
朝夕念茲在茲尚想孔伋庶其企而
屬夜生子遽而求火
凡百有心奚特於我既見其生實欲其可人亦

有言斯情無假
日居月諸漸免於孩福不虛至禍亦易來凤興夜寐
顧爾斯才爾之不才亦已焉哉

卷一　十一　陳寶萊書

书，较之善本，并不珍贵，只不过是主持者多方索取名人所书，这就较为难得，而且书者在政府中拥有相当职位，有头有脸，至于学界大佬，更是泰斗、楷范，一般人也不易见到他们在书法艺术上的另一面，我写此篇小文，也只是因为书的"好玩"而已。

2015年5月

日本宝永刻本《肉蒲团》

　　1998年某月，美国哈佛大学哈佛燕京学社社长韩南教授荣休。韩南是哈佛东亚语言与文明系教授、"托马斯（Thomas Clark）讲座"教授，是西方世界研究中国明清小说的重要学者，现在欧美地区不少大学主讲中国古典小说的教授大多出自他的门下。甫荣休，他即将原来大办公室两旁书架上的图书全部做了清理，我是第一个被韩南教授叫去选书的人。那天，是星期六的上午，他先让我去他办公室，指着二排书架说："这些书我都不用了，你喜欢什么书，需要什么，尽管拿，不必客气。"当时，我自书架上选取了200余册图书，由于韩南教授以研究《金瓶梅》《肉蒲团》闻名，他更是《肉蒲团》英文版译者，所以我全部选取了这类书籍及相关研究、参考图书。后来，我写了一篇《我所得到的韩南赠书》（见《书城风弦录——沈津学术笔记》），讲

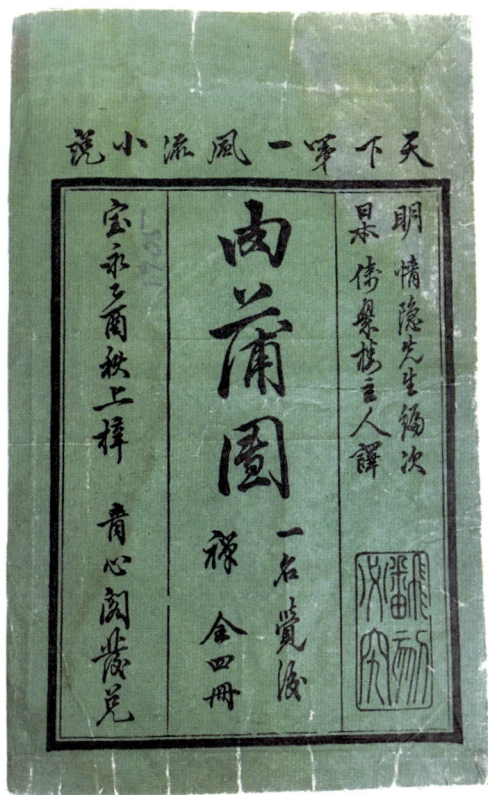

肉蒲团

的就是此事。

　　《肉蒲团》属宣淫之作，又名《觉后禅》《耶蒲缘》《野叟奇语》《钟情录》《循环报》《巧姻缘》《巧奇缘》等，在中国文学史上颇为著名。此书之书名，或取自书中孤峰长老赠未央生偈语："请抛皮布袋，去坐肉蒲团。须及生时悔，休嗟已盖棺。"

早年我曾在上海图书馆善本书库里见到一部民国排印之巾箱本，是用"觉后禅"作书名的，记忆中共有四册。最有意思的却是居然有人将此书名入了挽联。数十年前，曾做过福建省主席陈仪的顾问李择一先生，曾游浙江珠林寺，寺为礼佛胜地，停柩者咸巨阀，偶入随喜，见张作霖、杨宇霆、郭松龄三棺并列，皆与有旧，感触万端。归沪，告王长春先生，王氏立成挽联云：世途多艰，豪杰英雄全毕命；禅檀路阔，冤头债主尽相逢。下联用的是《肉蒲团》第二十回的回目语："皮布袋宽，色鬼奸雄齐摄入；禅檀路阔，冤头债主尽相逢。"真是天衣无缝，得未曾有。

韩南教授所藏那部为豆腐干式的小本子。说来颇为好笑，自将此书拿回来后，我几未曾翻阅，即被朋友借走了，时间一长，我竟全然忘记得干干净净。当然，书自然也要不回来了。不过，之后我偶然在哈佛燕京图书馆的善本书库里再次翻到了几种不同版本的《肉蒲团》。

清代刘廷玑《在园杂志》卷二中称此书"流毒无尽"。清政府在道光、同治间大肆禁毁淫词小说时，亦将此书名列其中。又张天星编《晚清报载小说戏曲禁毁史料汇编》载上海公共租界示禁淫书："为此示仰各书坊、局以及书摊捎贩人等知悉，自示之后，立即将所有后开应禁各淫书，……连同底本，一律销毁，倘敢阳奉阴违，一经查拿解案，定予严办，决不宽待。其各凛遵毋违，切切特示，计开：……《肉蒲团》，化名《觉后禅》《耶蒲缘》。"（《申报》1900年4月14日）尽管如此，一些民间书坊为了利润，仍然顶风作案，使得此书得以流传。这从另一方面说明，民间还是有此书之市场。我所经眼此书之清代刻本有三刻，

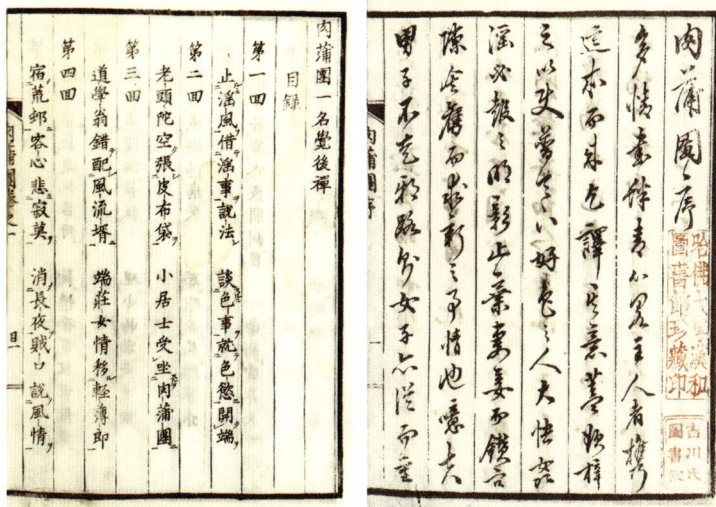

肉蒲团一名觉后禅

目录

第一回

止淫风借淫事说法　谈色事就色欲开端

第二回

老头陀空张皮布袋　小居士受坐肉蒲团

第三回

道学翁错配风流婿　端庄女情移轻薄郎

第四回

宿荒郊客心悲寂寞　消长夜戏口说风情

肉蒲团

此外日本又有二种。现着重写写日本宝永刻本。

《肉蒲团》四卷二十回。日本宝永二年（1705）青心阁刻本。四册，以春夏秋冬分册。半页十行二十一字，左右双边，白口，单鱼尾。卷一第一页第一行题"肉蒲团一名觉后禅"。前有宝永二年倚翠楼主人序。末有柳花亭漫叟跋。封面书签印"肉蒲团，一名觉后禅"。扉页刻"肉蒲团，一名觉后禅，全四册。天下第一风流小说。明情隐先生编次、日本倚翠楼主人译。宝永乙酉秋上梓。青心阁发兑。翻刻必究"。宝永二年为康熙四十四年。

倚翠楼主人不知谁人，其序云："多情书伴青心阁主人者，携这本而来乞译其意，盖欲梓之，以使普天下好色之人，大悟奸淫必报之明彰，止弃妻妾而钻空隙，舍旧而求新之事情也。噫！夫男子不走邪路，则女子亦从而重节操，自然夫妇和谐，而齐家治国之妙训，而二南之化，亦不外是矣。主人又恐世间正正方方君子，猥为淫邪诞妄、劝人宣淫之书，不敢买而读。呜呼！是亦何等多情也哉。予尝读一校本之评曰：吾知书成之后，普天之下，无一人不买，无一人不读，所不买不读者，惟道学先生耳。然而真道学先生，未有不买不读者，独有一种假道学先生，要以方正欺人，不敢买去读耳。抑又有说彼虽不敢自买，未必不倩人代买，虽不敢明读，未必不背人私读耳。是乃做这部小说者之语，而为多情书伴之，最可户祝尊奉之说，遂书而与之。"

此宝永本，当为据清初刻本所翻刻，然不知底本为何本。以宝永翻刻本核之津所见清刻本，最大之不同在于清刻本卷一第一页题"情痴反正道人编次；情死还魂社友批评"，又有西陵如如居士序，而宝永本则无。

宝永本有文字之删削。清刻本第一回评云："这部小说惹看极矣。吾知书成之后，普天之下无一人不买，无一人不读。所不买不读者，惟道学先生耳。然而真道学先生，未有不买不读者，独有一种假道学，要以方正欺人，不敢买去读耳。抑又有说彼虽不敢自买，未必不倩人代买读之，虽不敢明读，未必不背人私读耳。"宝永本未刻此评，但这些文字却见于倚翠楼主人序。清刻本第五回首有诗云："二八佳人貌及时，风情还到后来知。枕边忌作羞郎面，阵上难容避乱师。已作娘亲方倒老，未生儿子尚娇痴。但须留得丰姿在，鬓点霜花总不迟。"宝永本则尽删此诗。

宝永本第二十回评云："开手处是感激圣人，收场处又埋怨圣人，使圣人欢喜不得，烦恼不得，真玩世之书也。仍以四书二句为圣人解嘲曰：知我者，其惟《肉蒲团》乎？罪我者其惟《肉蒲团》乎？"但清刻本此评却有两处异之："开手处"后无"是"字，"收场处"后无"又"字。

柳花亭漫叟跋云："野史稗官皆寓言，而要不过劝惩世间子弟之婆心也。其既曰寓，则自徒为摊繁孝忠节义，而倦眼引眠之事业，不如布列风流谐谑之话，而看者皆津津有味之时，忽下针砭点化之语，以醒心耳之胜也。盖偎说多矣，而未有如此书妙至穷极处者。今夫此书一出，天下无愁人矣，洛阳纸价，奚止胜百倍哉？"而清刻本扉页题："小说以劝惩为主，然非风流跌荡，不能悦观者之目，非谑浪诙谐，不能解听者之愿。此书一出，天下无愁人矣。洛阳纸价，奚止十倍哉！"柳花亭漫叟跋之后段则和清刻本扉页之结束语一致。

《肉蒲团》之中国版本，存世者又有醉月轩刊本、光绪甲午排印本、光绪间石印本等。据日人长泽规矩也编《和刻本汉籍分类目录》，其著录除宝永本外，又有明治二十五年刻本。宝永本，似乎仅中国南京图书馆入藏，但存三卷十五回。而日本静嘉堂文库、东北大学图书馆、大阪大学总图书馆、东京大学东洋文化研究所、关东大学图书馆、东京都立中央图书馆、立命馆大学图书馆、堺主市中央图书馆等馆都有入藏。

《肉蒲团》以描写性行为为主，由于在内容上或思想上，都与封建统治者所提倡的传统道德大有抵牾，扞格不入，所以一直属于禁书。然而，书估却无视禁令，将《肉蒲团》中的内容予以分割，巧立名目，重加刊刻流行于市。我所见到的《新刻艳芳配》《新刻群佳乐》即是其中的两种，前者是《肉蒲团》中之第七回至十二回，后者是第十三回至二十回。此两书今藏美国哈佛大学哈佛燕京图书馆，旧藏齐如山处，似为研明清小说者所未见，各种书目也鲜有著录者。

　　按：历来文化之传播，皆多依赖书籍之传布，书籍可以长期保存与利用，重要著作可不断翻刻，影响深远。中国的历史文化丰富多彩，在其形成和发展过程中，深刻地传播影响至周边国家，其中尤以中日两国文化交流绵亘两千年，而这种交流主要是通过学者和书籍来完成的。日本翻刻有关中国传统文化的典籍，也即"日本汉籍"，书内多有日本假名及各种符号，这是日人为方便阅读中文原本，在汉字文句旁添加假名与符号，以直接用日语读就而成。宝永本《肉蒲团》之正文处即用假名或符号。此类图书，包括津过去所见日本活字印本《新刻痴婆子传》等，也应该是为中日通商或日本人自中国带回日本者。色情在日本是合法的，早在江户时代，色情文化即多有流行，贵族与平民好色纵欲，不可否认的是，这些从中国传至日本的淫秽图书，和日本流行的春画一样，都可满足人们之私欲。

2014年5月

古书之衬页

　　大凡线装书都有衬页，衬页或称封皮。古书在流通的过程中，往往因为保管不善，或遇到兵燹水火之灾，全帙变得不全。这种残缺不全的本子，我们称之为残本。残本要配齐，很不容易，如果能够合浦珠还，破镜重圆，那真是有缘。不然的话，一部书仅剩下零星单册，价值就大打折扣了。所以过去旧书店里遇到配不齐的残书，往往都堆在店铺的一角，价钱则是便宜之极，因为图书馆一般都不收残书（海外的东亚图书馆即是），藏书家则大多取选全帙，故对残本问津者不多。对于店主来说，则是希望早日出手，留着也没有什么用处，又卖不出价钱，所以要看重残本也难。于是有心人即将明清残本废物利用，拆线后而成单页，或将数十种残本的单页编成书景，或将残页再经裱糊配以他纸做成较厚的衬纸。我在工作中，偶见有衬纸之书，当时做了些

小窗幽纪

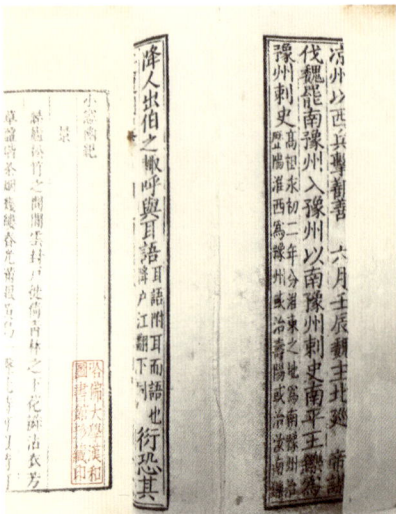

《小窗幽纪》衬页

记录，特录于下：

美国哈佛大学哈佛燕京图书馆藏《小窗幽纪》十二卷，题明陈继儒辑。清乾隆三十五年（1770）崔维东刻本。四册。书衣衬纸为元刻本《资治通鉴》零页八纸。半页十行二十字，黑口，四周双边，版心上刻大小字数，下有刻工姓名，兴宗、杞宗、君亮等。子部杂家类的书。兴宗刻过宋刻《资治通鉴》（宋鄂州孟太师府三安抚位鹄山书院刻本）、《五代史记》；君亮刻过元刻《胡注资治通鉴》。查兴宗，又有范兴宗，刻过元刻本《资治通鉴》。王兴宗，刻过宋刻大字本《通鉴纪事本末》。

上海图书馆藏的《金匮要略方》三卷，汉张机撰、晋王叔和集、宋林亿诠次。明洪武二十八年（1395）吴迁抄本。是书乃用旧书之背面抄录而成，旧书为《中庸五十义》《大学会要》两种，按两书为宋刻本，皆不见《中国古籍善本书目》《台湾公藏善本书目》著录。清朱彝尊《经义考》及《艺文志二十二种引得》也未采用。《中庸五十义》题"平湖陈尧道敬之撰"，半页十行十六字，左右双边，白口，双鱼尾，下有刻工，避讳至"让"字。此两书仅知书名，卷数不详，又因装钉之故，无法知其页数。

"物以稀为贵"，古籍版本也是这样。郑振铎在《记一九三三年间的古籍发现》一文中曾有这样的叙述："因了十年来以小说、戏曲、佛经为研究的专业者日多，注意力所及，虽穷乡僻壤，烂纸破书，亦无不搜罗及之。友人某君数年前，尝获明武定侯郭勋刊之《水浒传》残页数纸，诧为奇遇；余于明本书的封皮后，尝揭得万历版《西游记》一页，又隆、万间福建版《水浒传》一页，亦颇加珍视。琉璃厂某肆存万历福建版《西汉演义》数页，亦知宝存，留以赠给我们，斯可见搜访之勤，几于无微不至矣！"

我在过去的工作中，也曾两次碰见过从衬页中发现的难得版本，一是《京本忠义传》，一是《三国演义》。《水浒》《三国》都让我给碰上了，这大约也算是运气，或者说是"缘"。

《京本忠义传》是著名的古典小说《水浒传》的早期印本，向不见著录，且为国内外《水浒》研究者从未提及过的刻本。那是在1975年的夏天，我因为要给上海图书馆古籍训练班上课，就从一捆明清旧纸中找些印书用纸样张来作说明。谁知竟发现两张封面的底页，其衬纸乃为明刻《京本忠义传》残页，为第十卷第17页的下半页和第36页的下半页，并各残存前半页的后3行，各页均有相应的内容标题，第17页是"石秀见杨林被捉"，第36页是"祝彪与花荣战"，标题两端都插有简易图案，版心书名题"京本忠义传"。于是，我即查孙楷第的《中国小说书目》，居然没有著录这种版本。所以第二天，我就持残页请顾师廷龙先生、潘师景郑先生审定。他们一见，即说此本绝未见过，且从字体、标题、纸张等方面鉴定，也都认为应在明万历刻本之前。或为明正德、嘉靖间书坊所刻，很可能早于郭勋本，那就更接近于原本的面貌了。

《三国演义》，这部家喻户晓的长篇小说，成书以来，也不知有多少个不同版本了。我尝于1989年7月在上海图书馆藏的明嘉靖周显宗刻本《陶渊明集》的衬纸里发现《三国演义》的残页两张。周显宗刻本《陶渊明集》极难得，他馆均无入藏，装帧为明代包背装，内里衬纸计四页，每册前后各一页，然内容各有重复。文字中有"筭""箇""閗""喫"等异体字。察其内容，乃《三国演义》中太史慈与孙策交战之事。检毛宗岗本《三国演义》核之，当为卷八第十五回"太史慈酣斗小霸王，孙伯符大战严白虎"的上半部分。过去学者认为《三国》存世之最早刻本为明嘉靖元年（1522）刻本《三国志通俗演义》，20世纪70年代北京人民文学出版社曾据上海图书馆藏本影印发行。此残页之内容也即该本之第三卷"孙策大战太史慈"。今据残存之两页的字体、纸张、文字等进行鉴定，此种刻本应在明嘉靖刻本之前，或在明成化、弘治间。查《中国通俗小说书目》，不载此刻之行款，当另一新版本也。

　　我即为此把这个发现写信向正在北京的顾师廷龙先生报告，并附上了复印件。先生不久即有回信，予以肯定，有云："您发现衬页《三国演义》很有意义，亦可石印否？不能不印。"后又来信说："《三国演义》残页印本，我给冀大姐（冀淑英，《中国古籍善本书目》副主编）看，她说早于万历，丁公（丁瑜，前北京图书馆善本部研究馆员）看万历。我是望高看的，同意冀老的意见。我对您的细心发现，很高兴，这不仅发现残页的本身，而可使全组（上图古籍组）同志有所感受，比讲堂上讲多少更为有效。"

　　据英国的一位专研《三国演义》学者魏安说，他曾见有35个《三国演义》的不同版本，而最早者似为明嘉靖刻本。而这两张残页却从不见著录，从字体、纸张等方面看，似应在明嘉靖刻本之前。魏安，是美国普林斯顿大学的博士，他的博士论文就是

《三国演义版本考》。他曾在哈佛和我大谈《三国》的版本。确实，为了写他的《版本考》，他不知跑了多少家图书馆了，从欧洲到美洲，从日本到中国，只要有一丁点儿的线索，他决不会放弃。我为他的锲而不舍的精神所打动，所以就送了他我发现的《三国》的两张残页的复印件，他如获至宝。后来他的书中所介绍的第一种《三国》就是我送他的残页，他把它命名为"上海残页"。又刘世德先生的《刘世德学术演讲录》，有"《三国演义》的版本"一章，专门谈到了《三国演义》残页，文末写道："最早发现残页的沈津是一位图书馆学专家、版本学专家。他认为，残页为成化、弘治年间刻本。我同意他的判断。"

如今，《金瓶梅词话》已不是什么稀奇书了，过去视作"珍秘"，想翻看一下"洁本"也非易事，现在什么书都可在互联网上下载阅读，禁书早已不罕了。但在七八十年前，《金瓶梅词话》还没在山西发现时，中国的学者却见到了《词话》的残页，那是胡适先生在1961年6月12日的一次谈话中说到了这件事。他说："这部《古本金瓶梅词话》，你们是不知道的。日本图书馆在重裱中国古书时，发现古书内的衬纸有《金瓶梅》的书页，共有八页，日本人不知道这八页是什么本子的《金》，于是照大小照相下来寄到中国来，问问徐鸿宝、马廉和我几个人。我们几个人都不知道是个什么版本，都不曾看过，恰巧在这个时候，北平书商向山西收购的大批小说运到北平，其中有一部大字本的《金》，全部二十册，就是日本发现作衬纸用的《金》。"（见《胡适先生晚年谈话录》，第198页）

津按：徐鸿宝，即徐森玉，是被周恩来、郑振铎誉为"国宝"级的人物。马廉是专收明清小说的学者，家有"不登大雅之堂"，藏书今存北京大学图书馆，1980年我在北京想看他的藏书，但北大馆告诉我，马的书还未整理，一句托词就把我拒之门外了。明刻本《金瓶梅词话》是1932年在山西发现的，次年即由北平古佚小说刊行会据之影印了100部。所以说，《京本忠义传》及《三国演义》、日本的《金瓶梅》被发现时都是残页，也都作为封面衬页，三种书都是小说，又都是早期版本，您说巧不巧。

才子佳人的经典之作，可能要推《西厢记》了，这部第六才子书，历来的版本不知凡几，所以有专家学者专门在考证它的版本。《新编校正西厢记》是《西厢》的早期版本之一，上海图书馆所藏的一页，是1982年北京中国书店赠送的。原存四页，那是20世纪70年代后期，中国书店修补旧书的刘建中师傅在重装明刻本时发现的，那是裱在书封面里的衬纸。明代《宝文堂书目》著录有元刻本《西厢记》，可见在明代，元刻本还有流传，但到清代，则不见有藏书家著录。残页为黑口，插图古朴，线条简洁，不似明代万历或万历以后的刻本那样细致。路工先生曾以第一卷第四折所存曲与明凌濛初刻本作了对比后发现：除二本均有错字外，最重要的是"佳人才子正青春"这首诗和"多情佳丽无缘难会洞房春"这副对联，凌刻本是没有的。诗和对联，不像剧中人物的下场诗和对念的对联，可能是舞台上演员下场后，由乐队唱的，目的是承上启下，连接两折之间的故事，保存了舞台演出本的原貌。看来残页中的学问还挺多。

此外，我还见有《增补四书精绣图像人物备考》十二卷，明陈仁锡撰，清乾隆三十九年（1774）三多斋刻本。十二册。此本的衬页均是（光绪）《续修庐州府志》。

日本刻本也有用废旧图书拆开作为衬页的，我见到过几部，其一为王阳明的《传习录》，四卷附录一卷，日本浪华中川明善堂印本。四册，衬页是用日本史部类《唐书》的零页。

安徽省博物馆藏《春秋左传详节句解》三十五卷，宋朱申撰，明顾梧芳校正。明刻本。四册。封面、封底用纸，均以隆庆六年察院宪票装裱（宪票主要内容为广积贮，以杜吏弊，以裨国计事，对大梁道仪封县呈报人犯处理意见）。

是什么原因导致要在古书封面封底用别的书作衬纸呢？我以为，当时以之作为书之衬纸的原因无非有二，一是因为用作衬纸的书已不全，残本书亦不易配，于是废物利用，或作封面衬纸，或作内页衬纸；一种是原书即为禁书，要么毁去，要么拆开作他书之衬页。看来前一种的可能性大一些。被处理的这类书，在当时可能不稀奇，但在数十年、数百年后也就物以稀为贵了。利用废纸印书，这在宋代、明代都有，宋版的《王文公集》的用纸不就是宋人之手简吗？而明代的废旧公文纸取来印书的例子就更多了。

2017年12月30日

哈佛燕京图书馆所藏日本所刊中国典籍三十种叙录

　　美国哈佛大学哈佛燕京图书馆是欧美地区最重要的东亚图书馆之一，也是西方世界研究汉学的重镇。除了收藏有众多的中国典籍外，也有不少日本、韩国刊刻的古籍。据统计，日本刻本（含日刻汉籍及日人撰注、释解、评点本）约3600部，韩国刻本（含活字本）约3800部，其中难得之本，指不胜屈；冷僻之书，触目皆见，中土未见之传本，往往也可窥得。而数量之大，国内省市一级的公共图书馆多不能望其项背。"燕京"如此丰厚的馆藏，国内研究者多有不知，或亦不得其门而入。少数访问学者，于"燕京"虽有所获，但限于时间，多有"望洋之叹"。津任职该馆有年，尝写就中文古籍善本书志近三千篇，近日得暇，拈得日本翻刻之中国典籍若干部，信手涂就部分，先期呈览，以窥其一斑也。

一、日本延宝刻本《新锲书经讲义会编》

《新锲书经讲义会编》十二卷，明申时行撰。日本延宝二年（1674）刻本。八册。半页十行二十六字，四周单边，白口，双鱼尾。书口上刻"书经讲义会编"。题"大学士申时行著"。前有万历二十六年（1598）申时行序。末有延宝二年佚名跋。

申时行，字汝默，号瑶泉，晚号休休居士，江苏长洲人。嘉靖四十一年（1562）进士第一，授修撰，以文字受知张居正。万历中累官吏部尚书，继张四维为首辅，政务宽大，世称长者。谥文定。《明史》有传。

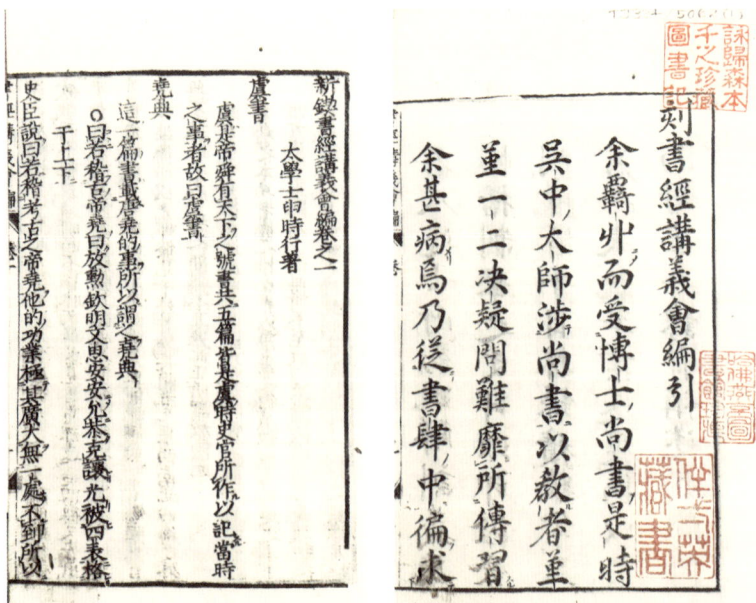

　　是书恪守蔡传，务取浅近易明。卷一至二《虞书》，卷三《夏书》，卷四至五《商书》，卷六至十二《周书》。

　　申时行序云："余羁丱而受博士尚书，是时吴中大师涉尚书以教者堇堇一二，决疑问难，靡所传习，余甚病焉。乃从书肆中遍求名人达士所为疏解训义及帖括制举之文可以印证发明者，皆手自采录，积数年，至若干卷。既卒业，遂获隽以去，而好事者谬有称述，颇流传四方。余既以词臣久次横经劝讲，日侍今上，于帷幄所进《尚书直解》，虽分日更撰，而余以颛经删订为多，今内府所刊《书经直解》者是已。盖余向所采录，第以举业从事，多寻摘章句，拘牵艺文，未能超然于章缝铅椠、羔雉筌蹄之习，而广厦细旃之上，直以阐发大旨，剖析微言，要在启沃圣聪，敷陈理道，不为笺疏制义所束缚。其简切明畅，有不待深思强索，而昭然如发蒙者。独是书藏于禁中，惟阁臣讲僚乃蒙宣赐，学士大夫罕获睹焉。余甥李渐卿鸿，从余邸第得而读之，因与懋、嘉两儿共加衷辑，合余前所采录，共为一编，于是《尚书》大义论说衍绎粲然备矣。徐文学衡卿氏，家世受《书》，谓是编不可无传，欲付剞劂，公诸同志者，命之曰'书经讲义会编'。"

　　申时行序后刻"甥李鸿编

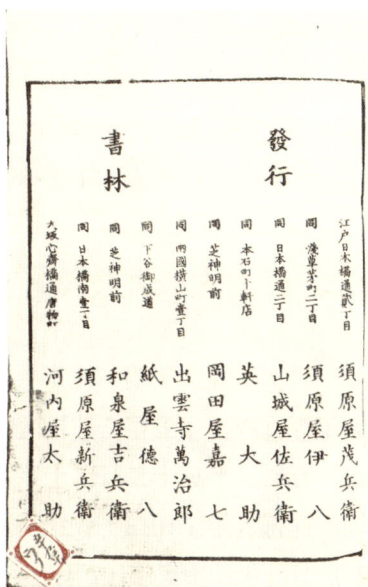

辑、子用懋用嘉校订、后学徐铨校刊"。徐铨，字衡卿，明诸生，苏州人。末有版权页。此本乃延宝二年据明徐铨刻本翻刻，延宝二年，为清康熙十三年（1674）。

日本佚名跋云："友生某氏，应书肆之需，点训于《尚书讲义》，就予请正。读之，爱其承蔡传之意，敷演得详明也。遂一校雠加点审，还之，甚恐风叶之喻，亦请四方学者正焉。延宝甲寅初冬日。"

《中国古籍善本书目》著录有二种，一《书经讲义会编》十二卷，万历二十五年徐铨刻本，一《新锲书经讲义会编》十二卷，明刻本。前者藏中国科学院图书馆、无锡图书馆、苏州市文管会、吉林省社科院图书馆；后者藏上海图书馆、浙江图书馆、重庆市图书馆。又"哈佛燕京"有《镌汇附百名公帏中粹论书经讲义会编》十二卷，明万历三衢书林杨春荣刻本。

南京图书馆、辽宁省图书馆、北京大学图书馆有延宝二年浪华书林文会堂刻本，或即为此本。

钤印有"咏归森本千之珍藏图书记""伴一英藏书"。

二、日本庆长九年刻本《大广益会玉篇》

《大广益会玉篇》三十卷，梁顾野王撰；唐孙强增字；宋陈彭年等重修。《玉篇广韵指南》一卷。日本庆长九年（1604）刻本。五册。半页十二行二十字，四周双边，黑口，双鱼尾。前有大中祥符六年（1013）敕牒一道、顾野王序、进《玉篇》启。末有庆长九年铁山叟宗钝后序。

顾野王，字希冯，吴人。七岁读五经，九岁能属文，长而遍观经史，精记默识。梁亡入陈，天嘉初补撰史学士，仕终黄门侍郎、光禄卿。

《四库全书总目》于此书作《重修玉篇》三十卷，叙述至为详尽。

铁山叟宗钝后序云："此书是萧梁顾野王先生所选，尔来支桑见卷于羹墙者也。虽然厥板行少于世，童蒙者时时苦昏迷，故是本祖博两翁，倾心以镂于梓，正运纯孝，南匠尽力，既工毕矣，藏置诸京师四条云。伏希唐鹿无疑，寸阴劬耀心之白日，搜搜不惑万年，永廓胸之青色矣。"按：宗钝（1532—1617），姓窪田，字铁山，为京都妙心寺（临济宗）禅僧。

《中国古籍善本书目》著录，有宋刻本、元延祐二年圆沙书院刻本、元蔡氏刻本、元郑氏刻本、元詹氏进德书堂刻本、元刻本。明代有明初刻本、明弘治五年詹氏进德书堂刻本、明弘治十七年黄氏集义书堂刻本、明刘氏明德书堂刻本、明万历元年益藩刻本、明万历刻本、明刻本（不同者六种）、明刻递修本。清代有康熙四十三年张士俊刻《泽存堂五种》本。

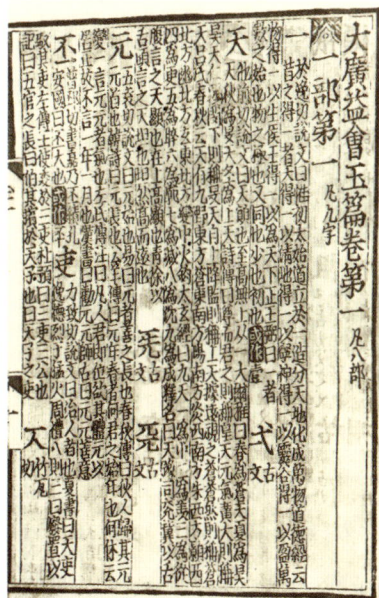

此本有牌记，刻"至正丙午良月南山来入院新刊"。此庆长本乃据元至正二十六年南山书院刻本翻刻，湖南省图书馆、北京大学图书馆、山东大学图书馆也有入藏。庆长九年，为中国万历三十二年（1604）。按：国内元至正二十六年南山功八院刻本，今佚，然庆长本当可延其一绪。

津又见有日本宽永二十一年（1644）刻本，七册。半页八行二十字，四周双边，黑口，双鱼尾。除大中祥符六年（1013）敕牒一道、顾野王序、进《玉篇启》外，末刻"此汉玉近代往往虽在之成点成文字，其误不可胜计，今销谬改字，证以今刊，正之去也。宽永廿一年甲申历林钟吉辰"。又字里行间刻有假名。

在经部小学类图书中，以此书及《洪武正韵》《五音类聚四声篇》之版本最为复杂。二十余年前，津尝为弄清此三书之版本，费去颇多时日，当时所能调集之版本及书影均在二十种以上。又三十年前，余受中国古籍善本书目编委会委托，率队前去西南三省检查善本编目进度，并鉴定疑难版本，曾于蜀地某馆得见此本，作元至正南山书院刻本，可见稍有不慎，极易被误判。

钤印有"不许出界外""长德藏宝""长德口库"。国内仅上海图书馆藏一部。

三、日本宽文刻本《刻孔圣全书》

《刻孔圣全书》十三卷首一卷，明安梦松辑。日本宽文八年（1668）武村三郎兵卫刻本。三册。半页十二行二十字，四周双边，白口，单鱼尾。题"后学予乔安梦松纂、后学省庸黄大年校、书林云竹郑世豪梓"。前有万历二十五年（1597）刘曰宁序、万历二十六年（1598）方应俶序、万历二十六年安梦松自序。先圣像。目录页后为"孔圣全书先圣历聘纪年"。末有尚宗周跋。

安梦松，字予乔，福建人。

是书考孔子世系并行年，述其论著与历代之褒崇铭赞，上自六经，下采《左传》《国语》《孔子家语》及诸子百家中称引孔子者，俱搜罗而汇列之。卷一圣代源流、卷二圣世岁抄、卷三圣学、卷四圣教、卷五圣政、卷六圣智、卷七帝王君公、卷八卿士大夫、卷九列论、卷十国君问、卷十一弟子问、卷十二困誓、卷十三谥号铭赞。

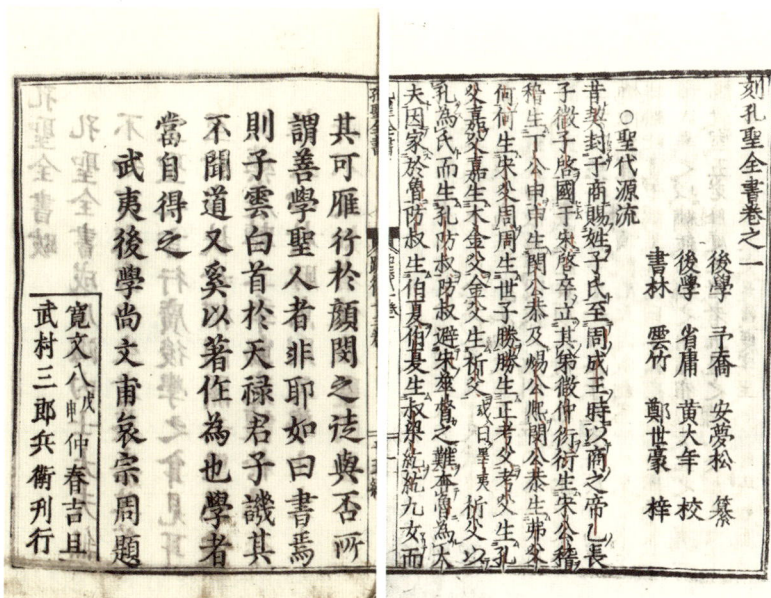

　　安梦松自序云："孔子，古今至圣也。片言只论，皆模范典型，鲁论所载，家语所录，特什伯中一二尔。书之不全，仍其散逸，非稽古者之缺略欤。松自丁亥春，计念及此，因搜之群言，采之列论，经传之所具者，靡不摘而备焉；硕儒之所道者，靡不探而藏焉。疴瘰其形，承蝈其志，盖十年于斯也，及年来瓢盈箱满，几于备矣。是故总为两册，分为十三篇，首曰圣代源流，凡六十二代，代代纪之也。次曰圣世岁抄，凡七十二岁，岁岁录之也。三曰圣学，其文学之薮乎？四曰圣教，其作人之化乎？五曰圣政，其德化之神乎？六曰圣智，其天锡之聪乎？七曰帝王君公，则君道事居多矣。八曰卿士大夫，则臣道事居多矣。九曰列论，则世道事居多矣。十曰国君问，上之信于君也。以此十一曰弟子问，下之信于徒也。以此十二曰困誓篇，其处变之权也。以此十三曰铭号赞谥，其传颂至今也。以此一十三篇中，条类井然，遗训具在，谓之曰'孔氏全书'，不其然乎？……坊人云竹郑子索而梓之，后学省庸黄子阅而订之，自今人且颂之，世将传之，溯流穷源，伊谁之赐欤？"

　　刘曰宁序云："闽士安生者，少明经，而老博士业，极力搜罗，参订群书，取《论语》所未备者，类成一帙，分为数卷，列为十三篇。首序谱系，见世泽之长。次及经学政事，见兼总之大，终以群贤事实，历朝铭赞，见流光之运。末附紫阳仪礼，又见道学之传，永永未艾也。且其说多出左、庄、班、马，及诸传记中，即不尽裁之圣心，亦羽翼其家法者，淳备哉是编乎！直与典谟共垂、天祚俱敝也。余承制知闽南贡举事峻，适武夷，而得阅是书，深幸圣道之大明，尤嘉安生之功不在紫阳下，亟付梓人，以公寓内，令有志者盥沐庄诵，若登阙里而展拜，则哲人虽逝，木铎再扬，宛然见至圣于心目矣，亦岂小补云乎？命曰'全书'固宜。"

尚宗周跋云："《孔圣全书》成，凡海内士大夫无不知有应秀安生者，盖嘉其萃至圣之言行，广后学之闻见耳。至于步扶母枢，间关千里；亲尝父药，辗转三年，动克让于昆季，推至心于豚鱼，则又学士大夫所不及知。使在圣门，吾不知其可雁行于颜、闵之徒与否？所谓善学圣人者，非耶，如曰书焉。"

刘曰宁序后刻"龙飞万历己亥岁仲春月之吉书林郑云竹镂梓"。方应佽序后刻"万历己亥岁季春宗文书舍繡梓"。尚宗周跋后有牌记，刻"宽文八戊申仲春吉旦武村三郎兵卫刊行"。宽文八年，即清康熙七年。

《中国古籍善本书目》著录有明万历二十六年书林郑世豪刻本，作十四卷首一卷，藏安徽省图书馆、中国社会科学院历史研究所图书馆。又中国国家图书馆有万历二十七年书林郑云竹刻本，作八卷，存卷一至七，当为残帙，然卷数误。

此宽文本，国内大连市图书馆也有入藏。

钤印有"胜鹿文库""松元氏暴书印"。

四、日本宝永五年德山元次刻本《盐铁论》

《盐铁论》十二卷，汉桓宽撰、明张之象注。日本宝永五年（1708）德山元次刻本。六册。半页九行十七字，四周单边，白口，单鱼尾。题"汉汝南桓宽撰、明云间张之象注"。前有宝永

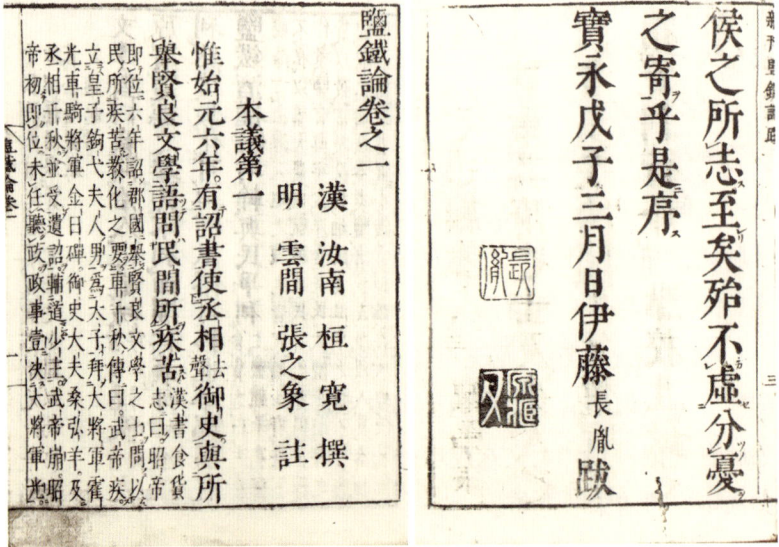

四年（1707）德山元次序、嘉靖三十二年（1553）张之象序。末有宝永五年伊藤长胤跋。

张之象，字月麓，一宗元超，别号王屋，人称王屋先生，上海松江人。嘉靖中官浙江按察司知事。有《太史史例》《唐雅》《唐诗类苑》《古诗类苑》《楚骚绮语》《彤管新编》《楚范》等。

《盐铁论》之明代版本有十余种，分别有四卷、十卷、十二卷。存世最早者为明初刻本，为十卷。十卷本中又有弘治十四年涂祯刻本、嘉靖三十年倪邦彦刻本、万历十四年张袤星聚堂刻本、明刻本。四卷本仅有明沈延铨刻本。十二卷本，有嘉靖三十三张氏猗兰堂刻本（即张之象注本）、万历七年朗陵刻本、万历八年赵南星等刻本、明末刻本、明刻本（二种）。嘉靖三十三年张氏猗兰堂刻本，国内各图书馆藏本，存二十余部，台北"国家图书馆"藏五部。此日本宝永五年德山元次刻本乃据张氏猗兰堂刻本翻刻。

德山元次序云："予尝闻京师有伊藤仁斋者，其为人温良笃实，硕学盖世，其人已去，更无其俦，所谓君子哉若人者，而实学者之师法，斯人之大宝也。予思慕者久之，天不假良媒，不得接芝眉以承其馨欬。今也易箦，怅焉何如。家人长沼玄珍，游其门有年矣，顷日录其行状来，阅其事实，益惬所闻，且不释《盐铁论》，云有益于治道，余窃浏览，实服其言。夫盐铁之利，所以佐百姓之急，而此书亦详述所以拯百姓之急之术，举而措之，则何职不修哉？吾嘉仁斋之志，嘱嫡息长胤校订加点，欲使四方读者之过目易解也。遂命剞劂氏寿梓，论仁斋之志于不穷，庶几与吾同好者，体仁斋之志矣。"

伊藤长胤跋云："德山毛利侯元次，生乎阀阅之家，素好学，仁慈爱士，夙耽经籍，燕居之室曰栖息堂。阁于其侧，遍藏古今图书，且慕先人之道，顾眷及廪弟长英，肄业其府之士及先人之门者多矣。顷闻先父称斯书，捐资刊行，命予点校，且征之序。"

据著录，此书日本又有宝永五年京师书坊刻本，藏湖北省图书馆、华东师范大学图书馆，疑同此德山元次本。又天明七年（1787）江都须原尾伊八郎刻本，藏上海图书馆、黑龙江大学图书馆。

宝永五年，即清康熙四十七年。

钤印有"半田藏书"。

五、日本延享刻本《大明令》

《大明令》一卷。日本延享四年（1747）江都书肆文刻堂、青竹楼刻本。二册。半页九行十九字，四周单边，白口，单鱼尾。书口下间刻"文刻堂""青竹楼"。前有延享三年（1746）河口子深序、延享三年田大藏序。目录页后有洪武元年上谕。

此令，于明代开国之初，与《大明律》同时颁布。《明史·刑法志》云："明太祖平武昌，即议律令。吴元年冬十月，命左丞相李善长为律令总裁官。""十二月，书成，凡为令一百四十五条。"洪武元年正月十八日，太祖颁旨，令行天下。书分吏令、户令、礼令、兵令、刑令、工令，于明代诸司职掌等，予以全面规定。

上谕云："洪武元年正月十八日，钦奉圣旨。朕惟律令者，治天下之法也。令以教之于先，律以齐之于后。古者律令至简，后世渐以繁多，甚至有不能通其义者，何以使人知法意而不犯哉？人既难知，是启吏之奸而陷民于法。朕甚悯之。今所定律令，芟繁就简，使之归一，直言其事，庶几人人易知而难犯。《书》曰：刑期于无刑。天下果能遵令而不蹈于律，刑措之效，亦不难致。兹命颁行四方，惟尔臣庶，体予至意。钦此。"

河口子深序云："制度之详，莫备于唐，莫近于明，故二代律令之书，凡有志于斯世者，安得束之高阁，忽焉不读哉？明令之行天下，学者蒙其泽矣。而今吾友大藏君，校刊明令，欲与同志之士讲明遗文于下，可谓能识其远者大者。大藏君嗜学好古，

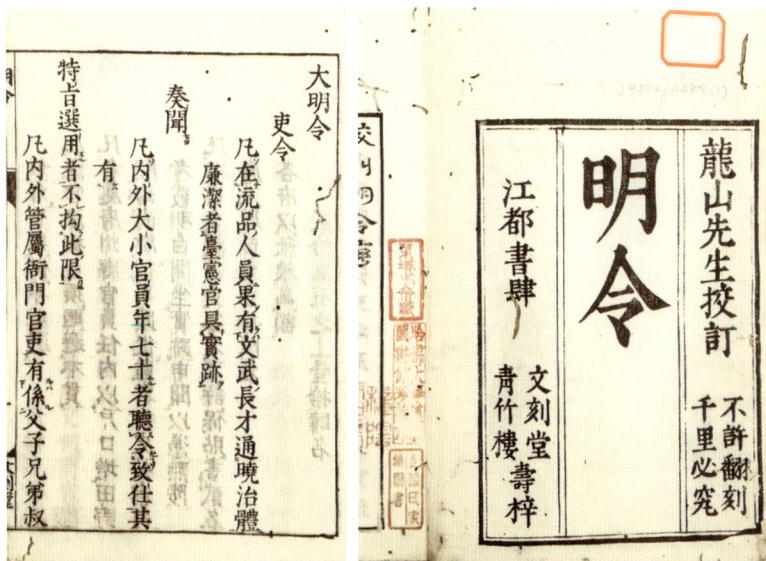

务究典籍，其眷眷于此，盖欲自近而溯远，上追三代可征之迹，下拟今世可采之用，是其志岂浅鲜也哉？子深材疏质薄，经纶之业，固未之逮也，然审其训诂，论其大要，守旧闻以俟来者，则亦平生之愿也。故喜此书之传，大有功于后学。"

田大藏序云："逮乎元和、天启、明德，雄才大略，拨乱反正，其定令议律，虽日不暇给，新令简要，略存纪纲，凡百有司，各有条例，复观日月之光，重熙累洽，恪守旧章，百姓义安，几有刑措之风矣。享保中，广购遗书，以树风声，于是律令之阙一二出乎世焉。又命儒臣校明律，以刊布天下，家传户诵，而明令未行。盖明之制令，比诸唐，则条数简略，其论刑唯依律，与大诰一切科断。而其间律令，相须其义，始彰者亦不尠矣。余间校明令，附以国读，遂授剞劂。其体式一循旧刻，视诸

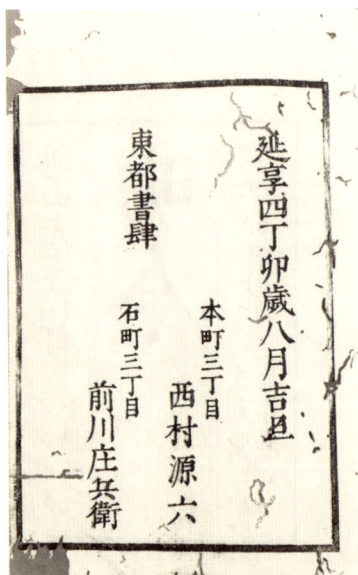

雕虫篆刻，妄费梨枣者，则于国家齐民之道，亦庶几乎区区献芹之诚云。"

有扉页，刻"明令。龙山先生校订。不许翻刻，千里必究。江都书肆文刻堂、青竹楼寿梓"。卷末刻"延享四丁卯岁八月吉旦东都书肆本町三丁目西村源六、石町三丁目前川庄兵卫"。河口子深序后刻"苇君祥书"。延享四年，当清乾隆十二年。

《大明令》之单刻本，见于《中国古籍善本书目》著录，有明刻本，藏北京大学图书馆。此延享本，国内辽宁省图书馆、大连市图书馆也有入藏。

钤印有"第城止止斋藏""樟阴山房""上条氏家藏图书"。

六、日本江都书林青藜阁刻本《棠阴比事》

《棠阴比事》三卷，宋桂万荣撰。日本江都书林青黎（藜）阁须原屋伊八刻本。三册。半页十行十八字，四周单边，上白口，下黑口，双鱼尾。目录页题"四明桂万荣编集、居延田泽校正"。前有至大元年（1308）田泽序、嘉定四年（1211）桂万荣自序。日本山本信有序。

桂万荣，浙江四明人。宋代循吏，由余干尉，官建康司理右掾，仕至朝散大夫，直宝章阁，知常德府。

其书皆古来剖析疑狱之事，采和凝父子《疑狱集》、郑克《折狱龟鉴》，联成七十二韵，仿唐李瀚《蒙求》之体，括以四字韵语，便于记读，而自为之注。使事必相比，易于触类引伸。卷上始向相访贼、钱推求奴，止崔黯搜帑、张辂行穴，计四十八则。卷中始杜镐毁像、次翁戮男，止陈议捍取、胡争窃食，计四十八则。卷下始御史失状、国渊求笺，止承天议射、廷尉讯猎，计四十八则。总一百四十四则。

桂万荣撰写此书之目的在于"凡与我同志者，类能上体累代钦恤之意，下究诸公编劂之心，研精极虑，不谓空言，则棠阴著名教，棘林无夜哭，曷胜多福之幸是用，弗嫌于近名，拟锓诸木，以广其传"。田泽序云："大德癸卯，泽被命推刑兰沣，得四明桂氏所编《棠阴比事》，观其释冤办诬，摘奸发伏，以至察

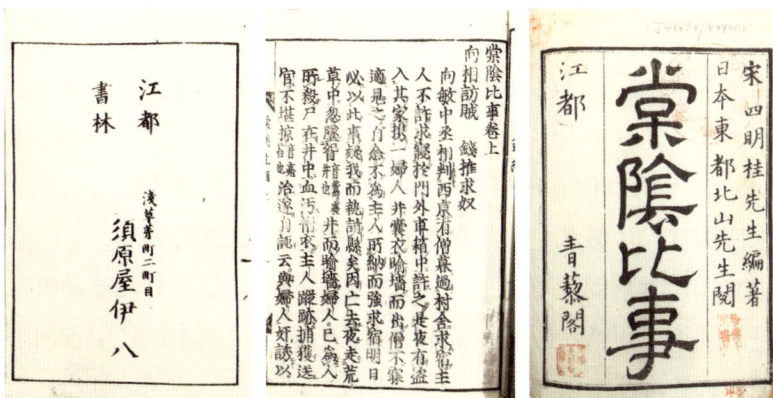

慝钩慝之智，迹贼谲贼之术，如良医眡脉候之生死，明鉴别物象之奸媸，一见了然在目。辄因公退之暇，取开封郑氏评语，列之各条之下，且复揭其纲要，疏其音义，而标题于上。命工绣梓，用广其传。俾凡为士师之官、掌刑之吏，得是书而熟阅之，不惟足以资夫人之多识，亦庶几乎天下无冤民。无冤民，则气和、形和、声和，而天地之和应矣，其于嘉师祥刑，岂曰小补云。"

桂书其时曾得理宗垂览，并有褒嘉。明景泰间，吴讷病其声韵对偶，以为叙次无义，删去其相类复出者，仅存八十则，别以刑狱轻重为先后，首五条引大明律，末二条增入已论补遗二十四事，附录四事，然顿失《比事》本义。自吴氏本出，桂氏原书遂晦。按，桂书宋本，曾为黄丕烈所有，再为朱绪曾购藏。道光间，朱氏为之影刻流布，使晦者复显，阙者得全，然板片在金陵毁于兵燹。同治时，桂嵩庆惧书卒就湮没，又以活字集印数百本，俾广其传。

此日本翻刻本已析为三卷。山本信有序云："著述一大有用之书，若翻刻有用之书，使从政之人读之，有小补其治，且使庶民免非罪之死者，在下可必焉。《棠阴比事》三卷，所谓有用之书也，书肆青黎（藜）阁，更刷其刻，欲复布于世，请余题一言于卷端，其益乎人不小小矣。"

日本山本信有序后刻"马信辅书"。扉页刻"棠阴比事。宋四明桂先生编著、日本东都北山先生阅。江都青藜阁"。钤有"北泽氏青黎阁制本记"。末有牌记，刻"江都书林浅草茅町二町目须原屋伊八"。按：日本又有关吉右卫门刻本，辽宁省图书馆、大连市图书馆、北京大学图书馆入藏。

　　《中国古籍善本书目》著录有一卷本、二卷本之别。一卷本有元刻本，明刻公文纸印本、清同治六年（1867）桂嵩庆木樨山房活字印本、清抄本。二卷本有清嘉庆十七年（1812）鲍氏知不足斋抄本。此青藜阁本，国内北京大学图书馆、中国人民大学图书馆、华东师范大学图书馆、云南大学图书馆、桂林市图书馆也有入藏。

　　钤有"田部文库"。

七、日本庆安刻本《新刊种杏仙方》

　　《新刊种杏仙方》四卷，明龚廷贤辑。日本庆安三年（1650）室町通鲤山町小岛弥左卫门刻本。四册。半页十一行二十字，四周单边，白口，单鱼尾。题"金溪云林龚廷贤编辑、金陵前山周庭槐刊行"。前有万历九年（1581）龚廷贤序、万历九年何出图序。云林山人小像并何出光撰像赞。凡例四则。

　　龚廷贤，字子才，号云林，又号悟真子，江西金溪人。世业医，父龚信，曾任职太医院。随父习医，勤研《内经》《难经》，取法金元诸家学说，遂以医术名，并任太医。又有《万病回春》八卷、《新锲云林神彀》四卷、《云林医圣普渡慈航》八卷、《新刊医林状元寿世保元》十卷、《新刊鲁府禁方》四卷等。

　　此书分类汇辑内外妇儿诸科急救用方，每门首为歌括，概述病源、治法。卷一中风、伤寒（附伤风）、瘟疫、中暑、中湿、脾胃、伤食、痰饮、咳嗽、喘急、哮吼、疟疾、痢疾、泄泻、霍乱（附青筋）、呕吐、翻胃、欬逆、吞酸、诸气、痞满、胀满、水肿、积聚、五疸、补益、痼冷（即阴证）、劳瘵。卷二失血、出汗、眩晕、癫狂、五痫、健忘、邪祟、不寐、头痛、须发、耳病、鼻病、口舌、牙齿、眼目、咽喉、结核、心痛、腹痛、胁痛、腰痛、疝气、脚气、痹痛、消渴、浊证、遗精、淋证、小便闭、大便闭、痔漏、肠澼、脱肛、腋臭、诸虫。卷三妇人经闭、崩漏、带下、种子、妊娠、产育、产后、乳病、小儿惊风、疳疾、癖疾、小儿杂病、痘疹、痈疽、瘰疬、疔疮、便毒（附鱼口疮）、痔疮、杨梅疮、臁疮、疥疮、癣疮、秃疮、癜风、诸疮、杖疮。卷四折伤、金疮、破伤风、汤火伤、虫兽伤、中毒、诸骨鲠、救急附经验秘方、金铃法、造酒法、春雪歌、附日用杂方。

　　"仙方"皆为单验方，药物简便易求，或取日用所食之物。凡奇罕价高，或猛烈峻攻之品，概不收录。

　　龚廷贤序云："余自髫龀，席箕裘业，从家大人医寓中，家大人辄以霸禁。比长，客壶京肆，稍见俞诸大方，若蒋定西、高使相、刘秋堂诸老，佥以王道医，交口称矣。余窃自信，乃取家大人所传方书而续其余，成《医鉴》一帙，镌之以便世用。第方多萃味，而婺人僻地，或购之难，诚杏林遗春也。乃复窃父志，括俚言，切病情，选方择味，类以一二易致者，动疗巨疴，见者奇之，命曰'种杏仙方'，俾家易辨，人易晓，而遐陬胥靡，咸在杏荫中矣。"所云"医鉴"者，即《增补古今医鉴》也。

何出光序云："龚氏子才，操岐黄之秘，而鸣诸豫，尝佐而翁著《医鉴》行于世矣。为浩博而旨奥，购材备难致也。乃更择易简，投单品辄效者为四帙，又不为艰深语，即穷陬啬人，读易解，能卒然办。譬之阮瑟嵇琴，一脱囊自成韵调，又可以名家也。古有种杏识效者，莫此速，殆无几林矣，故名集而梓之。"

此本有扉页，刻"云林山人秘传经验济人救急种杏仙方。入圣通神方自三山传海内，回生起死功留万杏在人间。万历壬午孟春之吉周前山梓行"。卷四末刻"庆安三年仲夏之吉室町通鲤山町小岛弥左卫门刊"。字里行间有假名夹杂。按：周庭槐或周前山，《中国古籍版刻辞典》（增订本）俱不载。万历壬午，为十年（1582）。庆安三年，即清顺治七年（1650）。

《中国医籍考》著录。《中国古籍善本书目》著录二种，一《新刻种杏仙方》四卷，明万历周庭槐刻本，藏故宫博物院图书馆。一《新刊种杏仙方》四卷，明刻本，藏中医科学院图书馆。此庆安本，北京大学图书馆、中国医科大学图书馆也有入藏。

八、日本正保刻本《新刊万病回春》

　　《新刊万病回春》八卷，明龚廷贤辑。日本正保四年（1647）刻本。八册。半页十一行二十二字，四周单边，白口，单鱼尾。书口上刻"万病回春"。题"太医院医官金溪云林龚廷贤才子编辑；门人医官同邑胡廷训、慈溪罗国望、弟医官廷器、侄懋官同校；阊门书林叶龙溪重刊"。前有万历十六年（1588）茅坤序、万历十五年（1587）舒化序、万历十五年龚廷贤自序。末有万历十六年周藩海阳王昆湖勤烆后序。

　　卷一论述基础理论以及药性、诸病主药、形体、脏腑、经脉等，载万金一统述、药性歌、诸病主药、释形体、周身脏腑形状、人身背面手足之图、十二经络歌、十二月七十二候歌。卷二至八述各科病症证治，载内科十八种、妇科十三种、儿科二十二种、外种二十二种，辨证详明、论治洽切、选方精当。

　　龚廷贤自序云："丁丑岁，余惩其弊，集《古今医鉴》《种

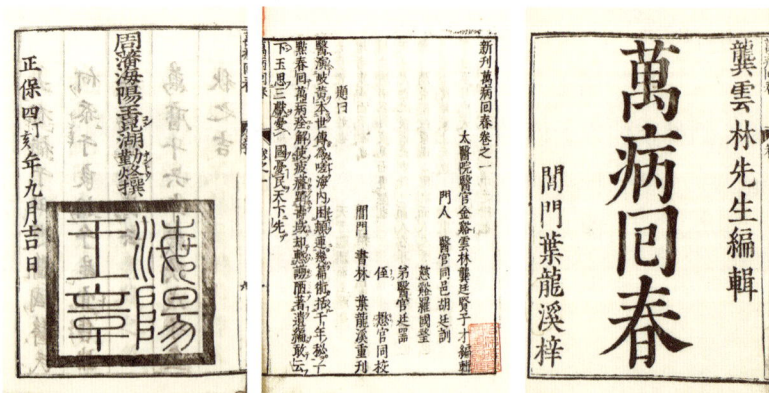

杏仙方》刊行于世，稍稍传播卫生，或有取焉。频年以来，经历愈多，施济愈验，凡疾者疗之，沉疴顿起，如草木之逢春，生意忻忻向荣，一得之愚，天牖其衷，更有发往昔之所未发者，非敢沾沾以术自炫，而一念与物同春之心，寔有不容已也。于是从苦心十祀，祖轩岐，宗仓越，法刘张朱李及历代名家，茹其英华，参以己意，详审精密，集成此书，名曰‘万病回春’，真有以收天下春于肺腑矣。盖春乃造化生育之府，在天为元，在人为仁。天以元生万物，俾物之瘁者回春，而后品汇毓太和；君子以仁生万民，俾民之病者回春，而后群生跻寿域。故三皇之世如春，谓民物咸遂其生，此回春之义所由取也。然弗忍自秘，仍付诸梓，俾海内家传而户晓。”

海阳王后序云：“金溪龚生云林，以应抚台洪溪衷公之聘，即汴邸，获与荆识……因悉叩其生平蕴藉，出《古今医鉴》《种杏仙方》二帙，已刊行于世，览之者，人人击节叹赏，如醉春风矣。然尤以为未展尽其底蕴，又括百家奥旨，成《万病回春》一集，其精微玄妙，诸名公已序其首矣，夫复何言！顾余感其惠，深嘉其用心之仁，敢僭一言，以续于后。”

卷八后附《云林暇笔》十二条（目录页刻有《龚氏家训》三十二条，但此无），为医家十要、病家十要等。有扉页，刻“万病回春。龚云林先生编辑。阊门叶龙溪梓”。海阳王后序末刻“正保四丁亥年九月吉日”。正保四年，即清顺治四年。

《中国古籍善本书目》著录此书明刻本二种，一《万病回春》，明万历三十年金陵周成印刻本，藏中国医学科学院图书馆。一《新刊万病回春》，明阊门书林叶龙溪刻本，藏四川省图书馆、北京大学图书馆。清代至民国间的各种版本，共有四十余种，足见此书之实用价值。

此书在日本有多种翻刻本，除此正保本外，又有庆长十六年（1611）活字印本，藏北京大学图书馆。元和六年（1620）活字印本，藏大连图书馆，缺卷五。万治三年（1660）刻本，藏南京图书馆。宽文八年（1668）平安中野市右卫门刻本，藏白求恩医院图书馆。贞享元年（1684）刻本，藏北京大学图书馆。此外还有元和六年（1629）活字本、宽永三年（1626）京都北村四郎兵卫刻本、宽永六年（1629）刻本、庆安四年（1655）刻本、宽文二年（1662）京都荒木利兵卫刻本、延宝二年（1674）京都秋田屋平左卫门刻本、天和二年（1682）刻本、贞享四年（1687）刻本。正保本，上海图书馆也有入藏。

九、日本享保刻本《痧胀玉衡书》

《痧胀玉衡书》三卷，清郭志邃撰。日本享保八年（1723）刻本。四册。半页九行二十字，左右双边，白口，单鱼尾。书口上刻"痧胀玉衡书"。题"檇李郭志邃右陶著"。前有享保八年医官小岛元璞序、康熙十四年（1675）王庭序、康熙十四年郭志邃序。凡例十一则。参阅姓氏。

郭志邃，字右陶，浙江嘉兴人。家有裕贤堂。

痧者，指霍乱、中暑等急性病，亦指痧子，麻疹之俗称。痧症记载，始于明末，但未有专书。书分上中下三卷。卷上为痧胀发蒙论、玉衡要语、玉衡书脉法。卷中论述各种痧证症状，并附以治疗验案。卷下为治痧方药。书中每种症状，多有二至三则详细验案。其凡例有"言有不实治有不效者一句不载"，"药有不当用有不明者一味不入"。

郭志邃序云："余高曾以经术起家，箕裘累叶，余少列宫墙，读古惠鲜怀保，慨然有恫恤生民之志，尝愿为愁者解困，危者苏命，因遍阅仲景、东垣、丹溪诸先生论，而帖括所拘，有怀未展。鼎革以后，播迁不一，或羁留武水，或跋涉秦溪，每忆昔年寻章摘句，不过淹蹇一身，毫无裨益于世。既而旅食江淮，浪游吴越，所在时行痧胀，被祸不少，余心恻然，思得一术以济之。窃恐世人犯而不识，多有坐视其死者，故凡遇杏林先辈，未尝不造而向焉，见松隐异人，未尝不就而请焉，即册籍所载，鲜不于晤对之间，互相参考，然于痧也，究不得一要旨。已后返棹檇李，搜求高曾所遗前贤诸秘草有其传变难治异症，或定于濂洛大儒，或议诸楚粤高士，虽篇页零星，各有同异，皆透参灵素甲乙诸经，以推广仲景先生之意，惜专籍无传，沉埋日久，而古人精秘尚未出也。余日夕究心，始悟痧胀变端，总其大纲，撮其要领，遂得历历措施，无不响验。余特虑斯疾勿辨，贻祸无穷，故为之推原其始，详究其终，深悯斯疾之为害，不忍不有斯集也。"

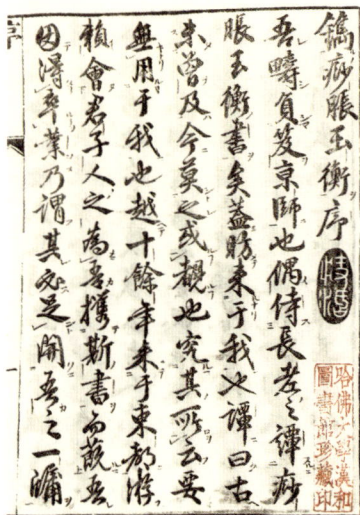

王庭序云："友人右陶郭君，明理读书，旁搜医学，见近之患痧者日盖众，而治痧者不闻，乃精心殚思，推原于小儿痧疹之理，兼求之古方，多有不言痧，而见痧之意者，且验之，诸所救疗无或爽，因以自信，遂发愿广之天下后世，为百千万人命之救，著有《玉衡》一书，右陶之心切矣，右陶之功大矣。右陶尝言，痧本无定脉，凡脉与所总之证，不相应者，即为痧之脉。痧亦无定证，或感风感食，感劳感痰，而以本证治之不效者，皆为痧之证。为立之方使知遵也，为记之验，使知信也。"

小岛序云："此役也，吾自训点，授剞劂氏，将以诏之四方好生士之与吾同志者，希患人之为医所环视束手者之所依据也，看官其谅焉。"小岛，字昌屿，大川人。医官。小岛序后有"广泽滕知慎誊写"一行。

是书有清康熙十四年刻本、康熙十七年扬州有义堂刻本、道光二十六年九皇宫刻本、光绪十七年善成堂刻本、宣统三年广东穗雅堂排印本。此为日本享保八年据康熙刻本翻刻本，享保八年，即清雍正元年。国内中山大学图书馆、中国医科大学图书馆、吉林大学图书馆、广东省医学情报研究所也有入藏。日本翻刻本，除此本外，又有享保八年尚书堂刻本、享保九年书肆竹田藤助刻本、宽保元年刻本。

十、日本文政刻本《救偏琐言》

《救偏琐言》十卷，清费启泰撰。日本文政元年（1818）皇都书林菱屋孙兵卫刻本。六册。半页十行二十二字，四周单边，白口，无鱼尾。书口上刻"救偏琐言"，下刻"丛桂堂梓"。题"吴兴费启泰建中父著；男度文起、英孟育、旦复曙远同订"。又刻"东都海斋望正的君鹄校刻"。前有宝历四年（1754）望三英序。目录前有自题琐言小引、文政元年元泰题琐言后。

费启泰，字建中，号德蒍，浙江湖州人。少攻儒学，科第不中，钻研医学，精于痘疹。

此为儿科著作，专论痘疹，以证分阴阳，各有所宜。卷一救偏总论、原痘论、论气、论血。卷二治痘运掌赋、药性赋等。卷三至十论痘疹证治。后附治痘方六十首、怪痘图三十幅。

望三英序云："余族望君鹄者，颇志不朽，好雕刻方书，先是校刻《易简方》，而既行，今又欲刻费启泰《琐言》，携来

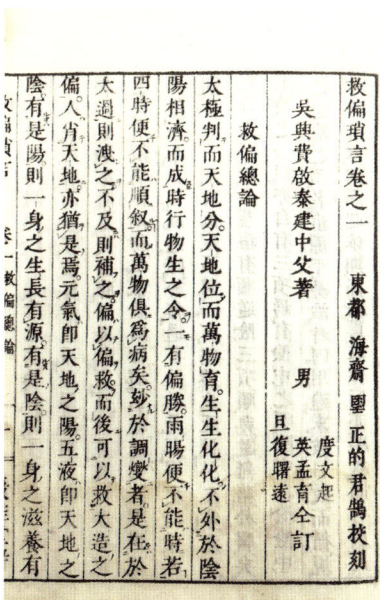

属余曰：启泰者，可谓拔群乎？独以偏寒凉，或有非之者，其可
废乎？□不可废乎？若其不可废，吾欲刻而广于世。余答曰：有
之哉，偏寒凉者，其自卯金刀氏邪？岂彼之创言哉？盖钱陈者为
痘方祖，翁魏者为巨擘，而后及聂久吾者出焉。海内治痘之家，
无贤不肖，取之左右，谓逢其原者乎？于是诸家遂废，惟久吾之
书，议论简易，治方折衷，其在不偏不倚之间欤？如其所谓痘
死生因脓有无者，实为千古格言哉？今如启泰者，乃由矫过补偏
者，而还自偏于其偏，然以偏应偏，何害之有，亦相等耳。启泰
之书，其不可废也。"

　　元泰题《琐言》后云："望君鹄既校刻此书，大人亦既序
焉，功半而君鹄病且逝矣，惜哉！刻成焉，剖厥者来乞检阅，时
大人患目，故命不佞再校。今也，此刻较之近时舶本颇胜，盖原
刻欤？呜呼！君鹄此举，志在不朽，虽今已朽，亦不朽者乎！"

　　是书有清顺治刻本、康熙惠迪堂刻本、康熙聚锦堂刻本、
康熙文锦堂刻本。此本后附"皇都书肆五车楼藏版略书目"，下
刻"京御幸町御池下町菱屋孙兵卫"。书目后刻"文政元年戊寅
初冬。皇都书林菱屋孙兵卫。御幸町御池下町"。按：据书目，
菱屋孙兵卫刻书甚多，计一百九十二种，其中翻刻中国经史子集
各类图书达三十余种，如《历朝咏物诗选》《芥子园画传》《笑
府》《事物纪原》《李太白诗集》《二十二史纂略》《元明史
略》《六书正讹》《琅邪代醉编》《后汉书》《四书》《古今
谚》《孟浩然诗集》《杜骗新书》等。

　　日本最早有宝历八年（1758）丛桂堂刻本，由望君鹄出资刊
刻，国内中国国家图书馆、北京大学图书馆、中华医学会上海分

会图书馆入藏。此文政本，吉林大学白求恩医学部图书馆也有入藏。文政元年，即清嘉庆二十三年（1818）。

十一、日本延宝刻本《妇人全书》

《妇人全书》五卷，明孙一奎撰。日本延宝八年（1680）刻本。六册。半页九行十九字，四周单边，白口，单鱼尾。书口上刻"妇人全书"。题"新安生生子孙一奎著辑"。前有万历十六年（1588）孙一奎自序。

孙一奎，字文垣，号东宿，又号生生子，安徽新安人。尝游括苍，得秘方，用之多验，因专志于医。尝就学于汪机弟子黄古潭，又遍访名师求教，历江苏、浙江、江西、湖南等省，经三十余年，医名大著。又有《赤水玄珠》三十卷、《医案》五卷、《医旨绪余》二卷、《新镌痘疹心印》二卷。

此书罕见，卷一薛氏校注合宜禁忌凡例、调经门、经水或紫或黑论、居经、月经不通、崩、治赤白带下、热入血室、寡妇师无寒热如虐、梦与鬼交、心胸嘈杂、疝癖仙瘕、脬转小便不利、小便数、遗尿失禁。卷二小便出血、阴肿、阴痒、阴挺下脱、阴疮、交接辄血出痛、胎前恶阻痰逆、胎动不安、胎漏下血、胎气上逼、妊娠心腹痛、妊娠腰背痛、妊娠小腹痛、妊娠心腹胀满、妊娠数堕胎、胎不长、堕胎血下不止、未足月欲产、过期不产、妊娠咳嗽、妊娠吐血衄血。卷三烦、妊娠烦躁口干、风痉子痫、妊娠瘛疭、妊鬼胎、妊娠不语、伤寒热病防损胎、妊娠伤寒、妊娠时气、过时热病、热病胎死腹中、妊娠疟疾、妊娠泄泻、下痢

延寶八庚申歲
夾鐘上旬
書肆風月堂

婦人全書卷之一
新安生生子孫一奎著輯
薛氏校註合宜禁忌凡例
一云丹溪謂白芍藥性寒味酸產後宜忌恐伐生
生之氣若用之於大補湯八珎等湯內以酒拌
炒用無妨凡屬脾胃虛寒虛弱面色痿黃者俱
宜酒拌炒用
一通經丸若脾胃無虧暴怒氣逆或生冷所傷陰
血凝滯月經不通者宜暫用之若脾胃虛弱不

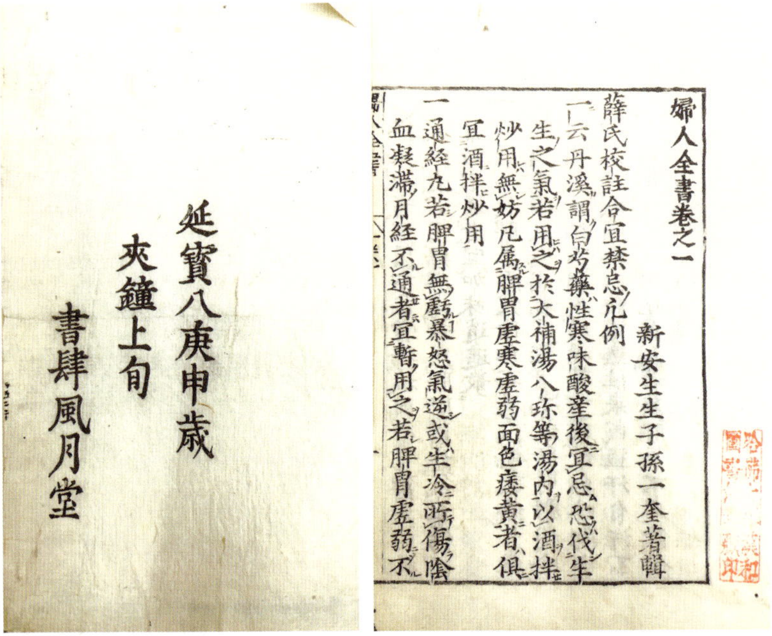

黄水、大小便不通、子淋、妊娠遗尿、妊娠尿血、胎水肿满、腹内钟鸣、孕痈、脏躁悲伤、滑胎方法、十产论、产难方论、交骨不开产门不闭、下死胎万、产难生死脉诀、胞衣不出、产后血晕、产后颠狂、狂言谵语、产后不语。卷四产后乍见鬼神、心神惊悸、中风恍惚、虚极生风、虚汗不止、汗多变痉、口噤腰背反张、产后中风、四肢筋挛、遍身疼痛、产后腰痛、产后腹痛枕痛、产后寒疝腹痛、产后两胁胀痛、产后血瘕、虚烦发热、产后血渴、产后乍寒乍热、产后疟疾、呕吐腹胀、气急喘促、口鼻黑鼻衄、月水不通、四肢浮肿、腹痛泄泻、赤白痢、大便秘涩、大小便不通、产后遗粪、产后诸淋、小便不禁、小便出血、玉门

不闭、乳少或止、妇人茧唇。卷五耳、杂方、结核方论、赤白游风、妇人痊疾、鹤膝风、妇人足跟疮肿、肺痈、乳痈乳岩。

孙一奎自序云："生生子曰：盖术有专工，而诸有独至。兹书妇人之症已备，而方已陈，故名曰'妇人全书'。以妇人科为专门者，独举五卷，而精研其奥，则临症投剂，一举手而至宝错陈矣，不亦至易至简乎？故业女科者谂之。"

卷五末刻"大宫詹少溪吴驭阅校"。又刻"延宝八庚申岁夹钟上旬。书肆风月堂"。延宝八年，即清康熙十九年。

此书，《中国古籍善本书目》未著录。《中国医籍大辞典》、《中华古文献大辞典》（医药卷）、《中国中医古籍总目》、《中国医籍考》亦未有著录。国内也无此延宝本入藏。

钤印有"华泽藏记"。

十二、日本宽文刻本《武经开宗》

《武经开宗》十四卷，明黄献臣撰。日本宽文元年（1661）中野市右卫门刻本。七册。半页十行二十字，四周单边，白口，单鱼尾。题"莆黄献臣诠解"。此为二节版，上刻"七书义解宗评订识"，题"山中氏倡庵乎哉著"。前有曾樱序。崇祯九年（1636）黄士俊疏。疏后刻"武经开宗"，为武经总论，计三页。题"曾一云老师讳樱、徐玉林老师讳胤升同定；莆田黄献臣皇肱辑著；社友余元熹躅徽、陆经翼羽功、陆冲元建同参"。凡例十三则。又有宽文元年宫城东雪七书义解宗评订识序。

黄献臣，字皇肱，福建莆田人。

山中倡庵，粤洛儒生，自幼好学，叩诸生之门。习于洛东清水寺僧朝宗观，学《四书》《周易》《太极图》《诗》《书》《春秋》等。

明末，民生疲敝，武备颓弛，为济时艰，以襄治理，自明崇祯十年始，凡乡会选士子，皆须讲习武备，考武经论策，马步射箭。据黄士俊疏云："有生儒精通骑射者，报名卷册，听提学官公同守令、教官，另试之演武公所。果真有百步命中、技勇绝伦之士，不妨衡量其文艺，考居一等者，即与帮补，二三四五等，依次递拔，以示鼓劝。但提学官务期矢慎……至于乡会得售之日，试录上注明'精通武备'字样于名下，以备宿疆边才之选。"明廷以为"生儒既各竞备，则乡勇益思鼓励，委弱不振之积习，当有焕然一变者，国可使强矣"。

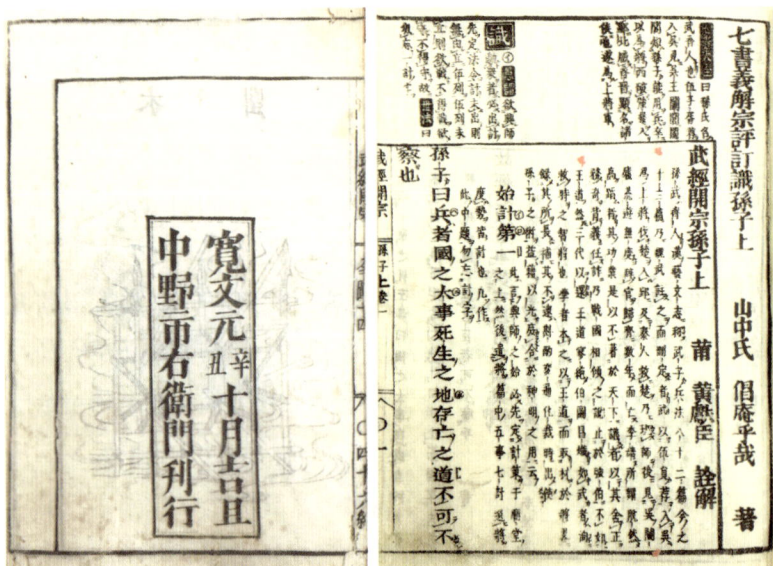

是编卷一至二孙子、卷三吴子、卷四司马法、卷五唐李问对、卷六尉缭子、卷七三略、卷八至九六韬、卷十戚南塘、卷十一古今名将、卷十二号马陈法、卷十三陈法、卷十四为七书义解宗评订识图说，每段皆有释注。山中倡庵之评、订、识，均刻于书眉之上，评中多有愚按，订识中有"愚谓"。

曾樱序云："我祖宗养生几三百年，稍遇盘错，终未得如韩、范者，起而寒敌之胆，何也？文臣不识武，与武臣不知文一也。文臣不识武，安能以八股张六军勇气？武臣不知文，又安能以一剑作万里长城哉！迩者，奴酋反侧，流寇披猖，圣天子廑拊髀之思，慨然以武科并重文闱，诚将相抒猷之会也。莆阳文献甲天下，固不乏蹇蹇桓桓之彦，堪为国家勒钟鼎殊勋，标铜柱奇猷。余不佞，分守兹土，叨预观风之役，获披壶之秀而品题之。乃得黄生献臣、陆生经翼列诸前茅，既受评文之任，复提讲武之衡。入彀中者，亦皆彬彬豪俊，而陆生冲与焉。已而黄陆三生，以解释武经请政于余，余阅之，觉从前牵合附会之陋，涤除净尽，一开卷而了然心目，诚登坛之上略，保国之良图也……余故曰：出将入相，朝廷以此正其始；经文纬武，是编洵足开其宗。"

宫城东雪序云："其书凡七册，名曰'七书义解宗评订识'，以屡示门学，欲学武书之士。愚尝意此书者，先生之绪余，然则至末叶，恐强未有精此书之说者。且此书虽秘先生之家，而门叶广，而其人以百可数矣。然则如墙花路柳，而胡获禁之耶？故附于《武经开宗》之首，以请镂梓行世。"

凡例云："讲义称义，直解称解，开宗称宗也。""三书所说之义，混杂而难辨，长短而不齐，故争丝忽之长短，分寻文之是非者，设评以定焉。""句句所为解者，居大和假名于圈中为相符，且定次序，为使幼学便看也。""图者，大率据《武备志》《兵镜》《书经图说》《四书图解》等之书，且又既有其事，未有其图，而或可劳看取者，则愚新为之图有附其旁者，仍乃分书篇于卷端，自为一卷云。""不言句句之出处，不演古人之传记，不识事物之来由，所详者，一在文理耳。"

卷十四末有牌记，刻"宽文元辛丑十月吉旦中野市右卫门刊行"。宽文元年，为清顺治十八年（1661）。

是书有明崇祯芙蓉馆刻本，为十卷，北京大学图书馆、美国哈佛大学哈佛燕京图书馆入藏，又日本内阁文库有二部。此宽文本，国内仅北京大学图书馆入藏。明崇祯芙蓉馆本与宽文本之不同，在于宽文本将崇祯本之卷一孙子析为卷一、卷二，卷七六韬析为卷八、卷九，卷十弓马陈法析为卷十二、十三，另增七书义解宗评订识图说为卷十四。

钤印有"青山氏图书记""海军图书之印""参谋本部海军部图书之印"。

十三、日本庆安刻本《重刊书叙指南》

《重刊书叙指南》二十卷，宋任广辑。日本庆安二年（1649）中野小左卫门刻本。二册。半页九行十九字，四周双边，白口，单鱼尾。题"浚水任广德俭甫编次、猗顼后学乔应甲重校"。前有明嘉靖六年（1527）沈松序，明万历二十四年

（1596）王继明重刊序。末有日本庆安二年善斋跋。

任广，字德俭，河南浚仪人。

是书以元亨利贞分为四集，每集五卷。采录经传子史，凡单辞只语，确然可据，斐然有文者，咸摘录明注，分门别类，以备尺牍之用，故以"书叙"为名。为缙绅学士陈事理，纾情愫，欲使人因文以得意者，此诚足为指南。王继明重刊序云："一披卷，种种毕陈，如入万宝之肆，取用不竭。"

此书初刊于宋靖康中，版旋被毁。后有俞氏者，携旧本南渡，其后辗转传写，多非完帙。四库馆臣未见此书之明刻本，故《四库全书总目》收入者，为雍正刻本，有云：康熙初年，有金券者，得韩氏藏本，缮录未竟而券没，反并原本第十卷佚之。雍

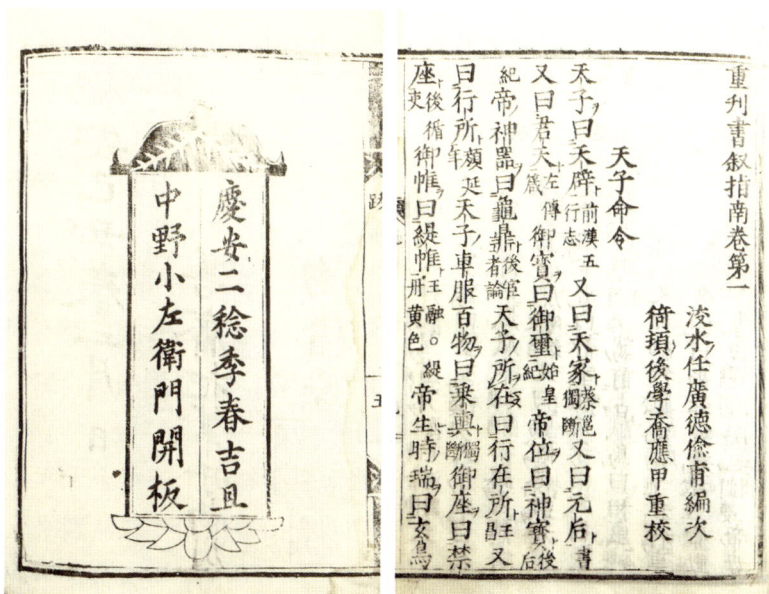

正三年，金汇得不全宋本，适者存第十卷，乃重为钞补刊刻，而此书复完。盖若隐若显，几五六百年，其不亡者幸也。又云：金氏原刻，尚不失其旧，其间征引既繁复冗，盖所不免。然每句标注出处，犹从原书采缀而录，终较南宋书肆俗本为有依据，固未可与启札青钱之类一例视之矣。

按：任氏之书，今存世之最早刻本为明嘉靖六年沈松得沁水李瀚藏本刻十二卷本，沈松序云：是书"悉据经援史，出子入传，历观近代著述，如《类聚》《考索》《纪闻》《纪事》诸编，要不外此，然则兹所以为《书叙指南》也哉，惜乎其传之未广耳。尹曰，此固大司徒之所属也。于是方谋捐廪锓梓"。沈松本，藏北京中国国家图书馆、北京大学图书馆等四馆。次为嘉靖三十七年柴棨白石书屋刻本，卷帙转损，采缀简要，各疏出处。藏北京中国国家图书馆、山东省图书馆、南京图书馆、四川省图书馆。清黄丕烈跋（明刻本）云："书友云：是书四库已收，且书载《文献通考》，盖古书也。余因检之，果然。然彼此有不同者，《通考》云：《书叙指南》二十卷，晁氏曰：任俊撰，崇宁中人，纂集古今文章碎语，分门别次之，凡二百余类。陈氏曰：皆经传四字语，备尺牍应用者。今书十二卷，卷不同矣。今云'浚水正斋任广德俭编次'，名不同矣。今不及二百类，类不同矣。今不止四字语，语不同矣。当是明人重刻，有删削增添也。书经翻刻，必不能复古，宁独此哉！"

清代所刻，除雍正本外，清张海鹏于嘉庆十三年至十六年刻《墨海金壶》一百十五种，道光间金山钱氏刻《珠丛别录》二十八种，均有收录，但为二十卷本。明嘉靖间，吴兴浦南金取是书与《尔雅》《左腴》《汉隽》汇为一编，改题曰"修辞指南"，计二十部四十类，然辗转稗贩，殊无可观。

此日本庆安刻本，末有善斋跋，云："余家藏浚水任德俭《书叙指南》者，多历年所，车有指南，鱼有指南，宜哉书之有指南也。是书搜索经史子集百家，裒其华，掇其粹，门别汇分，简省易见，天之文、地之理、人之品、宫室舟车、神仙鬼怪、卉服鸟章、珍奇玩好、飞潜动植，莫不咸在焉，不下铁网采珊瑚，不执斧柯得豫章之书也。鼓箧负笈之徒，不可不知。洛师一青衿来，请刻模而行，因付之。"善斋者，不知其名。其序所云家藏之本"多历年所"，当指明代刻本。此本卷数已由十二卷析为二十卷，当为日人所为也。

卷二十末有荷盖莲座牌记，刻"庆安二稔季春吉旦中野中左卫门开板"。庆安二年，为清顺治六年。庆安本，湖北省图书馆、北京大学图书馆、华东师范大学图书馆及台北"国家图书馆"也有入藏。又南京图书馆有庆安二年刻水玉堂印本。

钤印有"惟明""元允氏""松田氏家藏记""今村氏图书印"。

十四、日本刻本《新刻草字千家诗》

《新刻草字千家诗》二卷，题明李贽书。日本浪华书户管生堂刻本。二册。有图。半页四行七至九字，四周单边，白口，无鱼尾。题"卓吾李先生笔"。无序跋。

封面径题"千家诗"。诗皆七言。《千家诗》多题宋谢枋得辑，托名也。如《新刻解注和韵千家诗选》即托名明汤显祖校释。此题"卓吾李先生笔"，盖亦慕李之大名，即使李不善书，更不擅草，当时也无人追究。

明清以来，《千家诗》的刻本，字体多是仿宋，或作楷书，盖字体端整，意在启发童蒙。用草书写《千家诗》，并刊刻出版，亦书肆之别出心裁之生意经。扉叶刻"草字千家诗。卓吾李先生笔。浪华书林管生堂藏版"。钤有"不许翻刻千里必究"印。钤印有"田印元直""字子良"。末有荷盖牌记，刻"庚午岁仲冬之月忠庆堂余熙宇梓"，牌记外刻"浪华书户管生堂主人河内屋宇兵卫藏版"。

按：庚午为明隆庆四年（1570）。《福建古代刻书》"建

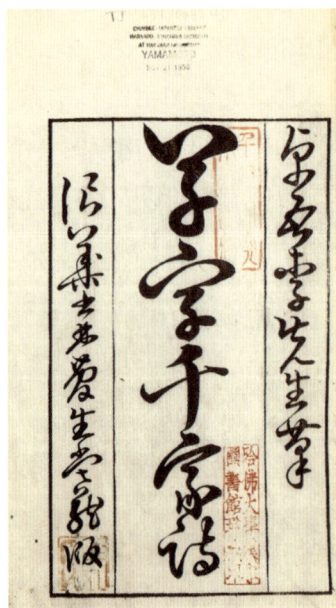

阳余氏刻书一览表"，有余熙宇刻明李望槐辑《鼎镌四民便览柬学珠玑》四卷首一卷，为明万历三十七年（1609）刻本。忠庆堂及余熙宇，均不见《中国古籍版刻辞典》。查《中国古籍善本书目》，《新刻草字千家诗》有明观成堂陈君美刻本，仅一帙，原为郑振铎藏，今藏中国国家图书馆。

此管生堂本当据明隆庆本重刻。每诗皆不冠题目，草字旁有汉字。杜甫"两个黄鹂鸣翠柳，一行白鹭上青天"、崔颢"黄鹤一去不复返，白云千载空悠悠"、刘禹锡"旧时王谢堂前燕，飞入寻常百姓家"、杜牧"借问酒家何处有，牧童遥指杏花村"、韩翃"春城无处不飞花"、林升"山外青山楼外楼"、朱熹"万紫千红总是春"、叶绍翁"春色满园关不住，一枝红杏出墙来"、东坡"春宵一刻值千金"、"淡妆浓抹两相宜"等诗意盎然、朗朗上口的字句又映入眼帘。

然而，以通行本（指近十年中出版的《千家诗》注本"七绝"）与此日本翻刻本相较，通行本为一百三十四首，但此日本翻刻本仅为一百十四首，此翻刻本佚二十首。如《早朝大明宫》《和贾舍人早朝》《黄鹤楼》《秋兴》《新秋》《中秋》《归隐》《送天师》《送毛伯温》等。又翻刻本舛误多，且有脱字，如林稹《冷泉亭》，首句"一泓清可沁诗脾"，翻本作"一弘清可沁脾"；刘翰《立秋》首句"乳鸦啼散玉屏空"，翻本误"鸦"为"鸭"、"啼"为"崎"。

据查，河内屋宇兵卫，还刻过《近代正说碎玉话》九卷，时间为正德六年（清康熙五十五年，1716）。于此，河内屋宇兵卫刻书的时间相当于清朝康熙而至嘉庆间，这数十年间之经营，当有二代人之久。在日本刊刻《新刻草字千家诗》的还有二种，一为京都田原仁左卫门，时间在万治三年（清顺治十七年，1660），书的牌记上也有"庚午岁仲冬之月忠庆堂余熙宇梓"，藏关西大学图书馆，此外还有一种不明出版地，藏筑波大学图书馆。可以设想，当年福建余氏忠庆堂所刻《新刻草字千家诗》，传至日本后，就有三家书肆据之重刻。查《中国馆藏和刻本汉籍书目》，北京大学图书馆藏有日本刻本，但未注明具体时代及出版者。

童蒙读本的《千家诗》，明代本子津还见过二种，为《新刻解注和韵千家诗选》二卷（明万历书林文华轩刻本）、《新镌释和魁斗千家诗选》二卷（明万历潭城罗少竹刻本），《中国古籍善本书目》没有著录。

明隆庆福建余氏忠庆堂本的《新刻草字千家诗》，不见中国各家书目著录，或早已湮没不传，然日本的翻刻本却保存了些明代此本的面目。《新刻草字千家诗》在日本成为日本初学者学习中国诗歌草书的"范本"，或可算是中国传统文化东传扶桑的一件佳话。

此书在日本也甚难得，日本东京大学东洋文化研究所、京都大学人文科学研究所、内阁文库的汉籍目录均未见有著录。

十五、日本文政刻本《汉溪书法通解》

《汉溪书法通解》八卷，清戈守智撰；陆声钟编。日本文政五年（1750）星文堂等刻本。六册。半页九行二十一字，四周

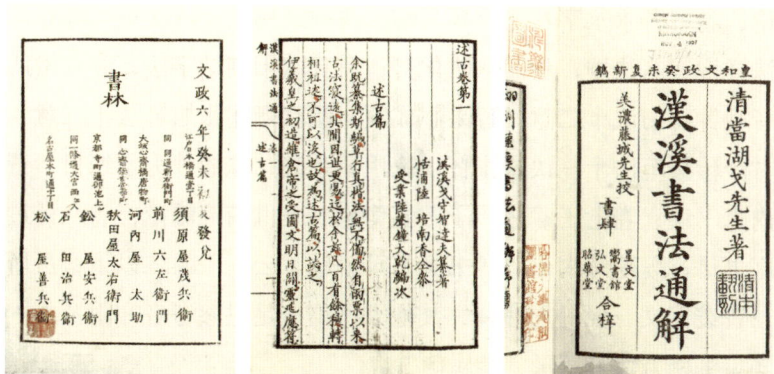

单边，白口，单鱼尾。书口上端刻"汉溪书法通解；霁云阁珍藏"。题"汉溪清戈守智达夫纂著；恬浦陆培南香同参；受业陆声钟大乾编次"。前有文政五年村濑绹翻刻序。乾隆十五年（1750）金志章序、厉鹗序、梁启心序、梁诗正序、戈守智自序。

戈守智，字达夫，号汉溪，浙江平湖人。诸生。天生卓越，与杭世骏、厉鹗、诸锦交善。素擅临池，少师杨凝式、欧阳询，晚乃出入诸家，于颜平原称嫡嗣。暇以隶法写墨竹，然随兴偶及，不多作也。尝游扬州、汉阳，遇碑碣辄手自摩拓，归而庋诸楼，榜之曰"帖海"。游屐所历，碑版联额，丐请无虚日。卒年六十七。又有《紫琅小草》《汉溪偕存集》《邗江杂咏》等。

此《书法通解》，金陵书肆珍之，与《江村销夏录》埒。此书采录古人论书之语，分述古、执笔、运笔、结字、诀法、谱序六门。纂次颇详，于用笔结体草行真楷法无不备，不独援据精赅，抑且引申详尽。卷一述古篇、名人论书；卷二执笔图、执笔论；卷三智永永字八法、颜真卿八法颂、柳宗元八法颂、陈思八法详说、八法颂；卷四八法化势；卷五欧阳询结字法；卷六梁武帝观钟繇书法十二意、智果心成颂、颜真卿述张旭笔法十二意、古今传授笔法十三诀，张怀瓘论用笔十法、陈绎曾为学纲目、董内直书诀；卷七王羲之传子敬笔势论、虞世南笔髓论；卷八孙过庭书谱、姜夔续书谱。《书画书录解题》云："卷二以下，虽所录皆袭旧文，而时加注释，其他家所论有足供参考者亦附及之，颇见细密，惜其所录，半属伪书也。"

梁启心序云："当湖戈子淹通经史百氏，其诗文自卓然名家，分其余晷，以游艺金石之迹，既几于古矣。因取前贤论书要旨，分为八卷而讲解之，名曰《书法通解》，奥而明约，而尽书学之津梁，艺林之标准。此其选也，学者宝是书而尽心焉。"

村濑絅翻刻序云："吾读《汉溪书法通解》，所言唯有两语，其论用笔曰：拨镫悬腕，四面力足。其论字体曰：观古人真迹，波画尽处，隐隐有磊墨痕，恨石刻不能传。此两语，其意实相发也。盖石刻能传者古人典刑，石刻不能传者古人精神也。今徒取其典刑而遗其精神，不可谓之善学者也。学者胸臆，先具此见，而后眼目始可观古帖，手腕始可用拨镫法。不然，虽学晋学唐，秃笔成山，日与古人背驰耳。偶有翻刻此书者来谋于余，因书诸卷首。"

此本乃据清乾隆间霁云阁刻本重刻，字体楷书，版式行款一依霁云阁刻本。霁云阁本之金、厉诸序皆为手写体，卷八末刻"平湖县东张松年镌"。文政本序则为仿宋体，无"平湖县"字样，另刻"皇和文政壬午冬月藤城源絅校字"。扉页刻"汉溪书法通解。清当湖戈先生著。皇和文政癸未复新镌。美浓藤城先生校。书肆星文堂、鬻书馆、弘文堂、昭华堂同梓”，又刻“清本翻刻”。卷八末有发行图书书目，多为翻刻中国古籍，兹录如下：

《玄抄类稿》明徐天池先生著五册既刻；

《译本芥子园画传》清李笠翁先生著五册既刻；

《囊中锦心》清邹碧峰先生著二册既刻；

《东坡小品》宋苏东坡先生著二册近刻；

《苏黄尺牍》宋苏东坡先生著黄山谷先生著五册近刻；

《竹云题跋》清王虚舟先生著十册近刻；

《渔洋绝句抄》清王阮亭先生著二册近刻。

版权页刻“文政六年癸未初夏发兑”，又刻江户、大阪、京都、名古屋七家书肆名及地址，当为销售星文堂等出版物之协作坊肆。

文政本，辽宁省图书馆也有入藏，但存卷二至八。

十六、日本元禄刻本《图绘宗彝》

《图绘宗彝》七卷，明杨尔曾撰。日本元禄十五年（1702）唐本屋久左卫门等刻本。七册。半页十行二十四字，四周单边，白口，无鱼尾。书口下刻“夷白堂”。题“武林杨尔曾字圣鲁辑”。前有万历三十五年（1607）杨尔曾序。

杨尔曾，字圣鲁，号雉衡山人，浙江钱塘人。生平事迹不可考。又有《新镌东西晋演义》十二卷五十回、《新镌批评出相韩

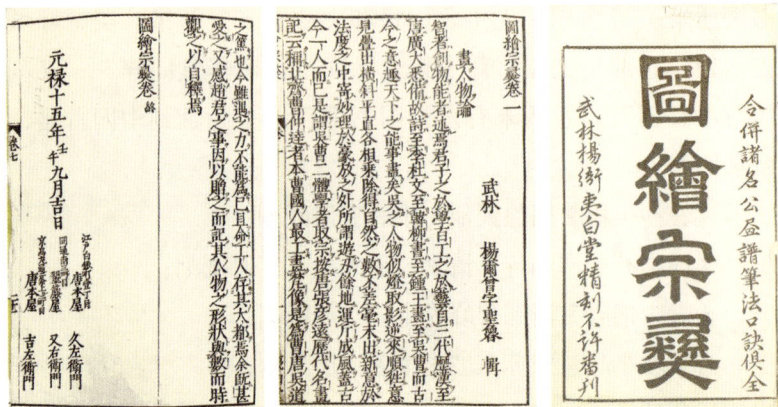

湘子全传》三十回等。

　　此本所载图画极精，颇生动，书中论画之作，皆系采录宋元以来前贤著述而成。其人物翎毛、梅花竹兰等卷，大抵亦据前人所编画谱，稍事增减，粗为润色，汇集以成。卷一人物山水，卷二梅花，卷三翎毛花卉（草虫附），卷四竹叶枝干，卷五兰花（草虫附），卷六兽畜虫鱼（花草附、文房器皿附），卷七叙画源流、论制作规模、画训、画意、画题、画格、拾遗、论画、画记。

　　《千顷堂书目》著录，但不著编撰者姓名。此本为日本元禄十五年据夷白堂本翻刻。然以此本核之夷白堂本，卷数及内容略有变异，元禄本卷二为梅花、卷三为翎毛花卉（草虫附），但夷白堂本卷二为翎毛花卉（草虫附）、卷三为梅花。又夷白堂本卷七内容同元禄本，但有卷八，为山水诀、山水赋、山水节要、画诀、六法三品、六要六长、三病、十二忌、用笔、用墨、皴法、画龙辑议、写像秘诀、采绘法等，但元禄本未刻。余曾疑元禄本佚去卷八一册，但细审卷七末页，内容之后即刻"元禄十五年壬午九月吉日江户白银町壹丁目唐本屋久左卫门、同通南三町目翠帘目又右卫门，京乌丸通二条上二町目唐本屋吉左卫门"，并无割裂痕迹。元禄十五年，即清康熙四十一年。

扉页刻"图绘宗彝。合并诸名公画谱笔法口诀俱全。武林杨衙夷白堂精刻，不许番刊"。字里行间有假名。杨尔曾序后刻"新安冲寰蔡汝佐绘、玉林黄德宠镌"。蔡汝佐，字符勋，号冲寰。安徽新安人。善画人物山水、花卉梅兰竹、鸟兽鳞介等，尤工诗意画，唐诗五言、六言、七言画谱皆出自其手。黄德宠，字玉林，亦歙县虬村人，刻工黄德时弟，后迁苏州，杨尔曾《仙媛纪事》之插图也为其之杰作。黄氏镌刻，刀法运锋如笔，圆转柔丽，极为精工，如《汝水巾谱》等。

《中国古籍善本书目》著录有明万历三十五年刻本，上海图书馆、南京图书馆、辽宁省图书馆等四馆入藏。按：明代有武林杨衙夷白堂刻本及万历文林阁刻本二种，疑《书目》万历三十五年刻本中或有夷白堂本及文林阁刻本。又北京大学图书馆有日本享保二十年（1735）江都书肆嵩山房须原屋新兵卫翻刻万历本。《四库总类艺术编》编者谓：按日本重刻本，今尚未目睹，想其流传，亦不甚广也。此元禄本，国内无入藏。

十七、日本文政刻本《芥子园画传》

《芥子园画传》五卷，清王槩撰。日本文政元年（1818）书林圣华房刻本。三册。半页十一行二十字，左右双边，白口，

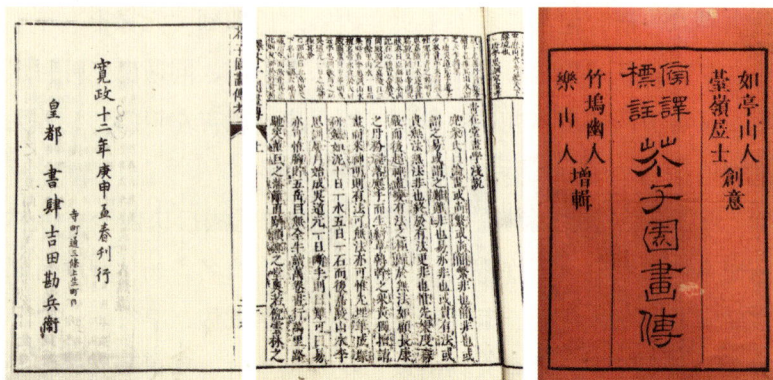

单鱼尾，书口上刻"译芥子园画传"。前有文政元年（1818）如亭山人柏昶序、康熙十八年（1679）李渔序。末有文化十四年（1817）竹坞服耕跋、文化十五年（文政元年）台岑勾宽宏重刻后序。末有陈扶摇跋。

王槩，初名匄，一作改，亦名丐，字东郭，一字安节，浙江秀水人，久居江宁。蓍弟。兄弟皆笃行嗜古，旁及诗画，擅名于时。山水学龚贤，善作大幅及松石等，雄快以取势，苍健或过之，而冲和不足。人物、花卉、翎毛之属，动笔辄有味外之味。刻印直追秦汉，兼刻竹。

卷一画学浅说，为论画十八则，设色各法二十六则。卷二为树法十九式、叶法三十六式、夹叶及着色钩藤法三十二式、诸家枯树法九式、诸家叶树法五式、诸家杂树法二十三式、诸家松柏法十式、诸家柳树法五式、蕉桐花竹兼葭法十七式。卷三石法十一式、皴法十四式、山法十二式、诸家峦头法二十七式、坡径矶田石壁法十一式、流泉瀑布石梁法十二式、水云法四式。卷四点景人物六十二式、中号点景人物三十二式、极小点景人物十九式、极写意人物七式、点景鸟兽二十六式、墙屋法二十八式、门径法十六式、城郭桥梁法三十一式、寺院楼塔法九式、界画台阁法十二式、舟楫法二十一式、器具法二十六式。卷五摹仿诸家方册式十幅、摹仿诸家宫纨式十幅、摹仿诸家折扇式十幅、摹仿诸家横长各式十幅。

《画传》为李渔婿沈因伯属王槩就李流芳原本增辑编次而成，由浅入深，实为学画山水者入门快捷方式。李渔序云："向居金陵芥子园时，已嘱王子安节增辑编次久矣，迄今三易寒暑，始获竣事。予急把玩，不禁击节，有观止之叹。计此图原帙凡四十三页，若为分枝，若为点叶，若为峦头，若为水口，与夫坡石桥道，宫室舟车，琐细要法，无不毕具。安节于读书之暇，分类彷摹，补其不逮，广为百三十三页。更为上穷历代，近辑名流，汇诸家所长，得全图四十页，为初学宗式。其间用墨先后，渲染浓淡，配合远近诸法，莫不较若列眉，依其法以成画，则向之全贮目中者，今可出之腕下矣。有是不可磨灭之奇书而不以公世，岂非天地间一大缺陷事哉！急命付梓，俾世之爱真山水者，皆有画山水之乐，不必居画师之名而已得虎头之实。"

陈扶摇跋云："是集出自前贤秘本，兼之鹿柴先生苦心，始于丁巳春，成于己未冬，历四十余月而方告竣。其中议论确当，临摹详晰，固画学之金针。至若镌刻神巧，渲染精工，诚艺林之宝玩也。赏鉴者幸无泛涉轻置焉。"丁巳，为康熙十六年（1677），己未为康熙十八年（1679）。

是本有日人乐山平穰、竹坞服耕注释，注释皆在正文书眉之上。台岭勾宽宏后序云："《画诀》云：学画之法，以读书为本。夫以读书为本，奚翅画也，而读书人所难得也。使其书易读，而劝勉之，不亦可乎？画家必读之书，尝若《芥子园画传》，余尝与桓翁如斋在越浮客舍校雠此书，藏箧中有年。今乐山、竹坞二子，更取而注之、译之，详悉殆尽，易读至此，虽有难厄，以是劝人（原文如此）南宗之奥，期可望耶，而实发端于余与如翁也。"

竹坞服耕跋云："自海舶载此书来我东方，殆将百年，然而其能口之者，未能手之，其能手之者，亦未有能口之者，悉付之鱼熊，得兼之者或鲜矣。是以世间盘礴之徒，虽家藏户置，不问二者之兼与不兼，率束阁之而已。吾友乐山主人，好古之士，有见于此，既能口之，亦能手之，犹谓有与彼同者，为其不能使盘礴之徒兼之也。于是愤悱扼腕，遂能细译之，以惠世人矣。余朴楸，不能手，不能口，而与校书之役，庄叟所云'蚊负山'，岂谓此欤！"

附言八则，为乐山平穰撰，云："此本如山人草创之，七年前余得其稿，恨译注未备，世计之暇，考究古今画记，质问远迩诸老，唇焦足胝，至今书乃成矣。故间有与山人序中所云异者，观者察诸，察之乃知余苦心所在。""传中字面有幽僻难译者，则必举先辈之论说证之，如'气韵'二字是也。余可推知。""传中所载画人小传，原稿别为附录，而不能无遗漏，今皆校正标出。""译语必用俚言俗话，要欲其易解也。大雅君子莫笑浅近，幸甚。虽然，有邱言，有方语，百里不同俗，千里不同风，我口所常，彼耳所怪，亦必有之，所谓峰峦以其而异也。""此本创于山人，论于诸老，定于友人服氏佐理。余则家世商贾，读书不多，行道未远，而负荷此事，极知不胜其任也。服子常规余向卖花担上欲看桃李，可谓忠告矣。"

是书分天地人三册。有扉页，刻"傍译标注芥子园画传。如亭山人、台岭居士创意。竹坞幽人、乐山人增辑"。卷五末刻"鹿斋藏记"。有版权页，末刻"书林圣华房。山田茂助藏。皇都寺街通六角南式部町"。书林圣华房刻有中国古籍甚多，如《广金石韵府》《渔隐丛话》《杜樊川集》《元遗山诗钞》《高青丘诗集》《浙西六家诗评》《忠雅堂诗钞》《张船山诗草》《古今印例》《虞初新志》《巾箱小品》《山阳诗钞》等。

此文政本，当据清康熙十八年（1679）芥子园甥馆刻彩色套印本重刻，行款等皆不同，康熙本卷二、卷三间有套印，卷五为彩色套印，而文政本无图更无套印。文政本，国内浙江图书馆、北京大学图书馆也有入藏，作"日本刻本"。

钤印有"云绕书斋"。

附：《芥子园画传考》一卷，日石希聪撰。日本弘化三年（1846）皇都书林菱屋孙兵卫刻本。一册。半页九行二十字，四周单边，白口，单鱼尾。书口上刻"芥子园画传考"。题"平安石希聪睿父纂"。前有乾隆四十七年（1782）松元慎序。

松元慎序云："概自唐宋以还，诗文笔札，人人而能也。下逮乎明氏，间亦有旁及绘事者，如唐子畏、文徵仲，皆以其人著称焉。近清笠翁李氏，有《画传》数页，王鹿柴所编，世甚重之，乃画家之司南也。故此间亦有刻本，而读之者，往往苦其援引之浩，最难查稽。顷日，石睿父氏为取其书旁注凭据，既累数纸，遂作一小册，颜曰'画传考'，博采精当，其工亦勤矣。然而其意，专在欲俾世之学画者，由是竟臻乎斯文之涂，盖善志也。此即笠翁之意，鹿柴述之，而睿父氏继之，不知睿父氏之后，谁当继其意者。"

卷末有"宽政十二年庚申孟春刊行。寺町通三条上町目。皇都书肆吉田勘兵卫"。宽政十二年，为清嘉庆五年（1800）。宽政本，国内浙江图书馆亦有入藏。

末有版权页，刻"弘化三年丙午初夏皇都书林菱屋孙兵卫。御幸町御池下町"。弘化三年，为清道光二十六年（1846）。弘化本，国内似没有入藏。

钤印有"竹弄书库""一掌亭藏书记"。

十八、日本弘化刻本《芥舟学画编》

《芥舟学画编》四卷，清沈宗骞撰。日本弘化元年（1844）书林圣华房刻本。四册。半页八行十八字，四周单边，白口，无鱼尾。书口上刻"芥舟学画编"，下刻"冰壶阁"。书眉上有批注。题"吴兴沈宗骞熙远父述"。前有乾隆四十六年（1781）沈宗骞自序。

沈宗骞，字熙远，号芥舟，浙江吴兴人。诸生。研求画理，历三十年，山水人物传神，无不精妙，小楷章草，皆具古法。《国朝书人辑略》卷六、《清画家诗史》戊下有传。

是编为宗骞自抒心得之作。卷一山水（宗派、用笔、用墨、布置、穷源、作法、平贴、神韵），卷二山水（避俗、存质、仿古、自运、会意、立格、取势、酝酿），卷三传神（传神总论、取神、约形、用笔、用墨、敷色、断决、分别、相势、活法），卷四人物琐论、笔墨缣素琐论、设色琐论。其每篇数段，持论详明平允，时有新义发明，当为于此道深造有得者。

沈宗骞自序云："用是不揣固陋，举凡不合古人之法者，虽众所共悦必痛加绳削；有合于古人之法者，虽众所共弃必畅为引伸，分一别目，述为四卷。"

此本序作章草，宗骞所为也。它为楷书，自成一体，乾隆间刻书甚多，然以此种字体刊刻者极罕见。冰壶阁者，当为宗骞读书处，此亦为家刻本。卷四末页刻"浔溪熊锦文镌"。有扉页，刻"芥舟学画编。乾隆辛丑年镌。琴书阁藏板"。并钤"日本

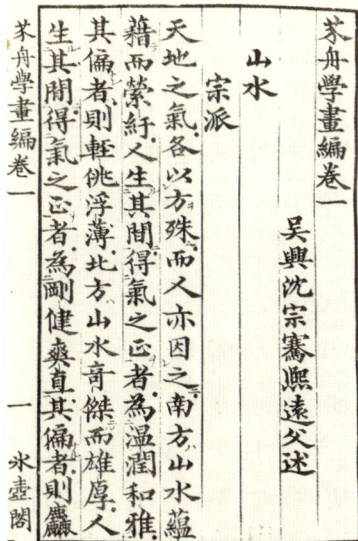

弘化甲辰翻刻九方先生标书校正""溪山不老诗言藏版"两印。又有版权页，刻"书林圣华房山田茂助藏。皇都寺町通六角南式部町"。

此弘化本乃据清乾隆四十六年（1781）沈氏冰壶阁刻本翻刻，所不同者，在于翻刻本书眉上刻有日人批注。乾隆沈氏冰壶阁刻本，《中国古籍善本书目》著录，上海图书馆、北京大学图书馆、复旦大学图书馆等三馆也有入藏。弘化本，国内北京大学图书馆、中国人民大学图书馆、华东师范大学图书馆也有入藏。日本翻刻本，还有明治十二年（1879）刻套印本，辽宁省图书馆有藏。

十九、日本万治元年刻本《群书拾唾》

《群书拾唾》十二卷，明张九韶撰。日本万治元年（1658）村上勘兵卫刻本。六册。半页十行二十一字，四周双边，白口，单鱼尾。题"临江张九韶美和父编集、新都汪道昆伯玉父增订、吴昭明白玄父校阅"。前有李登序、张九韶自纪、钱法跋。

张九韶，字美和，江西清江人。洪武十年（1377），以荐为国子助教，升翰林院编修。又有《元史节要》。

此书仿王应麟《小学绀珠》之例，以数记事，分十二门。卷一天文造化六十八条；卷二地理广轮一百六十五条；卷三人伦礼用一百八十三条；卷四帝王世系四十六条；卷五古今人品一百七十二条；卷六官制品从一百二条；卷七文武制度一百八十五条；卷八器服音乐一百六条；卷九经史文章一百条；

卷十动植食物七十四条；卷十一老氏玄谈十五条；卷十二禅宗法语一百九条。

李登序云："如今《类聚》《通考》等书，流行海内者，屈指不可胜计，然迂回浩漫多矣，而复为不精，反复重迭详矣。而竟至寡要有事，博洽者不无展读而厌之。此予独有取于《群书拾唾》一编也。是编传为国初张美和先生辑，其先生爵位事迹，已不能考。予独喜其能以数万言，赅宇宙数万年事，上穷天文，下穷地理，中穷古今名物象数，且其钩玄撮要，别类分门，更令人欲有寻求，应手一一可得，是不但超出乎《类聚》《通考》等书，盖直可以驾惠子之五车，废唐人之四库矣。新都吴白玄君见而说之，欲重梓以广其传。"

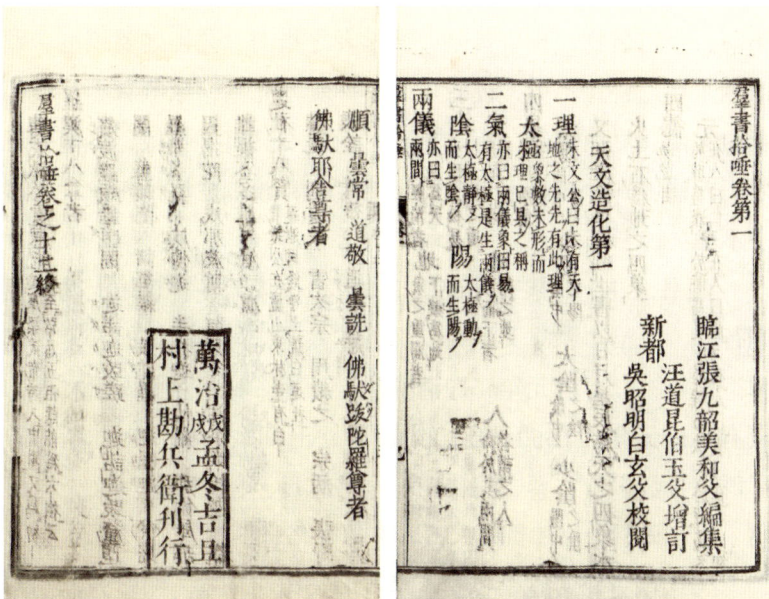

　　张九韶自纪云："古今所刻，若《说文》、若《韵会》、若《小学绀珠》、若《小学名数》以至百家之编、《幼学须知》等书，虽详略不同，然大概具是矣。丧乱以来，典籍散轶，其书无复存者，欲复求一册，以为童蒙之训不可得已。斋居暇日，因纂辑经史子传所载事之至为切要者汇为一编，目之曰'群书拾唾'，分十有二门，而凡天地人物、古今事迹，莫不鳞次羽集，以类相从，庶几一览而得以略见其大要。盖将以藏之家塾，私备遗忘，且以为教儿童之计耳，非敢公诸人也。而好事者见之，辄欲传录，亦非所敢隐也。虽然，是特区区耳目之所及者尔，其所不及者尚多有之，博雅君子，相与衷益，而是正之，固所望也。"

　　钱法跋云："按临川美和先生之为是编也，博而不繁，简而不漏，宇宙名物，班班具是，诚学者之指南，艺圃之要领也。顾旧刻未精，鲁鱼不少，读者病之。如真李先生，家藏有本，新都吴白玄氏，见而慨然，有志重新，而即委其事于不佞，自愧一班之识，谬施郢斤，命木告成，焕然生色，较昔之流传海内者，迥乎不侔矣。"

　　此书，卷十二末有牌记，刻"万治戊戌孟冬吉旦村上勘兵卫刊行"。万治本，津又见另一部，亦六册，虽同版，但卷十二末牌记被剜去。万治元年，即清顺治十五年。日本除此万治本外，又有承应元年（1652）昆山馆道可处士刻本。按：张九韶另有《群书备数》十二卷，据《四库全书总目》，"检核其文，与此书一字不异，盖书肆重刊，改新名以炫俗也"。

　　《中国古籍善本书目》著录有明吴绍明刻本、明毓秀斋刻本二种，前者藏中国科学院图书馆，后者藏清华大学图书馆。

此万治本，国内中国国家图书馆、北京大学图书馆、辽宁省图书馆、浙江省图书馆、中山大学图书馆也有入藏。

二十、日本明和刻本《皇明世说新语》

《皇明世说新语》八卷《释名》一卷，明李绍文撰。日本明和八年（1771）皇都书肆菊屋喜兵卫刻本。八册。半页九行二十字，左右双边，白口，单鱼尾。题"云间李绍文节之甫撰"。前有宝历四年（1754）阿波谷鸾序、陆从平序。末有宝历四年（1754）那波佑昌后序。目录后附名公校阅姓氏。

李绍文，字节之，江苏华亭人。有《云间人物志》四卷附家志一卷、《云间杂识》八卷、《艺林累百》八卷。

卷一德行、言语上；卷二言语下、文学、政事；卷三方正、雅量、识鉴；卷四赏鉴、品藻、规箴；卷五夙惠、豪爽、容止、自新、企羡、伤逝、栖逸；卷六贤媛、术解、巧艺、宠礼、任诞；卷七简傲、排调、轻诋；卷八假谲、黜免、俭啬、汰侈、忿狷、谗险、尤悔、纰漏、惑溺、仇隙。共三十六篇一千五百十事。

陆从平序云："余友李节之，即中条季子也，少颖敏不群，弱冠名已噪诸生中，乃能文而不欲以文鸣，能诗而不欲以诗显，即诸子百家、稗官野史，靡所不猎，而不欲以记闻著。志轩蓊，以名世自负，居恒慕《世说新语》一书，而惜其拘于古昔，不及今时。每于耳目所逮，凡名公巨卿嘉言懿行，或方外吊诡之谈，荒逖瑰傥之迹，可以观风考德，哀思大蓄者，有见必札，有闻必

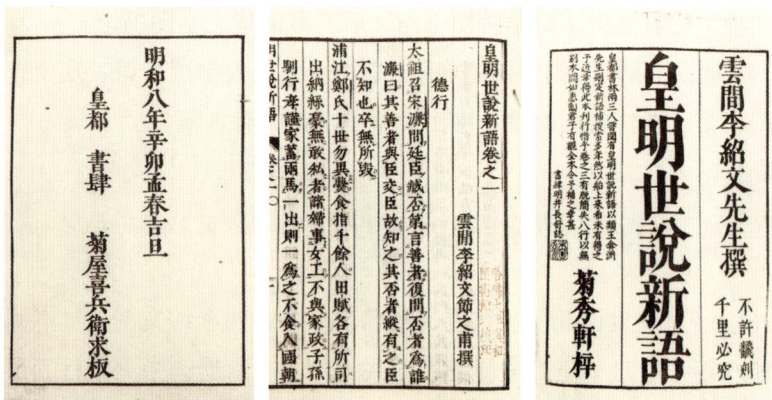

书，分门比类，大约仿刘氏《世说》。而人核其里，事求其真，则皆取诸昭代，命曰'皇明世说新语'，盖积勤十余年而书成，用意良苦矣，而未敢以示之人。会节之以文学受知于邑侯熊际华公，举以就正。而邑侯复为厘其谬误，遂成全书。节之不敢私也，以付剞劂。"

有扉页，刻"皇明世说新语。云间李绍文先生撰。不许翻刻，千里必究。皇都书林两三人，尝闻有《皇明世说新语》，以类王弇州先生删定《新语补》，搜索多年，然以舶上来希，未有得之。予近幸得此本刊行，惜乎卷之三有脱简，失八行，以无别本阙如。惠顾君子，有观全本，令予补之，幸甚。书肆明井长舒志。菊秀轩梓"。卷八末有"明和八年辛卯孟春吉旦皇都书肆菊屋喜兵卫求板"。明和八年，为清乾隆三十六年。

此书，《中国古籍善本书目》未著录。明和本，国内未有收藏，仅有宝历四年贯器堂刻本，藏大连市图书馆。又朝鲜有高宗九年（1872）刻本。

二十一、日本享保刻本《三录故事》

《三录故事》三卷。日本享保六年（1721）杉生五郎左卫门刻本。二册。半页九行二十字，四周单边，白口，无鱼尾。书口下刻"博古堂"。前有一色东溪序。

三录者，为资暇录、希通录、群碎录。资暇录题"陇江李济翁"。希通录题"宋萧参"。群碎录题"华亭陈继儒"。按：此三录，皆见于《说郛》及《续说郛》（清顺治三年李际期宛委山堂刻本）。资暇录，为《说郛》之卷十四；希通录，为《说郛》之卷六；群碎录，为《续说郛》之卷二十一。

希通录正文前有"书名曰《希通》者，盖取范宁云：虽我之所是，理未全当，安可以得当之难，而自绝于希通哉？嘉定癸未通岩居士识"。

群碎录正文前有"他石可以攻玉，众壤可以益岱。读书者，即一字一语，何忍弃之？故题曰'群碎'。群碎，王右军语也。陈继儒记"。

一色东溪序云："余自知读书，目欲究览天下之书，然家素寒贫，力无能致，而屡乞假于人，偶闻桑人蓄异书，则千方百计，如饥者之于食，渴者之于饮，必得而后已。苟以其得之难，而一周之际不能殚记，故开卷每遇其窍而实、简而要者，与夫事奇而理正、言近而旨远者，必抄之投敝篑中，盖欲模仿古人类书之例，而裒成一书，以资于管见也。然而连年牵缠世故，东奔西走，席不暇暖，虽好书之癖，无一日而忘于怀，几案之间，笔研

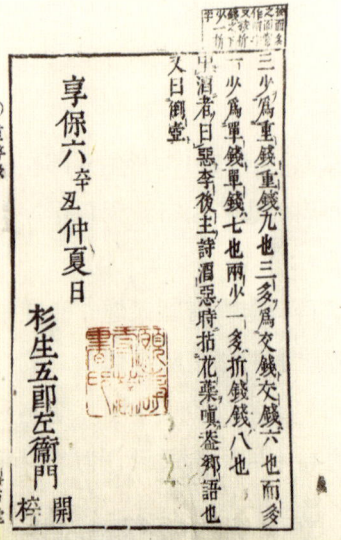

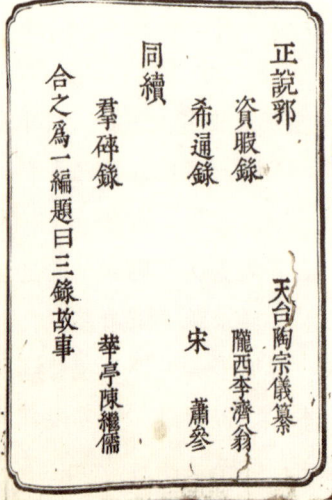

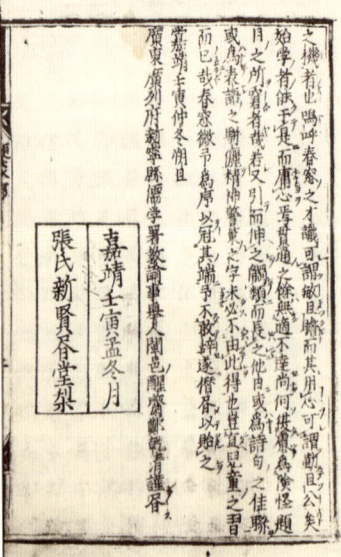

尘积。顷者还梓里，淹留有日，乃执曩日所纂者见之，大半已为蠹鱼之有矣。恐其逾久而日就于泯灭，拣其授引精确有裨于考索者得三录，曰《资暇》、曰《希通》、曰《群碎》，合之为一编，题曰"三录故事"，以其实命之也。间有阙漏讹舛，则补而正焉。凡四阅月，而缮写功就，仍述其所以纂辑之意，引诸简端。"

扉页刻"正说郛，天台陶宗仪纂。资暇录，陇江李济翁。希通录，宋萧参。群碎录，华亭陈继儒。合之为一编，题曰三录故事"。

群碎录卷后刻"享保六辛丑仲夏日杉生五郎左卫门开梓"。享保六年，为清康熙六十年。

此享保本，不见国内图书馆收藏。

钤印有"扫叶山房藏书""菊池氏图书记""愿寿寺藏书印"。

二十二、日本宽永刻本《春窗联偶巧对便蒙类编》

《春窗联偶巧对便蒙类编》二卷，明曾梅轩辑。日本宽永十三年（1636）田仁左卫门刻本。二册。半页六行，黑口，双鱼尾。题"莆阳曾氏梅轩编集"。前有嘉靖二十一年（1542）郑乾清序。

曾梅轩，号春窗，福建人。无考。

此集分一字类、二字类、三字类、四字类（天文门、地理门、时令门、花木门、鸟兽门、宫室门、器用门、人物门、人事

春窗联偶巧对便蒙类编

门、故事门、身体门、彩色门、通用门）、五字类（同上，但多出衣服门、珍宝门、饮食门、数目门、文史门）、六字门、七字门（多干支门、卦名门、方隅门）、十字门、十一字类、至三十五字类。又有举子彩旗联门、桃符春帖联句、杂用联句类、杂录挽联、迎状元彩旗句。

汉魏以来，五、七言古诗，开句法之先河。六朝之骈俪文，迄唐代，体制更趋严整，音声对仗，亦较前益工。偶语，取其偶之相对之意，对偶者，语言精练，对仗整齐，描绘生动鲜明，以表情达意，相映成趣。无论写景抒情，或语浅意深，自成一格。郑乾清序中认为做对子也是不易之事，"必须先调平仄，次究门类，然后识虚实、清浊字法、轻重缓急，体格意欲浑成，而最病于俗。字贵清巧，而尤嫌于雅，故造意虽奇，而平仄不调，非善也；立言虽巧，而门类不符，亦非善也"。

此亦为蒙学书，书名"便蒙"即有启人心智之意。集中联句多简单明白，雅俗共赏，如七字门"鹦嘴啄花红点地；马蹄踏草绿沾泥"。"鼠无大小皆称老；猫有雄雌总呼儿。""农舍犁锄为厚产；儒家经史作良田。"八字门"绣成花草指上春光；画出云烟笔端晚景"。十字门"管仲之器小哉何足算也；孔子之道大矣其可量乎"。十一字门"西湖湖上采莲人唱采莲歌；北阙阙中攀桂客吟攀桂赋"。三十五字类"家中有个陈皮鼓，上画一老虎，可笑小孩童，日日去打鼓，鼓响虎又惊，不知鼓惊虎虎惊鼓；门外有堵损瓦墙，下系孤拗马，堪观老家长，时时来修瓦，瓦落马忽跳，不识瓦打马马打瓦"。

郑乾清序云："今年春，予得东广学职，及冬，将抵任，适莆士春窗曾先生亦欲为海南游，邂逅之门，遂间遂与，偕往途中，谈及对事，不觉少年之心复萌，用是舟次，或遇风晨月夕、水色山光，二人辄触景成趣，迭为对题，互相论难，时觉有所资益。最后，春窗出《对偶》一帙示予，且告曰：'吾少喜是事，故常留心，凡遇人有奇联警句，归而纪之，积之岁时，遂成部帙。思欲与童辈习之，而随手录成，别无统序，乃因闲中，自为编汇，而尤病其纰疵不齐，遂研精覃思，妄以己意，订定其中，无者补之，略者足之，或首媸而尾妍者，或题巧而对拙者，皆自摅鄙怀，悉为易去。然后，是编颇称浑成。但天文地理之属，各归门类，俾学者易于寻觅也。始终皆以韵叶，俾学者便于习读也。每首起四联，则皆用经史科第之意，而不以风云月露先之，俾学者习此有所向也。平生精力，尽在此编，今将锓梓，以广其传。则不独吾之子弟与莆之子弟，而四方之士，咸得共有之，庶几童蒙之士，读书进学之一助也。'予闻而喜之，乃从而细阅焉，见其中天地两间，人情物态，与夫往古来今，细微曲折，靡所不备，且句句清新，字字奇绝。间有数联，其精致神妙，直能道人所不能到者。真如良贾之肆，精粗杂陈，而中有深藏之富。又如良工之射，左右随发，而巧有必中之机者也。"

郑序后有牌记，刻"嘉靖壬寅孟冬月张氏新贤书堂刊"。卷上末牌记刻"嘉靖孟冬月新贤堂校正刊行"。卷下末牌记刻"春窗联偶一书，实学者日用之急要也。惜乎古板字有差讹，未分对数，今将校证明白。上又新增诗联对韵，共成便蒙，以为幼学日用观览，亦未必不无一助。四方君子买者，务亲来此堂，始无误焉。时嘉靖辛丑岁孟冬吉日书林新贤堂重证刊行"。嘉靖辛丑，为嘉靖二十年（1541）。又有"宽永十三丙子年霜月吉辰田仁左卫门刊行"。宽永十三年，即明崇祯九年。田仁左卫门又于宽永二十年（1643）刻有《新镌时用通式翰墨全书》十二卷。

联偶巧对一类的专书，多短句长联，但明代的不多见。明代所刻类书中有《对类大全》《丽句集》等，又据《中国古籍善本书目》，有《启蒙对偶续编》四卷（明嘉靖刻本）、《精刻芸窗天霞绚锦百家巧联》四卷首一卷（明万历二十九年书林刘龙田刻本）、《刻精选百家锦绣联》六卷（明末刻本）等。

此本日本皮纸印。字里行间杂有假名。正文上栏刻"便蒙"。新贤书堂，或称新贤堂，为嘉靖间建阳张闽岳书坊，又刻有《性理大全书》《通鉴续编》《礼记集说》《书经集注》《春秋胡传》等。

《中国古籍善本书目》子部类书类著录，有《新刊春窗联偶巧对类编》二卷，明曾梅轩辑。明嘉靖十六年黄氏集义书堂刻本，藏吉林大学图书馆。又子部艺术类有《新刊合璧春窗联偶巧对》二卷，明杨淙辑。明隆庆五年刻本，藏上海图书馆。

此宽永本，上海图书馆、辽宁图书馆、北京大学图书馆也有入藏。

二十三、日本宽永刻本《新镌时用通式翰墨全书》

《新镌时用通式翰墨全书》十二卷，明王宇辑。日本宽永二十年（1643）田原仁左卫门刻本。十册。半页十行二十二字，四周双边，黑口，双鱼尾。题"闽海王宇永启纂辑、古吴陈端锡圣卿释著"。前有天启六年（1626）王宇序、陈端锡序。

王宇，字永启，福建人。无考。

此明代所刻通俗书之一，为民间人士实际应用之尺牍，自官府启札至下层社会往来庆贺，各行各业函柬用语多有参阅。此类通行流行之作，为民间日用"兔园册子"，明万历间坊刻最多，如《新锲翰府素翁云翰精华》《鼎雕燕台校正天下通行书柬活套》《分门定类今古名贤尺素天海奇声》《鼎锲四明便览柬学珠玑》《新刻古今切要士民便用书简翰苑玄英》《新锲士林交际翰札新函》等皆是，为研讨封建社会民间生活之不可或缺者，然坊间随刻随灭，最不易保存。郑振铎当年访肆，经见之有即必收

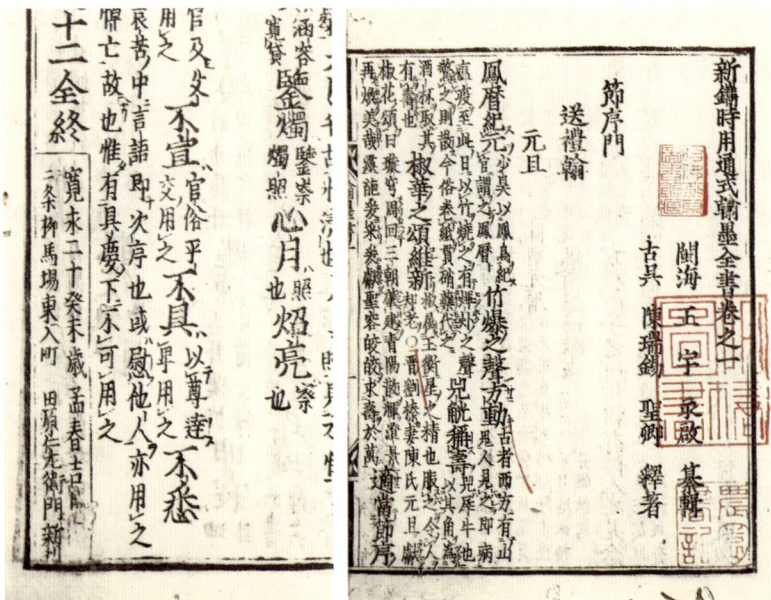

新镌时用通式翰墨全书

之，其所得曾积至数十百种之多。

卷一节序门（送礼翰、请客翰、邀游翰）、庆贺门（生子类送礼翰、生子类请客翰）。卷二生日类送礼翰、生日类请客翰、选举类送礼翰、选举类请客翰、除擢类送礼翰、除擢类请客翰、官职类送礼翰。卷三建创类送礼翰、请客翰、开张类送礼翰、请客翰、杂色类送礼翰。卷四冠礼门（冠礼式、贺礼翰、请客翰、笄礼式、贺礼翰、请客翰）、婚礼门（婚礼式、相托翰、聘定翰）。卷五期迎翰、酬馈翰、贺礼翰、请客翰。卷六丧祭门（丧祭式、慰劝翰）。卷七馈送门（赆贽类、食物类、衣段类、文房类、器用类、华木类、果品类、飞禽类、走兽类）。卷八邀约门（客游类、行乐类）、请召门（儒业类、人事类）、荐举门（儒业类、九流类）、浼托门（人事类、货物类）。卷九于求门（人事类、文翰类、食物类、花木类）、假借门（宫室类、文翰类、食物类、器用类）、酬谢门（儒业类、九流类、人事类）、慰问门。卷十活套门（具名式、具书式、家属类、亲戚类、师友类）。卷十一官交类、于谒类、请客小柬式。卷十二四时问候四六句式、四时问候单句式、颂德事实、更换事实。

王宇序云："余弱冠，即以词翰翩翩自许，然欲辑一班，殊觉甚难。追骋足皇路，或杯酒、或诗骚、或山水、或花间月下，以简札往来者甚众。于是几席间方有尺余，归而就沿径在竹窗下，或删繁就简，或存液黜浮，大率十得其半，然犹恨不畅雅志，更于名公签史，采其精，摘其华，得隋珠万斛。余于是欣然曰：虽非二酉三长，然细读之，可以愈头风、驱疟鬼矣。书成，授诸梓人，以鬻于市，具法眼者，收而珍之，又何问姚黄魏紫。"

此书为陈端锡释文，其序云："此真玄圃菁华汉苑之芳菲矣。余乃从其中释之注之，庶几秦汉来事迹著之不晦云。是书也，或怀思而缥缈，或俛俯而浮湛，卮言可以解颐，只字为能导窍。开函则明月入怀，入睫则白云凝袖，名言洒洒，玉屑霏霏。良在兹欤！良在兹欤！"端锡号圣卿，江苏苏州人。

卷十二末刻"宽永二十癸未岁孟春吉日二条柳马场东入町田原仁左卫门新刊"。宽永二十年，即明崇祯十六年。

《中国古籍善本书目》著录有明天启六年自刻本，藏重庆市图书馆、北京大学图书馆。此宽永本，国内或无入藏。

钤印有"农园书记""□桥图书"。

二十四、日本刻本新锓郑翰林类校注释金璧故事

《新锓郑翰林类校注释金璧故事》五卷，明郑以伟辑。日本刻本。五册。半页九行二十二字，四周双边，黑口，双鱼尾。题"会魁如莲郑以伟阅辑、艺林直斋黄正慈梓行"。无序跋。

郑以伟，字如莲，号子器，江西上饶人。万历二十九年（1601）进士。授检讨，天启中以礼部左侍郎协理詹事府，直讲筵，因忤珰告归。崇祯初召拜礼部尚书，久之，偕徐光启并相。以伟修洁自好，书过目不忘，文章奥博，而票拟非所长。尝曰：吾读书万卷，而窘于数行，乃为后进所藐。卒谥文恪。有《灵山藏集》。

此与《精选黄眉故事》《故事白眉》《日记故事》者同，皆童蒙读物也。题"金璧故事"者，明代有《新镌京板图像音释金璧故事大成》十卷（明书林郑世魁刻本）、《鼎梓校增评释五伦金璧故事大全》十卷（明万历二十一年闽书林郑世豪刻本）等。盖金璧者，黄金、璧玉也。卷一五十六则，卷二五十则、卷三五十则、卷四三十则、卷五七十则，共二百七则。每则标题七字一句，如"湘竹斑成悲泪染""断蛇帝子英雄壮""经卷写来鹅欲唤"。又每则叙一故事，卷一第一则为"春来欲寄梅花信"，配图"折梅逢驿使"，云："晋陆凯与范晔相善，折梅作诗寄之：'折梅逢驿使，寄与陇头人。江南无所有，聊赠一枝春。'时凯在江南，晔在长安也。"每句皆有注释，如"折梅逢驿使"，释"去声。驿使，通命之使。凯因逢北使，折梅寄与

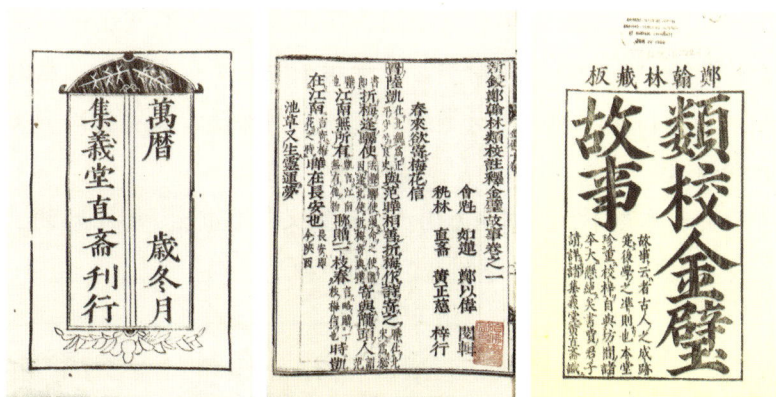

晔"。字里行间有假名。

此本有图，计二十幅，皆为全页大幅。图之上有四字、五字、六字一句之标题，如"芦衣顺母""弃子存孤""忠谏忘身""剑挂高坟""受业思父母""携妓泛江舟""高祖英雄在""东陵五色爪""盘古开辟天地"等。图甚精，人物形象简洁，构图别致，颇类万历间金陵派之作。尝见日本名古屋市蓬左文库藏《重校琵琶记》二卷（图版），明万历二十五年集义堂刻本，图之风格与此相类。卷一第一页题"会魁如莲郑以伟阅辑"，然非郑辑也，当为坊估假借"会魁"之名以傲俗。

封面有书签，刻"金璧故事卷之"。扉页刻"类校金璧故事。郑翰林藏板。故事云者，古人之成迹，实后学之准则也。本堂珍重校梓，自与坊间诸本大悬绝矣。书贾君子，请详诸集义堂。黄直斋识"。卷五末有牌记，刻"万历岁冬月集义堂直斋刊行"。按，集义堂为黄正慈坊肆，据《中国古籍版刻辞典》（增订本），集义堂，明弘治间即有，刻《大广益会玉篇》。其后裔延至万历，仍有刻书。《中国古籍善本书目》有《新镌京板全补源流引蒙登龙会海对类》二十卷，明万历黄正慈集义堂刻本；《新刊春窗联偶巧对类编》二卷，明嘉靖十六年黄氏集义书堂刻本。

此日本刻本，当据明万历黄正慈集义堂本重梓，唯不知刻于何时。上海华东师范大学图书馆也有入藏。

二十五、日本正保刻本《京本音释批注书言故事大全》

《京本音释批注书言故事大全》十二卷，宋胡继宗辑，明陈完直注。日本正保三年（1646）伊吹权兵卫刻本。六册。半页十一行二十二字，四周单边，白口，单鱼尾。题"庐陵胡继宗集、安成陈玩直解、晋江李廷机校、书林郑世豪梓"。前有万历十七年（1589）吴怀保序、天顺八年（1464）陈玩直序、万历十七年程涓序。

此亦为蒙学书，作者胡继宗，江西庐陵人，博雅君子也。搜猎经传，采摘故实，分门别类，名之曰"书言故事"。其间为天文人事、地理时令、彝伦典常、卜祝巫史、礼乐刑政、宫室台榭、山林川泽、昆虫草木，汗牛充栋，靡不毕载。并以子丑寅卯辰巳午未申酉戌亥分集，计十二卷，再细分为二百五十二小类，如卷一子集，为人君类、圣寿类、父母类、祖父母类、孝养类、宗族类、兄弟类、媒妁类、婚姻类、夫妇类、翁婿类。每条之下，附有音释批注，得使初学者广见其闻。如"铁砚未穿"条，

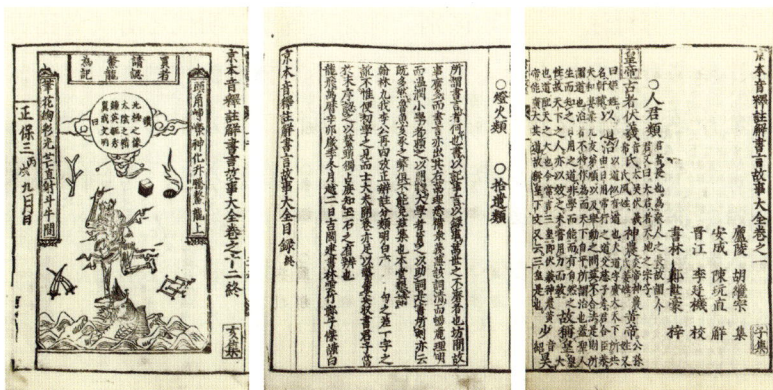

云："不改业，曰'铁砚未穿'。宋桑维翰或令其改业（维翰业进士，考官恶其姓不祥，故或人令其改业），维翰铸铁砚以示人（示，晓示也），曰：'砚穿，则易他业（易，换易也）。'卒以进士及第（卒，终也。编进进士甲次，第一甲谓之进士及第，其次谓之进士出身）。"

读陈完直序，知《书言故事》最早有清江宋应祥为之释文，京兆刘先生间标之为题，后陈皆集之，并遍加搜抉诸家史实并注，如《战国策》《史记》《搜神记》《礼记》《唐语林》《左传》《家语》《尔雅》等书，悉置之本句之下，其目的为：使人就之则易见，读之不难晓。陈完直，江西安成人。无考。

又据《中国古籍善本书目》，胡氏《书言故事》明代最早刊刻之本为《书言故事大全》十二卷，乃万历十七年吴怀保所刻。程涓序有云"吴生伯仁，博极群书，馆居之暇，得兹书善本，因刻而布焉"。此或即郑世豪据万历十七年本重刻本，书名前冠以

"京本音释批注"，以示区别。陈完直解本，明代还有《考正古本注释书言故事》十卷（万历二十六年书林郑云竹刻本）、《鼎锲全补音注书言故事类编》□□卷（万历二十九年书林陈耀吾刻本）、《新刊训解直音书言故事大全》六卷（万历三十四年唐氏世德堂刻本）、《新锲类编明解正音京板书言故事》十卷（万历三十六年书林郑云林刻本）、《屠王二先生参补批注书言故事一览抄》六卷（万历二十五年书林叶顺檀香馆刻本）。足见后来之书估将胡书变换名目，流传甚广。

目录后有牌记，刻"所谓书言者，何也？书以记事，言以录事，万世之不磨者也。坊间故事广多，而书言亦出其右。万理悉备，众义兼该，词清而畅丽，理明而温润。小学者赖之以开聪，大学者资之以助词。是书所刻，亦云既多，然鲁鱼亥豕之弊，俱不能免。兹集也，本堂恳请翰林九我李公再四考正，辨注分类明白，庶无一句之差，一字之讹，不惟便初学之见，而士大夫开卷，亦足以警策矣。收书君子，当于末序认之以鳌头独占，庶知玉石之有辨也。龙飞万历辛卯岁季冬月越二日吉，闽建书林云竹郑子杰谨白"。按："翰林九我李公"，即李廷机，李为万历十一年进士，累官礼部尚书，入参机务。万历间书坊刻士子读本，往往依托名人，如陈仁锡、叶向高等，冠以编纂、校正、删定。李氏其一也。

卷十二有图，类牌记，绘鳌龙出海，海妖执器。图之左右有荷盖莲座联句，曰："头角峥嵘神化升腾鳌龙上""笔花绚彩光芒直射斗牛间"。图之上刻"买者请认鳌龙为记"。图中有"赞曰：北极之像，太阴之精。钟英毓秀，翼我文明"。卷末有"正保三丙戌九月日伊吹权兵卫开板"一行。正保三年，为清顺治三年（1646）。郑世豪，字云竹，号子杰，福建建阳人。肆名宗文书舍，刻有《书言群玉要删》二十卷、《重校全补海篇直音》十二卷、《海内名家手柬鳞鸿新札》八卷、《鼎镌校增详注五伦日记故事大全》四卷等十余种。

《中国古籍善本书目》著录有明万历十九年书林郑世豪宗文书舍刻本，明万历二十八年书林郑世豪宗文书舍刻本二种，前者藏中国国家图书馆、上海图书馆，后者藏中国国家图书馆。

此正保本，字里行间有假名。辽宁省图书馆、湖北省图书馆、天津南开大学图书馆也有入藏。

钤印有"山口私记""鹿翰堂"。

二十六、日本宽文刻本《鼎镌漱石山房汇编注释士民便观云笺柬》

《鼎镌漱石山房汇编注释士民便观云笺柬》四卷，明陈翊九撰。日本宽文十一年（1671）上坂勘兵卫刻本。一册。四周单边，白口，无鱼尾。二节版。书口刻"翰墨琅函"。题"三山陈翊九汇编、富沙剞劂"。末有日人荔斋默默子跋。

陈翊九，无考。

只看书名即知为通俗用书。卷一称呼套语、书启先后定式、间阔套语、瞻仰类、即日类、时令类、伏惟类、颂德类、神相类、起居类、欣喜类、自叙类、少禀类、人事类、临书类、保重类、祈亮类、结尾类、书后月分名义、旬朔名义、书尾空处汇

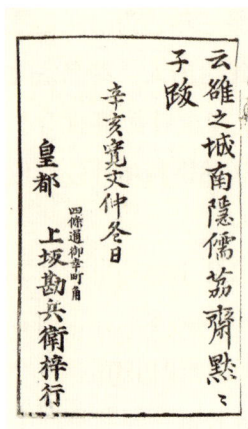

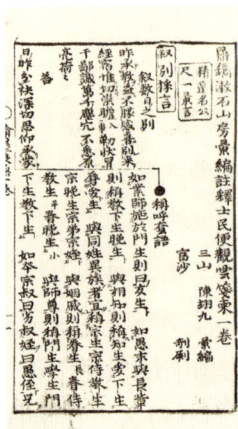

语、封套汇语、串成书柬活套式、答书活套汇语、书后附名致意、串成回柬式、来往书札。卷二宴请帖式、帖文活套、请召门、寿诞请人、诞育请札、玩赏请札。卷三馈送活套、馈送品物称谓、馈送全柬古式、馈送时式、答受帖、答半受、答不受。卷四文公冠礼、文公笄礼、请宾为子冠、女笄请宾、文公婚礼、聘书仪式、家庭书信。书分上下栏，上栏刻"精选名公尺一汇言"。

荔斋默默子跋云："三山陈氏所汇编《翰墨琅琚》四卷，帖式用类，多有便于初学，尤简牍之快捷方式也。刿厥氏欲锲板，请余训点，恐无所逃于鲁鱼之误，暂应其求云。"

此书原本，《中国古籍善本书目》未著录，仅见美国哈佛大学哈佛燕京图书馆入藏。

有扉页刻"翰墨琅琚。修词轨范、古今事类、栏门新语、品物称呼、名家诗选、百家可联。新刻名公精辑全备捷用。四知馆梓"。跋后刻"辛亥宽文仲冬日。皇都通御四条幸町角上坂勘兵卫梓行"。宽文十一年，为清康熙十年。日本又有宽文元年（1661）刻本。

四知馆为明末杨金之坊肆，杨金，字丽泉，号君临。又刻有《精选南北乐府时调青昆》不分卷、《丹溪心法》二十四卷、《三刻太医院补注妇人良方》二十四卷、《武经通鉴》七卷、《婴童百问》十卷、《新锲京版工师雕斵正式鲁班经匠家镜》二卷、《钟伯敬先生批评忠义水浒传》一百卷一百回、《揭子战书》十七卷等。

钤印有"高基山宝石寺""新井凤岩图书""葩雪"。

二十七、日本贞享刻本《大佛顶首楞严经疏解蒙钞》

《大佛顶首楞严经疏解蒙钞》十卷首一卷末一卷，清钱谦益撰。日本贞享二年（1685）刻本，三十册。题"海印弟子蒙叟钱谦益钞"。有图四幅，绘佛与诸天、菩萨，有"旌邑刘启明刻""吴门袁雪敬写"。

卷首为古今疏解品目、咨决疑义十科。卷末为五录，为佛顶图录、佛顶序录、佛顶枝录、佛顶通录、佛顶宗录。中枝录分七，为传译、证本、藏教、弘法、义解、怪解、随喜。通录分上下。宗录分三，为垂示宗旨、参会公案、举拈偈颂。

《蒙钞》乃释教要籍，梁启超《中国近三百年学术史》云：钱氏"尝亲受业于释憨山德清，人又聪明。晚年学佛，著《楞严蒙钞》，总算是佛典注释里头一部好书"。谦益钞解此经，盖以老来触目皆非，"缘起"云："庚寅之冬，不戒于火，五车万卷，荡为劫灰，佛像经厨，火焰辄返，金容梵夹，如有神护，变慑良久，惧然憬悟。"庚寅为顺治七年（1650），钱六十九岁，是年十月初二夜，钱氏幼女与乳媪嬉楼上，剪烛地，落纸堆中，遂燧。钱氏楼下惊起，焰已涨天，不及救，仓皇出走，俄倾楼与书俱尽，惟一佛像不烬。钱氏于悲痛中叹云：甲申之乱，古今书史图籍一大劫也；庚寅之火，江左书史图籍一小劫也。

绛云楼七十三大书橱尽付祝融，令钱谦益心灰意冷而遁之空门，归心释教，一以注经为事。谦益与佛有缘，并沉浸其中，早在万历十七年，密藏开法师莅常熟，谦益八岁，由从祖父钱顺化携往礼足，同年，尝闻雪浪大师讲演佛法，故早岁已结缘佛教。五十二岁读《华严经》，始悟少时读苏轼所为"司马温公行状""富郑公神道碑"之类，平铺直叙，以为古今未有此体，茫然不见涯涘者，皆从华严法界中流出，非时世心眼所能窥测也。故谦益学问渊博，所作之文，汪洋恣肆处，实得力于释典。这些与他以后勤注《楞严》，实有渊源。

佛顶蒙钞目录后记云："万历己亥之岁，蒙年一十有八，我神宗显皇帝二十有七年也。帖括之暇，先宫保命阅《首楞严经》。中秋之夕，读众生业果一章，忽发深省，寥然如凉风振箫，晨钟扣枕。夜梦至一空堂，世尊南面凝立，眉间白毫相光，昱昱面门，佛身衣袂，皆涌现白光中。旁有人传呼礼佛，蒙趋进礼拜已，手捧经函，中贮《金刚》《楞严》二经、《大学》一书，世尊手取《楞严》，压《金刚》上。仍面命曰：世人知持诵

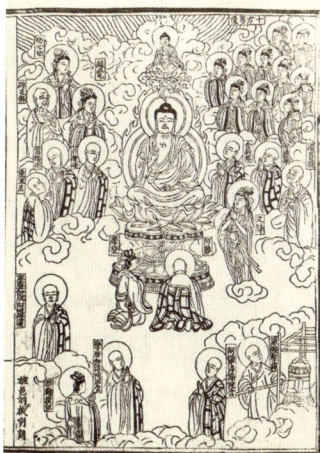

《金刚》福德，不知持诵《楞严》福德尤大。蒙复跪接经函，肃拜而起，既寤，金口圆音，落落在耳。由是忆想隔生，思惟昔梦，染神浃骨，谛信不疑矣。"　"刿心发愿，誓尽余年，将世间文字因缘，回向般若。忆识诵习，缘熟是经，览尘未忘，披文如故。抚劫后之余烬，如寤时人说梦中事；开梦里之经函，如醒中人取梦中物。此《佛顶蒙钞》一大缘起也。"

自顺治八年（1651）正月起，谦益始撰《蒙钞》，十一年初稿成，十四年而稿五易，至十六年冬历次年春，才写定付刊，前后有十年之久。"晓窗鸡语，秋户虫吟，暗烛□笔，残膏渍纸，细书饮格，夹注跳行。每至目轮火爆，肩髀石压，气息交缀，懂而就寝，盖残年老眼，著述之艰难若此。今得溃于成焉，幸矣。削稿麤就，编排略毕，插架阁笔，喟然三叹。何叹乎？盖深叹夫解经之实难，而古人之未易以几及也。蒙初翻此经疏解，上遡资中，下循长水，文质理精，词简义富，有读之三四过犹未了者，有绎之三四年始得解者。少言多义，自古皆然，无不契真，无不成观。"

目录后记末又刊"丁酉长至，遇雪藏韶师于长干，出斯钞就正。韶师偕介丘禅师呵冻开卷，废寝食五昼夜读罢，说八偈以唱叹。介丘告我曰：雪老教乘，宿学不妄许可一字，谓此钞得《楞严》大全，古圣师面目各在，亟宜流布，勿使疑滞。逾三年己亥，江村岁晚，覆视旧稿，良多踌驳，抖擞筋力，刊定缮写，寒灯黯淡，老眼昏花，五阅月始辍简。卷帙粗了，韶师顺世之音旋至。及门之士，资助铅椠，若毛晋、黄翼、何云者，一岁中相继捐馆，法将徂谢，伴侣凋零，少分翻经，杀青未愁，逝川藏舟之感，迢然如积劫矣。明岁，余年八十，室人劝请流通法宝，以报佛恩，遂勉循其意。然此钞不敢终閟者，以韶师及诸方敦趣之故，而韶师嘱累一念，逾于肉灯身座，尤不忍其抑没也"。此后记末署"上章困敦"。按丁酉为顺治十四年（1657）。"上章困敦"，为庚子，顺治十七年（1660）。

此本首一卷末刻"佛弟子虞山毛凤苞发愿流通"。卷首末刻"戊戌夏佛弟子虞山何云校勘于武林报恩院"。卷一之一刻"佛弟子泰和萧伯玕开板"、之二刻"灵岩和尚弘储、汇藻、翠堂、僧鉴、物英、圣初、大圆、月函开板"、之三刻"张燮、程邑助缘"。卷三有"严栻、陆廷保、陆廷福、王泰来、徐文蔚、陆文焕、陆辂、曾肇甲助缘"。钱氏晚年，双眼如蒙雾，一字不见，腕中如有鬼，字多舛错。文魔诗债，杜门谢客，贫病交困，体衰力竭，病榻婆娑。钱致林茂之书云："弟年来穷困，都无人理，盗劫岁荒，催征迭困，上下无交，困无斗粟，天地间第一穷人，人不知也。"故"家中百物罄尽"的钱谦益，在著作完成后，只得求助友人资助刊刻。按：毛凤苞，即毛晋，汲古阁主人也。

毛晋通明好古，强记博览，从学谦益，盖从父命，二人关系非同一般。毛的《汲古阁题跋》及汲古阁刻《十三经》《十七史》等，都是钱氏作序。而钱氏之《列朝诗集》及《心经略疏小钞》，则由毛氏出资为之镂版。《钱牧斋先生尺牍》中与子晋书札达四十六通，汲古阁所在地在常熟迎春门外之七星桥，东距白茆市谦益之红豆庄，仅二十里，二人过从自多。钱撰毛子晋六十寿序云："余少有四方之志，老而无成，海内知交凋谢殆尽，及门之士晨星相望，亦有弃我如遗迹者。惟毛子晋契阔相存，不以老髦舍我。"

卷末五录第八末刻"天和癸亥腊朔以降，洎贞享甲子十月廿五日，加倭训，改鱼鲁毕，乞上报佛祖恩、下豁众生眼而已。雒下大谷后学寓光隆沙弥知空"。并有牌记，上刻"贞享二乙丑初春吉旦开板"。天和癸亥，当康熙二十二年（1683）。"贞享二乙丑"，当清康熙二十四年（1685）。此本乃日本贞享二年（1685）寓光隆据清顺治十七年（1660）杭州刻本的翻刻本，用日本皮纸，有日人钤印"常高寺"，当为日本常高寺旧藏，后散出再转入"哈佛燕京"的。蒙叟名重三岛，原书刊行不及二十余年，即已流传海外为之翻版，今中土传本日罕，即此日本版，亦越二百载，亦可珍矣。

顺治本，今所知仅数本，藏诸上海图书馆、天津图书馆、台北"国家图书馆"。又2004年5月，上海国际商品拍卖有限公司推出顺治本一部，成交价人民币3.4万元。此书清代属禁书，见于《清代禁书知见录》，云"无刻书朝代，约康熙庚子刊。有光绪十五年苏城玛瑙经房刻本"。康熙庚子为五十九年（1720），云康熙庚子刊，当误。又按，清光绪六年，蓬园有重刻汲古阁本行世。

谦益此书手稿本今存六册。目录后记一册，现存中国国家图书馆，有清郑文焯题记并跋。卷一存台北"中央研究院史语所"傅斯年图书馆，卷四存美国加州大学柏克莱分校图书馆，卷五、卷八之四、卷九（二册）存上海图书馆，卷十于2004年春在中国嘉德拍卖公司举行的拍卖中，为杨氏枫江书屋所得。全稿尚有首一卷及末一卷（五录）、卷二至三、卷六至七、卷八之一至三未见。

此贞享本，国内各图书馆不见入藏，又有文政十三年（1830）刻本，上海图书馆入藏。

二十八、日本江宗白刻本《须溪先生评点简斋诗集》

《须溪先生评点简斋诗集》十五卷，宋陈与义撰、宋刘辰翁评点。日本江宗白刻本。五册。半页十一行二十字，四周双边，黑口，双鱼尾。前有刘辰翁序。朝鲜嘉靖二十三年（1544）柳希春跋。末又有甲申江宗白跋。

陈与义，字去非，号简斋，河南洛阳人。登政和三年上舍甲科，绍兴中官至参知政事。事迹具《宋史》本传。

卷一赋三篇、卷二至十三诗四百四十七首、卷十四铭赞三首、卷十五无住词十六首。

《四库全书总目》所收为十六卷本，此十五卷本无杂文九篇。《提要》云："初，与义尝作墨梅诗，见知于徽宗，其后又以'客子光阴诗卷里，杏花消息雨声中'句，为高宗所赏，遂驯至执政，在南渡诗人之中，最为显达，然皆非其杰构。至于湖南流落之余，汴京板荡以后，感时抚事，慷慨激越，寄托遥深，乃往往突过古人。故刘克庄《后村诗话》谓其造次不忘忧爱，以简严扫繁缛，以雄浑代尖巧，第其品格，当在诸家之上。其表侄张嵲为作墓志云：'公诗体物寓兴，清邃超特，纤余闳肆，高举横厉。'亦可谓善于形容。"

柳希春跋云："陈简斋集，未能盛行于东方，有志学诗者恨之。岁癸未，宋相麟寿出按湖南，多刊书册，而是集亦预焉。县前宰柳侯泗掌其事，未毕而个满去。今年五月，功乃讫。噫！宋相开广文籍，嘉惠后学之意，于此亦可见其千一云。"

江宗白跋云："宋诗之刊行，于国朝者苏黄二家而已，其他至如后山、简斋，今之学者，或未尝称其名者。余谓简斋之诗，可谓至未必出苏黄之下矣。刘后村曰：元祐后，诗人迭起，到简

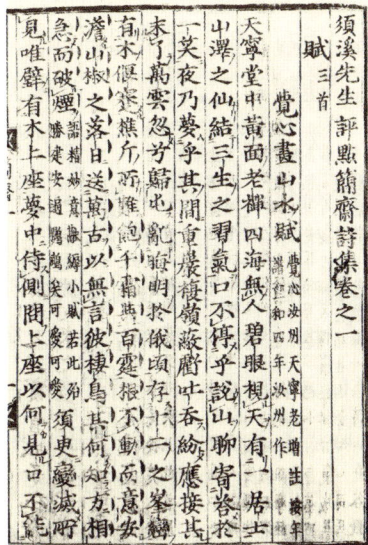

斋始以老杜为师，第其品格，当在诸家之上。善哉言乎。尝得是集，手写自珍，遂欲锓梓，广其传于不朽矣。于是以付剞劂氏，且欲便童蒙，加以和训，恐未无差讹，请读者订焉。"

刘辰翁评点校注之本有数种，如《须溪先生校本唐王右丞集》六卷、《须溪先生校本韦苏州集》十卷《拾遗》一卷、《须溪先生批点孟浩然集》三卷、《须溪先生批点选注杜工部诗》二十二卷、《须溪精选陆放翁诗集》后集八卷别集一卷。

据《中国古籍善本书目》著录，《简斋诗集》十五卷，明代仅有明初刻本传世，清代多有抄本。宋胡稚笺注本《增广笺注简斋诗集》三十卷无住词一卷，则有元刻本。

此本为日本江宗白据朝鲜嘉靖二十三年本翻刻。卷十五后有"金章文、宗修、崇轩、天圭、信连、法灯；刻手僧释雄；都色记官金克宝；校正幼学张汉雄、李大训；中训大夫行茂长县监柳泗；承训郎守都事李士弼；嘉善大夫全罗道观察使宋麟寿"。

日本内阁文库有此书之江户刻本。此本，国内辽宁省图书馆、湖南省图书馆、北京大学图书馆也有入藏。

钤印有"纳户藏本""守真草堂珍藏"。

二十九、日本嘉永刻本《醉古堂剑扫》

《醉古堂剑扫》十二卷，明陆绍珩辑。日本嘉永六年（1853）星文堂等刻本。四册。半页九行二十字，左右双边，白口，单鱼尾。题"松陵陆绍珩湘客父选；兄陆绍琏宗玉父阅"。前有嘉永五年（1582）池内奉时序、陆绍琏序、汝调鼎序、何其

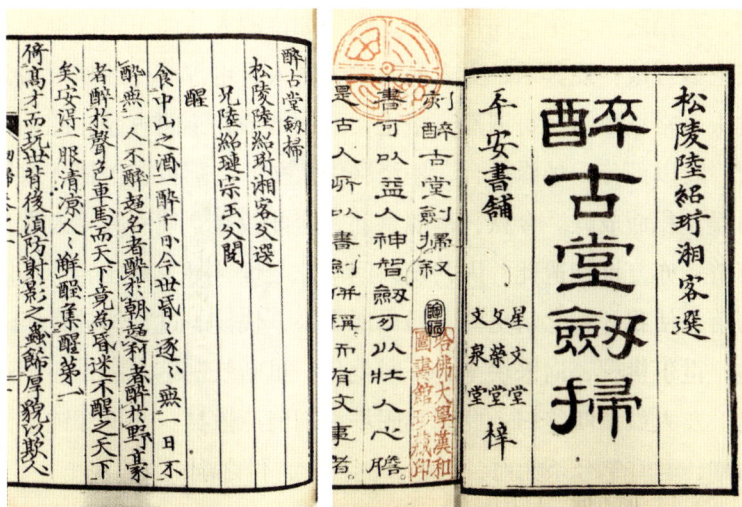

孝序、倪煌序、天启四年（1624）任大冶序、倪点序、徐履吉序、陆绍珩自序。参阅姓氏。凡例八则。采用书目。末有朱鸿跋、屠嘉庆题、顾廷栻题、嘉永六年赖醇后序。

陆绍珩，号湘客，江苏松陵人，唐陆龟蒙世裔。

此书为陆氏读书所得，凡名言、快语、警句、丽词，手录成帙。卷一醒部、卷二情部、卷三峭部、卷四灵部、卷五素部、卷六景部、卷七韵部、卷八奇部、卷九绮部、卷十豪部、卷十一法部、卷十二倩部。

陆绍珩自序云："余性懒，逢世一切炎热争逐之场，了不关情。惟是高山流水，任意所如，遇翠丛紫荇，竹林芳径，偕二三知己，抱膝长啸，恋然忘归，加以名姝凝盼，素月入怀，轻讴缓板，远韵孤箫，青山送黛，小鸟兴歌，侪侣忘机，茗酒随设，余心最欢乐不可极。若乃闭关却扫，图史杂陈，古人相对，百城往列，几榻之余，绝不闻户外事，则又如桃源人，尚不识汉世，又安论魏晋哉？此其乐，更未易一二为俗人言也。……遂如司马公案头，常置数簿，每遇嘉言格论，丽词醒语，不问古今，随手辄记，卷以部分，趣缘旨合，用浇胸中块垒，一扫世态俗情，致取自娱，积而成帙。今秋，落魄京邸，睹此寂寂，使邓禹笑人未免有情，亦复谁能遣此？因共友人问雨花之址，寻采石之岩，江山历落，使我怀古之情更深，乃出所手录，快读一过，恍觉百年幻泡，世事棋枰，向来块垒，一时俱化。虽断蛟刺笔之利，亦不过是。友人鼓掌叫绝曰：此真热闹场一剂清凉散矣。夫镆邪钝兮铅刀割，君有笔兮杀无血，可题'剑扫'，付之剞劂。"

池内奉时序云："余之所独，而世人之所不同。若夫读书之中，寓看剑之趣者，其惟《醉古堂剑扫》乎？其命名已奇，而分门更奇。盖裒古人名言快语以成帙，字字简淡，句句隽妙，可以焕发精神，可以开豁灵慧，亦犹看剑而星动龙飞，光彩陆离，其快意可胜舍哉？往年偶获誊本，欲刻之以当一部《说剑》，然鲁鱼颇多，因循未果。顷者，借崇兰馆所藏原本，校订而开雕之。"

赖醇跋云："余顷得明陆湘客《剑扫》者读之，盖湘客亦一不平才子也，尝著此书，以排其郁闷。自序云：甲子秋，落魄京邸，乃出所手录，刻曰'剑扫'。甲子，即天启四年，魏珰横恣，举朝妇人之秋也，则湘客之寓不平于此书可知也。此书辑古人名言碎语，分部奇警，剪裁雅洁，人一翻帙，不能释手，自赞所谓'快读一过，恍觉百年幻泡，世事棋枰，向来傀儡，一时俱化者'信矣。呜乎！湘客不平之人，而为快言之书，又使后世不平人读之，快意不止，何也？子长曰：古来著书，大抵圣贤君子发愤之所为。盖作不平人无知不平之情，自解解人，皆得其要因，不足怪也。余因与池内士辰谋梓以行世。"

凡例云："博采《史记》《汉书》《世说》等书，目所经见者靡不拣，入别调者，便不滥摘。""集有批点，出韵人口，入韵人目，如磁遇铁，自然相投，不必点缀为工，兹虽无批点，而已入韵目。""名公姓氏，非敢妄书，但系同志，即书字号，正望奇文共欣赏，疑义相与析。""是编纵未令长安纸贵，倘蒙玄鉴，嗣有续刻。""板取梨木，精择佳纸，更觅刻手名家，笔笔真楷雅致，一段苦心，珍赏家原之。"

扉页刻"醉古堂剑扫。松陵陆绍珩湘客选。平安书铺。星文堂、文荣堂、文泉堂梓"。赖醇跋后刻"京都府平民石田忠兵卫。上京第二十五区柳马场通二条上町二百六十三番屋敷"。

《醉古堂剑扫》，有明天启四年刻套印本，山东省图书馆、苏州市图书馆、复旦大学图书馆等六馆入藏。此星文堂等刻本，当据明天启四年刻套印本为底本重刻。日本又有嘉永六年菱屋友五郎刻本、明治四十四年（1911）大阪嵩山堂刻本。又此本，国内辽宁省图书馆也有入藏。

三十、日本活字印本《新刻痴婆子传》

《新刻痴婆子传》二卷，题芙蓉主人辑。日本活字印本。一册。半叶十行二十字，左右双边，白口，单鱼尾。题"芙蓉主人辑；情痴子批校"。前有乾隆二十九年（1764）挑浪月序。

新刻癡婆子傳卷上

芙蓉主人輯
情癡子批校

鄭衛之故墟有羌婦焉年已七十髮白齒落寄居隂巷喜談往事靈不倦亦往來里之公卿家里有燕篩客者就而問之曰嫗尨矣然態飄動丰韻瀟洒非若傴僂而持杖者則當年未必時不亦一佳人子恨余生晚不獲恭嫗之行藏然猶及見嫗之半標於今日也嫗請試言之某願傾聽嫗笑曰微子之言亦將以告于今歷命之敢不布甚區二篩客曰願載

洛陽耳口王艸化戶方壽延乐植字

芙蓉主人，其名及履历不可考。以《新锲重订出像注释通俗演义东西两晋志传》中雉衡山人（明杨尔曾）序内有"而后之作《金瓶梅》《痴婆子》等传者"句，故作明人所撰。

是书为淫秽小说，以浅近文言之倒叙笔法，述少女上官阿娜情窦初开，少试私情，至出嫁后伤风败俗，乱伦淫荡，最终被视为"败节妇"遣归母家，后皈依佛门，以清凉之水净洗淫心之故事。书中（第28页）有云："当处闺中时，惑少妇之言而私慧敏，不姐也；又私奴，不主也；既为妇，私盈郎，又为大徒所劫，亦不主也；私翁、私伯，不妇也；私饔，不嫂也；私费，姨也；私优，复私僧，不尊也；私谷，不主人也。一夫之外，所私者十有二人（一月一人，夫若只可派在闰月），罪应莫赎，宜乎夫不以我为室，子不以我为母，茕茕至今，又谁怨焉！（尚知愧悔，犹有天良）"文字刻画细腻，心理描写甚着力，惜备极秽褒，蛊惑人心。

上卷目录为倾谈往事、少妇谈情、属意少艾、情挟慧哥、妹恚逐慧、迁慧就传、目挑俊仆、昏暮佳会、于归栾氏、盈郎奉命、花下传情、陡遇大徒、曲栏遇伯。下卷目录为翁私沙氏、探姆遇翁、乐幸双美、克餮探意、子貌不肖、出闺私费、盈郎立遇、二媳称觞、礼聘香蟾、旧好相接、延师课子、隔□□□、青莲私谷、西楼称快、谢绝旧好、众人遗恨、詈逐慧哥、事败见逐、还归母氏、皈依三宝。

挑浪月序云："从来情者，性之动也。性发为情，情由于性，而性实昊于心者也。心不正则偏，偏则无拘无束，随其心之所欲，发而为情，未有不流于痴矣。矧闺门衽席间，尤情之易痴者乎？尝观多情女子，当其始也，不过一念之偶偏，迨其继也，遂至欲心之难遏。甚且情有独钟，不论亲疏，不分长幼，不别尊卑，不问僧俗，惟知云雨绸缪，罔顾纲常廉耻，岂非情之痴也乎哉？一旦色衰爱弛，回想当时之谬，未有不深自痛恨耳。嗟嗟，与其悔悟于既后，孰若保守于从前？与其贪众人之欢，以玷名节，孰若成夫妇之乐，以全家声乎？是在为少艾时，先有以制其心，而不使用情之偏，则心正而情不流于痴矣，何自来痴婆子之诮耶？时乾隆甲申岁，挑浪月书于自治书院。"

卷下末段云："上官氏历十二夫，而终以谷德音败事，皆以情有独钟，故遭众忌克慉，但知有谷而出妻，其余不知，蠢极矣。是书行，乃正闺阃，严防闲之助云。"

此为日本木活字印本。讹字甚多，如"鍾"误为"鐘"、

"蓉"误为"苔"。

日本皮纸印。计二十九叶。封面有书签,印"痴婆子传完"。第二十九叶末有"洛阳耳口王艸化户方寿延年植字"一行。

据著录,各种古代小说辞典、百科全书、提要、总目,多云此书有乾隆二十九年刻本。按:乾隆二十九年挑浪月序中未言刻书之事,此外也无任何根据证明为乾隆间所刻。故原作"乾隆刻本"者,似应改作"清刻本"为妥。

此为禁书,最为风俗人心之害,清刘廷玑《在园杂志》卷二云:"近日之小说,若《平山冷燕》《情梦柝》《风流配》《春柳莺》《玉娇梨》等类佳人才子,慕色慕才,已出之非正,犹不至于大伤风俗。若《玉楼春》《宫花报》,稍近淫佚,与《平妖传》之野,《封神传》之幻,《破梦史》之僻,皆堪捧腹。至《灯月圆》《肉蒲团》《野史》《浪史》《快史》《媚史》《河间传》《痴婆子传》,则流毒无尽。更甚而下者,《宜春香质》《弁而钗》《龙阳逸史》,悉当斧碎梨枣,遍取已印行世者,尽付祖龙一炬,庶快人心。"所以,同治元年江苏巡抚丁日昌《查禁淫词小说书目》及余治《得一录》卷十一之计毁淫书目单皆列入。另浙江杭州在仙林寺设局专门收缴书坊铺户所印卖之淫书书目中也有。

又有日本刻本,书名为"痴婆子传",作者项题"情痴子批校;芙蓉主人辑",行款同此本。据《中国古代小说百科全书》载书影,似为另一日本木活字印本。日本藏本闻有明治四年(1871)木规子跋。

此本,国内似未有收藏。

附录：
名山事业老蟫鱼，万卷琳琅重石渠
——著名版本目录学家沈津先生谈古籍版本学

赵宣

摘　要　沈津先生是继顾廷龙、赵万里、冀淑英等先生之后，新中国第二代古籍版本学家中的杰出代表人物之一。课题组进行访谈的重点之一在"哈佛模式"善本书志的撰写；二是在其版本鉴定的实践案例与经验。不仅旨在揭橥沈津先生个人独特的书志撰写与版本鉴定经验，更彰显其背后所蕴含的深邃的图书馆核心价值观。

关键词　沈津　哈佛模式　版本鉴定　核心价值观

国家社科基金项目研究开展以来，摆在我们面前的首要任务是抢救性地挖掘并保存耄耋以上的前辈学者的版本鉴定经验与史料。然而，萦绕于怀并尤显迫切的就是尽快拜谒像沈津先生这样蜚声海内外的著名版本学家。中国图书馆学会副理事长、著名图书馆学家程焕文教授是如此评价沈津先生的："环顾海内外中文古籍界，能出其右者难以寻觅。"[1]遗憾的是，跻身古文献学界多年，却和先生无一面之缘，只能不揣谫陋冒昧地在其博客上诚恳留言，然心惴惴然。万万没有想到的是，就在我们刚刚飞抵广州执行另一采访任务之时，竟接到了先生打来的越洋电话，并就我们之便预约了接受采访的具体时间和地点。一个月后，当我们在沪上完成了长达三个半小时的访谈后，终于明白沈津先生为什么能如此亲切和蔼而毫无架子了：一生以研究、保护古籍文献为使命的先生，一辈子念兹在兹的，无非乃文脉之传承、文化之延续。应该说，先生之道，一以贯之。

沈津先生，1945年生于天津，安徽合肥人。1966年毕业于武汉大学图书馆学系。在上海图书馆任职后，始追随顾廷龙先生研习图书流略之学，潘景郑、瞿凤起二位先生襄助之。顾老鼎鼎大名，毋庸赘言；潘先生则是章太炎和吴梅的弟子，精深于版本目录外，诗词曲赋也自成一家；瞿先生更是清末四大藏书家之一铁琴铜剑楼的后人，对于版本尤其是宋元本也是颇具只眼的大家。三位老师的学问之大都是学界公认的，尤为重要的是，他们的实践经验也都是书本上所不载的。人们常说十年磨一剑，而能够追随顾老杖履三十年，于沈津先生而言，真可谓三十年制一器。诚如先生所坦言，他大约是六十年代初期至八十年代后期中国图书馆学界中最幸运的人之一了。

1986年2月至1987年10月，沈津先生赴美国纽约州立大学石溪分校做图书馆学研究。1988年获研究馆员职称，成为当时中国图书馆学界最年轻的研究馆员。曾历任中国图书馆学会第三届理事、学术委员会委员、古籍版本分委员会副主任、上海图书馆特藏部主任、上海市第七届政协委员。1990年起任职于香港中文大学中国文化研究所，1992年则再度赴美，为哈佛大学哈佛燕京学社访问学者，继而经哈佛大学哈佛燕京学社社长杜维明教授、普林斯顿大学东亚系牟复礼教授等多位国际级大师的联合举荐，担任了长达16年的哈佛燕京图书馆善本室主任。2011年4月荣休归国，旋被中山大学图书馆延聘为特聘专家。

盘桓书林五十载，先生一生经眼的善本书在2万种以上，撰有约4000篇400万字的善本书志，已出版的专业论著总量更达到800万字之巨。主要著作有《书城挹翠录》（1996）、《美国哈佛大学哈佛燕京图书馆中文善本书志》（上海辞书版，1999）、《翁方纲年谱》（2002）、《顾廷龙年谱》（2004）、《中国珍稀古籍善本书录》（2006）、《书韵悠悠一脉香》（2006）、《书城风弦录：沈津学术笔记》（2006）、《老蠹鱼读书随笔》（2009）、《书丛老蠹鱼》（2011）、《书林物语》（2011）、《书海扬舲录》（2016）等。另编有《中国大陆古籍存藏概况》（2002）、《翁方纲题跋手札集录》（2002）、《顾廷龙书题留影》（2004）、《美国哈佛大学哈佛燕京图书馆藏中文善本汇刊》（广西师大社版，2011）等。可以说，用"学富五车、著作等身、名满学界"这12个字来概况先生半个世纪的学术生涯是恰如其分的。

有鉴于此，在采访前期我们已经拜读了先生有代表性的专著和论文，并胪列了颇为详尽的采访提纲，但即便如此，心里还是惴惴不安的，是先生的儒雅和随和一下子拉近了我们的距离。刚刚从美国国会图书馆访书归来的先生，首先介绍了此次为国会图书馆鉴定宋元善本和《永乐大典》所撰的4500字的评估报告的内容，并饶有兴致地讲述了国会图书馆令人叹为观止的善本书库、未编书库、日本书库、法律书库和中文书库之概况。曾前后四次应邀赴国会图书馆踏访缃帙的先生，埋首库房的时间累计已接近50天！我们可以想象，坐拥哈佛燕京图书馆善本库的那18年，先生又翻阅了多少部古籍善本啊！

　　"哈佛模式"的善本书志撰写，是我们项目研究访谈的重点之一。150万字的皇皇巨著——《美国哈佛大学哈佛燕京图书馆中文善本书志》（以下简称《哈佛书志》），是先生耗时两年时间完成的善本书志，累计包括1450种宋元明刻，1999年由上海辞书出版社出版。《哈佛书志》面世后，有鉴于哈佛燕京图书馆在整理、开发馆藏中国古籍的运思与运作方面，所具有的高起点和持续发展的特点，旋被大陆学术界誉之为"哈佛模式"，而该志的出版无疑是"哈佛模式"的关键：《哈佛书志》的编撰过程本身就体现了"哈佛模式"运作的成功；而正因其成功，"哈佛模式"才凸现"高起点和持续发展"的实际意义。[2]后因出版社倩人所编索引讹误较多，沈津先生又与大陆赴美访问学者严佐之、谷辉之、刘蔷、张丽娟合作，在新增入清刻本、稿本、钞本、活字本、套印本版画（不含方志），并对宋元明部分作了修订补充后，2011年易名《美国哈佛大学哈佛燕京图书馆藏中文善本书志》由广西师范大学出版社出版。其实，当初吴文津馆长仅仅是要求他写一部类似于王重民《中国善本书提要》式的书志，而先生则认为，书志不能仅仅是馆藏卡片内容的放大，而伤害了藏书志"开聚书之门径"和"标读书之脉络"的功能要义。所以，先生不仅超越了吴文津馆长的要求，而且还通过与哈佛燕京馆藏古籍的审校比对，发现了王重民在《中国善本书提要》一书中引文内容的"移花接木"与"断章取义"等诸多错漏之处。2013年，6大册400万字、囊括了3098种善本的《美国哈佛大学哈佛燕京图书馆藏中文善本书志》甫一面世，即荣获了国家新闻出版广电总局颁发的第三届中国出版政府奖图书奖。此后，严佐之教授提炼推广的"哈佛模式"不仅在学术界声名鹊起，而且以编写善本藏书志为先导和基础的项目筹划，以及以馆长统筹、经费稳定、人才引进为结构的项目运作方式，[3]切切实实地为那些计划或正在编纂馆藏善本书志的图书馆提供了一种可资参考借鉴的方法和样本。

众所周知，在欧美地区，美国国会图书馆所收藏的中国古籍最多，而哈佛燕京图书馆自1928年创办后经过80多年的搜集，无论古籍收藏的数量还是善本书的质量，都是足以和国会图书馆相颉颃的。追溯其中文古籍收藏，乃是由哈佛燕京学社提供采购经费，当年从中国北平、上海大量采购的，当然也包括四十年代"二战"以后，日本成为战败国后流散出来的很多图书。裘开明先生作为哈佛燕京图书馆第一任馆长，曾亲自或委托专人到日本广泛收集中国古书，这就不仅丰富了哈佛燕京馆藏，而且其中还有很多数中国大陆所没有的。

美国国会图书馆在上世纪五十年代曾经出版过自己的善本书志，那是王重民先生在四十年代到美国做访问时留下来花了几年时间做出来的，后来又经过袁同礼先生的加工，著录775部善本，共10万字，写得比较简单；与此相类，王重民先生在美国普林斯顿大学葛思德东方图书馆也做过一个善本书志，收书1100部左右，约8万字，其中大量的是明刻本，也有的是中国大陆所没有入藏的。遗憾的是，一段时间以来，大多是图书馆的馆藏汉籍概况仅能提供简单的卡片目录检索，而且大都沿用旧编目录，收书未及齐全且著录不合规范；而上世纪九十年代初，由美国研究图书馆组织（Research Library Group）支援的《中国古籍善本国际联合目录》，颇类似于中国大陆的《全国古籍普查登记目录》，隐患在于各馆编者的业务素质、敬业精神参差不齐，客观条件各不相同，即使体例再好也难以贯彻一致。

而沈津先生认为，一部古籍出版后，经过几百年或上千年，经过无数的自然灾害、兵燹或人为的政治因素，能保存至今，实属不易。今人撰写善本书志，不仅要将群书部次甲乙、条别异同、推阐大义、疏通伦类，更应辨章学术、考镜源流，乃至搜讨佚亡，而备后人征考。所以应在前人的基础上，切实继承藏书志目录体裁的原创精神，用规定的范式详备、客观地揭示图书的形式和内容特征，而不仅仅是一张张不经过目验鉴定的卡片的放大，这样的书志才会对读者更加适用。因此，《哈佛书志》是将书名、卷数、行款、板框、题名、序跋先作揭示，再著录作者简历、各卷内容、撰著缘由及序跋、版本依据、全书特点，甚至讳字、刻工、写工、绘工、印工、出版者、其他馆藏、收藏钤记等，尽可能地将这些信息一一记录，供研究者参考利用。历史经验告诉我们，在切切实实摸清馆藏"家底"，并编出鉴定正确、著录规范、资讯详备的书目后，一旦时机成熟，联合目录的编纂便是水到渠成之事了。

在沈津先生看来，"哈佛燕京"收藏的文献，虽然是在北美地区的一所私立大学的图书馆里，虽然流落到美东地区，但只是收藏地不同而已，本质上它仍是"公器"。对于在海外图书馆工作的中国人来说，将收藏在美国的一些难得的真本影印出来是一种形式的回归中国大陆，而通过"善本书志"这种方式揭示其内容，则是另外一种方式的回归。正是秉持了"学术乃天下之公器"之理念，历时18年的探赜寻幽，先生为撰写《哈佛书志》付出了常人难以想象的艰辛。

环顾寰宇之内的善本书志编纂工作，近年来，北美地区收藏中文古籍较多的美国国会图书馆、普林斯顿大学葛思德东方图书馆、华盛顿大学远东图书馆、柏克莱加州大学东亚图书馆和加拿大多伦多大学东亚图书馆等都先后编纂出版了各自的善本书志；2002年，中华书局则出版了田涛主编的《法兰西学院汉学研究所藏汉籍善本书目提要》；在港台地区，香港中文大学图书馆、香港大学冯平山图书馆也都出版了馆藏善本书志，而台湾地区收藏古籍善本最多的"国家图书馆"，则于2000年出齐了馆藏善本书志。然而，目前国内较大的公共图书馆，包括大学馆、研究所在内，只有苏州市图书馆和武汉市图书馆出版了古籍善本书志或提要，但也只分别完成了经史和经部而已。虽然大陆图书馆也会编一些索引、专题书目以揭示馆藏，但若写成善本书志，则是更具有学术意义的工作。当然，《哈佛书志》也有缺憾之处，但毋庸置疑的是，它仍然是六十多年来编的最好的一部藏书志。我们认为，"哈佛模式"的成功，尤其是沈津先生甘于寂寞、兀兀穷年的学术担当，应该引起大陆图书馆业界人士足够的警醒与反思。

　　版本鉴定的实践经验，是项目研究访谈的另一重点。版本鉴定是一门学问，掌握它的诀窍，无非就是实践。《文心雕龙·知音》有云："观千剑然后识器，操千曲然后晓声。"沈津先生强调，懂一点中国书史的源流，了解各种版本鉴定的知识还远远不够，至于某些本本上的人云亦云、十人一面，则很难看出作者的真知，即使经验也甚少体现。如有幸在藏有丰厚资源的重要图书馆的善本部、特藏组、历史文献部工作，数十年如一日，经眼数千部乃至更多，再加上"高手"的指点，日积月累，阅历自然丰富，经验和教训也都会使人成长。事实上，顾廷龙先生就是一贯坚信实践出真知的，而沈津先生追随起潜师三十年所积累的实践经验，我们相信也一定是在大学图书馆学系的课堂和书本上根本学不到的。

　　沈津先生以某省馆藏《太学新增合璧连珠声律万卷菁华》的版本鉴定为例。该书10函100册。海内外仅存83册，某省馆藏80册，北京市文物局藏2册，国家图书馆藏1册。该书前集共120门、60卷，宋李昭玘辑，为天文、地理、君道、治道、人品之属；后集176门、80卷，宋李似之辑，为职官、经籍、礼乐、兵戎、衣服、仪卫、器用、食货、技艺、祥瑞、物类之属。前后集皆各分子目，每目列名君事鉴、名臣事鉴、圣贤事鉴、群书事鉴、诸史事鉴等。全套现存116卷。半页十五行、行二十至二十一字不等，小字单行。细黑口，四周单边，双鱼尾，框20.5厘米×16厘米。卷一第一页前之衬页钤有乾隆帝三玺，即"五福五代堂宝""八征耄念""太上皇帝"朱文方印，每册首页上方钤有"乾隆御览之宝"朱文椭圆印、"天禄继鉴"白文方印，以及"天禄琳琅"小印。其他藏书印则尚有"鲜于枢"和"困学斋"两方。彩锦封面、黄绫书签、锦套，孤本。收入中华再造善本丛书唐宋编子部。

　　从书史源流的角度来考证，我们发现，此巾箱本"宋刻"曾经是元代书法家鲜于枢家的插架之物，后一直深藏皇宫天禄琳琅中，世人难以窥见其真实面目，直至溥仪逊位后才偷运出皇宫。据《故宫已佚书籍书画目录四种》记载，1922年7月13日至9月25日期间，他们集中运出的古籍珍本，仅宋版书就有199部，其中即有《太学新增合璧联珠声律万卷菁华》这部书。这批古籍出宫后，由溥仪的父亲载沣交给载涛，载涛再秘密运到天津静园。后来这批东西的一部分被逐渐变卖了，一部分又随溥仪运到了东北后不断流失。某省馆所藏80册，系某省师大王晓春之家藏，1962年1月9日售与该馆入藏。

　　但沈津先生却说，之所以能认定此书不是"宋刻"巾箱本，绝不是先来源于文献考证，而首先凭的就是直观的实践经验。其一，纸张就是皮纸，而后面几种纸张墨色之新绝无宋版可能；其二，宋本上钤有元人印当属正常，但鲜于印佚去大半，"困学斋"则完整无损，谛审再三，两印不真。宋刻本，元伪印，绕过明直接到清，再后面也没有藏书印，后查验发现除天禄琳琅外，其他书目均未著录；其三，最重要的是，此书有部分页面天头及边栏之右边均被人用刀割裂，而且割去原纸后又配以他纸，不同纸张的反差很大，原纸为皮纸，配纸为罗纹纸，罗纹清晰可见。为什么要割裂？经验告诉我们，历来藏书家对待宋刻本都视若明珠玮宝，呵护有加，从未见有将宋刻本天头之纸割裂之事，即使是宋刻残页也是敝帚自珍，岂有将宋本卷一第一页之天头割去移作他用之理？倒是曾见过割裂天头的明刻本多种，割裂之纸当移往他处，其作用在修补旧书时以旧补旧，还有就是估人作伪所需。综合判断割裂的时间，当在乾隆间或在此之前，书入内廷，馆臣版本不辨，故"天禄琳琅"所藏，尤其是明刻本题作宋本者甚多。

　　沈津先生认为，古籍版本鉴定的实践经验绝不是故弄玄虚的"观风望气"，其来源恰恰是海量的古籍经眼和目验，它是发现问题并得出基本判断的前提条件；当然，要想彻底解决问题，还必须与文献考证相互验证，二者缺一不可。追溯该书著录之讹误，我们发现，昔日北图仅根据零种残本就率然定为宋本，导致该省馆则据此沿袭。查检《北京市文物局图书数据中心藏古籍善本书目》《北京文物精萃大系·古籍善本卷》《历代珍稀版本经眼图录》三种书目皆著录二册残本为"宋刻本"，《中国传世文物收藏鉴赏全书·古籍善本》则著录此二册为"元刻本"；今《第一批国家珍贵古籍名录图录》第00792号，即为某省馆所藏120卷及国图所藏一卷，又《第三批国家珍贵古籍名录图录》第07150号，为北京市文物局所藏二卷，均以"宋刻本"而入卷。尤为不堪的是，某省馆还将书名中的"太学"误著录为"大学"，《中华再造善本》唐宋编第253部，更在影印出版时，竟然缺漏了书名中的"声律"二字。

　　由此可见，古籍版本鉴定是一门科学，准确鉴定难度较高，来不得半点虚假。无论是纸张墨色，还是字体藏书印的鉴别，都有赖于长期实践经验的积累。作为一名古籍工作者，只有鉴定正确才能保证著录质量，鉴定若有差错，必将误导读者。

"揭示文献是图书馆工作的重中之重，而图书馆工作最大的失败则是误导读者。"这就是从业半个世纪以来，沈津先生始终坚守的图书馆核心价值观。以此为基点，也许我们就不难理解，为什么先生常常会毫不留情地对某些知名高校馆所撰提要，乃至某些大牌教授所撰书录提出严厉批评，进而对区区地市级武汉图书馆所撰古籍善本书志却褒奖有加了。沈津先生是一名纯粹的读书人，他一生爱憎分明，从不会虚与委蛇。比如对耗资2.2亿的过云楼藏书之收购，先生就一直不以为然。先生认为，过云楼藏书中，《针灸资生经》七卷目录二卷，标为元广勤书堂刻本，实为明正统十二年（1447）叶景逵广勤书堂刻本；题为元刻的《皇朝名臣续碑传琬琰集》中有挖补、描笔、染色等问题，都涉嫌作伪，且书中的清鲍廷博跋实乃是廷博子正言之笔；明代汲古阁刻本则全部是丛书零种，国内各大图书馆多有复本。"在为数不多的传世宋刻本中，只有《新刊名臣碑传琬琰之集》和小字本《通鉴纪事本末》留存最多，这难道正常吗？"先生直言不讳。

回顾沈津先生半个世纪的学术生涯，我们将它概括为三个阶段：在上海图书馆时的三十年磨一剑；在哈佛燕京馆则是将稀见文献化身千万、嘉惠学林的十八年；而荣休归国后，则是全面总结与经验传承的四年。应该说，是历史赋予了他独特而丰富的个人阅历，并造就了先生的目光如炬与视野开阔。

2014年，沈津和卞东波两位先生合作编纂出版了《日本汉籍图录》，囊括了1800种左右的日藏汉籍，皇皇9册巨著开启了大规模总结整理日本汉籍之先河。"中国虽然已经出版了不少古代善本的图录，但从没有出版过中国之外的汉籍图录。就日本来说，虽然也出版过所藏历代刊刻的中国典籍图录，如《静嘉堂文库宋元版图录》；日本出版的一些文库的书影也包括了部分和刻本书影，如杏雨书屋所编《新修恭仁山庄善本书影》，但从未出版过完全以日本翻刻的中国典籍或日本学人纂注的汉籍图录。"[4] "本《图录》的出版对于我们了解这些深藏于日本的汉籍起了非常重要的帮助作用，是了解日本汉籍形制的第一手数据，也可以借此比对中日不同版本间的差异。所以《图录》对了解日本印刷史也有不容忽视的参考价值。"[5]根据计划，不久的将来，两位先生还将联袂整理出版《清代版刻图录》，总量将达到10至12本，该书之亮点仍在于有别于他本，努力突破二黄本囿于所见之局限。"我们的书只要扉页，卷一第一页"，先生坦言，"要做就做看得见、摸得着、靠得住的东西，才会对后人有所帮助"。

时间在不知不觉中流逝，我们已然沉浸于先生的古籍世界中近四个小时了。临别之际，年逾古稀的沈津先生，还向我们透露了即将完稿的新书《沈津古籍版本三十讲》的写作框架，"《书林清话》没有写的我来写，绝不人云亦云"。这还是先生一贯的学术气度。以书价为例，明代万历以前是看不到书价的，但正如彭信威《中国货币史》所言，书价又是最难找的。彭书也就举了三四个例子，有的还不是第一手资料。[6]而先生一生经眼的善本书和普通线装书各在两万部左右，翻阅过的明刻本则在一万部左右，填补书价之空白，非先生莫属；再以藏书印为例，小小一方藏书印的鉴定，先生却往往能佐以几十个例子来证明。所以，我们完全有理由坚信，除了实践经验，版本学更似人文社科领域的"自然科学"，更应发扬乾嘉诸儒"无征不信，无信不立"的朴学传统，才能最终做到学不可诬、难而后获。

"玉翘堂前万卷储，一编许读乐何如。浮生愿向书丛老，不惜将身化蠹鱼。"[7]"我是书丛老蠹鱼，骆驼桥畔自欷歔。羡君食尽神仙字，宁静含嘉愧不如。"[8]古籍版本学的第一要义在于目验，可以肯定地说，恰恰是这五十年的书丛生涯，甚至是堪称"蠹鱼"的岁月，造就出了沈津先生这样一位杰出的版本目录学家。

原载于《大学图书馆学报》，2016年第3期

参考文献

[1]程焕文.推荐古籍专家沈津先生的博客：书丛老蠹鱼[J].大学图书馆学报，2007（6）：60.

[2]严佐之."哈佛模式"：关于美藏汉籍目录现状的思考——兼评《美国哈佛大学哈佛燕京图书馆中文善本书志》[J].书目季刊，2001（2）：13-15.

[3]同[2]：13-15.

[4]沈津，卞东波.日本汉籍图录序.见：沈津，卞东波.日本汉籍图录[M].桂林：广西师范大学出版社，2014：1.

[5]同[4]：1.

[6]彭信威.中国货币史[M].上海：上海人民出版社，2007：513-535.

[7]徐畹芝.借书.见：徐世昌，闻石.晚清簃诗汇[M].北京：中华书局，1990：8365.

[8]张元济.戊辰暮秋东瀛访书十首·赠静嘉堂藤田昆一君.见：张元济.张元济全集（第四卷）·诗文[M].北京：商务印书馆，2008：21.